政府信息公开研究多维视角：流通、开放、实证

肖卫兵 著

中国政法大学出版社

2019·北京

校庆筹备工作领导小组

组　　长：夏小和　　刘晓红

副组长：潘牧天　　刘　刚　　关保英　　胡继灵　　姚建龙

成　　员：高志刚　　韩同兰　　石其宝　　张　军　　郭玉生
　　　　　欧阳美和　王晓宇　　周　毅　　赵运锋　　王明华
　　　　　赵　俊　　叶　玮　　祝耀明　　蒋存耀

总序 GENERAL PREFACE

三十五年的峥嵘岁月，三十五载的春华秋实，转眼间，上海政法学院已经走过三十五个年头。三十五载年华，寒来暑往，风雨阳光。三十五年征程，不忘初心，砥砺前行。三十五年中，上海政法学院坚持"立足政法、服务上海、面向全国、放眼世界"，秉承"刻苦求实、开拓创新"的校训精神，走"以需育特、以特促强"的创新发展之路，努力培养德法兼修、全面发展，具有宽厚基础、实践能力、创新思维和全球视野的高素质复合型应用型人才，在中国特色社会主义法治建设征程中留下了浓墨重彩的一笔。

学校主动对接国家和社会发展重大需求，积极服务国家战略。2013年9月13日，习近平主席在上海合作组织比什凯克峰会上宣布，中方将在上海政法学院设立"中国-上海合作组织国际司法交流合作培训基地"，愿意利用这一平台为其他成员国培养司法人才。此后，2014年、2015年和2018年，习主席又分别在上合组织杜尚别峰会、乌法峰会、青岛峰会上强调了中方要依托中国-上合基地，为成员国培训司法人才。2017年，中国-上合基地被上海市人民政府列入《上海服务国家"一带一路"建设、发挥桥头堡作用行动方案》。五年来，学校充分发挥中国-上合基地的培训、智库和论坛三大功能，取得了一系列成果。

入选校庆系列丛书的三十五部作品印证了上海政法学院三十五周年的发展历程，也是中国-上海合作组织国际司法交流合作培训基地五周年的内涵提升。儒家经典《大学》开篇即倡导："大学之道，在明明德，在亲民，在止于至善。"三十五年的刻苦，在有良田美池桑竹之属的野马浜，学校历经上海法律高等专科学校、上海政法管理干部学院、上海大学法学院和上海政法学院等办学阶段。三十五年的求实，上政人孜孜不倦地奋斗在中国法治建设的道路上，为推动中国的法治文明、政治进步、经济发展、文化繁荣与社会和谐而不懈努力。三十五年的开拓，上海政法学院学科门类经历了从单一性向多元性发展的过程，形成了以法学为主干，多学科协调发展的学科体系，学科布局日臻合理，学科交叉日趋完善。三十五年的创新，在我国社会主义法治建设进程中，上海政法学院学科建设与时俱进，为国家发展、社会进步、人民福祉献上累累硕果和片片赤诚之心！

所谓大学者，非谓有大楼之谓也，有大师之谓也。三十五部作品，是上海政法学院学术实力的一次整体亮相，是对上海政法学院学术成就的一次重要盘点，是上政方家指点江山、激扬文字的历史见证，也是上海政法学院学科发展的厚重回声和历史积淀。上海政法学院教师展示学术风采、呈现学术思想，如一川清流、一缕阳光，为我国法治事业发展注入新时代的理想与精神。三十五部校庆系列丛书，藏诸名山，传之其人，体现了上海政法学院教师学术思想的精粹、气魄和境界。

红日初升，其道大光。迎着佘山日出的朝阳，莘莘学子承载着上政的学术灵魂和创新精神，走向社会、扎根司法、面向政法、服务社会国家。在佘山脚下这座美丽的花园学府，他们一起看情人坡上夕阳抹上夜色，一起欣赏天鹅一家漫步在上合基地河畔，一起奋斗在落日余晖下的图书馆。这里记录着他们拼搏的青春，放飞着他们心中的梦想。

《礼记·大学》曰："古之欲明明德于天下者，先治其国。"怀着修身、齐家、治国、平天下理想的上政师生，对国家和社会始终怀着强烈的责任心和使命感。他们积极践行，敢为人先，坚持奔走在法治实践第一线；他们秉持正义，传播法义，为社会进步摇旗呐喊。上政人有着同一份情怀，那就是校国情怀。无论岁月流逝，无论天南海北，他们情系母校，矢志不渝、和衷共济、奋力拼搏。"刻苦、求实、开拓、创新"的校训，既是办学理念的集中体现，也是学术精神的象征。

路漫漫其修远兮，吾将上下而求索。回顾三十五年的建校历程，我们有过成功，也经历过挫折；我们积累了宝贵的办学经验，也总结了深刻的教训。展望未来，学校在新的发展阶段，如何把握机会，实现新的跨越，将上海政法学院建设成一流的法学强校,是我们应当思考的问题,也是我们努力的方向。不断推进中国的法治建设,为国家的繁荣富强做出贡献,是上政人的光荣使命。我们有经世济民、福泽万邦的志向与情怀,未来我们依旧任重而道远。

天行健,君子以自强不息。著书立说,为往圣继绝学,推动学术传统的发展,是上政群英在学术发展上谱写的华丽篇章。

上海政法学院党委书记 夏小和 教授
上海政法学院校长 刘晓红 教授
2019 年 7 月 23 日

目 录 CONTENTS

总　序 ··· 001

第一篇　总论：信息流通理论及适用

第一章　信息流通理论 ·· 003
　　一、信息流通理论提出的基础 ··· 004
　　二、信息流通理论 ·· 005
　　三、适用信息流通理论的若干思路 ··· 007

第二章　信息流通视野下我国信息公开改革 ·· 010
　　一、责任缺失和全球化解释模型概述 ··· 011
　　二、信息流通理论概述 ·· 012
　　三、从信息流通角度重估中国信息公开改革背后的原因 ·················· 013
　　四、我国特有的信息公开改革发展路径分析 ·································· 019
　　五、结语 ··· 021

第三章　信息流通视野下我国主动公开型信息公开法 ·························· 022
　　一、世界范围内推出和拉伸型信息公开法发展概述 ························· 023
　　二、从独特的主动公开体制审视我国的推出型信息公开法 ··············· 027
　　三、我国推出型信息公开法的局限性分析 ······································ 030

四、结语 …………………………………………………………… 034

第四章　信息流通视野下主动公开与被动公开关系 ……… 035
一、特定条件下加大主动公开有利于降低依申请公开数量 ……… 036

二、有条件加大主动公开并不会降低依申请公开数量 …………… 039

三、可降低依申请公开数量的主动公开措施 ……………………… 040

四、结语 …………………………………………………………… 042

第五章　信息流通视野下我国政府信息公开制度实施 …… 044
一、政府信息公开制度实施以来的挑战分析 ……………………… 045

二、信息流通理论与新形势下的政府信息公开 …………………… 049

三、在信息流通理论指导下提升政府信息公开工作 ……………… 051

四、结语 …………………………………………………………… 055

第六章　信息流通视野下依申请公开答复中的便民 ……… 056
一、政府信息公开中便民原则内涵和必要性分析 ………………… 057

二、上海市在政府信息公开答复上适用便民原则分析 …………… 060

三、政府信息公开便民原则适用之完善建议 ……………………… 065

第七章　信息流通视野下的上海政府信息公开十年 ……… 068
一、成就 …………………………………………………………… 069

二、挑战 …………………………………………………………… 073

三、前瞻 …………………………………………………………… 084

第八章　信息流通视野下的"微笑局长"事件分析 ……… 090
一、信息流通理论概述 …………………………………………… 091

二、信息流通理论在"微笑局长"事件中的具体适用 …………… 092

三、从信息流通角度完善和实施《政府信息公开条例》 ………… 094

四、结语 …………………………………………………………… 099

第九章　信息流通视野下奥巴马政府信息公开政策分析 ………… 100
一、信息流通理论 ……………………………………………… 101
二、从促进信息流通角度处理被动公开问题 ………………… 102
三、从主动公开和被动公开关系角度提升政府信息公开法实施成效 … 104
四、从公众参与和政府间角度提升政府信息公开法实施成效 ……… 108
五、结语 ………………………………………………………… 110

第十章　信息流通视野下人民建议征集信息公开 ……………… 112
一、人民建议征集信息公开的必要性 ………………………… 113
二、人民建议征集信息公开现状分析 ………………………… 116
三、人民建议征集信息公开若干对策 ………………………… 118

第十一章　信息流通视野下12345市民热线建设 ……………… 123
一、信息视角概述 ……………………………………………… 123
二、注重信息流动的12345市民热线建设 …………………… 124
三、信息视角下的12345市民热线提升 ……………………… 125

第十二章　信息流通视野下符合国际规则的信息公开机制的建立 … 128
一、社会力量市场监督作用受限呼唤符合国际规则的信息公开机制 … 129
二、符合国际规则的信息公开机制的建立离不开理论创新 ……… 132
三、从信息流通角度构建符合国际规则的信息公开机制 ………… 135

第二篇　分论：公开例外

第十三章　政府信息公开例外的保护机制 ……………………… 143
一、政府信息公开例外保护机制综述 ………………………… 144
二、我国《政府信息公开条例》中的公开例外保护机制评析 ……… 148
三、完善我国政府信息公开例外立法的若干建议 ……………… 149

第十四章　政府信息公开例外立法的类别 … 151
一、政府信息公开例外立法的类别 … 151
二、政府信息公开例外分类评述 … 155
三、我国未来信息公开法中的例外类别展望 … 157

第十五章　我国政府信息公开例外体系 … 159
一、国内外现有政府信息公开例外体系研究述评 … 160
二、我国实体性例外适用难点分析 … 165
三、我国程序性例外适用难点分析 … 171
四、我国政府信息公开例外修改建议 … 177

第十六章　公共利益衡量机制 … 184
一、公共利益衡量介绍 … 184
二、存在公共利益的情形 … 187
三、排除存在公共利益的情形 … 189
四、公共利益衡量的具体运用 … 190

第十七章　程序性例外 … 192
一、程序性例外概述 … 193
二、系统研究程序性例外的必要性 … 195
三、政府信息公开答复过程中程序性例外适用之完善分析 … 199
四、结语 … 203

第十八章　非本机关公开职责权限范围 … 204
一、问题的源起：非本机关公开职责权限范围答复的争论与实践 … 205
二、问题的分析：行政机关和申请人双重原因 … 209
三、问题的解决：加强各级答复机关的互动并修改条例 … 211

第十九章　咨询类政府信息公开申请 … 216
一、咨询类申请概述 … 218
二、实践过程中咨询类申请判定困境 … 222

三、咨询类申请应对之策……………………………………………… 225

第二十章　政府信息公开申请权滥用 …………………………………… 229
　　一、政府信息公开申请权滥用行为之理论化 ……………………… 230
　　二、政府信息公开申请权滥用行为规制的立法模式及实践 ……… 233
　　三、我国申请权滥用行为规制的完善建议 ………………………… 236
　　四、结语 ……………………………………………………………… 243

第二十一章　政府信息概念 ……………………………………………… 245
　　一、政府信息概念现有研究述评 …………………………………… 246
　　二、政府信息概念诉讼案例的实证分析 …………………………… 248
　　三、我国关于政府信息概念理解的现存挑战及修改建议 ………… 253

第二十二章　国家安全例外 ……………………………………………… 256
　　一、《政府信息公开条例》第8条"三安全一稳定"规定的争论评析 … 257
　　二、"三安全一稳定"例外案例概览及适用难点分析 ……………… 259
　　三、"三安全一稳定"例外的完善建议 ……………………………… 266

第二十三章　商业敏感性信息例外 ……………………………………… 270
　　一、商业敏感性信息概述 …………………………………………… 271
　　二、信息公开法中针对商业敏感性信息保护机制 ………………… 274
　　三、我国对信息公开过程中商业敏感性信息的保护初探 ………… 276

第二十四章　个人信息例外 ……………………………………………… 278
　　一、个人信息保护立法的机理 ……………………………………… 278
　　二、个人信息例外保护概述 ………………………………………… 279
　　三、个人信息例外保护的度 ………………………………………… 282
　　四、若干建议 ………………………………………………………… 285

第三篇　分论：数据开放

第二十五章　我国政府数据开放的立法模式 ……………… 289
　　一、信息法重构背景下的政府数据开放立法 …………………… 289
　　二、国内外政府数据开放立法模式分析 ………………………… 294
　　三、我国未来政府数据开放立法模式选择 ……………………… 298
　　四、结语 …………………………………………………………… 301

第二十六章　政府数据开放机制的建立和完善 …………… 303
　　一、问题的缘起：政府信息公开与政府信息再利用 …………… 304
　　二、问题的分析：制度设计的固有缺陷 ………………………… 305
　　三、问题的解决：政府数据开放机制的建立和完善 …………… 309

第二十七章　政府信息开发利用的商业模式 ……………… 313
　　一、政府部门主导型 ……………………………………………… 314
　　二、私营部门主导型 ……………………………………………… 317
　　三、我国未来政府信息开发利用商业模式的初步设想 ………… 320

第四篇　分论：实证方法

第二十八章　基于百度指数的我国政府信息公开关注主体分析 …… 325
　　一、通过百度指数分析我国政府信息公开关注主体的必要性和
　　　　可行性分析 …………………………………………………… 326
　　二、通过百度指数分析我国政府信息公开关注主体的具体使用和
　　　　结果分析 ……………………………………………………… 328
　　三、基于百度指数分析提升我国政府信息公开工作的若干建议 …… 333
　　四、结语 …………………………………………………………… 335

第二十九章 政府信息公开查阅中心实证研究 …………… 336
一、现有关于政府信息公开查阅中心的研究述评 ………… 337
二、政府信息公开查阅中心设置情况分析 ………………… 339
三、各人群对政府信息公开查阅中心设置意见分析 ……… 343
四、《政府信息公开条例》第16条的修改建议 …………… 357

第三十章 政府信息公开日志实证分析 …………………… 359
一、现有政府信息公开实证研究空白及补缺 ……………… 360
二、从政府信息公开日志公开审视我国政府信息公开实践 … 362
三、完善我国《政府信息公开条例》的若干对策建议 …… 367

编后语 ………………………………………………………… 371

第一篇
DI YI PIAN

总论：信息流通理论及适用

CHAPTER1 第一章
信息流通理论[*]

从国际上看，政府信息公开领域的整体理论研究水平不高。[1]达曲（Darch）和安德伍德（Underwood）指出，政府信息公开研究理应将注意力从过去停留在描述性的案例分析上转移到更多的理论分析层面。[2]责任缺失和全球化是两种用以解释全球政府信息公开现象的常规模型。前者主要用来解释二十世纪九十年代以前发生在老牌自由民主国家，如美国、澳大利亚、新西兰和加拿大的政府信息公开改革浪潮。[3]后者则是用来解释最近20年来，尤其是二十一世纪以来发生的政府信息公开改革浪潮。[4]这两种传统的理论都只是就政府信息公开谈政府信息公开，从静态、微观角度指引政府信息公开法律实施。而没有为政府信息公开法律实施提供契合信息社会和政府转型需要的明确指引。因此，没有新的可以从动态和宏观角度指引政府信息公开法律实施的理论，就无法提升政府信息公开法律实施成效。于是信息流通理

---

* 本章最初成果首次发表在2012年Routledge出版社出版的英文专著《Freedom of Information Reform in China: Information Flow Analysis》中，后来又被收入2013年上海社会科学院出版社出版的中文专著《中国信息公开改革新解：从信息流通的角度》当中。

[1] See Colin Daren, Peter Underwood, "Freedom of Information Legislation, State Compliance and the Discourse of Knowledge: The South African Experience", *The International Information and Library Review*, 37 (2005), p. 80.

[2] See Colin Daren, Peter Underwood, "Freedom of Information Legislation, State Compliance and the Discourse of Knowledge: The South African Experience", *The International Information and Library Review*, 37 (2005), p. 80.

[3] See Colin Bennett, "Understanding Ripple Effects: The Cross-National Adoption of Policy Instruments for Bureaucratic Accountability", *Governance*, 10 (2002), p. 213.

[4] See Thomas Blanton, "The Openness Revolution: The Rise of a Global Movement for Freedom of Information", *Development Dialogue*, 1 (2002), p. 16.

论应运而生。

一、信息流通理论提出的基础

信息流通理论的提出离不开信息社会这个命题。美国社会学家丹尼尔·贝尔在1959年首次提出了"信息社会"的前身，即"后工业社会"一词。[1] 美国学者约翰·奈斯比特认为丹尼尔·贝尔所提出的"后工业社会"实际就是"信息社会"。[2] 信息社会的研究也因为其他研究人员的加入而日趋成熟。美国普林斯顿大学的经济学家费里茨·马克卢普提出的"知识产业"概念和日本学者梅卓忠夫的"情报产业"概念，被之后的美国经济学家马克·优里·波拉特发展成为"信息产业"一词。[3] 美国未来学家阿尔温·托夫勒的研究更是引起了全世界对信息社会的关注。他在《第三次浪潮》一书当中将人类社会历史的发展划分为三个浪潮。第一个浪潮是延续了几千年的农业革命，第二次浪潮是经历了大约二百年的工业革命，第三次浪潮则是最近几十年内发生的信息革命。这次浪潮将引领人类从工业社会进入超级工业社会，[4] 即80年代初被约翰·奈斯比特称作的信息社会。[5] 1996年，全球32个工业国家的科技部部长在南非开会时宣布信息时代已经来临。2006年，第60届联合国大会将每年的5月17日定为"世界信息社会日"。这标志着人类建设信息社会进入了一个新的阶段，推动信息社会建设已然成为世界各国的共同选择。

在信息社会里，任何社会主体都离不开信息和信息交流。对此可以做如下两点理解。第一点是信息的价值日益凸显，信息消费在信息社会中占有突出地位。信息取代物质和能源成为这个社会当中最重要的经济资源。[6] 以开发和利用信息资源为目的的经济活动逐渐取代工业生产活动而成为国民经济活动的主要内容。第二点是信息流通已然成为一种趋势。在信息社会里，各

---

[1] 参见张文娟："信息社会概念溯源——背景 产生 发展"，载《情报科学》2007年第7期。

[2] See John Naisbitt, *Megatrends: Ten New Directions Transforming Our Lives*, New York: Grand Central Publishing, 1988, p. 13.

[3] 参见张文娟："信息社会概念溯源——背景 产生 发展"，载《情报科学》2007年第7期。

[4] 参见[美]阿尔文·托夫勒：《第三次浪潮》，黄明坚译，中信出版社2006年版，第4页。

[5] 参见胡训珉："信息社会的国家治理特点探讨"，载《东方法学》2008年第5期。

[6] 参见齐爱民：《信息法原论：信息法的产生与体系化》，武汉大学出版社2010年版，第16页。

种信息流在信息技术的推进下，信息通畅程度得以提升。公众间信息流通在借助微博、微信等新媒体工具下成了一种常态。政府间信息流通也随着电子政务技术的推进变得更为顺畅和快捷。政府和公众间的信息流通也因政府网站建设而降低了公开成本。可以说，信息社会是一个信息流动更为顺畅的社会。信息传播的主体呈现大众化，信息传播由原先的单向转为双向。传统媒体和新媒体、公众和政府在信息传播上都扮演着不可或缺的角色。政府对信息流通的限制也因此变得日益困难。

在信息社会的时代背景下，各种信息流内部的信息畅通程度得以迅速提升，相互之间的影响也自在情理之中。这就意味着任何忽视这些信息流间相互关系的研究都是不完整的。于是以研究信息流间相互关系的信息流通理论顺应而生。当然，信息流通理论的构建离不开先前的一些研究。斯蒂格利茨、阿克洛夫和斯宾塞因对信息不对称理论的贡献获得了2001年诺贝尔经济学奖。斯蒂格利茨、[1]什毕那[2]和斯奈尔[3]等若干学者通过援引信息不对称理论分析政府信息公开现象。这些学者的分析为信息流通理论的构建奠定了基础。公共管理学者尤其是泰勒的研究更提醒我们需要从信息流通的角度思考政府信息公开问题。[4]突破旧有的静态和微观的研究视角，改从动态和宏观角度研究政府信息公开成为当务之急。[5]

二、信息流通理论

信息流通理论的形成前后经历了三个阶段。第一阶段的信息流通理论主要用于解释我国信息公开改革背后的原因。可称为1.0版本。详细论述见第二章。第二阶段的信息流通理论主要用于分析我国政府信息公开制度的实施。

---

〔1〕 See Joseph Stiglitz, "Transparency in Government", in The World Bank eds., *The Right to Tell: The Role of Mass Media in Economic Development*, Washington: The World Bank, 2002, pp. 27-44.

〔2〕 See Rick Snell, Peter Sebina, "Information Flows: The Real Art of Information Management and Freedom of Information", *Archives and Manuscripts*, 35 (2007), pp. 62-68.

〔3〕 See Rick Snell, "Freedom of Information Practices", *Agenda*, 13 (2006), p. 500.

〔4〕 See John Taylor, "Rediscovering the Grand Narratives of the Information Polity: Reflections on the Achievement and Potential of the EGPA Study Group on ICT in Public Administration", *Information Polity*, 12 (2007), p. 216.

〔5〕 See Rick Snell, "Failing the Information Game", *Public Administration Today*, 10 (2007), pp. 66-69.

可称为2.0版本。这两个阶段之后的信息流通理论既可用于解释制度通过本身，也可用于分析制度实施。因此，现阶段3.0版本的信息流通理论可界定为一种通过动态、宏观和服务角度关注一国信息环境内各种信息流间相互作用基础上，设计政府信息公开制度并提升其实施成效的理论。信息流通理论认为：（1）一国信息环境由各种信息流组成。简单来讲，一国信息环境由四种信息流构成，如图1所示。这四种信息流是：①从政府到公众信息流或称主动公开；②从公众到政府信息流或称被动公开，也称依申请公开；③政府间信息流或称内部公开；④公众间信息流或称外部公开。（2）在信息社会，这四种信息流相互作用并相互影响。这是我们审视一国信息环境改变的重要准绳。一种信息流的通畅或不通畅对其他信息流具有潜在的积极或消极影响。主要体现在如下三点：①主动公开信息流水平的提升有助于被动公开信息流的通畅，反之亦然；②外部公开的改善有助于主动公开和被动公开信息流水平的提升；③内部公开的提升有助于通畅被动公开信息流。[1]（3）各种信息流的通畅水平取决于其背后的政治、经济、社会和法律等原因，诸多因素促成的信息流的通畅和汇集使得信息公开首先成为我国信息环境改善的受益者，随后成为该环境的贡献者。

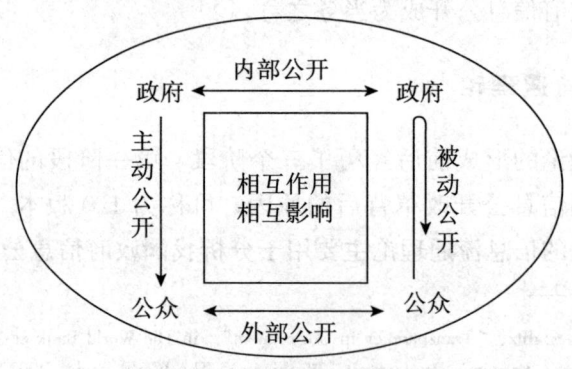

图1　信息流通理论模型

国际上对于政府信息公开的理解更多地将之严格限定在公众和政府间的信息流，即主动公开和被动公开上。其中，被动公开更是受到格外关注。信

---

［1］ See Xiao Wei-Bing, *Freedom of Information Reform in China. Information Flow Analysis*, London：Routledge, 2012, pp.21-22.

息流通理论允许我们扩大视野,从和被动公开紧密相关的其他信息流上探究其他信息流对狭义上的政府信息公开,即被动公开,所起到的作用。这就要求将被动公开视为一种信息流,放在一国信息环境当中进行审视,并探讨主动公开、内部公开和外部公开对被动公开的影响以及被动公开本身对政府信息公开实施成效的提升。基于此,我们需要从如下六层关系研究未来政府信息公开提升工作:(1)内部公开和被动公开的相互关系;(2)外部公开和被动公开的相互关系;(3)主动公开和被动公开的相互关系;(4)内部公开和主动公开的相互关系;(5)外部公开和主动公开的相互关系;(6)内部公开和外部公开的相互关系(如图2)。

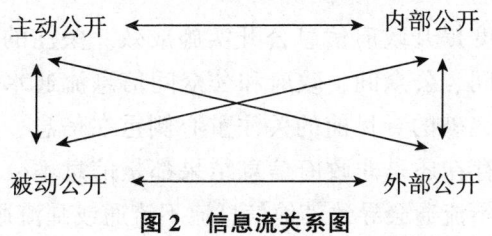

图2 信息流关系图

信息公开理论是解释信息公开发展差异性的有效工具。它合理解释了我国政府为何通过政府信息公开法。[1]通过分析我国信息环境当中主动和被动两种信息流通类型间的交互作用,最终得出我国政府信息公开改革遵循从接受主动公开到接受被动公开信息流的发展路径。这种发展路径逐步提升了我国接受被动公开的能力。[2]该路径也导致我国最终通过了主动公开型政府信息公开法。

三、适用信息流通理论的若干思路

传统理论在指导政府信息公开法律具体实施方面的缺陷需要信息流通这样新的理论予以弥补。这种弥补的策略就是将被动公开视为一种信息流,放在一国信息环境当中进行审视,并从改善从政府到公众的主动公开信息流、

---

[1] See Xiao Wei-Bing, *Freedom of Information Reform in China: Information Flow Analysis*, London: Routledge, 2012, p.122.

[2] See Xiao Wei-Bing, *Freedom of Information Reform in China: Information Flow Analysis*, London: Routledge, 2012, p.24.

从公众到政府的信息流和从政府间信息流出发,提升政府信息公开法实施成效。这种适用具有如下三个特征。

一是从宏观角度提升政府信息公开实施成效。这不同于以往的就政府信息公开谈政府信息公开,尤其就被动公开个案谈政府信息公开的做法。被动公开工作只是政府信息公开工作的一小部分,绝不是全部。被动公开工作也不能是政府信息公开工作的重心。如果将被动公开工作理解成政府信息公开工作的全部和重心,政府信息公开工作不可能做得好,政府信息公开实施成效也将很有限。宏观角度要求将被动公开视为一种信息流,要求从推进和被动公开紧密相连的其他信息流提升政府信息公开水平,而不单纯从被动公开本身谈推动问题。

二是从动态角度提升政府信息公开实施成效。关注的重心不是信息,而是信息流通。政府间、公众间、政府和公众间信息流通水平是政府信息公开工作最需要关注和突破的。目前的关注重心侧重在信息,从信息流通角度来看,无论是信息不存在还是非政府信息结果都是信息不公开或信息不流通的结果。一支信息流不流通会导致其他信息流不流通或乱流通。

三是从服务或便民角度提升政府信息公开实施成效。光从依法角度决定政府信息是否公开并不能取得最佳效果。除了从立法上为畅通信息流通进行通盘考虑外,还需要充分发挥受理机构的自主性,从服务这种便民惠民角度进行公开。各级政府部门不能仅仅因为合法而免予公开,还需要积极发挥自由裁量决定是否公开。[1] 依服务方式和依法方式是各国政府实施政府信息公开法律的两种主要方式。[2] 依服务的典型例子有新西兰和瑞典,依法的例子则有美国。澳大利亚和英国二者兼具。依服务方式倚重指引、调解、协商和沟通交流等便民方式解决在政府信息公开法律实施过程中所遇到的问题。处处从服务的角度将自己放在信息需求者里面看待。强调政府信息公开过程中"你中有我,我中有你"的合作。依法方式则倚重从法律规定和正规的法律程序中解决所遇到的和政府信息公开实施有关的问题。处处从法律角度将自己放在信息需求者对立面看待。强调政府信息公开过程中"我是我,你是你"

---

〔1〕 See Department of Justice,"Discretionary Disclosure and Waiver",http://www.justice.gov/oip/foia_ guide09/disclosure-waiver. pdf, 2009-09-30.

〔2〕 See Rick Snell,"Constructing a Field: Commonwealth FOI Studies",Hobart: Comparative Administrative Law Lecture, 2009-08-07.

的对抗。依服务方式并不是不依法，而是在依法的前提下促进更高程度和更大范围的政府信息公开。信息流通层面的政府信息公开预示着依服务方式比依法方式实施政府信息公开法对一国信息环境当中的信息流通水平提升的作用更大。政府向社会提供信息的愿望在依服务方式下也高于纯粹的依法方式。

CHAPTER2 第二章
信息流通视野下我国信息公开改革*

摘　要： 国外学者普遍无法理解我国信息公开改革。这就需要我们从信息流通这一全新视角分析我国信息公开改革。信息流通是从历史维度审视一国政府对信息公开的吸纳程度变化的主绳。复杂的社会、政治、法律和经济因素带来的我国信息流通条件的改善为信息公开法制化创造了必要条件。因此，《政府信息公开条例》的通过是我国信息环境透明度不断提升的必然结果。该提升遵循了从最初接受主动公开到后来接受被动公开的发展路径。我国因此通过了主动公开型信息公开法。

我国的信息公开现象，尤其是2007年《政府信息公开条例》的通过，无疑给国内外信息公开学者们制造了一道难题。"它是信息公开，但并不为我们所熟知"。[1] 该意见是几年前一英国学者在和国际信息公开法领域公认的专家斯奈尔教授，交谈我国的信息公开改革时提出的。来自美国、英国和澳大利亚等国的学者在和本人谈论我国的信息公开改革时，也发出了同样的感慨。他们普遍对我国的信息公开改革持怀疑态度。在他们眼中，我国的信息公开改革是一神秘的奇特现象。问题是中国的信息公开改革到底是不是奇特地不

---

* 本章英文版已发表在2013年第4期的 International Review of Administrative Sciences 上，题目为 "Freedom of Information Reform in China: Information Flow Analysis"。

　　[1] Rick Snell, Xiao Wei-Bing, "Freedom of Information Returns to China", *Public Administration Today*, 10 (2007), p.47.

可理解？本章从信息流通这一全新角度就此进行回答。

一、责任缺失和全球化解释模型概述

责任缺失和全球化是两种用以解释全球信息公开现象的常规模型。前者主要用来解释二十世纪九十年代以前发生在老牌自由民主国家，如美国、澳大利亚、新西兰和加拿大的信息公开改革浪潮。[1] 后者则是用来解释最近二十年来，尤其是二十一世纪以来发生的信息公开改革浪潮。[2] 但这两种传统的解释模型均无法解开我国的信息公开现象。我国的信息公开改革需要在信息流通框架下才能得到更好的解释。

二十世纪九十年代之前信息公开改革潮流昭示着信息公开是解决政府责任缺失和改善自由民主的良药。[3] 该阶段的信息公开改革潮流主要发生在成熟的自由民主国家。虽然若干自由民主国家，如英国和德国，在二十世纪初才通过信息公开法，但它们很难有理由不通过该法，尤其在信息公开改革成为全球潮流的背景下。大多数自由民主国家通过了信息公开法，这加深了信息公开是为解决由政府权力膨胀和行政机构在议会当中的支配地位应运而生的论断。

责任缺失理论可以解释发生在二十世纪九十年代之前的信息公开改革潮流，但对于一些新近采纳了信息公开法的国家，如墨西哥和印度，就不得不寻求一新的解释模型。最近二十年来通过信息公开法的国家和之前通过信息公开法的国家在政治和社会体制上都截然不同。它们采纳信息公开法的目的极为多样。这因而推翻了原先所持的信息公开作为解决政府责任缺失和完善自由民主的工具的论断。全球化是最近二十来年信息公开立法现象的最好解释。全球化需要国家间的学习和模仿，因此驱使各国的信息公开法向国际标准看齐。全球化，而不是地区差异性，在通过和规范信息公开法上起到了很大

---

[1] See Colin Bennett, "Understanding Ripple Effects: The Cross-National Adoption of Policy Instruments for Bureaucratic Accountability", *Governance: An International Journal of Policy and Administration*, 10 (2002), p. 213.

[2] See Thomas Blanton, "The Openness Revolution: The Rise of a Global Movement for Freedom of Information", *Development Dialogue*, 1 (2002), p. 16.

[3] See Colin Bennett, "Understanding Ripple Effects: The Cross-National Adoption of Policy Instruments for Bureaucratic Accountability", *Governance: An International Journal of Policy and Administration*, 10 (2002), p. 213.

作用。信息公开法的通过因而更多的是基于如经济发展等价值中立方面的原因。

传统的责任缺失和全球化解释模型印证了信息需求方是信息公开改革的主要推动力量。无论是国内还是国际范围的信息需求者，都意味着信息公开法是在逼迫作为信息提供方的政府的情况下采纳的。国内范围的信息需求者，如议会议员和媒体记者，对推动发达国家为解决责任缺失目的通过信息公开法起到了重要作用。自二十世纪九十年代以来，政府间机构、国际非政府组织和外国政府对政府信息公开改革运动起到了很大的推动作用。它们通过鼓励或施压等手段，使许多发展中国家采纳了信息公开法。

二、信息流通理论概述

国外学者怎么也无法想通信息公开改革能够在缺乏实质性的自由民主要素的中国顺利开展。[1] 这种无法理解是因为受到旧有解释模型的影响。中国信息公开改革的成功无疑对这些旧有的解释模型提出了挑战。虽然全球化是二十世纪九十年代之后信息公开改革的主导因素，但全球化对中国的影响无论从重要性还是时间角度来讲都处于附属地位。另外，不同于其他国家来自信息需求方驱动的信息公开改革，我国的信息公开改革来自信息提供方的自我革命。[2] 传统的责任缺失和全球化理论无法阐释中国的信息公开现象。这就急需一新的分析工具对其进行合理解释。信息流通就是该一可能模型。

信息流通是一可以用来审查逐步提升的政府对信息公开的承受度的主绳。信息流通理论着眼于从历史角度来审视由社会、政治、法律和经济因素所带来的不断变化的中国的信息环境。该一理论对我国的信息公开现象具有很强的解释能力。信息流通理论建立在信息经济学、公共管理和法律方面相关的多个学科领域的基础之上。前期信息不对称理论在信息公开领域的适用对信息流通理论的构建起到了很大作用。[3] 信息公开和信息流通之间的联系由于泰勒的研究而得到了提升。他不遗余力地呼吁大家关注信息环境当中的信息

---

[1] See Paul Hubbard, "China's Regulations on Open Government Information: Challenges of Nationwide Policy Implementation", *Open Government: A Journal on Freedom of Information*, 1 (2008), p. 4.

[2] See Wen Wei-Po, "Chinese Scholars Hail Government Information Transparency Regulations", 27 May 2008, http://en.chinaelections.org/newsinfo.asp? newsid=17678, 2008-10-2.

[3] See Joseph Stiglitz, "Transparency in Government", in The World Bank eds., *The Right to Tell: The Role of Mass Media in Economic Development*, Washington: The World Bank, 2002, pp. 34-35.

流通状况。[1]这提醒了我们需要从动态和宏观的信息流通角度解释一国信息公开改革。

信息流通解释模型就是从动态和宏观角度分析一国信息环境当中各种信息流通间相互作用所给信息公开改革提供可能性空间的解释模型。[2]首先，一国信息环境由各种信息流通组成。信息流通是一国信息环境的血液。信息公开是信息流通的一种。简单来讲，一国信息环境由4种信息流通构成。这4种信息流通是：(1) 从政府到公众信息流通或称主动公开；(2) 从公众到政府信息流通，即被动公开或称依申请公开；(3) 政府间信息流通或称内部公开；(4) 公众间信息流通或称外部公开。其次，这四种信息流通相互作用并相互影响。这是我们审视一国信息环境改变的重要准绳。一种信息流通的通畅或不通畅对其他信息流通具有潜在的积极或消极影响。主要体现在如下两点：(1) 主动公开信息流通水平的提升有助于被动公开信息流通的通畅，反之亦然；(2) 公众间信息流通（即外部公开）的改善有助于政府和公众间（即主动公开和被动公开）信息流通水平的提升。最后，各种信息流的通畅水平取决于其背后的政治、经济、社会和法律等原因。

三、从信息流通角度重估中国信息公开改革背后的原因

由社会、政治、法律和经济所引起的中国近年来的信息流通的变化是理解中国信息公开改革的关键。国内外学者将我国的信息公开归功于经济发展[3]和反腐败的需要。[4]这似乎解开了我国信息公开之谜，但这两种动因有过度强调嫌疑。

（一）经济因素

通过对我国信息公开改革历史背景的分析，不难发现，作为经济发展的新路径信息化被用来作为降低信息公开改革政治敏感性的工具，而不是促进

---

[1] See John Taylor, "Rediscovering the Grand Narratives of the Information Polity: Reflections on the Achievement and Potential of the EGPA Study Group on ICT in Public Administration", *Information Polity*, 12 (2007), p. 216.

[2] 这可算1.0版本的信息流通理论。

[3] 参见周汉华主编：《政府信息公开条例专家建议稿》，中国法制出版社2003年版，第19~20页。

[4] 参见赵正群："政务公开反腐败论要"，载《理论与现代化》2001年第6期。

信息公开改革的主要驱动力。信息公开最初引起我国学者和官员的注意是因为修改《保守国家秘密法》的需要。[1]国家保密局理解保密搞不好关键是公开没搞好，因此该法的修改必定涉及保密与信息公开的关系问题。[2]基于此，保密局聘请了中国社科院法学所的周汉华教授为该法修改的专家组顾问。虽然参与保密法的修改工作给予了周汉华教授研究信息公开立法的绝好机会，但是信息公开问题在二十世纪九十年代的中国还十分敏感。[3]在这种情形下，任何信息公开研究项目都不得不寻求一种在政治上可以接受的方式。这也是周汉华教授等人不得不将其承担的我国第一个信息公开研究项目命名为政府信息资源开发、利用和管理。[4]该命名可以很好地将信息公开和我国信息化带动工业化的新型工业化发展道路联系起来，从而降低其政治敏感性。这就说明经济发展作为我国信息公开改革的动因并不十分直接。

（二）反腐败因素

反腐败因素对我国信息公开改革所起的作用也不应过分夸大。这首先是因为信息公开迟迟没有和反腐败联系起来。反腐败机构，包括中纪委和全国政务公开领导小组，在推动信息公开改革方面远迟于其他公开实践，包括最早1987年开始的政务公开。虽然反腐败机构远有条件比其他部门更早推动我国信息公开改革，但却推迟到2004年《全面推进依法行政实施纲要》的颁布。该《纲要》要求推进政府信息公开。这时中纪委才积极从反腐败角度推动信息公开改革。[5]这就说明反腐败因素对我国信息公开改革的推动作用并没有如想象的那样重要。

其次，被动公开机制并不是作为推动反腐败工作的主要机制。反腐败一直被大家认为是我国信息公开立法的主要推动力之一。但是，通常所理解的反腐败层面的信息公开更多指其在揭露腐败方面的积极作用。来自民众的被动公开有助于曝光腐败现象。不过，我国并不是从揭露腐败角度推进信息公开。外界因而无法全面理解我国信息公开和反腐败的内在关系。在我国，正是

---

[1] 参见周汉华：《政府监管和行政法》，北京大学出版社2007年版，前言。
[2] 参见周汉华："信息公开条例出台始末"，载《电子政务》2008年第7期。
[3] 参见周汉华："我国推行信息公开制度的意义与特点"，载《今日中国论坛》2007年第6期。
[4] 参见王亦君："政府信息公开条例十年破冰"，载《中国青年报》2007年4月25日，第3版。
[5] 参见何勇："何勇同志在全国政务公开领导小组第二次会议上的讲话"，载http://www.gzz.gov.cn/xxzx/zwgk/ldjh.doc，最后访问时间：2010年8月1日。

由于反腐败工作重心转向预防腐败后，才给我国信息公开立法奠定了更加坚实的基础。中纪委主要从推进原先开展了多年的以主动公开为主的政务公开的法制化层面推进我国的信息公开立法。[1] 这意味着政务公开，而不是以被动公开为主的信息公开，被我国的反腐败机构作为预防腐败的主要工具。

（三）社会因素

源于新媒体如互联网和手机短信等改善了社会主体之间的信息流通条件。这进而降低了长期存续在我国信息环境当中的社会主体之间的信息不对称水平，从而提升了我国政府接受信息公开的能力。过去以保密为主的信息环境接纳信息公开机制的可能性很低，这是因为政府并不情愿和社会公众共享信息，尤其是危机信息。政府官员先见认为民众的心理承受能力低。若告知危机发生的事实，可能会导致民众恐慌，因而不利于社会稳定。2005 年松花江水源污染事件就是大家所熟知的例子。原黑龙江省省长张左己在采访当中，就提到先前向民众隐瞒污染的事实就是因为担心民众的心理承受能力低。[2]

但在社会主体间信息流通条件的改善降低了我国信息环境的保密水平后，我国政府不得不反思原先所持的以保密和被动为主的信息管理方式的正当性，从而转向采用更为公开和主动的信息管理方式。近年来新媒体在我国得以广泛使用。这种不断浮现的交互式信息网络大大提升了社会主体间的沟通能力。另外，借助新媒体的力量，普通民众兼具信息的接收者和发布者双重角色。即使在政府不主动共享危机信息的情形下，普通民众也可较快捷地共享危机信息。在信息流通水平提升后的信息环境里，政府要想有效控制危机信息的传播将十分困难。结果是，普通民众也掌握原先由政府和传统媒体独享的议程设置权力。离散性的议程设置权力的出现无疑对传统的以保密和被动为主的信息管理方式提出了挑战。

然而，新媒体也助长了谣言的传播，进而对社会稳定构成了威胁。为降低谣言给社会稳定带来的消极影响，我国政府在信息传播上变得更为主动和透明。新媒体的发展提升了谣言在社会公众之间传播的速度和广度。因此，

---

[1] 参见李玉龙、王少伟："全国政务公开领导小组第七次会议召开"，载 http://www.mos.gov.cn/Template/article/csr_display.jsp?mid=20061228024063，最后访问时间：2010 年 8 月 1 日。

[2] 参见张明、靖鸣："政府新闻发布与民众知情权、话语权冲突与协调——以松花江污染危机事件为例"，载 http://academic.mediachina.net/article.php?id=4970，最后访问时间：2010 年 8 月 3 日。

被动或滞后地发布危机信息只会给谣言的迅速传播创造便利,并影响公众舆论。[1]新媒体使得谣言更为广泛和有效传播。这是因为新媒体兼具大众和个人传播的双重属性。[2]信息流通水平提升后的信息环境增加了谣言对社会稳定的威胁。我国政府不得不放弃原先一贯持有的以保密为主的信息管理方式,以适应该变化了的信息环境。在我国政府转向更为公开和主动的信息管理方式的情况下,信息公开就成了这一更为透明的信息环境当中的有效工具。因此,越来越公开或者信息流通越来越顺畅的信息环境,而不是危机本身,如非典,直接导致了我国的信息公开改革。这和传统意义上所持的非典加速了我国政府信息公开立法进程的看法[3]不同。

(四)民主化因素

我国的信息公开是存在于民主化进程中公开措施的内在组成部分。这些公开措施提升了我国信息环境中的信息流通水平,因而提高了我国政府对被动公开机制的接受程度。信息公开的前身,包括村务公开和政务公开,首先是为了推进我国社会主义民主建设当中的基层民主的建立完善。[4]政务公开则为更高层次的社会主义民主建设,包括发展民主选举、民主决策、民主管理和民主监督四项民主形式和保障知情权、表达权、参与权和监督权四项民主权利服务。村务公开和政务公开这些先于信息公开的主动公开实践促进了我国信息环境的信息流通,因而提升了我国政府对信息公开的接受程度。

另外,在我国信息公开改革之初,信息公开和表达自由分开讨论的做法[5]提升了其在我国的接受程度。这种注重主被动信息流通的信息公开,而不是和表达自由紧密相连的信息公开更易为我国政府所接受。后者所指的信息公开是国际上通常对其的理解。苏联戈尔巴乔夫透明度改革的失败更加深

---

[1] See William Crano, "Primacy versus Recency in Retention of Information and Opinion Change," *Journal of Social Psychology*, 101 (1977), p. 89.

[2] 参见郝香:"手机短信——'第五媒体'的传播潜力与发展问题",载《东南传播》2006年第1期。

[3] See Colin Daren, Peter Underwood, *Freedom of Information and the Developing World: The Citizen, the State and Models of Openness*, Oxford: Chandos Publishing (Oxford) Ltd., 2009, p. 178.

[4] 参见国务院新闻办公室:"中国的民主政治建设",载 http://news.xinhuanet.com/politics/2005-10/19/content_ 3645697_ 1.htm,最后访问时间:2010年8月2日。

[5] 参见周汉华主编:《政府信息公开条例专家建议稿》,中国法制出版社2003年版,第44页。

了大家对信息公开和我国的政治体制不相吻合的认识。[1]只有暂时将信息公开从表达自由当中剥离开来，才能降低信息公开和我国政治体制不相吻合的疑虑。这一侧重信息流通的信息公开大大提升了其在我国的接受程度。虽然这种暂时的剥离和传统有关信息公开的理解有所不同，但是这种巧妙变通便利了信息公开在我国的传播，并为在后期制定信息公开立法中重新将信息公开和表达自由联系起来奠定了基础。

基层民主，作为在二十世纪八十年代推行的我国社会主义民主建设的一部分，为信息公开的前身或信息流通先例，即村务公开和在乡镇一级的政务公开的推行创造了可能。村务公开和乡镇一级的政务公开的普遍推行逐步提高了我国政府向社会共享信息的水平，因而提高了我国政府最终接受信息公开的能力。首先，基层民主建设便利了村务公开的开展。民主监督，作为基层民主建设的重要途径，是我国村务公开得以实施的基础。村务公开开始于二十世纪八十年代初。随着1998年《村民委员会组织法》的通过，村务公开走上了法制化的轨道。其次，村务公开为乡镇一级的政务公开的开展创造了条件。乡镇一级的政务公开和村务公开一道被认为是推进基层民主建设的主要手段。乡镇一级的政务公开开始了政府向社会共享信息的历程。这无疑提升了我国从政府到社会的信息流通水平。乡镇一级的政务公开在1997年赢得了中央政府的正式支持。2000年随着《关于在全国乡镇政权机关全面推行政务公开制度的通知》的发布，乡镇一级政务公开成为扩大基层民主的重要形式。

其他更高层级政府机关的政务公开建立在乡镇一级的政务公开的基础之上。政务公开在各级政府机关的全面推广进一步提升了政府向社会共享信息的水平。我国政府接受信息公开的能力因而得以提升。中央在2005年发布了《关于进一步推进政务公开的意见》，该《意见》决定将公开实践延伸到各级政府机关。最为重要的是，该《意见》要求积极探索和推进政务公开的立法工作，抓紧制定《政府信息公开条例》，以便建立健全主动公开和被动公开制度，逐步把政务公开纳入法制化轨道。在该《意见》里，中央政府从社会主义民主建设的高度意识到政务公开的重要性，而不仅仅是基层民主建设。其一，政务公开是发展民主选举、民主决策、民主管理和民主监督四项民主形

---

[1] 参见崔殿超："俄罗斯改革落入了民主化陷阱"，载《中国国情国力》2000年第1期。

式的前提。这4种民主形式在1997年党的十五大以来一直被视为发展我国社会主义民主的主要形式。这4种形式，尤其后面3种，便利了政务公开向更高一级政府机关的推广。公开首先和民主监督直接相关。2004年新一届政府对科学民主决策的注重[1]更加有利于更高一级行政机关政务公开的推行。

其二，政务公开还被视为保障知情权、参与权、表达权和监督权四项民主权利的重要工具。这4项权利最初出现在2006年我国的《国民经济和社会发展第十一个五年规划》当中。这些民主权利同样是发展我国社会主义民主的重要形式。将政务公开和知情权联系在一起意味着中央政府已经开始接受信息公开当中的被动公开制度。其次，中央领导人意识到政务公开对参与权保障的作用。对公众参与和民主决策的重视有利于更高一级的政务公开的开展。除此之外，在2006年颁布的《关于构建社会主义和谐社会若干重大问题的决定》当中，政务公开还被视为是保障表达权的重要手段。高层对表达自由的认同从根本上降低了信息公开的政治敏感性以及和我国政治体制的不协调性，因而提升了我国接受信息公开的能力。总的来讲，从政治角度推进政务公开导致了我国政府对被动公开的接纳。这是因为被动公开是保障这些民主形式和民主权利的重要工具。

（五）法治化因素

信息公开立法的顺利完成离不开30多年的行政法改革给我国信息环境带来的改善。最初的法制重建工作给行政法改革创造了前提。中国领导人在"文化大革命"后认识到法制建设的重要性和必要性。作为6大法律部门之一的行政法并未被排除在该重建工作之外。[2] 开始于二十世纪八十年代初期的行政法改革因侧重在行政管理上，所以无法给我国信息公开改革提供任何可能。

二十世纪八十年代末，行政法改革开始转向限制政府权力。[3] 1989年《行政诉讼法》的通过开创了限制政府权力的新时代。将公开视为行政法核心价值也就成为可能。随后二十世纪九十年代初期的行政法改革注重从事后和

---

[1] 参见温家宝："全面推进依法行政 努力建设法治政府"，载 http://www.people.com.cn/GB/shizheng/1024/2616081.html，最后访问时间：2010年8月5日。

[2] 参见应松年："中国行政法的回顾与展望"，载《法治论丛》2008年第2期。

[3] 参见信春鹰、冯军：《WTO与中国行政法制改革》，社会科学文献出版社2005年版，第143页。

实体上[1]控制政府权力。[2]但这个阶段的行政法改革并没有认可公开是行政法的核心价值。因此该阶段的行政法改革对提升我国信息环境当中的信息流通水平十分有限。接受信息公开也几乎不可能。虽然这个阶段的行政法改革没有给接纳信息公开法创造有利条件,但它给之后转向从事前[3]和程序上[4]控制政府权力的行政法改革创造了前提。20世纪九十年代后期的行政法改革开始转向从事前和程序上限制政府权力。在这个阶段的行政法改革当中,程序正义成了行政法的重要价值。这使得从政府到社会的信息流通的一些先例,包括听证会、法律法规以及草案的公布和行政决定的理由告知,都被纳入这个阶段通过的行政法当中。这些非常有限的信息流通的形式对我国旧有的以保密为主的信息环境的改善起到了积极作用。因此为接纳被动公开机制提供了便利。

我国政府接受被动公开机制的程度在该机制被视为依法行政建设的内在组成部分后得到了很大提升。中国政治领导人在党的十五大报告当中首次正式支持依法行政建设。新一届政府自2004年组建以来,一直将依法行政作为其三大主要任务之一。这大大便利了我国的行政法改革。2004年《全面推进依法行政实施纲要》的颁布意味着中央政府正式接受了被动公开。公开是该《纲要》多次提到的一个重要词汇。该《纲要》还正式将信息公开立法纳入依法行政建设。该《纲要》为信息公开立法指明了方向并设置了通过的大致时间。因此,《政府信息公开条例》在2007年的通过,作为2014年法治政府建成的项目之一,也就不难理解。

四、我国特有的信息公开改革发展路径分析

从信息流通角度来看,各国主要有从被动公开到主动公开和从主动公开到被动公开两种信息公开改革路径。西方民主国家大多是前者;我国的信息公开改革则属于后者。这种从主动公开到被动公开的发展路径导致我国通过

---

[1] 参见信春鹰、冯军:《WTO与中国行政法制改革》,社会科学文献出版社2005年版,第143页。
[2] 参见韩健、王俊良主编:《我国依法行政的基本理论与实施》,西南交通大学出版社2006年版,第42页。
[3] 参见韩健、王俊良主编:《我国依法行政的基本理论与实施》,西南交通大学出版社2006年版,第42页。
[4] 参见信春鹰、冯军:《WTO与中国行政法制改革》,社会科学文献出版社2005年版,第145页。

了一注重主动公开的信息公开法律。虽然该主动公开型信息公开立法并不抹杀被动公开的作用，但该主动公开型立法在一定程度上降低了被动公开的重要性。

（一）从被动公开到主动公开的路径

西方民主国家大多通过了倚重被动公开的信息公开法。被动公开型信息公开法是媒体和议会等主要的信息需求者和政府之间拉锯式谈判的结果。信息提供者政府并不十分情愿和社会共享政府信息。但是，崇尚以市民或客户为核心的新公共管理运动给主动公开型信息公开法的出台创造了条件。该型信息公开法的采纳降低了过往信息公开法的敌对性和受众群体的狭隘性。更为显著的是，信息时代的来临降低了被动公开的重要性。[1] 该时代呼唤一主动公开型的信息公开法，以便适应改善后的信息流通环境。借助于互联网和手机等信息技术的力量，信息流通变得更为迅捷和普遍。所以，信息流通环境的改善和二十世纪八十年代以来开展的新公共管理运动共同促使了世界范围内的信息公开法类型从被动公开到主动公开的转变。美国、澳大利亚最近的信息公开改革就说明了这点。

（二）从主动公开到被动公开的路径

从主动公开向被动公开是信息公开改革另外一种路径。我国就是该路径的典型例子。该路径不仅顺应了信息流通环境改善这一世界性潮流。如前所述，我国的信息公开改革建立在20多年来以主动公开为主的政务公开的基础之上。政务公开和我国的民主建设以及由于各种危机等因素所引起的我国信息流通环境的逐步改善紧密相连。我国政府和社会公众共享政府信息的意愿因此得到提升。还有，近年来我国政府通过政府网站的建立不断提升了主动公开的能力。应该说，我国信息公开法律当中的主动公开是对过往政务公开成果的归纳和总结。从政务公开到政府信息公开的演变说明我国遵循了从主动公开到被动公开的信息公开改革发展路径。这有别于其他国家从被动公开到主动公开的发展路径，但最终效果都是为了促进一国信息环境内的信息流通状况的改善。

---

[1] See Robert Gellman, "The Foundation of United States Government Information Dissemination Policy", in Georg Aichholzer and Herbert Burkert eds., *Public Sector Information in the Digital Age: Between Markets, Public Management and Citizens' Rights*, Cheltnham: Edward Elgar Publishing Ltd., 2004, p. 126.

这种从主动公开到被动公开的发展路径使得我国通过了主动公开型的信息公开法。我国的《政府信息公开条例》规定了更为广泛的主动公开要求。《政府信息公开条例》不仅规定了最低标准，而且还提供了一般标准。这些一般标准便于行政机关决定在什么情形下可以主动公开政府信息。《政府信息公开条例》还设置了其他一些必要的保障措施，以确保主动公开要求得到落实。首先，《政府信息公开条例》用3个条款的内容详细规定了行政机关重点执行的主动公开最低标准。这3个条款针对不同层级的行政机关设置了不同的主动公开内容。其次，《政府信息公开条例》还设置了行政机关自身落实的4个主动公开一般标准。这4个一般标准包括涉及公民、法人或者其他组织切身利益的；需要社会公众广泛知晓或者参与的；反映本行政机关机构设置、职能、办事程序等情况的；其他依照法律、法规和国家有关规定应当主动公开的。大多数国家的信息公开法当中并没有设定前面所述的第一和第二个标准。这两个标准从世界范围来看是具有开创性的。最后，《政府信息公开条例》还规定了6个方面的法律措施确保主动公开规定得到落实。这6个保障措施是多渠道的主动公开、多样化的信息公开场所、信息公开目录和指南的编制和出版、主动公开信息的时间限制、举报机制和行政处分机制。

五、结语

我国的信息公开改革到底是不是一奇特的让国外学者无法理解的现象。从信息流通角度我们可以得知，中国的信息公开并不奇特。这是因为它和近代以来中国发生的和社会、政治、法律和经济方面的信息流通息息相关。这种相关遵循了从接受主动公开到接受被动公开的发展路径。最终导致我国采纳了倚重主动公开的信息公开法律。该立法过去使我国成为逐步改善的信息环境的受益者，现在正成为该环境的贡献者。

通过对我国信息公开现象的分析，我们可以得知信息流通是审视一国信息公开法律通过的有效分析工具。未来对一国信息公开改革的分析不能不考虑到其和该国信息环境下的其他信息流通分支的相互关系。因而，我们有必要扩大信息流通理论的适用，通过将其适用到其他国家的信息公开改革的分析当中去，以便进一步完善该理论。

第三章 信息流通视野下我国主动公开型信息公开法[*]

摘　要：我国《政府信息公开条例》属于注重主动公开的推出型的信息公开立法。该型立法得益于我国20多年来的政务公开实践以及改善后的信息流通环境。但不可否认的是，我国《政府信息公开条例》的主动公开程度受到有缺陷的依申请公开机制、宽泛和模糊的例外规定以及最大化公开原则缺省等多种因素的制约。

库比什克和帕特森首先形象地使用推出（Push）和拉伸（Pull）来区分两种不同类型的信息公开立法。[1]这两个词频繁出现在澳大利亚各州最近掀起的信息公开法改革运动当中。我国2007年通过、2008年实施的《政府信息公开条例》属于推出型信息公开法律。该法突出主动公开在信息公开领域的积极作用。这种推出型有别于其他国家的拉伸型信息公开法律。后者更加注重依申请公开或被动公开。虽然我国推出型信息公开立法并不抹杀被动公开

---

[*] 本章成果已在《行政法学研究》2010年第3期上发表，题目为《论我国有局限的推出型信息公开法》。

[1] See Herbert Kubicek, "Third-Generation Freedom of Information in the Context of E-Government: The Case of Bremen, Germany", in Georg Aichholzer and Herbert Burkert eds., *Public Sector Information in the Digital Age: Between Markets, Public Management and Citizens' Rights*, Cheltnham: Edward Elgar Publishing Ltd., 2004, p.280; See Moira Paterson, "Freedom of Information and Privacy in Australia: Government and Information Access in the Modern State", *Breathe*, 358 (2005).

的作用,但该型立法在一定程度上降低了依申请公开的重要性。本章就世界范围内推出和拉伸两种信息公开法类型、我国推出型信息公开法采纳的原因以及若干制约展开具体分析。

一、世界范围内推出和拉伸型信息公开法发展概述

信息流通环境的改善和20世纪80年代以来开展的新公共管理运动[1]共同促使了世界范围内的信息公开法类型从拉伸到推出的转变。[2]我国采纳了推出型的信息公开法。该类型的信息公开法是对过去20多年来的政务公开实践以及改善后的信息流通环境的适时回应。

(一) 世界范围内从拉伸到推出型信息公开法的转型

一个将依申请公开作为最后举措的推出型信息公开法正在全世界范围内兴起。澳大利亚昆士兰、塔斯马尼亚和新南威尔士州最近的信息公开改革就是明证。新南威尔士在2009年6月26日通过了新的《信息公开法》。该法第3条将授权和鼓励行政机关主动公开政府信息作为其中立法目标之一。改善后的信息流通环境和新公共管理运动是促成推出型信息公开法产生的两大理由。原先的拉伸型信息公开法因而变得过时。

1. 倚重被动公开或依申请公开的拉伸型信息公开法。西方民主国家大多通过了拉伸型信息公开法。这是考虑到该类型信息公开法可以解决由政府权力过度膨胀所带来的责任缺失问题。[3]拉伸型信息公开法因而具有很

---

[1] See Christopher Hood, "A Public Management for All Seasons", *Public Administration*, 69 (1991), pp. 3-19; See Michael Barzelay, "Origins of the New Public Management: An International View from Public Administration/Political Science", *New Public Management: Current Trends and Future Prospects*, Abingdon: Routledge, 2001, p. 15.

[2] See Dag Wiese Schartum, "Information Access Legislation for the Future? Possibilities according to Norwegian Experience", *Public Sector Information in the Digital Age: Between Markets, Public Management and Citizens' Rights*, Cheltnham: Edward Elgar Publishing Ltd., 2004, p. 76; See Massimo Craglia, Michael Blakemore, "Access Models for Public Sector Information: The Spatial Data Context", *Public Sector Information in the Digital Age: Between Markets, Public Management and Citizens' Rights*, Cheltnham: Edward Elgar Publishing Ltd., 2004, p. 187.

[3] See Colin Bennett, "Understanding Ripple Effects: The Cross-National Adoption of Policy Instruments for Bureaucratic Accountability", *Governance: An International Journal of Policy and Administration*, 10 (2002), p. 213.

强的敌对[1]和个人权利至上色彩。[2] 20 世纪 60 年代到 80 年代之间通过的信息公开法就具有该显著特征。拉伸型信息公开法是媒体和议会等主要的信息需求者和政府之间拉锯式谈判的结果。90 年代后,该拉伸型信息公开法在世界银行等国际组织的推动下得以向全球领域内其他国家迅速推广。

2. 倚重主动公开的推出型信息公开法。新公共管理运动崇尚以市民或客户为核心的公共管理理念。[3] 这给倚重主动公开的推出型信息公开法的出台创造了条件。该型信息公开法的采纳降低了过往信息公开法的敌对性和受众群体的狭隘性。[4] 更为显著的是,信息时代的来临降低了依申请公开的重要性。[5] 该时代呼唤推出型的信息公开法,以便适应改善后的信息流通环境。借助于互联网和手机等信息技术的力量,信息流通变得更为迅捷和经常。信息公开研究专家,如斯奈尔,因而呼吁从注重被动公开的信息公开 1.0 版本向注重主动公开的信息公开 2.0 版本转型。[6]

在改善后的信息流通环境里,行政机关和公众共享政府信息的意愿得到了提升。美国为适应信息时代的迫切需求,在 1996 年就修改了其原先以被动公开为主的信息公开法。[7] 奥巴马上台更是掀开了美国主动公开政府信息新

---

[1] See Dag Wiese Schartum, "Information Access Legislation for the Future? Possibilities according to Norwegian Experience", *Public Sector Information in the Digital Age: Between Markets, Public Management and Citizens' Rights*, Cheltnham: Edward Elgar Publishing Ltd., 2004, p. 76.

[2] See Greg Terrill, "Individualism and Freedom of Information Legislation", *Freedom of Information Review*, 87 (2000), p. 30.

[3] See Kuno Schedler, Isabella Proeller, "The New Public Management: A Perspective from Mainland Europe", *New Public Management: Current Trends and Future Prospects*, Abingdon: Routledge, 2001, p. 165.

[4] See Dag Wiese Schartum, "Information Access Legislation for the Future? Possibilities according to Norwegian Experience", *Public Sector Information in the Digital Age: Between Markets, Public Management and Citizens' Rights*, Cheltnham: Edward Elgar Publishing Ltd., 2004, p. 76; See Massimo Craglia, Michael Blakemore, "Access Models for Public Sector Information: The Spatial Data Context", *Public Sector Information in the Digital Age: Between Markets, Public Management and Citizens' Rights*, Cheltnham: Edward Elgar Publishing Ltd., 2004, p. 187.

[5] See Robert Gellman, "The Foundation of United States Government Information Dissemination Policy", *Public Sector Information in the Digital Age: Between Markets, Public Management and Citizens' Rights*, Cheltnham: Edward Elgar Publishing Ltd., 2004, p. 126.

[6] See Rick Snell, "Opening up the Mindset Is Key to Change", *The Canberra Times*, 2008-11-4, pp. 10-11.

[7] See Michael Tankersley, "How the Electronic Freedom of Information Act Amendments of 1996 Update Public Access for the Information Age", *Administrative Law Review*, 1998, p. 422.

的一页。无论是奥巴马的《信息公开法备忘录》,还是美国司法部的信息公开法指引,以及总统预算与管理办公室的《公开政府指令》[1]都提到了要加强主动公开的力度。奥巴马政府希望通过加强主动公开来解决当前依申请公开处理工作的拖延和低效率问题。这意味着美国的信息公开改革已经开始从过去的强调被动公开向现在的强调主动公开转变。英国《信息公开法》第19和20条规定了出版计划。该计划要求行政机关按时主动公开政府信息。墨西哥《联邦透明和依申请公开法》第7和9条则要求行政机关通过政府网站主动公开大量的政府信息。更为突出的是,澳大利亚昆士兰、塔斯马尼亚和新南威尔士州正引领推出型信息公开的潮流。这些州通过修订原先的信息公开法律以巩固和落实推出型信息公开法。

(二) 推出型信息公开法在我国采纳的原因

我国通过了推出型信息公开法。该型法律的出台不仅顺应了信息流通环境改善这一世界性潮流,而且还照顾到了其他特定的国内因素。20多年来以主动公开为主的政务公开功不可没。政务公开和我国的民主建设紧密相连。自党的十五大以来,民主选举、民主决策、民主管理和民主监督被视为发展我国社会主义民主的四种形式。[2]这四种形式给我国政务公开工作奠定了坚实基础。《政府信息公开条例》当中的主动公开是对过往政务公开成果的归纳和总结。[3]它从制度层面解决了由推行政务公开所产生的各种问题,如政务公开的随意性和非义务性。[4]政务公开的成果因此通过《政府信息公开条例》得到巩固和维持。从政务公开到政府信息公开的演变,说明我国遵循了从推出

---

[1] See Obama, "Freedom of Information Act: Memorandum for the Heads of Executive Departments and Agencies", http://www.whitehouse.gov/the_press_office/FreedomofInformationAct/, 2009-12-7; See Office of the Attorney General, "Freedom of Information Act: Memorandum for Heads of Executive Departments and Agencies", http://www.justice.gov/ag/foia-memo-march2009.pdf, 2009-12-7; See Executive Office of the President Office of Management and Budget, "Open Government Directive", http://www.whitehouse.gov/omb/assets/memoranda_2010/m10-06.pdf, 2009-12-8.

[2] 参见江泽民:"高举邓小平理论伟大旗帜,把建设有中国特色社会主义事业全面推向二十一世纪",载 http://news.xinhuanet.com/ziliao/2003-01/20/content_697189.htm,最后访问时间:1997年9月12日。

[3] 参见杨学山:"在《政府信息公开条例》专题培训电视电话会上的辅导报告",载 http://www.sc.gov.cn/zt_sczt/xxgkzt/hyjh/200710/t20071011_210292.shtml,最后访问时间:2007年10月11日。

[4] 参见周汉华:"政府信息公开条例将带来六大变化",载《人民日报》2007年2月14日,第3版。

到拉伸的信息公开发展路径。这有别于其他发达国家从拉伸到推出的发展路径。

推出型信息公开法在我国的通过还是改善后的信息流通环境的必然结果。多维度的信息流通的形成提升了我国的信息流通环境。如果将一国信息流通环境简单分为行政机关内部、行政机关和社会以及社会之间3种。不难发现，社会成员间通过互联网和手机短信快速便捷地沟通信息地事实迫使政府必须在信息公开方面从被动转向主动。对主动公开而非被动公开的倚重更能促使各级行政机关摒弃以保密和被动为主的信息管理手段。该管理手段已被诸多事例，如2003年的非典和2005年的松花江水源污染，证明是过时的。因为在改善后的信息流通环境下，各种信息来源，如公民、记者，也可向其他受众提供可信赖的和及时的突发事件信息。行政机关不得不重新考虑原先惯常采用的以保密和事后为主的突发事件处理方式。这意味着以主动公开为主向社会报告突发事件信息的处理方式更为可取。另外，信息技术造成了不良信息特别是谣言的迅速和广泛传播。提升了谣言对社会稳定的威胁程度。该因素也迫使行政机关不得不放弃原先的以保密为主的信息管理手段。[1]毕竟谣言止于公开，而不是相反。

还有，近年来，我国政府也不断提升了其主动公开的能力。政府网站和新闻发言人的建立，便利了我国各级政府部门的主动公开工作。1999年初，40多个国家部委启动了政府上网工程。随后，许多行政机关也相应建立了自己的政府网站。中央政府门户网站也在2005年得以建立。在2007年，我国以gov.cn为域名的网站增加到28 575个。[2]至于新闻发言人设立方面，截至2006年底，大约70多个国务院部门和31个省级政府任命了自身的新闻发言人。国务院新闻办公室副主任蔡武阐释说新闻发言人建设是近年来新闻办主抓的工作之一。蔡武提到该项工作一直进展缓慢，直到2003年非典爆发以后才发展迅速。[3]政府网站和新闻发言人的普遍建立给主动公开的制度化奠定了基础。

---

〔1〕参见李盛："《中华人民共和国政府信息公开条例》的制定背景、主要内容及目录编制"，载《电子政务》2008年第5期。

〔2〕See Peter Lovelock, John Ure, "Assessing China's Efforts in Constructing an E-Government", *China's Digital Dream*, 152（2002）.

〔3〕参见王国庆："新闻发言人刚及格"，载http://news.cctv.com/china/20070713/109210_1.shtml，最后访问时间：2009年3月15日。

另外，我国国情因素也不可忽略。我国"人口多，幅员广，政府事项和政府信息数量巨大"的现状[1]也决定了注重主动公开的必要性。该现状需要从属地位的依申请公开机制，以便政府更能履行其核心职能。这因而解释了我国若干地区，如湖南省，对推出型信息公开法的青睐。该省在其2008年政府信息公开年度报告当中明确指出，主动公开可以使得其更能集中精力解决所面临的其他更为紧迫的任务。虽然我国对主动公开的倚重似乎和世界范围内广泛接受的拉伸型信息公开法相背离，但是该型信息公开法适应了信息时代的需求，并切合了我国的国情。

二、从独特的主动公开体制审视我国的推出型信息公开法

相比其他国家的信息公开法而言，我国的《政府信息公开条例》规定了更为广泛的主动公开要求。《政府信息公开条例》不仅规定了最低标准，而且还提供了一般标准。这些一般标准便于行政机关决定在什么情形下可以主动公开政府信息。《政府信息公开条例》还设置了其他一些必要的保障措施，以确保主动公开要求得到落实。

（一）供行政机关重点执行的主动公开最低标准

《政府信息公开条例》用三个条款的内容详细规定了各级行政机关应重点公开的政府信息：第10条突出要求县级以上行政机关重点公开行政法规、规章和规范性文件和政府预决算报告等政府信息；第11条重点要求县级行政机关特别公开除第十条规定之外的涉及土地征收征用和低收入家庭补助等政府信息；第12条则突出要求乡镇一级行政机关主动公开涉及贯彻落实国家关于农村工作政策和计划生育执行情况等的政府信息。

（二）供行政机关自身落实的四个主动公开一般标准

一个推出型的信息公开法不仅需要最低标准，还需要一般标准。一般标准有助于行政机关自主决定何种政府信息应主动公开。我国《政府信息公开条例》就设置了该一般标准。《政府信息公开条例》第9条要求任何满足如下四个条件之一的政府信息，就应主动公开。这四个条件包括涉及公民、法人或

---

[1] 参见杨学山："在《政府信息公开条例》专题培训电视电话会上的辅导报告"，载http://www.sc.gov.cn/zt_ sczt/xxgkzt/hyjh/200710/t20071011_ 210292.shtml，最后访问时间：2009年3月15日。

者其他组织切身利益的;需要社会公众广泛知晓或者参与的;反映本行政机关机构设置、职能、办事程序等情况的;其他依照法律、法规和国家有关规定应当主动公开的。

这四个基本条件给行政机关在具体考虑何种政府信息受制于主动公开方面设定了相对灵活的判断标准。虽然其他国家的信息公开法也通常包含了我国《政府信息公开条例》第 9 条所规定的第三个条件,但是大多数国家的信息公开法并没有设定类似我国《政府信息公开条例》第 9 条所规定的第一和第二个条件。因此这两个条件从世界范围来看是具有开创性的。可以说,大量的政府信息可以囊括在这两个条件当中,主动公开的范围因而从立法上得以扩大。

(三) 落实主动公开规定的保障措施

《政府信息公开条例》还规定了六个方面的法律措施确保主动公开规定得到落实。

第一个立法保障是规定在《政府信息公开条例》第 15 条的多渠道的主动公开,包括政府公报、政府网站、新闻发布会以及报刊、广播、电视等便于公众知晓的方式。在我国,新闻发布会被视为主动公开政府信息的重要平台。国务院新闻办前主任蔡武说道,新闻发言人是"中外媒体报道中国的向导,对于推进政府信息公开任重道远"。[1] 这应是我国《政府信息公开条例》为什么要将新闻发布会规定为公开政府信息重要渠道的原因。政府网站在国务院办公厅关于做好施行《中华人民共和国政府信息公开条例》准备工作的通知当中则被要求建成发布政府信息的第一平台。该通知还要求各级政府部门网站都要开设集中发布政府信息的政府信息公开专栏。这些网站也提供在线申请和搜索等其他便利政府信息公开的功能。

第二个立法保障是各式各样的政府信息公开场所。《政府信息公开条例》第 16 条要求各级行政机关向档案馆和公共图书馆及时提供应该主动公开的政府信息。该要求从制度上保障了我国近十年来开展的档案馆现行文件工作。[2]

---

[1] 宋冰、刘雯:"中国新闻发言人制度日臻完善",载《人民日报海外版》2008 年 11 月 7 日,第 1 版。

[2] 2000 年,深圳档案馆建立了全国首家现行文件查阅中心。截至 2003 年 6 月底,全国共有 480 家档案馆开展了已公开现行文件利用工作。参见管思:"发展快·范围广·形式多——已公开现行文件利用工作述评",载《中国档案》2004 年第 2 期。

《政府信息公开条例》还赋予了公共图书馆在接受应当主动公开的政府信息方面和档案馆同等的法律地位。这解决了近年来图书馆在订阅政府出版物方面所面临的困境。这是因为在2003年，中央政府发布了《关于进一步治理党政部门报刊散滥和利用职权发行，减轻基层和农民负担的通知》。该通知明确禁止摊派发行政府出版物。自此以后，图书馆无法通过邮局这一订阅渠道订阅没有出版号或书号的政府出版物。

第三个立法保障就是《政府信息公开条例》第19条所规定的政府信息公开目录和指南的编制和出版。政府信息公开目录包括政府信息的索引、名称、内容概述、生成日期等内容。该目录有助于申请者递交申请，并且有助于行政机关有效管理政府信息。[1]《政府信息公开条例》还要求行政机关编制政府信息公开指南并及时更新其内容。指南包括政府信息的分类、编排体系、获取方式、政府信息公开工作机构的名称、办公地址、办公时间、联系电话、传真号码、电子邮箱等内容。目录和指南的编制和出版一定程度上体现了政府向社会主动公开政府信息的主观意愿。公众可以通过政府信息公开目录和指南获取有关政府信息管理和存储的基本情况，从而便于其提交政府信息公开申请。

第四个立法保障就是主动公开信息的时间限制。《政府信息公开条例》第18条要求属于主动公开范围的政府信息，应当自该政府信息形成或者变更之日起二十个工作日内予以公开。其他国家的信息公开法很少规定主动公开政府信息的时间限制。该限制的好处是可以避免行政机关拖延应当主动公开的政府信息。

第五个立法保障就是举报机制。《政府信息公开条例》第33条规定公民、法人或者其他组织认为行政机关不依法履行政府信息公开义务的，可以向上级行政机关、监察机关或者政府信息公开工作主管部门举报。举报机制给公众创造了一个协助各级监督机构发现和纠正有违主动公开工作的机会。

最后一个立法保障就是行政处分机制。《政府信息公开条例》第15条规定行政机关不及时更新公开的政府信息内容、政府信息公开指南和目录的，由监察机关、上一级行政机关责令改正；情节严重的，对行政机关直接负责

---

[1] See Michael Tankersley, "How the Electronic Freedom of Information Act Amendments of 1996 Update Public Access for the Information Age", 50 *Administrative Law Review*, 423（1998）.

的主管人员和其他直接责任人员依法给予处分。行政处分机制可以从威慑行政机关的角度促进主动公开工作的顺利开展。

三、我国推出型信息公开法的局限性分析

我国《政府信息公开条例》的主动公开程度受到有缺陷的依申请公开机制、宽泛和模糊的例外规定以及最大化公开原则缺省等因素制约。

（一）有缺陷的依申请公开机制

间接的知情权保障和潜在的申请目的要求在一定程度上限制了依申请公开机制的作用发挥。《政府信息公开条例》的主动公开程度因而受到制约。虽然《政府信息公开条例》允许公众申请政府信息，但是并没有明确授予公众知情权。《政府信息公开条例》通过之前，有关于行政法规是否有赋予知情权这政治权利的立法权限的讨论。[1]另外，我国《宪法》也未对知情权做出明确规定。[2]因此，通过《政府信息公开条例》直接并明确赋予公众知情权的做法似乎并不切合实际。这就造成了知情权在现阶段只能得到间接保护的现实。这种间接保护制约了公众申请政府信息或要求行政机关纠正违反主动公开行为的能力。这可以从知情权是否属于法院应受理的诉讼范围的激烈讨论当中得到阐释。[3]

国际惯例表明信息公开申请人的申请目的不应作为递交政府信息公开申请的限制条件。[4]我国《政府信息公开条例》第13条则明确要求公民、法人或者其他组织根据自身生产、生活、科研等特殊需要，向各级行政机关申请相关政府信息。由此推知，申请目的是作为递交申请的条件之一。虽然有人认为申请目的并不是一个刚性要求。[5]这是因为《政府信息公开条例》第20条第2款就申请人递交申请的内容方面并没有将申请目的作为信息公开申请

---

[1] 参见周云帆："我国政府信息公开立法评析"，载《暨南学报》2005年第6期。

[2] 参见周汉华：《政府信息公开条例专家建议稿》，中国法制出版社2003年版，第16页。

[3] 参见李广宇："政府信息公开行政诉讼的当事人"，载《电子政务》2009年第4期；参见李广宇："政府信息公开行政诉讼的受理问题"，载《人民法院报》2007年5月31日，第6版。

[4] See "The Open Society Justice Initiative, Transparency & Silence: A Survey of Access to Information Laws and Practices in 14 Countries", http://www.soros.org/resources/articles_publications/publications/transparency_20060928/transparency_20060928.pdf, 2009-10-12.

[5] 参见李广宇："政府信息公开行政诉讼的当事人"，载《电子政务》2009年第4期。

提交的内容之一。考虑到各级行政机关可能利用该目的要求拒绝政府信息公开申请，国务院办公厅在关于施行《政府信息公开条例》若干问题的意见通知当中对该条进行了解释。该通知将是否拒绝与本人生产、生活、科研等特殊需要无关的政府信息公开申请的决定权授予了各级行政机关。可以说，目的要求在一定程度上限制了我国的主动公开程度。

（二）笼统和模糊的例外规定

笼统和模糊的例外规定也限制了我国《政府信息公开条例》的主动公开程度。虽然信息公开例外在各国的信息公开法当中都有所规定，但是相比而言，我国的例外规定在笼统和模糊的程度上有过之而无不及。具体可以从如下六个方面得到说明。

其一，表面看来，我国《政府信息公开条例》所涉及的政府信息公开例外的范围远比其他国家来得狭窄。这源于我国立法对例外做出明确规定的只有第14条一条。该条设定了国家秘密、商业秘密和个人隐私三项例外。但细察之，其他例外则笼统包含在《政府信息公开条例》第8条当中。该条排除了涉及危害国家安全、公共安全、经济安全或者社会稳定的信息。应该来说，众多政府信息都可以轻易地通过该条规定被豁免公开。另外，虽然《政府信息公开条例》并没有规定任何可以拒绝政府信息公开申请的行政性理由（Administrative grounds），但是国务院在其关于施行《政府信息公开条例》若干问题的意见通知当中将重复申请列为一项行政性理由，并授权行政机关自主决定是否公开重复申请所指向的政府信息。

其二，信息公开法当中的任何政府信息公开例外都应界定明确并应尽可能缩小范围。[1] 这有助于公开那些并不损害其他任何合法权益的政府信息。我国《政府信息公开条例》当中有关例外的规定并未达到该一标准。第八条所列举的国家安全、公共安全、经济安全或者社会稳定例外使得《政府信息公开条例》当中的信息公开例外内容变得十分宽泛。这些"安全"在《政府信息公开条例》当中并没有明确界定。行政机关很容易利用这些"安全"拒绝政府信息公开申请。包罗万象的国家安全例外无疑将阻碍《政府信息公开条例》的顺利执行。隐私的界定也同样如此。我国立法并没有对此做出明确

---

[1] See Article 19, "Right to Know: Principles on Freedom of Information Legislation", http://www.article19.org/pdfs/standards/righttoknow.pdf, 2009-10-13.

规定。虽然商业秘密在我国的《反不正当竞争法》第 10 条被界定为"不为公众所知悉、能为权利人带来经济利益、具有实用性并经权利人采取保密措施的技术信息和经营信息",但是该定义很容易被用来拒绝公开政府为一方签订的合同信息。

其三,类别式(Class-based)例外指的是一旦所申请的信息落入了一例外条款当中,它就自然被排斥在公开范围之外。[1]该种例外在信息公开法当中应尽量避免。因为该例外很容易造成那些落入例外类别的政府文件当中所涉及的非例外信息也被一并排斥在公开范围之外。我国《政府信息公开条例》大多是类别式例外,其中规定在第 8 条的国家安全、商业秘密和个人隐私都属于该例外。

其四,任意性(Discretionary)例外,而非强制性(Mandatory)例外[2]更应规定在政府信息公开法当中。因前者可以赋予行政机关自由裁量权,以便促使更大范围的政府信息公开。即使所申请的政府信息落入一例外条款,行政机关也可依据实际情况决定是否公开。我国《政府信息公开条例》只规定了强制性例外,而没有规定任何任意性例外。

其五,损害衡量(Harm test)是指落入信息公开法当中公开例外的信息,经行政机关判断,认为公开该信息可能会造成某种特定损害时,从而决定不予公开的一种例外保护机制。[3]虽然我国《政府信息公开条例》规定了在信息公开法当中广泛采用的损害考量,但是只规定了最低标准的损害考量。这是因为《政府信息公开条例》对于那些涉及国家安全、公共安全、经济安全或者社会稳定的政府信息只使用了"危害"一词,并没有附加任何副词,如"实质性"或"严重"来形容损害的程度。对于涉及国家安全、商业秘密和隐私例外,损害考量则一并不予适用。这意味着这些例外属于类别式例外。可以说,我国《政府信息公开条例》主动公开的程度因为这一最低标准的损害考量而受到限制。

---

[1] See Maeve McDonagh, "Freedom of Information Law in Ireland", *Round Hall Sweet & Maxwell*, 84 (1998).

[2] See Maeve McDonagh, "Freedom of Information Law in Ireland", *Round Hall Sweet & Maxwell*, 84 (1998).

[3] See Maeve McDonagh, "Freedom of Information Law in Ireland", *Round Hall Sweet & Maxwell*, 84 (1998).

其六，我国《政府信息公开条例》只规定了特别性公共利益衡量（Special public interest test）。这是因公共利益衡量只适用于商业秘密和隐私例外，而不是所有政府信息公开例外。而将公共利益衡量适用于所有政府信息公开例外的则被称为一般性公共利益衡量（General public interest test）。[1]特别性公共利益考量见诸于澳大利亚、加拿大和英国的信息公开法。新西兰、印度和南非的信息公开法则规定了一般性公共利益衡量。一般性公共利益衡量可以使得那些公众获益超过任何因公开所造成对其他主体的损害的政府信息也能够予以公开。[2]可以说，特别性公共利益考量制约了我国《政府信息公开条例》主动公开的程度。

（三）最大化公开原则的缺省

最大化公开原则（Maximum disclosure principle）的缺省进一步限制了我国《政府信息公开条例》的主动公开程度。国际惯例表明最大化公开原则[3]或公开是原则、不公开是例外应该规定在信息公开法当中。[4]我国《政府信息公开条例》并没有采纳这一能鼓励公开的原则。虽然原先的一些地方政府，如河北、湖北、江苏和辽宁省的政府信息公开规定当中包含了该一原则，但是《政府信息公开条例》最终并没有规定最大化公开原则。温家宝总理曾经提到《政府信息公开条例》其实包含了最大化公开原则，[5]但这无法抹杀该原则不属于法定原则的事实。

最大化公开原则的缺省反映了在公开和保密之间，保密在我国仍旧还享

---

[1] See Barbara McIsaac, "The Nature and Structure of Exempting Provisions and the Use of the Concept of a Public Interest Override", http://www.atirtf-geai.gc.ca/paper-nature1-e.html, 2009-10-12.

[2] See David Banisar, "Effective Open Government: Improving Public Access to Government Information", http://www.olis.oecd.org/olis/2005doc.nsf/0/cb40b8eb18975d01c1256fd300582d2d/$FILE/JT00181243.PDF, 2009-10-13.

[3] See Article 19, "Right to Know: Principles on Freedom of Information Legislation", http://www.article19.org/pdfs/standards/righttoknow.pdf, 2009-10-13.

[4] See "The Open Society Justice Initiative, Transparency & Silence: A Survey of Access to Information Laws and Practices in 14 Countries", http://www.soros.org/resources/articles_publications/publications/transparency_20060928/transparency_20060928.pdf, 2009-10-12.

[5] 参见温家宝："认真贯彻党的十七大精神，大力推进廉政建设和反腐败工作"，载《求是》2008年第9期。

有一定的优先性。[1]因而，《政府信息公开条例》第八条规定了特殊原则。该条要求行政机关公开政府信息，不得危及国家安全、公共安全、经济安全和社会稳定。杨学山指出该条是各级行政机关在公开政府信息时的一个指导性原则。[2]这会鼓励行政机关在处理信息公开申请时，以保密，而非公开为优先衡量标准，尤其在遇到那些可公开也可不公开政府信息的情形。这从另一侧面解释了最大化公开原则没有被我国《政府信息公开条例》采纳的原因。毕竟该条规定和最大化公开原则精神是相违背的。

四、结语

我国注重主动公开的推出型政府信息公开立法是对过去20多年来政务公开工作的归纳和总结，同时也是对改善后的信息流通环境的响应。该推出型信息公开法减弱了依申请公开的重要性，并反映了我国遵循了从推出到拉伸的信息公开发展路径。《政府信息公开条例》当中对主动公开内容的明确列举和一般原则要求有助于各级行政机关的具体执行。但我们也应清醒地意识到，我国《政府信息公开条例》当中的主动公开程度受到各种因素的制约。在未来出台的信息公开法当中，应该去除这些制约，进一步将我国以主动公开为主的推出型信息公开立法向世界推广。

---

[1] 参见陈富智："关于《政府信息公开条例》的几个问题（下）"，载《中国行政管理》2008年第1期。

[2] 参见杨学山："在《政府信息公开条例》专题培训电视电话会上的辅导报告"，载http://www.sc.gov.cn/zt_ sczt/xxgkzt/hyjh/200710/t20071011_ 210292.shtml，最后访问时间：2009年3月15日。

第四章
信息流通视野下主动公开与被动公开关系[*]

摘 要：从普遍认为的加大主动公开可以降低依申请公开数量这一命题出发，论证了该命题在特定条件下是成立的，即加大应主动公开政府信息和经常被申请政府信息的主动公开对降低依申请公开数量是有帮助的；而加大节选式的主动公开以及忽视主动公开质方面的提升并不会降低依申请公开数量。为此，提出应遵从可到达、可找到、相关性、可理解性、免费、更新及时性六大原则提升主动公开信息的质量，从而真正减少政府部门依申请公开数量。

以被动公开或依申请公开为主的信息公开法律盛行于20世纪60年代到80年代的西方民主国家。随着信息技术的推进，各国开始改革原先以被动公开为主的信息公开法律，转向更多关注主动公开。[1]这是因为大家普遍认为加大主动公开可以降低依申请公开数量。美国总统奥巴马上台后也要求其政府部门主动公开政府信息，而不必被动地等待公众申请后才去公开政府信息。[2]国务院办公厅在其2010年下发的《关于做好政府信息依申请公开工作的意见》当中也认为，主动公开政府信息可以大大减少依申请公开数量。新西兰

---

[*] 本章成果已在《电子政务》2013年第2期上发表，题目为《主动公开与被动公开关系探析》。
[1] 参见肖卫兵："论我国有局限的推出型信息公开法"，载《行政法学研究》2010年第3期。
[2] See Barrack Obama, "Memorandum for the Heads of Executive Departments and Agencies", http://www.whitehouse.gov/the_press_office/Freedom_of_Information_skt/, 2009-01-21.

官员认为虽然主动公开是有成本的，但却可以减少依申请公开数量，从这点来说是值得的。但留给我们的疑问是，大家的这种传统观点是否站得住脚？如果站得住脚，是基于什么条件下而言的？如果站不住脚，那又是基于什么原因？本章试就主动公开和被动公开之间的内在真实关系进行探讨。

一、特定条件下加大主动公开有利于降低依申请公开数量

在特定条件下，加大主动公开可以降低依申请公开数量。这其中一个特定条件就是政府在加大了那些本应主动公开的政府信息后，对降低额外增加的申请应主动公开政府信息的量是有帮助的。另外一个特定条件就是有些政府信息，虽然不属于政府应主动公开，但是经常被申请，如果这时政府将之转化成主动公开类政府信息，结果是可以降低依申请公开数量的。

（一）落实主动公开义务，降低依申请应主动公开政府信息数量

那些本应主动公开的政府信息，如果政府部门不公开或做得不够好，依申请公开数量的降低是无法实现的。在欧洲，记者们向各国政府申请涉及每年550亿欧元的农业补贴开支方面的信息，丹麦在2004年决定主动公开该政府信息，英国随后在2005年跟进。这些农业补贴信息最终被欧盟要求主动公开，公开内容包括每一个享受到农业补贴的农民或公司。[1]

《政府信息公开条例》实施四年来，各地从不同群体涌现了一批针对应主动公开的政府信息的申请。这些针对应主动公开的政府信息的申请，如果政府部门在主动公开义务方面履行得好，是完全可以减少这些依申请公开信息的数量的。这其中法律从业者通过信息公开申请成为了纠正违反政府部门主动公开义务行为的主要力量。徐建国律师所申请的涉及主动公开的政府信息赢得了法院和湖北省政府的支持。[2]他向湖北黄州区交通局递交了一份申请告知该局机关机构设置、职能、办事程序、摩托车养路费征收的标准和办理程序、违规处罚的程序和处罚标准、罚没资金的收支情况等政府信息。所申请的这些信息有一大部分是纳入到主动公开范围的。而黄州区交通局迟迟不

---

[1] See Helen Darbishire, "Proactive Transparency: The future of the right to information?", http://wbi.worldbank.org/wbi/document/proactive-transparencythe-future-right-information，2010-03-01.

[2] 参见田豆豆："政府部门首次败诉"，载《人民日报》2008年10月10日，第10版。

予答复，结果被法院判行政不作为。清华大学法学院程洁副教授在2008年6月12日向国家地震局申请公开地震烈度分布信息。[1]她的申请或许促使了国家地震局主动公开该信息，国家地震局放弃了原先要求市民购买的想法，而主动于8月29日向社会免费公开了地震烈度分布信息。[2]

普通市民从保护自身利益出发通过信息公开申请也成为迫使政府部门纠正其违反主动公开义务行为的重要力量。江苏省南通市如城镇新王庄村民周某递交的涉及房屋拆迁许可等法律文件的信息公开诉讼请求得到了法院支持。[3]他向南通市建设局申请拆迁许可证及取得拆迁许可证的五项必备材料。这些材料依法落入了主动公开的政府信息，南通市建设局直到被告上了法院才予以公开。谢某向河南省许昌发改委申请生猪养殖补贴政策方面属于应主动公开政府信息，因为政府部门的不主动公开导致信息公开申请，并引起法律纠纷。[4]

最值得一提的是，个别企业管理人员出于自己的专业兴趣申请应当主动公开的公共预算信息，为推动我国公共预算公开起到了积极作用。深圳君亮资产管理公司首席执行官吴君亮和他的公共预算观察志愿者团队，在《政府信息公开条例》实施后，向中央部委、深圳、北京、上海等提出了众多涉及公共预算的信息公开申请，各部门和地方政府大多以国家机密的理由拒绝公开，只有深圳市政府首次同意了其申请。之后，卫生部、民政部、国家环保总局先后向他们提供了部门预算信息。公共预算信息从依申请公开向主动公开的转变来自被大家称为"预算公开年"的2010年。2010年3月23日，在国务院第三次廉政工作会议上，温家宝总理提到要完善财政预算制度，推进预算公开透明。3月25日，财政部在其官方网站公开全国人大刚刚审议通过的2010年中央财政预算数据，在2009年首次公开中央财政预算四张表格的

---

[1] 参见李虎军："清华学者申请公开汶川地震烈度信息"，载http://www.caijing.com.cn/2008-06-13/100069541.html，最后访问时间：2011年6月10日。

[2] 参见中国地震局震灾应急救援司："汶川8.0级地震烈度分布图"，载http://www.cea.gov.cn/manage/html/8a8587881632fa5c0116674a018300cf/_content/08_08/29/1219979564089.html，最后访问时间：2011年6月10日。

[3] 参见陈洪、万有富："南通首例政府信息公开类行政案件结案"，载http://www.rugao.gov.cn/html/2008/08/20080818094116-1.htm，最后访问时间：2008年8月18日。

[4] 参见和忠、卜景丽："河南首例政府信息公开行政诉讼案庭外和解"，载《工人日报》2008年8月28日，第6版。

基础上，把公开的范围增加到十二张预算表。随后，广东省首开省级政府先河，首次向社会公开经广东省人大审议通过的2010年省级一般预算收支表等。国土资源部成为第一个向社会公开部门预算的中央部委。[1]财政部也多次发文，如《财政部关于进一步推进财政预算信息公开的指导意见》《财政部关于进一步做好预算信息公开工作的指导意见》《关于深入推进基层财政专项支出预算公开的意见》，用以推进财政预算主动公开工作。目前财政预算主动公开工作在各地如火如荼进行。可以说，中国财政预算主动公开走到今天这一步，离不开像吴君亮等民众通过信息公开申请所起的推力作用。而反过来想，财政预算信息本应是各级政府部门主动公开的信息，如果政府在这些本应主动公开政府信息方面做得好，民众就不会针对该类政府信息提出过多的信息公开申请了。

（二）将经常被申请的政府信息转为主动公开信息，降低依申请公开数量

《政府信息公开条例》规定了主动公开的四项一般标准和最低标准。[2]这些标准并没有就被动公开信息在何种情况下应向主动公开转变作出规定。这种转变在国家和地方相关文件当中有所涉及。如上海在其2004年下发的《关于进一步做好政府信息公开工作的意见》当中就提到，对市民申请频率较高的文件要及时转为主动公开信息。这里用了"文件"，而不是"信息"。文件相比信息来说，范围要小得多。国务院办公厅在其2010年下发的《关于做好政府信息依申请公开工作的意见》当中也提到，要通过主动公开减少对同一公共性政府信息的一再申请。这里用的是"政府信息"，不过只限定在"公共性政府信息"。究竟何为"公共性政府信息"，则没有具体解释。和上海颁布的文件一样，两个文件都没有提到这个一再申请的频率或次数到底是多少。

墨西哥信息公开法第7条要求政府部门通过明确公众经常申请的政府信息，并将这种和公众相关以及对公众有用的政府信息主动公开。1996年修改后的美国信息公开法更是增加了一条被动公开信息向主动公开信息转化的规

---

[1] 参见严丽梅："吴君亮预算公开凿冰人"，载《羊城晚报》2010年4月3日，第A08版。
[2] 参见肖卫兵："论我国有局限的推出型信息公开法"，载《行政法学研究》2010年第3期。

定。该法第522（a）（2）（D）条要求政府部门将那些已经被或有可能今后会经常被申请的政府信息（Frequently requested records）转为主动公开政府信息。虽然这里并没有明确次数和政府信息属性，但按照美国司法部的解释是三次以上。[1]美国司法部还要求政府部门应定期审查这些被列为经常被申请的政府信息在经过一段时间后是否还具有必要性，[2]即应考虑到这些经常被申请政府信息是动态变化的。为落实该条款，美国联邦各政府部门网站还专门设立相关网页，用以公开那些经常被申请的政府信息。

可以说，一旦有了这种转化规定并将这种转化固定为政府部门的一项法定义务，对降低依申请公开数量是有很大帮助的。这种转化也是来自政府部门和信息公开申请主体之间的互动。正是不同申请主体的多次申请同一类信息，给了政府部门启发，转向一种节省大家时间和精力的主动公开。不过，这种转化更多是事后的。这是因为政府部门只有在收到了来自不同主体的指向同一政府信息的申请以后，才能决定将该类政府信息转为主动公开信息，以便减少未来类似的申请；并且该经常被申请的政府信息有可能随着时间的推移而不断变化，政府部门需要根据这些变化而对经常被申请政府信息进行调整。

二、有条件加大主动公开并不会降低依申请公开数量

至少有两种情形可以说明加大主动公开并不会降低依申请公开数量。一方面由于政府提升了主动公开水平，结果反倒给民众提供了更多政府信息方面的指引，结果招致更多的依申请公开数量；另一方面，由于政府机械地理解加大主动公开，即采用的只是将更多的政府信息放在政府网站上这种简单做法，而没有考虑提升主动公开信息的质量，没有考虑到民众的具体信息需求，从而无法降低依申请公开数量。

（一）节选式地加大主动公开创造了更多依申请公开数量

有政府部门提到，为响应上级部门号召，在自身政府网站上加大了主动

---

[1] See Department of Justice, "Guide to the Freedom of Information Act Proactive Disclosures", http://www.justice.gov/oip/foia_guide09/proactive-disclosures.pdf, 2009-09-30.

[2] See Department of Justice, "Guide to the Freedom of Information Act Proactive Disclosures", http://www.justice.gov/oip/foia_guide09/proactive-disclosures.pdf, 2009-09-30.

公开量。而结果却是本部门信息公开申请量不降反升。这是由于主动公开的加大透露了一些本机关还拥有民众想不到的其他政府信息的线索,民众依据这些线索递交了他们的信息公开申请。这说明原本设想通过加大主动公开降低依申请公开数量的愿景落空。造成这种情况出现的原因是因为很多时候政府部门的主动公开做不到全文公开。这种"你让我喝,却不让我醉"的节选式主动公开最终结果只会适得其反。

(二) 不照顾到主体需求的主动公开量加大不会降低依申请公开数量

机械式地加大主动公开,即只注重提升主动公开的量,而不考虑到民众对政府信息的需求和使用习惯,很难通过加强主动公开降低依申请公开信息的数量。而如果连主动公开的量都没能上去,更不好说会降低依申请公开数量了。第一,现如今,主动公开的多是公文类政府信息,而这类政府信息数量很有限,民众更多对非公文类政府信息感兴趣,所申请的政府信息也主要是针对这类信息。第二,只提升了主动公开量,而不注重主动公开渠道的多样性,从而照顾不到不同民众获取该主动公开政府信息的习惯,[1]也不会降低依申请公开数量;即使通过政府网站公开了各种主动公开的政府信息,如果不能提供强大的搜索功能,民众也很难搜索到需要的政府信息,从而依然无法降低依申请公开数量。第三,如果主动公开的政府信息照顾不到民众的信息需求并按照民众消费政府信息的习惯出发进行编排,降低民众依申请公开数量的期望也无法实现。第四,如果主动公开政府信息不是免费的,也无法降低民众对依申请公开的热情。第五,主动公开政府信息不是一时之功,如果不注意到及时更新,也对降低依申请公开数量无益。

三、可降低依申请公开数量的主动公开措施

提升主动公开质量是降低依申请公开数量的根本。提升质量不仅要求政府要加大主动公开的量,而且还要从便民角度,做到主动公开政府信息的可到达、可找到、相关性、可理解性、免费及更新及时性。[2]要提升主动公开

---

[1] See Brian Elwood,"Report of the Chief Ombudsman Sir Brian Elwood on Leaving Office", http://www.ombudsmen.govt.nz/cms/imagelibrary/100172.pdf,2003-06-23.

[2] See Helen Darbishire,"Proactive Transparency:The future of the right to information?", http://wbi.worldbank.org/wbi/document/proactive-transparencythe-future-right-information,2010-03-01.

的质量，就必须回答：如何确保主动公开的政府信息及时传递到公众中；如何将主动公开政府信息放到易于被找到的地方；如何组织主动公开政府相关信息，使之和公众紧密相关；如何确保全文公开时，关键信息能以一种容易理解的方式被呈现；主动公开政府信息是否应免费；如何确保主动公开。[1]只有如此才能真正实现通过提升主动公开降低依申请公开数量的愿景。

要确保主动公开的政府信息传递到公众中，就必须考虑除了政府网站之外还需要提供其他方式推进政府信息主动公开，如将政府公报放到图书馆、档案馆、邮局、书报亭等政府信息查阅点。以上海为例，上海不仅遵照《政府信息公开条例》要求，在档案馆和图书馆设置政府信息查阅场所，配备相应的设施、设备，为民众获取政府信息提供便利；而且要求建立健全政府公报制度，市政府公报通过指定的书报亭、书店、邮局免费向公众发放，并在档案馆、图书馆免费供公众查阅。另外，新闻发布会、公共查阅室、资料索取点、信息公告栏、电子信息屏等渠道都确保了不同群体对主动公开政府信息的获取。

要将主动公开政府信息放到它能被找到的地方，其他一些便民网点，如图书馆和档案馆等并没有太多技巧而言。而对于政府信息发布第一平台的政府网站而言则有所讲究。各国在这方面的探索也很多。英国采用的是各个政府部门在自身的政府网站主页上提供一政府信息公开专栏，在该专栏里就有先前政府信息公开申请答复书复件，也有显示向该政府部门申请最多的政府信息。将申请答复书主动公开是一项可以降低依申请公开数量的很好方式，也是大家极力倡导的方式。[2]在匈牙利，政府则提供了一个主动公开政府信息的一站式入口。该一站式入口并不具体提供主动公开政府信息，民众可以通过该入口进入到相应政府部门的网页并浏览到相关的主动公开信息。墨西哥的做法最为先进，它将所有应主动公开的政府信息汇聚到一个网站上，并提供搜索功能。

除将主动公开政府信息放到易于被找到的地方之外，还要确保其相关性。即所提供的主动公开政府信息应是吻合公众的信息需求的。要按照信息主题，

---

[1] See Helen Darbishire, "Proactive Transparency: The future of the right to information?", http://wbi.worldbank.org/wbi/document/proactive-transparencythe-future-right-information, 2010-03-01.

[2] See Greg Terrill, "Individualism and Freedom of Information Legislation", *Freedom of Information Review*, 87 (2000), p.31.

如按照组织类型、服务种类、生活事件、政策问题等进行信息编排，而不是按照政府部门自身的分类进行，毕竟要求民众熟知每个政府部门具体做什么和不做什么是非常困难的。在确保了相关性后，则要考虑到关键信息能以一种容易理解的方式被呈现。这一方面需要政府部门用民众易懂的语言或存在多种官方语言，用多种语言方式呈现主动公开政府信息。另一方面，还需要增设按照具体事务分类的公开目录，以便于公众理解，从而有助于与原有的按照部门和公文体裁分类的模式之间的转换。在实现如上功能后，主动公开政府信息的收费就提上了议事日程。一般来说，主动公开的政府信息应该是免费的，申请人如果索要主动公开政府信息复制件的，受理机关可以按实际支出进行收费。不过我国的情况是对提供主动公开信息时一律不能收费，迈得步伐更大。依据是财政部和国家发展改革委颁布的《关于提供政府公开信息收取费用等有关问题的通知》。该通知规定行政机关通过政府公报、政府网站、新闻发布会以及报刊、广播、电视等形式主动提供政府公开信息，一律不得收取任何费用。这就意味着提供主动公开信息时不能收费。为避免因费用收取导致纠纷，行政机关的变通做法告知申请人到相应网址查询。但实际情况是有申请人不能上网，反倒给申请人造成麻烦，不甚便民。实际上，规定在提供主动公开信息时，如申请人提出由行政机关提供复制件的，完全可以收取成本费用。这样做法反倒更加便民。最后一个是主动公开政府信息更新的定期性以及及时性。通过定期和及时更新，方便民众通过主动公开途径获取最新信息。

四、结语

大家普遍认为加大主动公开可以降低依申请公开数量。该命题在特定条件下是成立的，即加大应主动公开政府信息和经常被申请政府信息的主动公开对降低依申请公开数量是有帮助的。而加大节选式的主动公开以及忽视主动公开质量方面的提升并不会降低依申请公开数量。这就需要从可到达、可找到、相关、可理解、免费和更新及时六大原则提升主动公开质的质量，从而真正减轻政府部门依申请公开数量。

我国侧重主动公开的信息公开立法特征[1]决定了我们更应在提升主动公

---

〔1〕参见肖卫兵："论我国有局限的推出型信息公开法"，载《行政法学研究》2010年第3期。

开的质量上下足功夫。如果真能做到凡是《政府信息公开条例》规定应该公开、能够公开的事项，都能及时、全面、主动地公开，也能主动公开那些经常被申请的政府信息，再结合提升主动公开质量的六大原则进行主动公开，则降低依申请公开信息数量的愿景是可以实现的。

信息流通视野下我国政府信息公开制度实施*

> **摘　要**：通过对上海市 A 区信息公开三年数据的实证分析，得知我国《政府信息公开条例》实施以来虽然取得了一些成绩，但是在实施过程中也遇到了一些瓶颈制约。破解之策就是改变传统思路，从信息流通这一全新角度系统改善政府信息公开制度的实施。这就要求将被动公开视为一种信息流，放在一国信息环境当中进行审视，并从主动公开、内部公开和外部公开对被动公开影响以及从被动公开本身角度提升政府信息公开法律实施成效。

自《政府信息公开条例》实施以来，各地在政府信息公开工作方面进行了积极探索，取得了突出成绩并且积累了丰富经验，但也遇到了不少困惑。本章选中上海市 A 区作为调研主体，实证分析该区政府信息公开工作开展三年来（2009 年 7 月 1 日到 2012 年 6 月 30 日）所保存的政府信息公开数据和多次调研座谈，总结出我国在政府信息公开制度实施方面所面临的挑战。基于此提出一些提升我国政府信息公开制度实施方面的对策建议，为全国层面政府信息公开实践提供指引。

---

* 本章成果已在《中国行政管理》2014 年第 7 期上发表。题目为《信息流通视野下的政府信息公开制度实施：以上海市 A 区为例》。收录时有删减。

一、政府信息公开制度实施以来的挑战分析

《政府信息公开条例》实施以来,各地在推进政府信息公开工作方面做了很多有益探索,但同时也遇到了政府信息公开申请量大幅增加、申请处理的成效不甚理想等方面的挑战,急需创新理念,缓解现有困境。

(一)依申请公开成为政府信息公开工作的重心

依申请公开,而不是主动公开成为各部门政府信息公开工作的重心,从而影响到了可降低依申请量的主动公开工作机制创新。这主要是因为政府信息公开申请量呈快速上升趋势。从上海市A区情况来看,受理的政府信息公开申请从第一年度的1399件上升到第三年度的2867件。申请量增加了105%。申请量迅速增加所带来的影响不可忽视。包括答复、复议、诉讼在内的依申请公开工作已经影响到信息公开受理机构核心职能的发挥。即使同是政府信息公开工作,由于申请量的逐年增加导致政府信息公开工作人员分不出多余精力系统思考有利于降低申请量的主动公开工作。现有的侧重有文号的政府信息主动公开工作越来越满足不了公众日益增长的信息需求。未经通盘考虑的零星的主动公开结果不是降低政府信息公开申请,反倒增加申请量。

(二)申请来源十分集中,服务群体趋向单一化

上海市A区三年共有6025件有效申请,其中来自个人的申请占了86%,来自公司的占了7%,来自其他主体的,包括业委会、政府机关、非政府组织,占了剩余的7%。公司作为第二大主体,却只占7%的申请量。尤其突出的是,11个来自市民的申请人成了"申请专业户",占了全部申请量的32%,共有1929件。申请量最多的一位申请人的申请量占了30.2%,其他人的申请量都在70件以上。这些人当中的一半以上申请数量逐年上升。虽然这些申请专业户对推进依法行政有一定的积极作用,但是来自公司等其他申请来源的比例偏低以及申请专业户的出现,限制了政府信息公开机制实际价值的发挥。

表 1　申请专业户申请量汇总

年度	A	B	C	D	E	F	G	H	I	J	K
2009-2010	3	0	52	135	1	0	76	41	5	41	0
2010-2011	56	125	5	37	124	36	1	8	34	8	24
2011-2012	57	466	62	55	170	98	22	24	39	24	100
2009-2012	116	591	119	227	295	134	99	73	78	73	124

（三）受理机构十分集中，部分机构不堪重负

从上海市 A 区的实际情况来看，包括规土局等 10 个行政机关占了 89.16% 的申请量。其中超过 1000 件申请的有规土、建交和环保部门，名列前三。这些数据说明：一是规土局和建交委的申请量三年来各翻了 4 倍和 3 倍，申请负担增加不少。二是三年中前十名每年所占的申请量基本在 90% 左右，并且还呈上升趋势。三是委办局的申请明显比街镇的要多，前十名当中街镇只占两席。受理机构十分集中的情况意味着申请所指向的政府信息也十分集中，即大多指向和房屋动拆迁等基本建设相关的政府信息。

表 2　申请量前十部门列表

部门	2009-2010	2010-2011	2011-2012	2009-2012
规土局	193	519	812	1524
建交委	303	407	675	1385
环保局	350	240	477	1067
区政府	182	136	275	593
发改委	171	100	156	427
财政局	9	35	64	108
1 镇	0	36	70	106
2 镇	8	1	79	88
审计局	6	30	38	74
档案局	18	13	31	62

(四)同意公开比例逐年下降

上海市 A 区的情况显示同意公开比例从第一年度的一半以上（51%）下降到 34%。调研当中，就有政府信息公开工作人员困惑：随着政府信息公开工作的推进带来了政府透明度的提升，同意公开的答复比例应该上升才对，怎么不升反降了呢？其中部分原因应是申请人申请信息的深化，不再满足于一些政策法规方面的信息。也有部分原因是未从便民利民的服务角度处理政府信息公开申请。

(五)部分公开比例占比低

上海市 A 区的情况是，在总计 6025 件答复总量当中，只有 38 件答复是部分公开，占比 0.63%。三年来的数据还说明，部分公开答复数并没有因为答复总量的上升而同方向上升，反而有下降的趋势。原因之一是部分公开对政府信息公开工作人员专业要求较高，投入的精力也更多。现有政府信息公开工作人员业务水平不足以支撑部分公开机制的有效发挥。另外，也有人认为经涂黑后的部分公开过于难看，从而倾向于全部不予公开，但是要意识到，相对全部不予公开而言，部分公开一定程度上更有可能满足申请人的信息需求。

(六)非属法定信息公开例外理由答复占比高，并呈上升趋势

非属法定信息公开例外理由是那些除了个人隐私、商业秘密和国家安全等信息公开法律中的法定例外之外的理由。这些理由和法定信息公开例外一样，都是用来答复来自申请人的信息公开申请。一系列非属法定信息公开例外理由的不予公开答复在我国《政府信息公开条例》实施后产生。这些理由包括非政府信息、信息不存在、非政府信息公开申请、非本机关公开职责权限范围、重复申请和不符合三需要。从上海市 A 区三年来的数据分析得知，这些基于非属法定信息公开例外理由的不予公开答复占了答复总量的 53.1%，远远大于基于法定信息公开例外理由所作出的不予公开答复，后者只占 4%。另外，在所有非属法定信息公开例外答复种类中，信息不存在和非本机关公开职责权限范围答复所占比重最大，都超 1000 件，占所有答复总数的 36.57%。

表 3　三年来信息公开答复类型对比

答复类型	2009-2010	2010-2011	2011-2012
同意公开答复量	51%	50%	34%
非属法定信息公开例外答复量	46%	48%	60%
信息公开例外答复量	3%	2%	6%

注：同意公开包括全部公开和部分公开。

非属法定信息公开例外答复比例偏高背后意味着一方面公众对政府部门的运作非常不熟悉。经常存在投错了部门，使用了一些不规范的术语的情形。实践过程中申请人用拆房许可证代替拆迁许可证，或者用建设工程许可证代替建设工程施工许可证或规划许可证，还有就是用法定代表人代替部门负责人称谓进行申请。这种情况会随着公众对政府信息公开的知晓度的提升而更加突出。

(七) 政府信息公开工作中存在部门割据思维

国际经验表明，政府信息公开工作做得好不好更多依赖政府的意愿和能力。[1]而政府的意愿和能力又取决于政府意识到政府信息公开是所有政府工作人员的责任，而不仅仅是若干政府信息公开工作人员的责任。[2]但是实际调研情况反映出领导人重视程度不一、部门存有割据思维以及政府信息公开工作人员本身也存有问题。

一是部门负责人公开意识对政府信息公开工作影响很大。有些部门因为出现了政府信息公开诉讼案件而提升了对政府信息公开工作的重视度。但也有部门领导在遭遇到申请专业户后降低了其原先想主动公开的意愿。二是各部门对政府信息公开工作看法不一，没有形成统一认识，存在部门割据思维。政府机关工作人员内部存在将政府信息公开工作视为单是信息公开受理机构的事情，而不是作为一个整体的政府面对公众的事情。结果影响到政府信息

---

〔1〕 See Xiao Wei-Bing, *Freedom of Information Reform in China. Information Flow Analysis*, London: Routledge, 2012, p. 12, p. 122.

〔2〕 See Barack Obama, "Transparency and Open Government: Memorandum for the Heads of Executive Departments and Agencies", http://www.whitehouse.gov/the_press_office/Transparencyand Open Government, 2013-08-20.

公开工作的质量。三是信息公开工作人员本身现存问题也值得重视。一对一的被动服务方式降低了信息公开工作人员对待该项工作的热情。原本以为是一种为老百姓谋服务的制度，三年下来发现所服务的对象经常是那些申请专业户，和理想状态下体现服务宗旨的政府信息公开有所偏差，进而对该项工作的实际价值产生了怀疑。

二、信息流通理论与新形势下的政府信息公开

（一）传统理论在指导政府信息公开法律实施上的缺失

从国际上看，政府信息公开领域的整体理论研究水平不高。[1]达曲（Darch）和安德伍德（Underwood）指出政府信息公开研究理应将注意力从过去停留在描述性的案例分析上转移到更多的理论分析层面。责任缺失和全球化是两种用以解释全球政府信息公开现象的常规模型。前者主要用来解释二十世纪九十年代以前发生在老牌自由民主国家，如美国、澳大利亚、新西兰和加拿大的政府信息公开改革浪潮。[2]后者则是用来解释最近20年来，尤其是二十一世纪以来发生的政府信息公开改革浪潮。[3]这两种传统的理论模型都只是就信息公开谈信息公开，从静态、微观角度指引政府信息公开法律实施，而没有为政府信息公开法律实施提供契合信息社会和政府转型需要的明确指引。因此，没有新的可以从动态和宏观角度指引政府信息公开法律实施的理论模型，就无法提升政府信息公开法律实施成效。

（二）信息流通理论概述

信息流通理论就是一种可以弥补常规模型缺失的新的理论。从实践角度来讲，信息流通理论就是运用动态、宏观和服务方法，分析一国信息环境当

---

[1] See Colin Daren, Peter Underwood, "Freedom of Information Legislation, State Compliance and the Discourse of Knowledge: The South African Experience", *The International Information and Library Review*, 37 (2005), p. 80.

[2] See Colin Bennett, "Understanding Ripple Effects: The Cross-National Adoption of Policy Instruments for Bureaucratic Accountability", *Governance*, 10 (2002).

[3] See Thomas Blanton, "The Openness Revolution: The Rise of a Global Movement for Freedom of Information", *Development Dialogue*, 1 (2002).

中各种信息流间相互作用,研究信息公开法律实施问题的理论模型。[1]首先,一国信息环境由各种信息流构成。信息流通是一国信息环境赖以存在的根基。简单来讲,一国信息环境由四种信息流构成:(1)从政府到公众信息流或称主动公开;(2)从公众到政府信息流或称被动公开,也称依申请公开;(3)政府间信息流或称内部公开;(4)公众间信息流或称外部公开。其次,这四种信息流相互作用并相互影响。这是我们审视一国信息环境改变的重要准绳。一种信息流的通畅或不通畅对其他信息流具有潜在的积极或消极影响。主要体现在如下三点:(1)主动公开信息流水平的提升有助于被动公开信息流的通畅,反之亦然;(2)外部公开的改善有助于主动公开和被动公开信息流水平的提升;(3)内部公开的提升有助于通畅被动公开信息流。

国际上对于政府信息公开的理解更多地将之严格限定在从公众到政府间的信息流,即主动公开和被动公开上,而其中的被动公开更是受到格外关注。信息流通理论允许我们扩大视野,从和被动公开紧密相关的其他信息流上探究其他信息流对狭义上的政府信息公开,即被动公开所起到的作用。信息流通理论合理解释了我国政府为何通过政府信息公开法。[2]我国政府信息公开法律的实施也需要从我国信息环境下的各种信息流间相互关系进行研究。

(三) 适用信息流通理论的若干思路

传统理论在指导政府信息公开法律具体实施方面的缺陷需要信息流通这样新的理论予以弥补。弥补策略就是将被动公开视为一种信息流,放在一国信息环境当中进行审视,并从主动公开、内部公开和外部公开对被动公开影响以及从被动公开本身角度提升政府信息公开法实施成效。这种适用具有如下三个特征。

一是从宏观角度提升政府信息公开法实施成效。这不同于以往的就信息公开谈信息公开的做法。被动公开工作只是信息公开工作的一小部分,绝不是全部。被动公开工作也不能是信息公开工作的重心,如果将被动公开工作理解成信息公开工作的全部和重心,信息公开工作不可能做得好。信息公开实施成效也很有限。宏观角度要求将被动公开视为一种信息流,从推进和被

---

[1] 这可算是2.0版本的信息流通理论,主要用于分析我国信息公开制度的实施效果。

[2] See Xiao Wei-Bing, *Freedom of Information Reform in China. Information Flow Analysis*, London: Routledge, 2012, p. 12, p. 122.

动公开紧密相连的其他信息流提升政府信息公开水平，而不单纯从被动公开本身谈推动问题。

二是从动态角度提升政府信息公开法实施成效。关注的重心是信息流通。政府间、公众间、政府和公众间信息流通水平是信息公开工作最需要关注和突破的。目前的关注重心侧重在信息，但要知道从信息流通角度来看，无论是信息不存在还是非政府信息结果都是信息不公开或信息不流通，这支信息流不流通会导致其他信息流不流通或乱流通。

三是从服务角度提升政府信息公开法实施成效。光从依法角度决定政府信息是否公开并不能取得最佳效果。除了从立法上为畅通信息流通进行通盘考虑外，还需要充分发挥受理机构的自主性，从依服务这种便民惠民角度进行公开。各级政府部门不能仅仅因为合法而不予公开，还需要积极发挥自由裁量决定是否公开。[1]依服务方式和依法方式是各国政府实施信息公开法律的两种主要方式。[2]依服务方式倚重指引、调解、协商和沟通交流等便民方式解决在信息公开法律实施过程中所遇到的问题，处处从服务的角度将自己放在信息需求者里面看待，强调信息公开过程中"你中有我，我中有你"的合作。依法方式则倚重从法律规定和正规的法律程序解决所遇到的和信息公开法实施有关的问题，处处从法律角度将自己放在信息需求者对立面看待，强调信息公开过程中"我是我，你是你"的对抗。依服务方式并不是不依法，而是在依法的前提下促进更高程度和更大范围的信息公开。

三、在信息流通理论指导下提升政府信息公开工作

（一）在依法前提下采取依服务方式提升被动公开处理成效

做到在依法前提下采取依服务方式提升被动公开处理成效，需要从如下四点着手：

一是增强灵活性和变通性，克服只提供信息，不负责加工或整理[3]的所

---

[1] See Department of Justice, "Discretionary Disclosure and Waiver", http://www.justice.gov/oip/foia_guide09/disclosure-waiver.pdf, 2013-08-20.

[2] See Rick Snell, "Constructing a Field: Commonwealth FOI Studies", Comparative Administrative Law Lecture, 2009.

[3] 参见吴偕林：“政府信息公开行政诉讼有关问题的思考”，载《电子政务》2009年第4期。

谓"依法"的意识。依服务方式注重信息提供的质量，这就要求提升公开信息的完整性以及基于完整性所带来的真实性。我们大家熟知的一项原则，即公开是原则，不公开是例外，就是从量上对政府信息公开提出的最高要求。依服务方式隐含着任何信息都可公开的假定，一项依法落入政府信息公开例外而不能公开的政府信息也可从服务的角度得以公开或者通过提供摘要的方式公开。[1]对于申请人申请关于自身建议得到领导批示方面的原件信息，由于有时候该批示信息被定为密级而无法公开，但是却有必要通过摘要的描述性告知方式提供给申请人。

二是强调和申请人的沟通交流，克服被动处理信息公开申请习惯。在答复前和申请人的沟通交流尤其重要，沟通交流可以达到引导公众的目的，该目的的实现是为了通过明确申请人真正需要的基础上，尽量减少信息不存在、非政府信息公开申请等非属法定信息公开例外答复。事前的沟通交流还可以避免不必要纠纷。对于一些个案，如字迹潦草，申请内容不明确，如果事前不沟通的话，一味地发补正申请，恐怕很难赢得申请人的理解。

三是在任何情形下都考虑是否使用部分公开机制决定那些依法不能公开的政府信息。目前部分公开答复比例偏低。虽然部分公开对信息公开工作人员的专业要求很高、精力投入很大、一定程度上还有一些技术操作上的问题，但是即使是部分公开，也是公开，是行政机关深思熟虑后的结果。这完全不同于那种冷冰冰的不予公开答复。

四是加强便民答复，减少不必要的纠纷。便民答复对于那些非属法定信息公开例外的答复更为重要。申请人所填写的申请内容或所填写的文件名称会和政府所使用的术语或文件的真正名称有差别，如果事先的沟通交流无法改变申请人变更申请内容的话，答复时的便民措施就显得尤为重要。另外，民众对向哪个部门申请存在困惑，经常犯错，这就需要政府提供制作单位的联系信息，行政机关即使不知道，也可以通过内部问询得知。

(二) 从主动公开角度提升政府信息公开法实施成效

主动公开一方面可以减少依申请公开的数量；另一方面也可以使政府信息

---

[1] See Steve Price, "The Official Information Act 1982: A Window on Government or Curtains Drawn?", http://www.medialawjournal.co.nz/downloads/OP_Price.pdf, 2013-08-20.

服务于大众，而不是个别申请主体。[1]要做到降低依申请公开量的主动公开，就需要做到：

一是建立集主动公开政府信息一站式入口的政府信息公开资源服务平台，供公众通过该入口浏览到所有政府部门主动公开的政府信息。该一站式平台还需要提供强大的搜索功能，方便使用者快速找到所需要的政府信息。对于主动公开政府信息要用不对公众再使用政府信息设置任何障碍的开放格式在线公开。二是形成被动公开向主动公开政府信息转化的科学机制。一般来说，对于那些被不同申请人申请超过三次的政府信息，就完全可以转为主动公开政府信息，使其惠及大众。[2]行政机关也可基于自身的判断，将那些可能会被频繁申请的政府信息转为主动公开信息。甚至像澳大利亚那样，经过一个申请人申请过并且同意公开的公共信息，都全部将之自动转为主动公开信息。另外，还可以在一站式平台里公开具有典型意义的政府信息公开申请答复书，以及显示被申请人申请频率从高到低的政府信息排行，供潜在申请人浏览。

（三）从内部公开角度提升政府信息公开法实施成效

政府信息公开工作离不开内部公开这支信息流。促进内部公开信息流通水平，就需要：

一是通过领导人重视，树立政府信息公开不是一个主管部门的事情，而是全政府的事情和需要，需要全体工作人员的配合。面对政府信息公开申请时，各部门需要配合政府信息公开受理部门做好信息公开申请办理流转单工作，以便合理应对信息不存在答复。政府机关工作人员还要在履行行政职能时树立依法行政的理念，在政府信息产生之初就注意严谨性和合法性，避免随意性。

二是加强政府信息公开申请的内部流转。《政府信息公开条例》并没有规定政府信息公开申请的内部流转。在未修改《政府信息公开条例》的情况下，可以允许相同业务部门就政府信息公开申请进行内部流转，减少申请人知情权行使负担。从上海市A区实际情况来看，档案局答复非本机关公开职责权

---

〔1〕See Greg Terrill, "Individualism and Freedom of Information Legislation", *Freedom of Information Review*, 87 (2000).

〔2〕See Department of Justice, "Guide to the Freedom of Information Act Proactive Disclosures", http://www.justice.gov/oip/foia_guide09/proactive-disclosures.pdf, 2013-08-20.

限范围的比例最高，占到87.1%。这说明申请人误将档案馆作为政府信息公开申请受理点，而不是将之视为实际上的主动公开类政府信息查阅点。这样高的非本机关公开职责权限范围答复比例不完全是因申请人对政府职能不理解造成的，部分原因来自受理机关答复上的不细致。答复机关告知申请人所申请的政府信息已经移交档案馆，要求到档案馆进行查询。结果申请人一纸申请递交到了档案局。所以，答复机关有必要在答复时给申请人多一些提示，如不是向档案局申请，而是向档案馆查询。

三是通过政府间数据库的共享加强内部公开，达到降低被动公开量的积极效果。在A区，由于存在餐饮企业对环保局出具的《餐饮业环保审核意见》造假现象，食品药监局在餐饮企业申请《餐饮服务许可证》时，要求所有餐饮企业出具《餐饮业环保审核意见》原件。餐饮企业没有办法，只有找到环保局，通过向其递交政府信息公开申请的方式获取原件。从降低申请量考虑，环保局向食品药监局共享其数据库，供该局在办理《餐饮服务许可证》业务时查阅，通过使用该数据库，食品药监局不必再要求办事对象提供原件，结果直接降低了环保局该类申请量。

四是政府间信息流通还可扩展到党政之间的沟通。基于我国国情，党务信息、党政混合信息和政府信息，在民众眼中是一样的。所以，要协调好党务公开、政务公开和政府信息公开间的关系。在涉及党务信息、党政混合信息的申请时，可以加强和党务部门沟通，在法律框架下通过服务的思维对待这些信息的公开。甚至对于有的申请，完全可以不走政府信息公开程序，直接通过主动公开公开处理掉。如对于干部任免信息，有的认为它是党务信息，有的则认为是人大信息，与其争论该类信息的属性，不如通过主动公开，减少公众针对该类信息的申请。

（四）从外部公开角度提升政府信息公开法实施成效

外部公开对政府信息公开工作也有影响。为更好发挥外部公开对政府信息公开工作的积极作用，需要做到：一是注重利用新媒体等新兴技术，在提升公众参与水平的前提下加强政府信息公开。政府可借助公众参与吸纳公众智慧并从中受益，为提升政府决策质量和政策实施设想。技术革新使得简便易行的公众参与成为可能，为落实公众参与，需要借助微博、博客和论坛等新媒体工具广泛征集公众意见。这种注重从提升公众参与程度提升决策质量的做法培养的是协同精神。该协同精神可以为政府信息公开工作创造良好的外部条件,从而提升政府信息公开水平。二是在现有的政府信息公开专栏上,各部门可以建立和公众开展互动的平台,以便公众就所公开的政府信息质量进行评价,发表关于何种信息应优先公开的意见,以及就各部门政府信息公开工作发表看法。三是政府自身可以借助政府网站、新媒体等工具积极投入到公众信息流通当中,对公众开展政府信息公开教育,减少公众知情权行使的不便,节约行政资源。比如基于不属于本机关公开职责权限范围答复比例偏高的情况,我们可以借助政府网站、新媒体等渠道在主动告知各部门法定职责外,还就一些经常被错误申请的特定政府信息主动列举。目的是为了降低非本机关公开职责权限范围答复比例。

四、结语

上海市A区政府信息公开工作是全国乃至全球政府信息公开工作的一个缩影。上海开展政府信息公开工作十年来的最大启示就是要做好这项工作就需要我们创新思维,即摒弃过去那种从微观和静态的视角,改从宏观和动态的信息流通视角推动政府信息公开工作。这是信息社会的要求,也是政府转型的需要。信息流通理论不仅适用于分析上海市A区,也适合分析我国和世界其他国家的政府信息公开趋势。未来研究可以就该理论的具体适用进一步开展研究。

第六章
信息流通视野下依申请公开答复中的便民[*]

摘　要：便民原则是我国政府信息公开制度中的一大亮点。它是指行政机关以顾客为导向，通过各种措施为包括申请人在内的公众创造最大化获取政府信息便利的原则。《政府信息公开条例》实施以来，上海等地各级行政机关在答复申请人时，采用了各种便民措施答复那些所申请政府信息落入非属信息公开例外的政府信息公开申请。行政机关未来还应将便民原则适用于答复所申请政府信息落入法定信息公开例外的申请，并扩大便民原则适用到更多特定的主动公开实践和政府间数据库共享上，以便达到降低政府信息公开申请量的积极效果。

自1776年瑞典第一部信息公开法出台以来，全球现已有一百多个国家通过了信息公开法。我国也不例外。2007年初颁布了《政府信息公开条例》。《政府信息公开条例》从2008年5月1日以来已经实施了多年。不同于其他国家的是，我国将便民原则写进了《政府信息公开条例》。这是我国信息公开立法的一大亮点。不过，便民原则究竟指的是什么？《政府信息公开条例》具体立法设计是否充分考虑到了该便民原则？我国各级行政机关是否将该原则具体运用到了《政府信息公开条例》的实施当中？未来该如何扩大该便民原

---

[*] 本章成果已在《河北法学》2014年第4期上发表。题目为《论便民原则在政府信息公开申请答复中的适用》。

则的适用？对这些问题的回答都需要系统研究。本章基于上海市的实践，就便民原则在政府信息公开申请答复当中的适用进行探讨。

一、政府信息公开中便民原则内涵和必要性分析

政府信息公开中的便民原则，或称依服务原则，指的是行政机关以顾客为导向，通过各种措施为包括申请人在内的公众创造最大化获取政府信息便利的原则。便民原则对于政府信息公开是必要的。它是对新公共管理运动的回应，也是缓解我国政府信息公开法律实施困境的必由之路。

（一）便民原则内涵

便民原则最初出现在我国《行政许可法》中。有学者对行政许可中的便民原则进行了界定，认为行政许可中的便民原则就是创造一切措施便利申请人的原则。[1] 政府信息公开中的便民原则指的是行政机关以顾客为导向，通过各种措施为包括申请人在内的公众创造最大化获取政府信息便利的原则。

便民原则具有如下三个鲜明特点：

其一，便民原则注重政府信息提供的质和量。从量的角度，就是要提升所公开的政府信息的完整性以及基于完整性所带来的真实性。因此便民原则隐含着任何政府信息都可公开的假定。一项依法落入政府信息公开例外而不能公开的政府信息也可从便民角度得以公开或者通过提供摘要方式公开。大家熟知的一项原则，即公开是原则，不公开是例外，就是从量上对政府信息公开提出的最高要求。有量才谈质。从质的角度，就是要提升所公开的政府信息的可用性以及可获取性。这里的可用性强调所公开政府信息的真实性、准确性、及时性和易于理解。[2] 可获取性是对政府信息获取渠道的要求。从便利信息需求者角度，制定简捷的获取程序，通过便利的设施以及简单的方法使得每一个个体公平获得政府公开的信息。[3]

其二，便民原则更具灵活性和变通性。它倚重指引、调解、协商和沟通交流的方式解决政府信息公开时所遇到的各种问题。处处从服务的角度将自

---

〔1〕 参见徐龙震、曹勇："论《行政许可法》的便民原则"，载《四川行政学院学报》2005年第4期。

〔2〕 See Helen Darbishire, "Proactive Transparency: The future of the right to information?", http://wbi.worldbank.org/wbi/document/proactive-transparencythe-future-right-information, 2013-06-20.

〔3〕 参见肖卫兵："论衡量政府信息公开的标准"，载《情报理论与实践》2005年第4期。

己放在信息需求者里面看待。强调政府信息公开过程中"你中有我，我中有你"的合作。它尤其强调政府和公众之间在提供政府信息前的沟通交流。交流有助于明确申请人的真正需要，并可以避免不必要的纠纷。

其三，便民原则是在依法前提下促进更高程度和更大范围的政府信息公开。和便民原则相对应的是依法原则。依法原则倚重从法律规定和正规的法律程序解决所遇到的和政府信息公开法律实施有关的问题。处处从法律角度将自己放在信息需求者对立面看待。强调政府信息公开过程中"我是我，你是你"的对抗。另外，依法原则认为政府信息公开法律只要求行政机关提供信息，不负责加工或整理。[1]行政机关向社会提供信息的愿望在便民原则指导下高于依法原则。从便民角度，而不是依法角度实施政府信息公开法更加有助于预防纠纷并化解争议。

（二）便民原则在政府信息公开立法上的具体体现

我国《政府信息公开条例》第5条明确要求行政机关公开政府信息应当遵循公正、公平、便民的原则。便民原则因此成为我国信息公开立法的一项重要法律原则。该原则也在具体的制度设计当中有所体现，主要包括七个方面。[2]一是多形式的政府信息公开申请。《政府信息公开条例》第20条规定申请人可以采用书面、电子邮件、口头等形式提出申请。二是申请人可以选择提供信息的形式。《政府信息公开条例》第26条规定行政机关依申请公开政府信息，应当按照申请人要求的形式予以提供。三是按成本收费制度。《政府信息公开条例》第27条规定行政机关依申请提供政府信息。除可以收取检索、复制、邮寄等成本费用外，不得收取其他费用。四是行政机关的帮助义务。《政府信息公开条例》第25条规定如果申请人存在阅读困难或者视听障碍的，行政机关应当为其提供必要的帮助。五是部分公开机制。《政府信息公开条例》第22条规定申请公开的政府信息中含有不应当公开的内容，但是能够作区分处理的，行政机关应当向申请人提供可以公开的信息内容。六是限期答复制度。《政府信息公开条例》第24条规定了十五个工作日的答复期限。七是在答复非本机关公开职责权限范围后尽量告知制作该信息的行政机关并提供联系方式。《政府信息公开条例》第21条规定对能够确定该政府信息的

---

[1]参见吴偕林："政府信息公开行政诉讼有关问题的思考"，载《电子政务》2009年第4期。

[2]参见莫于川："行政公开法制与服务型政府建设"，载《法学杂志》2009年第4期。

公开机关的，应当告知申请人该行政机关的名称、联系方式。

（三）便民原则必要性分析

有两大原因可以解释政府信息公开需要便民原则。首先，新时期通过的政府信息公开立法是新公共管理运动下的产物，便民是政府信息公开的当然内容。兴起于二十世纪八十年代的新公共管理运动提倡将市民视作顾客，强调顾客导向的服务行政理念。[1] 便民原则也就是这种顾客导向理念的具体体现。我国《政府信息公开条例》第1条明确说明制定条例的其中一个目的是为了充分发挥政府信息对人民群众生产、生活和经济社会活动的服务作用。该规定是对新公共管理运动的具体回应，充分体现了当代服务行政特点，符合我国建设服务型政府的要求。[2]

其次，缓解我国政府信息公开法律实施困境需要便民原则。我国《政府信息公开条例》实施以来非属法定信息公开例外的答复偏多是造成政府信息公开行政争议的主要原因。便民原则的适当运用则为预防和化解这些争议提供了可能。非属法定信息公开例外是指《政府信息公开条例》所未明确的不予公开例外，具体包括非政府信息、信息不存在、非政府信息公开申请、非本机关公开职责权限范围、重复申请、不符合生产生活和科研三需要。从上海某区三年（2009年7月1日到2012年6月30日）的数据分析得知，基于非属法定信息公开例外的不予公开答复占了答复总量的53.1%。远远大于基于商业秘密、个人隐私、国家安全和三安全一稳定这些法定信息公开例外所作出的不予公开答复，后者只占4%。三年当中两者在答复总量中所占每年比例如下表所示。

表1 上海某区三年来信息公开答复类型对比

答复类型	2009-2010	2010-2011	2011-2012
同意公开答复量	51%	50%	34%
非属法定信息公开例外答复量	46%	48%	60%

---

[1] See Kuno Schedler, Isabella Proeller, "The New Public Management: A Perspective from Mainland Europe", *New Public Management: Current Trends and Future Prospects*, London: Routledge, 2001, p.165.

[2] 参见葛自丹："论行政法的惠民理念"，载《河北法学》2011年第4期。

续表

答复类型	2009-2010	2010-2011	2011-2012
法定信息公开例外答复量	3%	2%	6%

注：1. 同意公开包括全部公开和部分公开；2. 法定信息公开例外限定在商业秘密、个人隐私、国家安全、三安全一稳定例外（包括国家安全、公共安全、经济安全和社会稳定）。

不同于法定信息公开例外，任何一种非属法定信息公开例外的答复都会增加申请人对行政机关的不信任。可以设想，申请人得到行政机关信息不存在答复时的一般想法很可能就是反正你说了算，有也会说没有。申请人申请涉及党政混合信息、内部管理信息等非政府信息时，其自然而然的想法就是行政机关不想公开。申请人有时候要求的不是政府信息，而是一个咨询答复，这时候行政机关正确的答复是非政府信息公开申请，申请人对这种答复想必从情理上是难以接受的。而对于非本机关公开职责权限范围的答复，申请人很可能会认为行政机关在踢皮球。所有这些非属法定信息公开例外的答复，如果不从便民原则进行系统答复的话，引起的可能是无谓的行政复议和诉讼。

二、上海市在政府信息公开答复上适用便民原则分析

《政府信息公开条例》实施以来，各地行政机关在答复政府信息公开申请过程中出现了适用便民原则的具体例子。这里以上海市为例。公开在上海法院网上的自2008年以来发生的多起行政诉讼案件为在答复政府信息公开申请时如何适用便民原则提供了分析样本。分析表明，现有这些和便民原则适用相关的案例更多和非属法定信息公开例外不予公开答复相关。

（一）信息不存在答复时便民原则适用

在我国，行政机关做出信息不存在答复偏高。基于发布在上海门户网站上的历年来上海市政府信息公开年度报告，上海市2009年到2012年四年间共收到59 358件申请，答复信息不存在数有9858件，占比16.61%。为了避免无谓的纠纷和赢得申请人的理解，行政机关在答复信息不存在时应区分不同情形适用便民原则。实践中在便民原则适用上主要出现了四种情况。

首先是行政机关在用信息不存在答复那些针对没有留下原件的政府信息公开申请时适用了便民原则。这种不留原件的传统是因为过去信息封闭环境下我国政府并不关心做出具体行政行为后的文件管理问题。如果行政机关光简单回答信息不存在，作为信息需求方的申请人肯定不买账。这就要求行政机关能够通过适当的便民做法予以公开。在（2009）沪二中行终字第100号一案中，申请人申请公开有关建造于二十世纪八十年代建筑物的建设工程规划许可证，行政机关经查找发现该信息不存在，但是出于便民考虑，将从档案中查找到的可反映政府部门曾核发过建筑工程规划许可证的核定意见稿及总平面图提供给了申请人。这种提供佐证材料或者存根联的便民做法是对过往不留原件做法的一种补救，它有助于申请人理解过往做法的缺失。

其次是行政机关在用信息不存在答复那些所申请的文件并不单独存在或者申请人使用了不规范术语时便民原则的合理适用。造成这种情况的原因是申请人不熟悉政府日常运作。在（2010）沪高行终字第27号一案中，申请人申请涉及长宁支路94号房屋强制执行拆迁方面的决定书，但是行政机关经查询发现该信息不存在。但是它发现有通知书当中涉及强制执行长宁支路94号房屋拆迁的内容，于是将该通知书提供给了申请人。该做法符合便民原则。

再次是行政机关在用信息不存在答复那些针对特定阶段信息不存在的申请时便民原则的合理适用。出现这种情况主要是行政机关获取政府信息需要一定时间。在（2011）浦行初字第91号一案中，申请人申请公开某户的房屋和货币安置的详细情况，房屋拆迁及其补偿、补助费用，相关合同，结算清单。行政机关经查询发现信息不存在。原因是申请人所申请的房屋所在的拆迁基地尚在拆迁期限内，拆迁人尚未将已订立的补偿安置协议报其备案。这符合《上海市城市房屋拆迁管理实施细则》之规定。该细则要求拆迁当事人订立的补偿安置协议由拆迁人在拆迁期限届满后的三十日内报房屋拆迁主管部门备案。行政机关对申请人做出了信息不存在的答复，但同时指出申请人可以携带有关材料，到拆迁实施单位申请查阅、复印拆迁补偿安置协议资料。从依法角度来讲，行政机关只答复信息不存在并没有错，但是只有向申请人做出适当的解释说明，才有助于获得申请人的理解。

最后就是行政机关在用信息不存在答复那些需要其汇总、加工或重新制作的政府信息公开申请时便民原则的合理适用。一般认为信息公开法律只要求行政机关提供信息，不负责加工或整理。国务院办公厅颁布的《关于做好政府信息依申请公开工作的意见》当中也提到行政机关向申请人提供的政府信息，应当是现有的，一般不需要行政机关汇总、加工或重新制作。《政府信息公开条例》实施过程中，来自专家学者的申请大体属于这类。对于这类申请，我们不能简单答复信息不存在。便民一点的做法就是在信息不存在答复后附加不存在的理由是因为所申请的政府信息需要汇总、加工整理，或者提供涉及申请内容的相关文件名称，供申请人另行申请。有申请人曾经经过补正后申请公开上海市某区截至 2011 年 12 月底已核定公布的区文物保护单位名录纸质文本。该申请需要行政机关加工汇总，所以行政机关答复信息不存在。但是，出于便民考虑，行政机关另加一附注，提到根据文物保护相关法律、法规的要求，本机关制有什么文件等相关信息，如需要，可另行申请。

（二）非本机关公开职责权限范围答复时便民原则适用

依据《政府信息公开条例》，行政机关虽然获取了其他行政机关制作的政府信息也没有义务公开。收到政府信息公开申请的行政机关通常都以不属于本机关公开职责权限范围予以答复。上海市 2009 年至 2012 年四年间，共有 7315 件答复非本机关公开职责范围，占比 12.32%。非本机关公开职责权限范围答复很难获得申请人的理解。这就需要我们合理适用便民原则，减少申请人对非本机关公开职责权限范围答复的误解。上海市的便民原则适用实践主要有如下三种情形。

首先，行政机关在用非本机关公开职责权限范围答复那些涉及其他行政机关主动公开政府信息申请时适用了便民原则。具体做法就是选择告知申请人能够获取该主动公开政府信息的途径。虽然这并没有立法依据可循，但是政府作为一整体，没有必要将申请人推来推去。推来推去的做法不仅不能减少申请人来回奔波的负担，而且还无形中浪费了公共资源。在（2010）沪二中行初字第 51 号一案中，申请人申请公开审批核实办事流程，行政机关认为申请人所申请的政府信息指向房屋拆迁裁决工作中的相关法律依据。该法律依据属于主动公开的政府信息。虽然答复机关不是该政府信息的制作机关，但是它选择告知了申请人能够获取该信息的途径。该案中，答复机关恰当适用了便民原则。

其次，行政机关在用非本机关公开职责权限范围答复那些申请公开涉及非本机关制作，但获取了的政府信息时便民原则的适用。虽然依照《政府信息公开条例》规定，行政机关没有义务直接将获取到的这类政府信息直接提供给申请人，但是从便民角度，提供给申请人也未尝不可。从上海的实践来看，有些下级机关在涉及上级机关制作但自身获取了的政府信息时，下级机关出于便民考虑，代上级机关予以公开。在（2011）黄行初字第269号一案中，行政机关意识到申请人不具备确定涉案建设用地规划许可证制作核发机关的能力，而其在受委托从事该许可的审批工作中又实际获取了相关信息，于是从便民原则出发向申请人公开了所申请的信息。便民答复不仅仅限于下级对上级，也在上级对下级当中适用。在（2011）黄行初字第202号一案中，申请人所申请的建筑工程施工许可证信息属于上海市建交委下属机构上海市建筑业管理办公室制作，从依法角度，上海市建交委没有义务公开，它也完全可以答复非本机关公开职责权限范围，但是上海市建交委基于便民考虑，向申请人公开了所申请的政府信息。

最后，行政机关在用非本机关公开职责权限范围答复那些针对多个行政机关有职责制作，但恰恰所申请的行政机关没有制作的政府信息公开申请时便民原则的合理适用。在（2012）浦行初字第67号一案中，申请人申请公开某区人民政府批准同意对原告户位于某镇3472号房屋执行强拆决定后，建交委在执行强拆时提前十五日通知当事人的通知书的信息。建交委认为虽然其有职责但未制作该政府信息，实际情况是其他机构制作了所申请的政府信息，因此不属于其公开职责权限范围，所以不予公开。法院则基于提前十五天通知被拆迁人的职责属于答复机关建交委，因而撤销了其答复书。这个时候如果建交委在答复非本机关公开职责权限范围后告知制作该政府信息的机关和联系方式就可避免纠纷。

（三）非政府信息答复时便民原则适用

非政府信息答复也是信息公开申请答复中一种常见类型。上海市从2009年到2012年四年间，答复非政府信息数为2198件，占比3.7%。如果能够在非政府信息答复中适当运用便民原则，对减少法律纠纷是有帮助的。

首先是行政机关在以非政府信息答复那些针对行政机关作为民事主体所做出的民事法律行为的政府信息公开申请时，便民原则的合理适用。在（2011）黄浦行初字第17号一案中，法院撤销了行政机关的答复。理由是申请人所申请的某绿化局作为行政相对人向某房屋土地管理局提出延长拆迁期限的申请属于其实施的民事法律行为。该行为产生的信息不属于政府信息，答复机关不负有信息公开的法定义务。不过，作为答复机关的行政机关本身却认为申请人申请的信息与其行政职能具有一定关联性，且申请人申请的信息存在于答复机关处，答复机关认为予以公开有利于申请人。这种有利于申请人的便民答复值得提倡。

其次是行政机关以非政府信息答复那些针对党务信息和党政混合信息公开申请时合理适用便民原则。在（2011）沪二中初字第20号一案中，王某等21人向上海市人民政府申请公开11·15火灾事故善后处置领导小组批文，以及相关名单材料。基于该文件发文单位系上海市委办公厅，文号为"沪委办"，属于党委发送的文件，不属于政府信息。所以不予公开。但是，出于便民考虑，上海市人民政府在答复书中还增加了该领导小组成员组成内容。这种做法是便民原则的具体适用。党务信息和党政混合信息在我国目前制度框架下无法纳入政府信息公开范围，但是考虑到我国国情，行政机关在受理该类申请时最好通过便民措施予以答复。

最后，行政机关以非政府信息答复那些针对内部管理信息方面的信息公开申请时合理适用便民原则。请示和批复就是一种内部管理信息，但是并不意味着所有请示和批复都不可公开。《政府信息公开条例》实施过程中，行政机关都有公开请示和批复的做法。有些行政机关，在请示和批复存在不一致的情况下，还是坚持公开，这种便民做法实属不易。虽然会议纪要被认为是非政府信息，但是也不是所有会议纪要都不可公开。有些行政机关就那些对行政相对人权利义务有直接影响的会议纪要采取了公开的做法，这种便民做法有助于预防纠纷。

（四）申请内容不明确答复时便民原则适用

上海市2009年到2012年四年间，答复申请内容不明确数为5583件，占比9.41%。行政机关遇到申请内容不明确时需要适用便民原则。大多数申请人对政府运作并不熟悉。行政机关如果能加上便民原则，就可以一定程度上预防纠纷。行政机关通过采用非政府信息公开申请答复那些申请内容不明确的申请，但是应该附加便民说明。在（2010）沪二中行初字第51号一案中，申请人申请公开虹口区政府对宝安路107弄某号（计乙）户发出房屋强迁通知书的审批办事程序。虹口区政府要求申请人补正，申请人补正后要求公开审批核实办事流程和审批工作中所产生的相关审批材料。虽经补正，但申请人对其申请公开的虹口区政府发出的房屋强迁通知书"审批工作中所产生的相关审批材料"具体指向的文件名称、文号并未予以明确。虹口区政府依据自己对申请人申请内容的理解，认为审批核实办事流程指向的是相应的法律依据，采取了告知获取途径的便民做法。对于审批工作中所产生的相关审批材料则公开了房屋拆迁裁决行政强制执行申请书、行政谈话通知书及送达回证、房屋拆迁强制执行谈话笔录、强制执行通知书及送达回证，隐去了材料中涉及证人的信息。这些答复是对政府信息公开便民原则的具体适用。

（五）补正申请告知时便民原则适用

行政机关要求申请人递交补正申请时需要适用便民原则。对于申请人申请内容不明确时，行政机关有权要求申请人进行补正。但是实践过程中补正回来的质量不甚理想。申请人要么不补正，放弃了申请；要么重新提交一下，实际申请内容并没有改变；要么简单增加删减几个字，没有用好补正这个程序。很多时候，申请人都不知道自己的申请为何不明确，也不知道该如何补正。而行政机关在补正期限后的答复要么是一纸《非政信息公开申请告知书》，简单告知"经审查，您提交的材料不符合《上海市政府信息公开规定》第 21 条第 2 款规定的政府信息公开的申请要求，本机关不再按照《上海市政府信息公开规定》作出答复。"要么，视作申请人放弃政府信息公开申请。但是，有法院发现行政机关在答辩时总会把申请人申请内容不明确的理由说得非常充分。一个自然而然的疑问是为何在申请人提出申请时行政机关不向其解释清楚。解释清楚这种便民做法有助于避免申请人不知如何补正，或者漫无目的的补正。相关法院建议行政机关应当和申请人主动沟通，给予必要的帮助与指导。这样做"既可以体现信息公开工作的便民原则，又可以提高行政效率，减少不必要的行政资源浪费"[1]。

三、政府信息公开便民原则适用之完善建议

行政机关应改变旧有的视公民为被管理者的看法，将便民服务作为自己

---

[1] 周勇："政府信息公开'申请内容不明确'时'补正'的法律思考"，载《行政法学研究》2011 年第 3 期。

的责任去积极履行。[1]行政机关在具体适用便民原则时，则应避免将便民答复错当常规答复，防止不必要的纠纷。行政机关未来还应将便民原则适用于所申请政府信息落入法定信息公开例外的答复当中。行政机关还应扩大便民原则适用，通过采取特定的主动公开措施和政府间数据库共享，达到降低政府信息公开申请量的积极效果。

（一）行政机关应避免将便民答复错当常规答复

行政机关适用便民原则答复政府信息公开申请时，应意识到便民这种答复代替不了常规答复。将两者混淆在一起的结果反倒不能获得申请人理解并会导致本不应发生的纠纷。在（2011）虹行初字第22号一案中，申请人申请公开建设上海国际客运中心北侧地块白玉兰项目的建设项目环境影响评价的批复，行政机关经查询发现信息不存在，但根据自己的理解，认为申请人申请的重点是建设上海国际客运中心北侧地块的白玉兰项目的环境影响评价的批复，于是将之提供了申请人。由于答复机关没有答复信息不存在，结果造成纠纷。这源自答复机关的这种为避免申请人来回奔波的便民考虑被申请人误解为常规答复。其实行政机关的正确做法应是答复信息不存在，然后在答复书后面附加便民意见并提供相关信息给申请人。

（二）扩大便民原则适用于所申请信息落入法定信息公开例外的答复

现有和便民原则适用相关的案例更多和所申请信息落入非属法定信息公开例外答复相关，很少涉及法定信息公开例外答复。但是便民原则告诉我们，对于落入法定信息公开例外的政府信息，行政机关也可通过适当方式予以选择性公开。在（2012）沪二中行终字第146号一案中，申请人申请公开巨鹿路某号合营房产定息领取人姓名。上海市房管局收到申请后，认为所申请的政府信息可以公开，并告知定息领取人为姚书敏。法院认为申请人所申请的是公房资料，属于国家秘密，答复机关认定该信息属于可公开的政府信息范围存在不当之处。上海市房管局对原本属于国家秘密的政府信息，出于便民的考虑向申请人公开了定息收取人姓名，但不提供原始资料。这种做法说明，从依法角度，所申请的政府信息是不应公开的。但从便民考虑，即使所申请

---

[1] 参见豆星星："我国行政信息公开中的问题与对策"，载《河北法学》2008年第3期。

的政府信息落入了法定信息公开例外，行政机关也可基于自由裁量，通过告知、摘要等方式予以提供。类似的例子也发生在新西兰，[1]结果是更加有利于缓和行政机关和申请人之间的关系。

（三）扩大便民原则适用，降低政府信息公开申请量

便民原则的适用不能仅仅停留在政府信息公开申请答复这种被动做法中，而应扩大适用到主动公开实践上，通过更大程度的主动公开降低政府信息公开申请量。政府信息公开关键不是一对一的被动公开答复，而是一对多的主动公开。所以，对于那些被频繁申请的政府信息就应转为主动公开信息。上海某部门官员提到，该局多次收到要求公开领导干部工作电话的信息公开申请。经过研究后，该部门决定将这些信息转为主动公开信息。结果直接降低了该类申请量。原先担心会对领导干部工作带来不便也未发生。另外，还可以通过主动公开政府信息公开申请答复书，使得潜在的申请人不必通过政府信息公开申请这种被动方式获得想要的政府信息。

便民原则的适用还需要行政机关创新思维，通过政府间数据库的共享达到降低政府信息公开申请量这种便民的积极效果。上海市某环保局就提到这点。由于存在餐饮企业对该环保局出具的《餐饮业环保审核意见》造假现象，相关食品药监局在餐饮企业申请《餐饮服务许可证》时，要求所有餐饮企业出具《餐饮业环保审核意见》原件。餐饮企业没有办法，只有找到该环保局，通过向其递交政府信息公开申请的方式获取。从降低申请量考虑，该环保局向食品药监局共享其数据库，供该局在办理《餐饮服务许可证》业务时查阅。通过使用该数据库，食品药监局不必再要求办事对象提供原件。结果直接降低了该环保局该类申请量。

---

[1] See Steve Price, "The Official Information Act 1982: A Window on Government or Curtains Drawn?", *Victoria University of Wellington Occasional Paper*, 2005.

信息流通视野下的上海政府信息公开十年[*]

> **摘　要**：上海开展政府信息公开工作十年来，政府透明度得以提升、工作越来越规范并得以保障、和公众的互动也越来越多。但同时也遇到了主动公开量的增长未带来被动公开量的减少、程序性例外占比高等诸多挑战。未来，有必要在信息流通理论指导下，注重从内部公开、外部公开、主动公开和被动公开等各种信息流间相互作用的基础上，进一步推进政府信息公开工作。

2004年1月19日，上海通过了全国第一个省级政府信息公开规章《上海市政府信息公开规定》（以下简称《规定》）。《规定》自2004年5月1日起施行，中间随着2008年5月1日国家层面的《政府信息公开条例》的正式实施，在原有《规定》实施了四年后，上海于2008年4月28日对《规定》进行了修改并于5月1日正式实施。截至2014年5月1日，《规定》在上海已经实施了十年。十年来，上海在政府信息公开工作方面进行了积极探索，成就斐然。同时，也面临各方面挑战。本章主要依托上海历年来的政府信息公开年度报告，在总结过去十年上海在政府信息公开工作方面所取得的成绩和

---

[*] 本章成果已在《电子政务》2014年第10期上发表。题目为《上海政府信息公开十年：成就、挑战、前瞻》。收录时有删减。

所遇到的挑战的基础上,对未来上海政府信息公开工作走向做一个前瞻。

一、成就

上海市政府信息公开工作十年成就可以体现在政府透明度得以提升、政府信息公开工作得以规范以及政府和公众互动的平台得以增加三点。

(一) 政府透明度得以提升

过去十年来,上海市各级政府越来越透明,表现在如下两个方面。一方面,无论是主动公开还是被动公开(依申请公开)统计数据都印证了政府透明度的提升。2008年之前每年约5万条,2008年以后每年约15万条,至今已达116万多条主动公开信息数足以印证这点。在这些主动公开政府信息数当中,全文电子化数将近113万条,占到所有主动公开信息数的97.15%,降低了主动公开政府信息的获取难度。就被动公开来看,过去十年来,依申请公开答复比例中,同意公开和部分公开数总共为67 705件,占到了所有答复总数(120 115件)的56.37%。超过一半的同意公开数也说明政府透明度得到了提升。

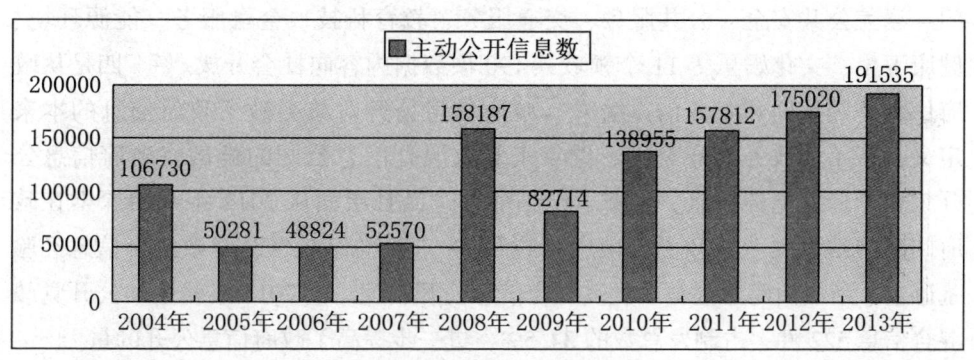

图1 历年主动公开信息数

另一方面,政府信息公开内容的广度和深度都得以提升。过去十年,政府信息公开内容呈现如下四个特征:一是开始了从被动公开到主动公开的转变,主动公开的广度和深度加大。从最开始的重点推进"关注度高、公益性强、公权力大"的部门的政府信息公开工作,到后来的涉及管理规范和发展计划、与公众密切相关的重大事项、公共资金使用和监督、政府机构和人事、重大决策草案五大方面的政府信息公开。2008年以后,遵照《政府信息公开条例》要求，围绕规范性文件、规划、统计、收费、政府采购、财政预决算、应急预案、安全事故报告、行政监管、公务员招录、公共服务等各个方面信息进行了全方位公开。而这些信息也恰是过去公众申请所经常涉及的对象。同时，政府信息解读类服务的提供增强了公众对政府信息的理解。二是从结果类信息公开过渡到过程类信息公开。过去侧重公文正式行文后的结果类信息公开，现在开始了在重大政策制定过程中以网上征集评议、举行听证会等形式促进过程类、非公文类信息公开，增强了行政决策透明度。三是从政府信息公开延伸到政府数据开放。上海市政府数据服务网的运行将公开对象从政府信息拓展到政府数据，这在全国是首创。这也是上海有信心建成全国最为透明的地区之一的有力支撑。上海市政府数据服务网向社会提供政府信息资源和公共社会资源的浏览、查询、下载等基本数据服务，同时汇聚发布基于政府信息资源开发的应用程序等增值服务。2012年试点阶段，上海向社会开放了包括市商务委、交通委和住房局等9家单位，涵盖地理位置、道路交通、公共服务、经济统计、资格资质、行政管理等6大领域的193项数据服务产品和16项数据服务应用。[1] 2014年，市政府发文要求28个市级政府部门、涵盖公共安全、公共服务、交通服务、教育科技、金融服务、能源环境、健康卫生、文化娱乐等11个领域共190项数据内容向社会开放。[2] 四是从政府信息公开拓展到党务信息公开。政府信息公开对象突破了政府信息的本来定义，开始和政务公开对接。近年来党政混合信息公开的尝试将政府信息公开工作延伸到党务信息，走在了全国前列。区县层面从2012年开始探索在政府门户网站设立"党政混合信息"栏目。[3] 在总结各区县党政混合信息经验基础上，市层面建立健全了党政混合信息公开制度。仅2013年就主动公开党政混合信息522件，占制发总数的34.5%，进一步提高了政府信息公开的量。[4]

（二）政府信息公开工作得以保障和规范

随着十年政府信息公开工作的开展，政府信息公开工作也越来越规范。

---

[1] 参见上海市2012年政府信息公开年度报告。

[2] 参见励漪："上海率先实行政府数据资源向社会开放"，载http://sh.people.com.cn/n/2014/0514/c134768-21207607.html，最后访问时间：2014年6月15日。

[3] 如虹口区政府，参见上海市2012年政府信息公开年度报告。

[4] 参见上海市2013年政府信息公开年度报告。

一是在组织机构和人才队伍建设方面得以加强。2004年伊始，上海就设立了多个部门组成的上海市政府信息公开联席会议制度。2008年后，联席会议办公室和政府信息公开主管部门从过去设在市信息委转到了市政府办公厅，负责推进、指导、协调、监督上海全市的政府信息公开工作。2009年，上海还在市政府办公厅下增设了政府信息公开处。2013年，对于社会关注度高，信息公开工作量较大的市级机关以及大部分区县政府成立了专门的政府信息公开工作机构。政府信息公开工作组织推进体制得以进一步完善。在人才队伍上，过去十年，上海全市保持了200名左右的政府信息公开专职人员，1000多名兼职人员的数量。经过多年持续的专题业务培训，以及新任公务员、新任领导岗前培训等分级分层培训，上海市已经形成了一批政府信息公开方面的专业化队伍，保障了政府信息公开各项工作的具体落实。

二是就政府信息公开工作本身，上海围绕发布协调、保密审查、监督检查、年报和目录编制、依申请收费、公文属性认定、监督检查和社会评议等各方面出台了一系列规章制度以及操作手册，逐步规范了政府信息公开工作。2004年和2005年两年密集发布了《关于本市政府机关依申请提供政府信息收费问题的通知》《关于开展2004年政府信息公开年度报告编制工作的通知》和《上海市政府机关公文类信息公开审核办法（草案）》等9个文件。在《政府信息公开条例》实施后，上海市又进一步健全和细化了信息发布协调、保密审查、监督保障、更新维护、备案移交等工作制度。梳理和修订了近年来政府信息依申请公开处理19种常用答复文书，并配写了典型案例说明和使用指南，增强了答复的规范性和合理性。近年来，还要求对确定为依申请公开或不予公开公文属性的文件说明理由，以便降低公文属性认定的随意性。季度通报、公文备案、月度统计等工作制度的实施有力督促和推动了日常工作的落实。政府信息公开工作考核和第三方社会评议的开展有利于查找政府信息公开工作中的薄弱之处并采取措施改进。2013年，还开始启用了全市政府信息公开工作平台，构建基础工作数据库，提高了信息化水平。

（三）政府与公众的互动平台得以增加

政府信息公开工作开展十年来，政府与公众互动的平台也越来越多。线下的新闻发言人制度、政府公报、市区国家档案馆、公共图书馆，线上的政府网站、在线访谈、政务微博、政府热线等渠道提升了政府与公众的互动水平。各种社会关切能够通过这些渠道和平台得以及时有序开展。

新闻发布会，作为一种和公众互动的线下政府信息公开渠道，从最开始的每两周1次例行发布会到后来的2013年全年发布会场次达到280多次。再从新闻发言人队伍来看，市级机关在2005年已基本建立新闻发言人制度，通过新闻发布会、新闻通气会等形式，定期或不定期地向社会发布重要政府信息。2009年还主动向社会公开了上海市政府各部门新闻发言人的照片和联系方式。

政府公报是另外一种和公众互动的线下政府信息公开渠道。市政府公报坚持每月发行2期，每期20万份。政府公报以免费方式发放到档案馆、部分企事业单位、邮局、书报亭、新华书店、居委会、村委会等。

包括档案馆和公共图书馆等公共查阅点成为上海市各级政府主动公开类政府信息的归集中心。其中，上海市档案馆外滩新馆为政府公开信息集中查阅中心。该中心汇集了49个市级机关主动公开的政府信息全文、目录和政府信息公开指南，为公众查阅政府信息提供帮助。部分档案馆和区市民中心还作为政府信息公开申请受理点，方便市民提交申请。上海图书馆、各区县图书馆、部分社区行政事务中心作为主动公开政府信息查阅点，为市民查阅和获取信息提供便利。另外，东方社区信息苑作为市政府实事项目社区文化活动中心建设的配套项目，建成了各政府机关主动公开政府信息的指定查询终端。

经过十年的发展，在上海，政府网站已经作为政府信息公开的主渠道，全市各级政府网站政府信息公开专栏页面年浏览量达到上亿人次。2004年，"中国上海"门户网站就开辟了政府信息公开专栏，将原先分散的政府信息整合在一起，方便市民查阅。2006年实现了"主动公开政府信息"全文检索功能。2008年，"中国上海"门户网站对政府信息公开专栏设置进行了优化，下设市政府信息目录、市政府信息公开指南、市政府机关与区（县）信息公开、政府信息公开年报、近期公开等子栏目，并增设了"市政府信息公开意见箱"。同时，为方便盲人以及弱视人群获取信息，2009年正式启动了网站无障碍改造工作。此外，上海市还通过实名制的市民信箱向市民免费发送政府公报、政策法规、人事任免等政府信息以及个人医疗保险和公用事业单位账单等便民信息。为推进网站互动功能，"中国上海"还开展了在线访谈的工作，集中回答群众提出的问题，回应市民关注的热点。

随着新媒体的发展，2011年，上海开通了"上海发布"政务微博。政务微博依托新浪网、腾讯网、东方网、新民网4个平台，形成了以"上海发布"为引领，各区县、各部门为支撑的政务微博，发挥短、平、快、准的特殊优势，主动发布与群众生产生活密切相关的政府信息并回应公众关切。2013年，"上海发布"微博粉丝量约950万。2013年，上海还增设微信发布平台。

政府热线也是政府信息公开渠道之一。2012年，为最大限度地方便市民咨询、求助和反映问题，上海市还对过去众多热线进行了整合，设立了"12345"市民服务热线，实行"一号对外、集中受理、分类处置、统一协调、各方联动、限时办理"的工作机制。

二、挑战

上海政府信息公开十年来也面临主动公开量的增长未带来被动公开量的减少、全部公开比例渐趋下降、部分公开比例占比微小、程序性例外答复占比高、免予公开理由答复占比低、行政争议量逐年上升、申请方式集中于当面申请、所申请信息集中和申请人集中、政府信息公开工作人员人数逐步减少、政府信息公开工作花费多收费少等诸多挑战。

（一）主动公开量的增长未带来依申请公开量的减少

以被动公开或依申请公开为主的信息公开法律盛行于20世纪60年代到80年代的西方民主国家。随着信息技术的推进，各国开始改革原先的以被动公开为主的信息公开法律，转向更多关注主动公开。[1] 这是因为大家普遍认为加大主动公开可以降低依申请公开数量。[2] 国务院办公厅在其2010年下发的《关于做好政府信息依申请公开工作的意见》当中也认为主动公开政府信息可以大大减少依申请公开数量。但留给我们的疑问是，上海过去十年来的统计数据表明，主动公开量的逐年大幅增加并没有带来依申请公开量的减少（见图2）。主动公开量从过去最低到将近5万件一年到现如今最高达到将近20万件一年。尤其在2008年《政府信息公开条例》正式实施后，上海加大了主动公开力度，每年平均保持在15万件左右。但是，这样高的主动公开

---

〔1〕 参见肖卫兵："论我国有局限的推出型信息公开法"，载《行政法学研究》2010年第3期。

〔2〕 See Judith Aitken, "Open Government in New Zealand", in Andrew McDonald, Greg Terrill eds., *Open Government: Freedom of Information and Privacy*, London: Macmillan Press Ltd., 1998, p.139.

数却没有带来依申请公开量的减少。每年受理的申请总数从过去最低的 6000 多件一年到现在的将近 2 万件一年。如此高的申请量在一定程度上制约了行政机关对主动公开工作的推动。

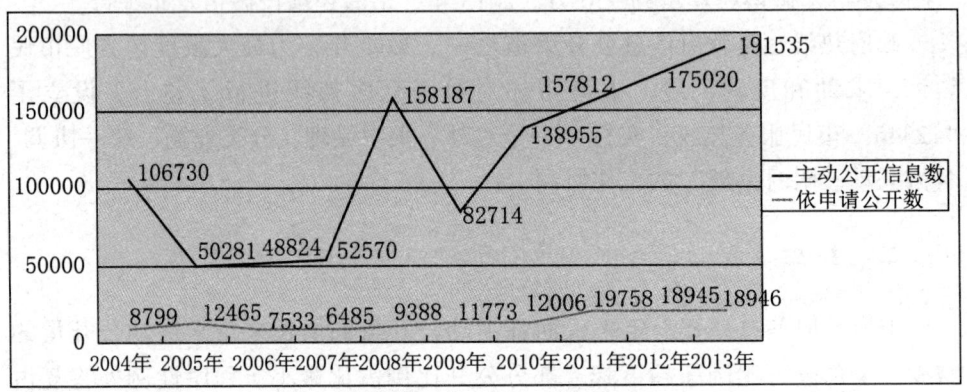

图 2　历年主动公开量和依申请公开量比较

（二）全部公开比例渐趋下降，部分公开比例占比微小

同意公开包括全部公开和部分公开。从过去十年的全部公开的数据分析得知，全部公开答复占比均值在 59.66%，接近及格线水平。但是，结合历年答复情况来看，全部公开所占历年依申请答复量的比例却呈现下降趋势（见图 3）。从最高点的将近 80%（2004 年）到最低点将近 40%（2011 年）。

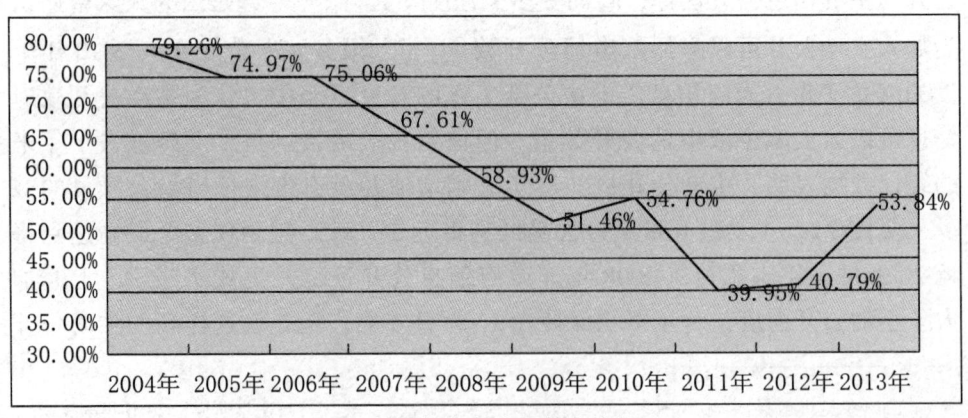

图 3　历年全部公开答复比例

就部分公开而言,从过去十年的数据分析得知,部分公开答复占比均值在3.14%。最低年份只有1.36%(2012年),最高年份也仅有5.49%(2004年);并且部分公开比例并没有随着政府信息公开工作的推进,呈逐年上升趋势,反而呈逐年下降趋势(见图4)。虽然部分公开不是全部公开,但是部分公开也是同意公开,也有助于提升申请人的满意度。

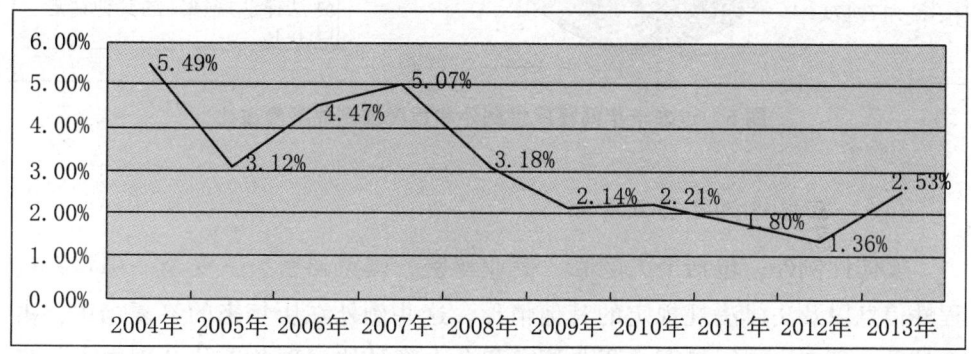

图4 历年部分公开答复比例

(三) 程序性例外答复占比高

程序性例外是那些除了个人隐私、商业秘密和国家秘密等信息公开法中的免予公开理由之外的答复理由。我国《政府信息公开条例》实施以来,出现了一系列程序性例外。这些程序性例外有的也存在于其他国家,有的则是我国特有的,如不符合三需要。具体来说,这些程序性例外包括信息不存在、申请内容不明确、非本机关公开职责权限范围、其他(包括非政府信息、非政府信息公开申请、重复申请、不符合三需要等)四种。从过去十年上海市的数据分析得知,程序性例外答复占到了所有答复总量的89.75%。程序性例外当中的信息不存在理由占到了所有不予公开答复总数的30.23%,比例最高。其次是非本机关公开职责权限范围,达到25.20%。申请内容不明确和其他占比不相上下,占比超过17%。这样一个配比反映出,我国政府信息公开工作还有很大的提升空间。

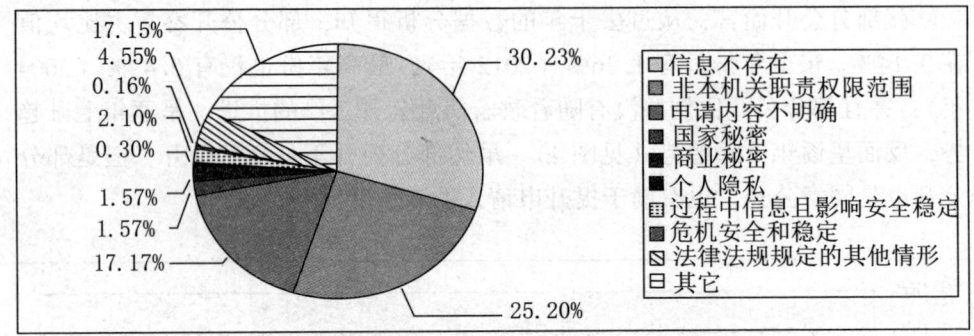

图 5 过去十年间程序性例外和程序性例外答复占比

(四) 实体性例外答复占比低

实体性例外，包括个人隐私、商业秘密、国家秘密、三安全一稳定、过程性信息以及法律法规规定的其他情形。这些例外在历年来的答复当中，占比较低。其中，国家秘密、商业秘密和个人隐私这三项免予公开理由十年来平均只占到不予公开总答复数的3.37%。法律法规规定的其他情形，包括信访、行政复议、房地产查询等方面的量占到了历年不予公开答复数的4.55%，是政府信息公开法定例外当中答复最高的。规定在《政府信息公开条例》第8条当中的"三安全一稳定"例外，只占到0.16%。过程性信息占比稍高，达到2.10%。

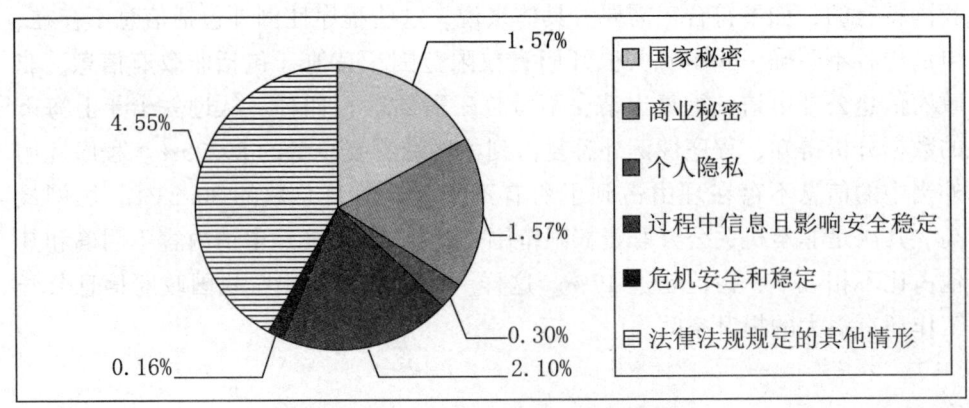

图 6 过去十年间实体性例外占比

(五) 行政争议量逐年上升

过去十年的数据表明：包括行政复议、行政诉讼和行政申诉在内的行政争议量呈逐年上升趋势。三种争议类型当中，其中行政复议数最高，十年达到5446件；行政诉讼次之，达到2402件；行政申诉最少，仅有327件。行政复议从过去最低的两位数上升到最高时的四位数，即1218件一年。行政诉讼从过去的个位数，上升到三位数，接近600件一年。行政申诉除去2007年的262件较为特殊以及一些年份缺失之外，其他年份都保持在22件以下（见图7）。

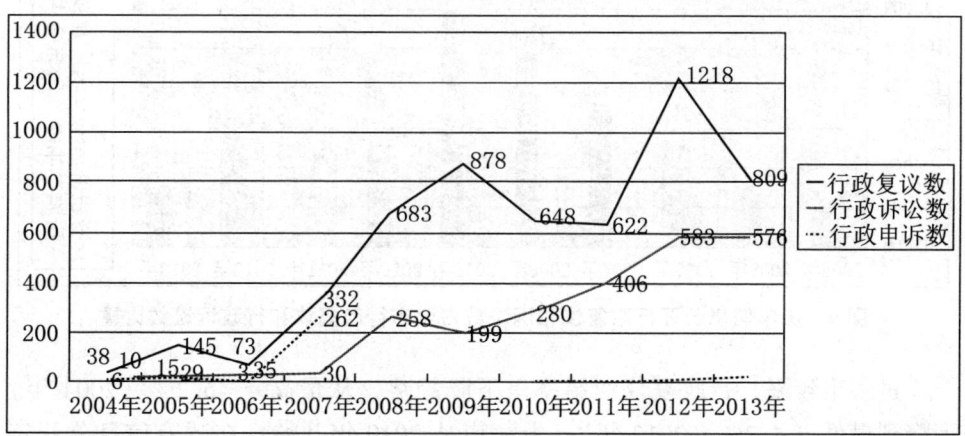

图7 历年政府信息公开行政争议量

过去十年里有4.53%的申请提起了行政复议，2%的申请提起了行政诉讼（见图8）。

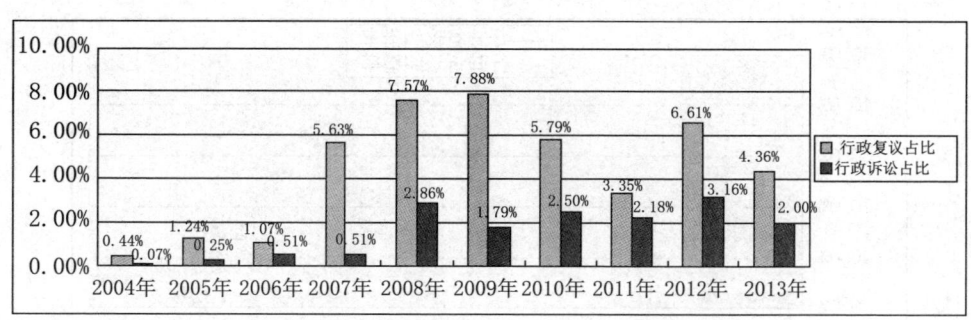

图8 历年行政复议和行政诉讼占申请量比重

再结合每年的行政诉讼量和行政复议量来看,由政府信息公开引起的行政诉讼量和行政复议量占到年均18.95%和28.92%。最高年份时,政府信息公开类行政诉讼占到将近当年行政诉讼总量的1/3,而行政复议则占比高达近60%。总体来看,行政诉讼量呈逐年上升趋势,而行政复议量则在近几年有了回落,但仍处在高位。如此高的比例足以引起各级争议解决机构对政府信息公开的高度重视(见图9)。

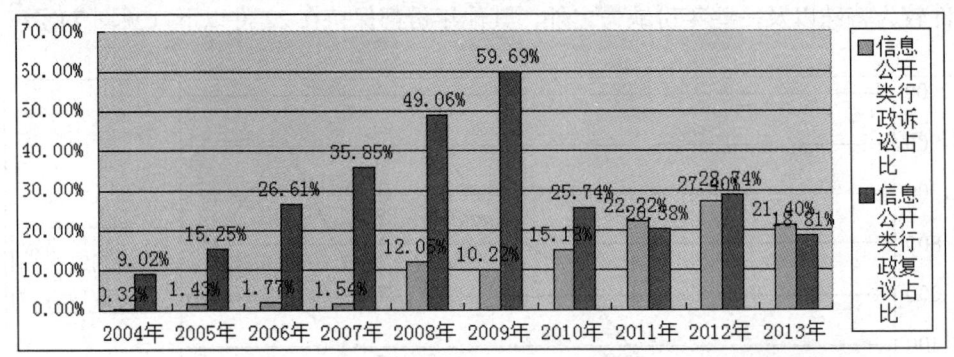

图9 历年信息公开行政复议和诉讼数占全市行政复议和行政诉讼数比重

过去十年来,行政复议纠错率呈下降趋势,从最高点46.2%(2004年)下降到最低点4.3%(2012年)。上海市从2010年开始,在政府信息公开年报当中增加了行政诉讼纠错率统计数据。四年来,共有103件被法院纠错,平均占比达到5.58%,低于同期的行政复议纠错率。从2007年开始,上海市公布了各部门被纠错的件数,该项工作持续了4年,2011年后被取消。

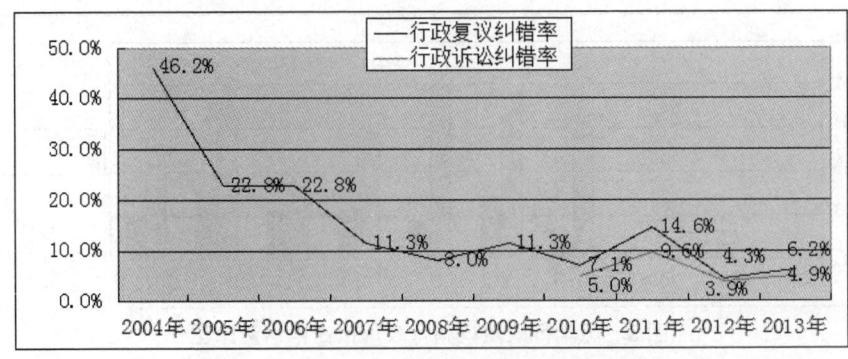

图10 2010-2013年被确认违法和瑕疵数

（六）申请方式集中于当面申请

在过去的十年当中，当面申请最多，占到一半以上（53.10%）。网上申请次之，占到将近三分之一（29.17%）。其次是信函申请，占比 12.98%。传真申请用得较少，只占 0.74%。电子邮件申请也占少量比例，达到 3.15%（见图 11）。

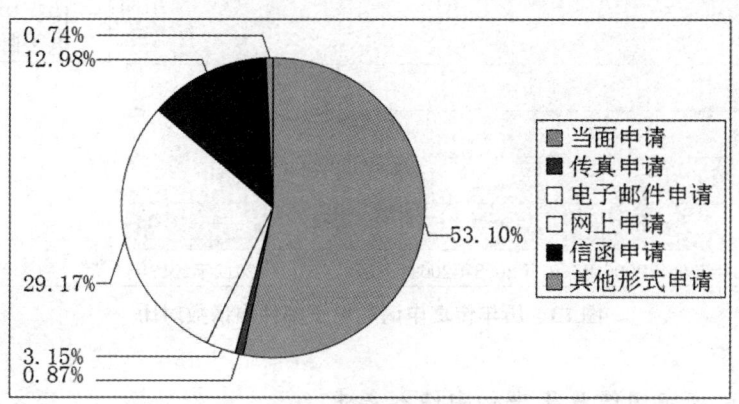

图 11　历年各种申请方式比较

这其中网上申请和信函申请呈现上升趋势（见图 12）。尤其信函申请，上升得较快。网上申请则翻了三倍，也呈上升趋势，但是幅度较小。

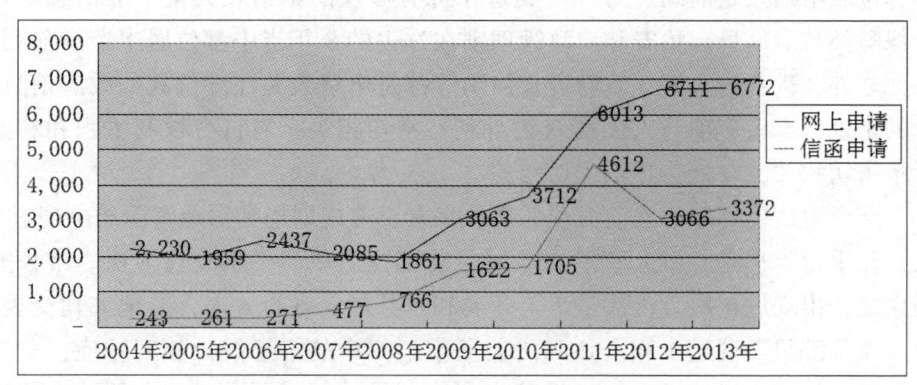

图 12　历年网上申请和信函申请数对比

传真和电子邮件申请则呈下降趋势。尤其电子邮件申请，下降的幅度较大。传真申请则有逐渐被申请人废弃的倾向（见图13）。

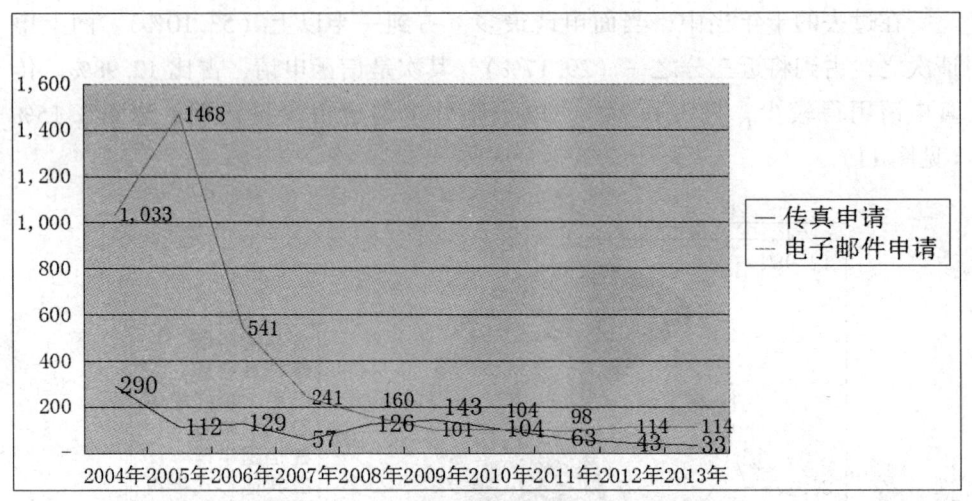

图13 历年传真申请和电子邮件申请数对比

（七）所申请信息集中和申请人集中

从所申请的信息来看，申请人所指向的政府信息也十分集中，即大多指向房屋动拆迁等基本建设相关的政府信息。这其中涉及房屋动拆迁许可及补偿安置、土地征用、城市规划、土地管理批文等。过去十年来，这类信息每年都位居申请数量前列。另外一类每年都有涉及的申请较为集中的信息是社会保障类政府信息。治安和户政管理则在过去的8年当中都位居申请量前列。除此之外，教育与人事、政府资金使用等都是申请人关注度偏高的政府信息。总的来说，申请事项与人民群众切身利益密切相关，与自身权利主张和利益诉求密切相关，与社会热点密切相关。

结合申请量每年位居前五位的单位来看，市规划局和房地资源局出现过9次，几乎每年都有。市人事局在申请量前五位名单当中出现过8次。市公安局次之，出现过7次。再次是市工商局和水务局，各有4次，其他如建交委、发改委等都只出现过1次。这和之前所申请集中的信息统计相互呼应，房屋动拆迁、补偿与规划局和住房保障房屋管理局等部门紧密相关，而社会保障和人力资源社会保障局密切相关。就区县来看，浦东新区每年都位居申请量前五名之列。闸北区次之，出现过8次，黄浦和虹口两区也是申请大户，在

第七章 信息流通视野下的上海政府信息公开十年 ❖

申请量前五名当中分别出现过 7 次和 6 次。

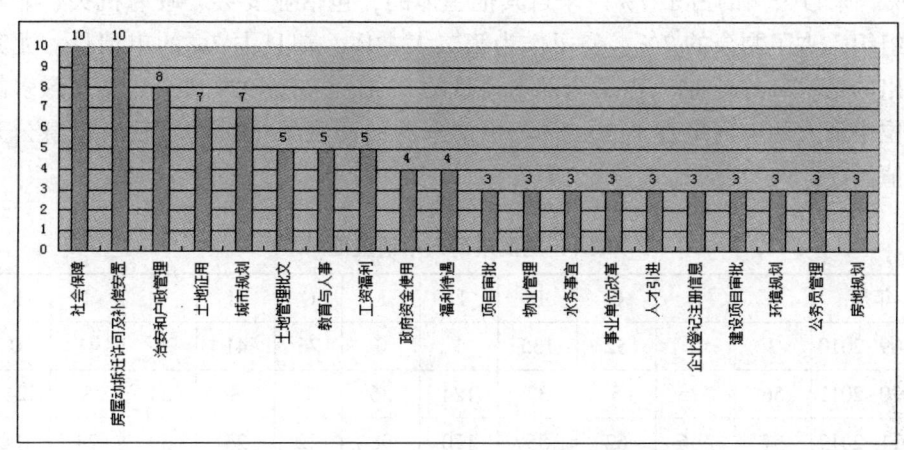

图 14 历年申请量最为集中的政府信息类别

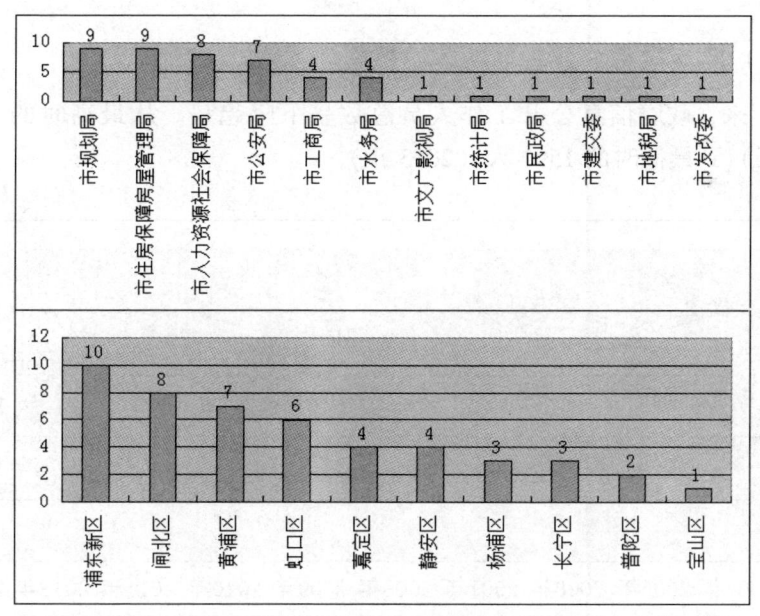

图 15 历年申请量位居前五位部门列表

上海政府信息公开年报当中并没有关于申请来源方面的具体统计，但是从上海市某区三年的统计数据来看，申请来源单一，个人中的极少数占了申请量中的很大比重。在共计 6025 件有效申请来看，来自个人的申请占了 86%，来自公司的占了 7%。来自其他主体的，包括业委会、政府机关、非政府组织，占了剩余的 7%。公司作为第二大主体，却只占 7% 的申请量。尤其突出的是，11 个申请人占了全部申请量的 32%，共有 1929 件。申请量最多的一位申请人的申请量占了 30.2%。申请来源的高度集中制约了政府信息公开价值。

表1　主要申请人申请量汇总

年度	A	B	C	D	E	F	G	H	I	J	K
2009-2010	3	0	52	135	1	0	76	41	5	41	0
2010-2011	56	125	5	37	124	36	1	8	34	8	24
2011-2012	57	466	62	55	170	98	22	24	39	24	100
2009-2012	116	591	119	227	295	134	99	73	78	73	124

（八）政府信息公开工作人员人数逐步减少

十年来，政府信息公开工作人员总数呈下降趋势。从最高时的 2031 人（2004 年）到最低时的 1591 人（2013 年）。

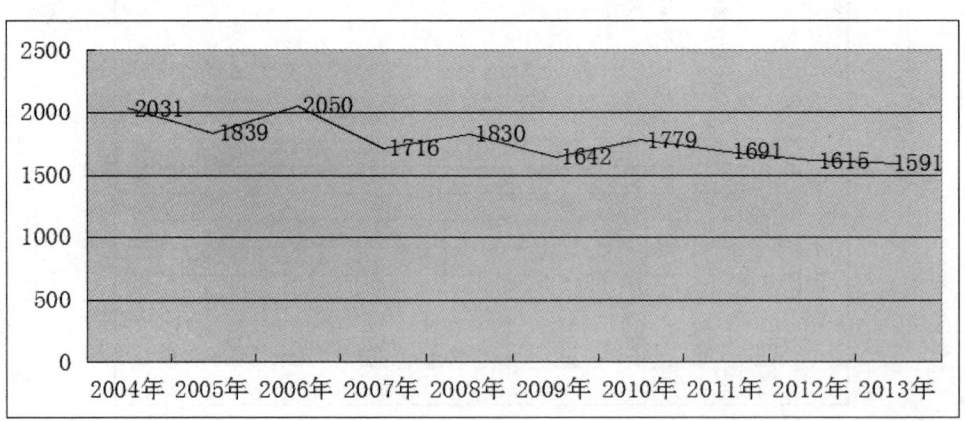

图16　历年政府信息公开工作人员总数

全职人员十年平均占比在 10.58%，将近 90% 为兼职。其中，兼职人员呈现下降趋势，而专职人员则在下降后逐步回升。

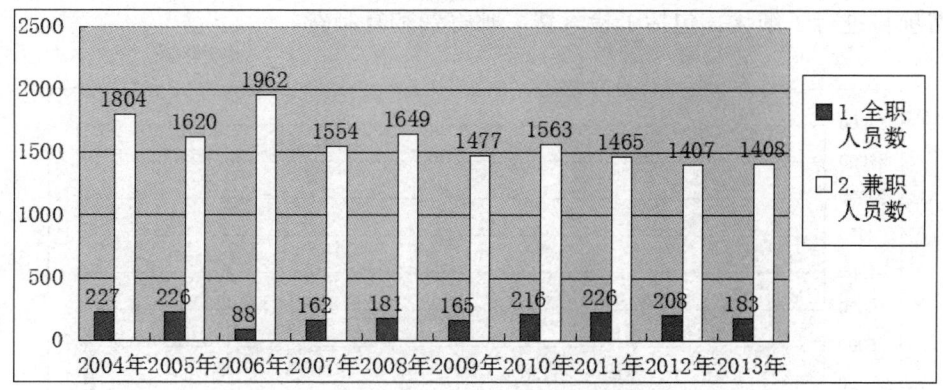

图 17 历年政府信息公开专兼职工作人员总数

（九）政府信息公开工作花费多，收费少

处理信息公开工作的实际支出在《规定》实施的头两年最为突出，超过千万。另外一个比较突出的年份是《规定》修改前后，即《政府信息公开条例》实施前后。2007年和2008年实际支出较大，都超千万。2009年的数据缺少，无法统计。其中2008年以后，年报统计当中增加了专项经费一栏，从中可以看出，2008年大大超出了专项经费。之后几年每年都有部分结余，大概维持在500万元上下。

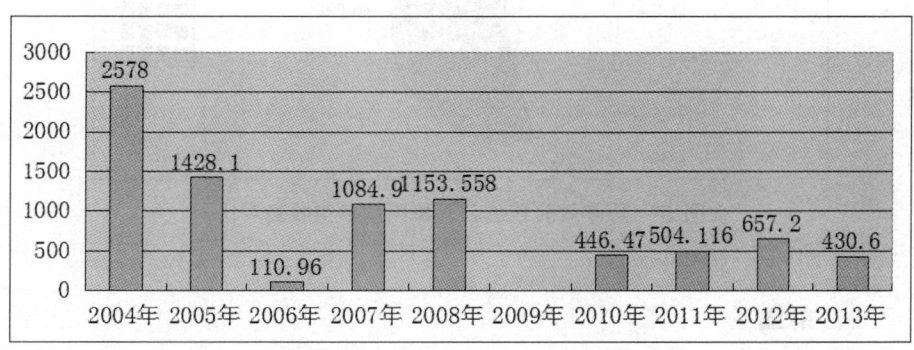

图 18 历年政府信息公开专项经费

从对依申请收费情况来看，十年间共收取了73 407.7元。其中2005年收取费用最高，达到30 310.6元。其余年份收取费用低的在1000元左右，高的将近1万元。多数年份收费保持在5000元左右。自2008年以后，上海市对收费项目进行了细化，包括了检索费、邮寄费和复制费。

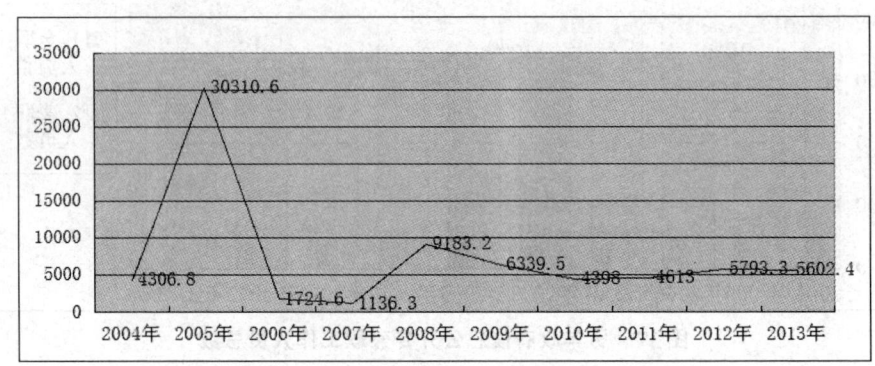

图19 历年政府信息公开依申请收费

过去六年中（2008-2013年），其中检索费达到16 775.60元，占比46.69%。复制费次之，达到16 222.12元，占比45.15%。邮寄费最少，只有2933元，占比8.16%。

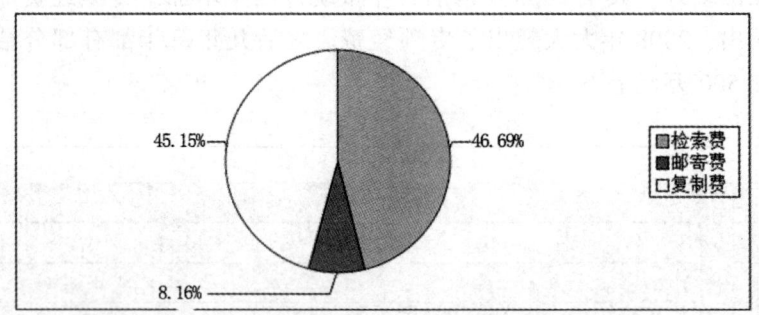

图20 历年政府信息公开依申请各类收费对比

三、前瞻

展望未来，除了一般意义人财物等保障外，上海市有必要创新思维，结合信息流通理论所提出的包括内部公开、外部公开、主动公开、被动公开四支信息流间相互关系角度完善政府信息公开工作机制，深化政府信息公开内容。

第七章　信息流通视野下的上海政府信息公开十年

（一）信息流通理论的构建与适用思路

从实践角度来讲，信息流通理论就是运用动态、宏观和服务方法，分析一国信息环境当中各种信息流间相互作用，研究信息公开法律实施问题的理论。首先，一国信息环境由各种信息流组成。简单来讲，一国信息环境由四种信息流构成：（1）从政府到公众信息流或称主动公开；（2）从公众到政府信息流或称被动公开，也称依申请公开；（3）政府间信息流或称内部公开；（4）公众间信息流或称外部公开。其次，这四种信息流相互作用并相互影响。这是我们审视一国信息环境改变的重要准绳。一种信息流的通畅或不通畅对其他信息流具有潜在的积极或消极影响。主要体现在如下三点：（1）主动公开信息流通水平的提升有助于被动公开信息流的通畅，反之亦然；（2）外部公开的改善有助于主动公开和被动公开信息流通水平的提升；（3）内部公开的提升有助于通畅被动公开信息流。

国际上对于政府信息公开的理解更多地将其严格限定在从公众到政府间的信息流，即主动公开和被动公开上，而其中的被动公开更是受到格外关注。信息流通理论允许我们扩大视野，从与被动公开紧密相关的其他信息流上探究其他信息流对狭义上的政府信息公开，即被动公开所起到的作用。这就要求将被动公开视为一种信息流，放在一国信息环境当中进行审视，并从主动公开、内部公开和外部公开对被动公开影响以及被动公开本身角度提升政府信息公开法实施成效。基于此，需要我们从如下六层关系研究未来政府信息公开提升工作：（1）内部公开和被动公开的相互关系；（2）外部公开和被动公开的相互关系；（3）主动公开和被动公开的相互关系；（4）内部公开和主动公开的相互关系；（5）外部公开和主动公开的相互关系；（6）内部公开和外部公开的相互关系。

对这六个方面关系的研究，离不开宏观、动态和服务视角的挖掘。宏观角度要求将被动公开视为一种信息流，要求从推进和被动公开紧密相连的其他信息流提升政府信息公开水平，而不单纯从被动公开本身谈推动问题。动态角度要求将关注的重心放在信息流通。目前的关注重心侧重在信息，从信息流通角度来看，无论是信息不存在还是非政府信息结果都是信息不公开或信息不流通，这支信息流不流通会导致其他信息流不流通或乱流通。服务角度要求除了从立法上为畅通信息流通进行通盘考虑外，还需要在实施过程中充分发挥受理机构的自主性,从依服务这种便民惠民角度进行公开。各级政府部门不能仅仅因为合法而不予公开,还需要积极发挥自由裁量决定是否公开。强调信息公开过程中"你中有我,我中有你"的合作,而非"你是你,我是我"的冷冰冰状态。

(二)适用信息流通理论指导上海未来政府信息公开工作

历经十年光景,对未来上海政府信息公开工作的走向有必要进行前瞻。其中,最需要树立信息流通思维,从信息环境下的各种信息流相互关系角度推动政府信息公开工作。

1. 从内部公开和被动公开相互关系角度推进政府信息公开工作。

从内部公开和被动公开的相互关系角度推进政府信息公开工作需要考虑:一是完善政府信息公开工作平台,通过构建基础工作数据库提高政府信息公开申请的处理效率、政府信息公开工作各项指标统计的便捷、政府信息公开答复规范性以及政府信息公开工作所遇问题的把握。二是通过政府间数据库的共享加强政府间信息流通,降低被动公开量。如为避免餐饮企业《餐饮业环保审核意见》造假,食品药监部门在餐饮企业申请《餐饮服务许可证》时,要求所有餐饮企业出具《餐饮业环保审核意见》原件。结果导致餐饮企业向环保部门递交了大量申请。环保部门为降低申请量,允许食品药监部门在办理《餐饮服务许可证》业务时查阅其数据库。通过该内部共享,食品药监部门不必再要求办事对象提供原件,直接降低了环保部门该类申请量。三是在答复非本机关公开职责权限范围时,多启用内部沟通的方式向申请人提供申请所应指向的行政机关的联系信息。相较申请人而言,行政机关对该向哪个部门申请更为清楚,即使不知道,大多数情况也可以通过内部问询得知。四是将原本答复申请人不存在的政府信息通过内部制作转为存在,以便降低信息不存在答复比例。这种基于被动公开所给行政机关带来的内部变化,有利于提升公众对政府信息公开工作的满意度。

2. 从外部公开和被动公开相互关系角度推进政府信息公开工作。

从外部公开和被动公开的相互关系角度推进政府信息公开工作主要需要加强政府信息公开申请的预测性,会商由网络舆情所带来的相关申请的处理。"微笑局长"事件就是一例证。在陕西延安发生特大交通事故后,原陕西省安监局局长杨达才在事故处理现场展露出的微笑表情被网民捕捉到后发布到网上。微笑照片的网络传播引来了众多网民的非议。事件聚焦这时已经从大家对交通事故遇难者的同情转向了对杨达才个人信息的关注。在微笑照片过后，网民发现杨达才出席各种会议和活动时所戴各类名表共有11块之多。大家开始质疑其凭什么能够消费得起这些名表。于是，有大学生和律师向财政厅等一些部门申请公开杨达才个人工资信息。也有其他人员加入，申请公开其他地方官员工资信息。对于这类信息的公开，相关部门通过各自答复方式进行了孤立处理，结果造成了政府信息公开工作上的一些被动。"微笑局长"事件提醒我们未来有必要研判特定阶段爆发的网络舆情所引发的政府信息公开申请，并通过会商，提高答复的规范性和一致性。

3. 从主动公开和被动公开相互关系角度推进政府信息公开工作。

政府信息公开的大趋势是主动公开。长远来看，主动公开质量的提升有助于降低被动公开量。要实现这点，有必要考虑：一是完善政府数据服务网这种集主动公开政府信息一站式入口的政府信息公开资源服务平台，供公众通过该入口浏览到所有政府部门主动公开的政府信息。该一站式平台还需要提供强大的搜索功能，方便快速找到。对于主动公开政府信息要用不对公众再使用政府信息设置任何障碍的开放格式在线公开。二是形成被动公开向主动公开政府信息转化的科学机制。有必要先将那些被不同申请人申请超过三次的政府信息转为主动公开政府信息。未来甚至可以做到经过一个申请人申请过并且同意公开的公共信息，都全部转为主动公开信息。另外，可以在政府信息公开专栏中主动公开具有典型意义的政府信息公开申请答复书，以及显示被申请人申请频率从高到低的政府信息排行，供潜在申请人浏览。

4. 从内部公开和主动公开相互关系角度推进政府信息公开工作。

从内部公开和主动公开相互关系角度推进政府信息公开工作，可以考虑通过主动公开处理好和党务信息、党政混合信息等在内的政务公开的关系。基于我国国情，党务信息、党政混合信息和政府信息，在民众眼中是一样的。所以，在涉及党务信息、党政混合信息的申请时，一方面需要加强和党务部门沟通，在征得其同意的情况下，予以最大程度的公开。另一方面也可对于涉及党务信息的申请，不通过政府信息公开程序，直接通过主动公开处理掉。

5. 从外部公开和主动公开相互关系角度推进政府信息公开工作。

外部公开对政府信息公开工作也有影响。为更好发挥外部公开对政府信息公开工作的积极作用，需要做到：一是在现有的政府信息公开专栏上，各部门可以建立和公众开展互动的平台，以便公众就所公开的政府信息质量进行评价，发表关于何种信息应优先公开的意见，以及就各部门政府信息公开工作发表看法。二是政府自身可以借助政府网站、新媒体等工具积极投入到公众信息流通当中，对公众开展政府信息公开教育，减少公众知情权行使的不便，节约行政资源。比如基于不属于本机关公开职责权限范围答复比例偏高的情况，我们可以借助政府网站、新媒体等渠道在主动告知各部门法定职责外，还就一些经常被错误申请的特定政府信息主动列举。目的当然是为了降低非本机关公开职责权限范围答复比例。也可通过主动公开，列举申请内容不明确类型，减少申请内容不明确答复。三是对于突发公共事件和舆情事件，避免通过主动公开制造"官谣"，像哈尔滨停水事件、刘铁男贪腐辟谣、王立军休假式治疗等。对于这类事件，我们有必要通过发挥主动公开的及时性、准确性和真诚性达到更好的效果。

6. 从内部公开和外部公开相互关系角度推进政府信息公开工作。

政府信息公开工作离不开内部公开这支信息流。促进内部公开信息流，就需要：一是通过领导人重视，树立政府信息公开不是一个主管部门的事情，而是全政府的事情和需要，需要全体工作人员的配合。政府机关工作人员还要在履行行政职能时树立依法行政的理念。在政府信息产生之初就注意严谨性和合法性，避免随意性。二是加强政府信息公开申请的内部流转。我们可以允许相同业务部门就政府信息公开申请进行内部流转，减少申请人知情权行使负担。如基于申请人对档案馆和档案局的混淆，在政府信息公开答复书上有必要告知申请人所申请的政府信息已经移交档案馆，要求到档案馆进行查询。并在答复书后附一便民说明，提示申请人不是向档案局申请，而是向档案馆查询。

7. 从被动公开自身基于信息流通思维推进政府信息公开工作。

从被动公开自身基于信息流通思维推进政府信息公开工作，有必要考虑：一是增强灵活性和变通性，克服"只提供信息，不负责加工或整理"的意识。这就要求提升公开信息的完整性以及基于完整性所带来的真实性。大家熟知的一项原则，即公开是原则，不公开是例外，就是从量上对政府信息公开提出的最高要求。对于一项依法落入政府信息公开例外而不能公开的政府信息也可从服务的角度得以公开或者通过提供摘要的方式公开。[1] 二是强调和申请人的沟通交流，克服被动处理信息公开申请习惯。在提供政府信息前和申请人的沟通交流尤其重要。沟通交流可以达到引导公众的目的。该目的的实现是为了通过明确申请人的真正需要的基础上，尽量减少信息不存在、非政府信息公开申请等免予提供理由答复。事前的沟通交流还可以避免不必要纠纷。对于一些个案，如字迹潦草，申请内容不明确，如果事前不沟通的话，一味地发补正申请，恐怕很难赢得申请人的理解。三是在任何情形下都要考虑是否使用部分公开机制决定那些依法不能公开的政府信息。目前部分公开答复比例偏低。虽然部分公开对信息公开工作人员的专业要求很高、精力投入很大、一定程度上还有一些技术操作上的问题，但是即使是部分公开，也是公开，是行政机关深思熟虑后的结果。这完全不同于那种冷冰冰的不予公开答复。尤其对于那些被认定为个人隐私和商业秘密例外的政府信息，更应尽可能通过启用部分公开答复，提高部分公开答复量，提高公众满意度。四是加强便民答复，减少不必要的纠纷。便民答复对于那些程序性例外的答复更为重要。申请人所填写的申请内容或所填写的文件名称会和政府所使用的术语或文件的真正名称有差别。如果事先的沟通交流无法改变申请人变更申请内容的话，答复时的便民措施就显得尤为重要。

---

[1] See Steve Price, "The Official Information Act 1982: A Window on Government or Curtains Drawn?", http://www.victoria.ac.nz/law/centres/nzcpl/publications/occasional - papers/publications/OP _ Price.pdf, 2013-06-20.

第八章
信息流通视野下的"微笑局长"事件分析*

摘 要: "微笑局长"事件意味着我国现有政府信息公开法律制度设计和实施还有提升空间。这就需要在构建信息流通理论基础上,从宏观角度提出一些我国政府信息公开制度修改和实施方面的完善建议,包括允许公开后政府信息的再利用、促进被动公开信息流通畅、要求经常被申请的被动公开信息向主动公开信息转换和加强政府间信息流通。而在政府信息公开法律实施上则鼓励在依法前提下启用依服务方式。

"微笑局长"事件是指由 2012 年 8 月 26 日在陕西延安特大交通事故现场所引发的,围绕陕西省安全生产监督管理局局长杨达才面含微笑、所戴手表和所领工资等信息在网络上广泛传播而产生的一起重大网络舆论事件。从最初的微笑到后来的名表,再到后来的工资等一系列热点均围绕杨达才个人信息通过网络流通展开。"微笑局长"事件并没有因为杨达才 9 月 21 日被撤职而终结,如今已延伸至官员财产公开议题。"微笑局长"事件为我们完善现有政府信息公开法律制度的设计和实施提供了机会。本章就这一事件出发,在构建信息流通理论基础上,从宏观角度对我国政府信息公开制度的修改和实施提出若干建议。

---

* 本章成果已在《电子政务》2013 年第 1 期上发表。题目为《从"微笑局长"事件谈政府信息公开问题》。收录时有删减。

第八章 信息流通视野下的"微笑局长"事件分析

一、信息流通理论概述

信息流通理论就是运用动态、宏观和服务方法，分析一国信息环境中各种信息流间的相互作用，研究信息公开法律制度设计和实施问题的理论。首先，一国信息环境由各种信息流通组成，信息流通是一国信息环境的血液。简单来讲，一国信息环境由四种信息流构成：从政府到公众信息流或称主动公开信息流；从公众到政府信息流，包括被动公开（依申请公开）信息流和公众向政府主动提供的信息流，这里侧重讲被动公开信息流；政府间信息流；公众间信息流。其次，这四种信息流相互作用并相互影响，一种信息流的通畅或不通畅对其他信息流具有潜在的积极或消极影响，主要体现在如下三点：（1）主动公开信息流通水平的提升有助于被动公开信息流的通畅，反之亦然；（2）公众间信息流通的改善有助于政府和公众间，即主动公开和被动公开信息流通水平的提升；（3）政府间信息流通水平的提升有助于通畅被动公开信息流。

国际上对于政府信息公开的理解更多地将其严格限定在从公众到政府间的信息流通，即主动公开和被动公开上，而其中的被动公开更是受到格外关注。信息流通理论允许我们扩大视野，从与被动公开紧密相关的其他信息流上探究其他信息流对狭义上的政府信息公开，即被动公开信息流，所起到的作用。

信息流通理论合理解释了我国政府为何通过政府信息公开法。[1]我国《政府信息公开条例》的实施也需要从我国信息环境下的各种信息流间相互关系进行研究。信息流通理论在我国的适用说明它是新的审视一国政府信息公开法律通过以及实施的有效分析工具。传统理论在指导政府信息公开法律具体实施方面的缺陷需要信息流通这样新的理论予以弥补。这种弥补的策略就是将被动公开视为一种信息流，置于一国信息环境当中进行审视，并从改善从政府到公众的主动公开信息流、公众到政府的信息流和从政府间信息流出发，设计政府信息公开制度，进而提升制度实施成效。

---

[1] See Xiao Wei-Bing, *Freedom of Information Reform in China: Information Flow Analysis*, London: Routledge, 2012, p.122.

二、信息流通理论在"微笑局长"事件中的具体适用

"微笑局长"事件是信息社会环境下的一个典型例子,分析这一事件应着眼于信息流通的视角。即摒弃旧有的就信息公开谈信息公开这种微观角度,改从各种信息流关系这一宏观角度出发,完善我国政府信息公开立法及提升政府信息公开法律实施成效。信息流通理论提出的核心观点是围绕政府和公众这两类主体展开的各种信息流相互联系、相互影响,可谓是牵一发而动全身。"微笑局长"事件就是例证。

(一)公众间信息流

在2012年8月26日陕西延安发生特大交通事故后,陕西省安全生产监督管理局局长杨达才在事故处理现场展露出的微笑表情被网民捕捉到后发布到网上,这是典型的公众间信息流。微笑照片的网络传播引来了众多网民的非议,批评其不具同情心。此后,事件聚焦从大家对交通事故遇难者的同情转向了对杨达才个人信息的关注。在舆论压力下,8月29日,杨达才本人也参与到公众的讨论当中,通过微博访谈正式回应网友质疑,并解释为何在如此惨烈的事故面前要微笑,但回应并没有消除公众对其的质疑。

(二)主动公开信息流对公众间信息流的影响

没有政府主动公开杨达才作为领导出席各种活动的照片,公众间有关其爱好名表的信息流就无法流转起来。在微笑照片公开后,网民发现杨达才有爱好名表的习惯,并在8月31日底搜集到了杨达才出席各种会议和活动时所戴各类名表共有11块之多。大家开始质疑其凭什么能够消费得起这些名表。杨达才本人也通过微博访谈进行了回应,回应称,这十多年来确实买过5块手表,不过用的是自己的合法收入。最贵的一块花了3.5万元,其他表大概一到两万元。[1]

(三)公众间信息流引发了被动公开信息流

公众间讨论名表消费后引发了杨达才工资收入的被动公开事件。杨达才

---

[1] 参见刘敏、林晓:"杨达才微笑门",载 http://finance.sina.com.cn/roll/201209010/061813018741.shtml,最后访问时间:2012年9月1日。

在回应网民对其购买名表能力的质疑时说道他这一年光工资收入就十七八万一年，且家庭无负担，父母也都去世了。[1]针对杨达才关于其所有手表都是利用合法收入购买的质疑，9月1日，湖北三峡大学在校生刘艳峰向陕西省财政厅寄送了政府信息公开申请表，申请公开杨达才2011年度工资收入。陕西省安全生产监督管理局置之不理是典型的行政不作为。陕西省财政厅则答复称不属于财政厅政府信息公开范围。受刘艳峰申请的启发，湖北楚盾律师事务所律师许方辉向陕西省人民政府、陕西省财政厅及陕西省安全生产监督管理局申请公开杨达才任局长职务以来纳入财政预算的工资收入状况。陕西省人民政府办公厅的答复是不属于政府信息公开范围，其他机关则未有答复。申请官员工资信息公开似乎并未因杨达才被停职而停止，南京邮电大学大二学生段国超于10月10日向广州市城管局番禺分局、番禺财政局寄送快递，申请公开城管番禺分局政委蔡彬2011年的工资总和；重庆工商大学大二学生杨璠于10月10日向福建省交通运输厅和福建省财政厅寄出政府信息公开申请信，要求公开因福建省交通运输厅厅长李德金2011年工资收入情况。这些申请再一次引起了网民有关官员工资是否属于政府信息还是个人隐私等的热议。

（四）被动公开信息流正影响着主动公开信息流

陕西省财政厅的信息公开答复让公众的讨论从杨达才本人被陕西纪委撤职后转向了官员财产公开议题。刘艳峰说道："希望大家不仅仅关注杨局长个人的处理，还要更多去关注官员工资公开制度的推进。那样的话，即便贪官不微笑，他也逃不了。"[2]有人建议中央有关部门以"微笑局长"事件为鉴，尽快在全国范围推行官员财产公示制度，让官员财产公示早日实现。[3]《新华每日电讯》指出："陕西省安监局局长杨达才落马，无不警醒这样一个朴素的

---

〔1〕 参见"陕西微笑局长：我一年工资十七八万常与儿子换表戴"，载 http://news.ifeng.com/mainland/special/yananchehuo/content-3/detail_ 2012_ 09/03/17310826_ 0. shtml?_ sns，最后访问时间：2012年9月3日。

〔2〕 "专家：陕西应给出不公开微笑局长工资理由"，载 http://news.ifeng.com/mainland/special/yananchehuo/content-3/detail_ 2012_ 09/24/17838006_ 0. shtml，最后访问时间：2012年9月24日。

〔3〕 参见刘武俊："官员财产既已申报 缘何不能公开？"，载《工人日报》2012年9月29日，第6版。

道理：官员隐私具有公共意义，接受监督天经地义。"[1]官员工资收入是不是政府信息，受不受个人隐私保护，该不该主动公开等成了大家讨论的热点。就主动公开而言，有人认为官员工资收入应当主动公开，理由是《政府信息公开条例》当中有关主动公开的一般性规定以及特别规定。该一般性规定是第9条第2款需要社会公众广泛知晓或者参与的；该特别规定是第十条县级以上政府应重点公开政府集中采购项目的目录、标准及实施情况。前者的进一步解释是因舆论关注"微笑局长"事件已经超出了杨达才个人消费问题，而是关注到官员财产来源以及对官员腐败监督这种涉及公共利益方面的问题；对后者的进一步解释是公务人员的工资条反映的是政府对公务人员劳务这种政府采购的标准和实施情况。[2]

（五）主被动公开信息流对政府间信息流的影响

"微笑局长"事件说明政府间的沟通是有障碍的。如果能够实现政府间信息公开申请的内部流转，就可以避免各部门各自答复所给公众知情权行使带来的限制。虽然我们现在还无法预测全部影响，但是从"微笑局长"事件发展到现在，已经能够看出信息社会下的政府信息公开问题已经不能被孤立地看待和探讨，而应从宏观角度、从各种信息流间相互关系出发，去完善我国的政府信息公开法律制度以及推动其更好地实施。

三、从信息流通角度完善和实施《政府信息公开条例》

对"微笑局长"事件的信息流通分析揭示出现有我国政府信息公开制度设计和实施缺乏动态和宏观视野。动态和宏观视野需要我们将被动公开信息流置于信息环境当中，视作一种信息流，从改善和其紧密联系的其他信息流出发，降低被动公开量，进而提升政府信息公开制度实施的成效。

（一）从信息流通角度设计我国政府信息公开法律

信息社会条件下的政府信息公开法律应该将信息流通理念贯彻到制度的具体设计当中。

---

[1] 李拯："官员财产公开 期待'成功案例'"，载《新华每日电讯》2012年9月28日，第3版。

[2] 参见"杨达才的工资是否应该公开？"，载 http://news.sina.com.cn/z/ydc/，最后访问时间：2012年9月20日。

第八章　信息流通视野下的"微笑局长"事件分析 ❖

1. 促进公众间信息流通

从促进公众间信息流通提升政府信息公开，就要求允许申请人再利用所申请到的政府信息。在信息社会中，信息取代物质和能量成为社会基础经济资源。[1]而要发挥信息这种社会基础经济资源的作用，就应促进和加强信息流通。信息流通是信息社会的血液，其作用不可或缺；并且，在信息社会里，限制信息流通做法也存在其可行性问题。联系到政府信息公开，可以对个人公开的公共信息，也应该能对其他人公开。爱尔兰政府向申请人公开所申请的涉及公共利益的政府信息时也主动对公众公开这些信息。[2]同样，对单个申请人公开的政府信息公开答复，也可以对其他所有人公开。"微笑局长"事件中大学生刘艳峰就在微博公开了陕西省财政厅的政府信息公开答复。

然而，我国现行有效的《政府信息公开条例》并没有给政府信息再利用创造良好条件。周汉华教授等在其提交的《政府信息公开条例》（专家建议稿）上设计了允许申请人在获取政府信息后，对信息进行再加工或者其他形式的开发利用条款。[3]国务院 2006 年立法工作计划当中也明确表明，制定《政府信息公开条例》的目的之一就是为了促进政府信息的开发利用。我国立法者似乎寄予信息公开法在促进政府信息再利用方面的厚望，而最终公布的《政府信息公开条例》并没有承载这种期望。

未来出台制定政府信息公开法时，应通过统一立法，而不是如美国那样进行分散立法的方式，加强和促进公众间信息流通。这就要求允许公众有权再利用经申请或其他渠道获取得到的政府信息。为保障公众再利用权利，要从限制政府职权角度为政府设置一些禁止性行为：一是政府不得收取超过复制等成本费用之外的申请费用；二是政府不得对政府信息主张版权；三是政府不得对再利用附加任何限制条件；四是政府不得在申请人获取政府信息时进行区别对待。[4]

---

[1] 参见齐爱民：《信息法原论》，武汉大学出版社 2010 年版，第 15 页。
[2] See Charlie Falconer, "Farewell to the Blight of Secrecy", http://www.guardian.co.uk/freedom/Story/0,,1380383,00.html, 2012-10-11.
[3] 参见周汉华主编：《政府信息公开条例专家建议稿》，中国法制出版社 2003 年版，第 57 页。
[4] See Yvo Volman, "Exploitation of Public Sector Information in the Context of the eEurope Action Plan", in Georg Aichholzer and Herbert Burkert eds., Public Sector Information in the Digital Age: Between Markets, Public Management and Citizens' Rights, Cheltenham: Edward Elgar Publishing, 2004, p.95.

2. 促进从公众到政府间的被动公开信息流通

被动公开信息流本身也需要通畅，而不是现在的从法定信息公开例外和非属信息公开例外两种角度为被动公开信息流的通畅设计各种障碍。就法定信息公开例外而言，现有制度设计没有照顾到法定信息公开例外的多样性特征。[1]而要照顾到这点，就需要在政府信息公开例外立法上强调以任意性例外为主，强制性例外为辅；以相对性例外为主，绝对性例外为辅；通过损害衡量和公共利益衡量等政府信息公开例外保护机制得以实现。[2]照顾到信息公开例外多样性特征的立法的内在机理就是从宏观角度为畅通被动公开信息流，进而服务于整个信息环境而进行制度设计。而从非属信息公开例外来看，目前基于非属信息公开例外对信息流通的限制更为严重，更需要改进。非属信息公开例外包括非政府信息、信息不存在、非政府信息公开申请、非本机关公开职责权限范围、重复申请、不符合三需要以及非《政府信息公开条例》所指应公开的政府信息（一般包括内部管理信息和过程性信息）。不管何种理由，其结果都是不予公开，也都会造成被动公开信息流通不顺畅的结果。现有这些非属信息公开例外理由分散在各个法条中，不具有系统性。各级政府在具体适用时深感困惑。完善建议就是将本属于法定信息公开例外的理由，如非《政府信息公开条例》所指应公开的政府信息（如内部管理信息和过程性信息）列入法定信息公开例外理由当中去；还有就是将未列入《政府信息公开条例》的非属法定信息公开例外理由（如重复申请和非政府信息公开申请）列入。另外，如果不能去除不符合三需要的申请目的限制，则应提高该理由的适用标准，避免滥用。

具体到杨达才个人工资信息公开问题，目前政府信息公开机制限定我们要从该信息是否是内部管理信息、属不属于本机关公开职责权限范围、公不公开至少三个方面去思考。对应的答复有可能是非政府信息、非本机关公开职责权限范围以及属于个人隐私。这些答复既涉及非属信息公开例外，又涉及法定信息公开例外。陕西省人民政府办公厅和陕西省财政厅答复都启动了前者，答复到"不属于政府信息公开范围"和"不属于陕西省财政厅政府信息公开范围"。陕西省人民政府办公厅答复是内部管理信息，而陕西省财政厅

---

[1] 参见肖卫兵："论政府信息公开例外立法的类别"，载《情报理论与实践》2010年第4期。

[2] 参见肖卫兵："论政府信息公开例外立法的类别"，载《情报理论与实践》2010年第4期。

答复是非本机关公开职责权限范围答复。民众则从个人隐私法定信息公开例外角度进行理解。其中虽然有陕西省财政厅答复上不甚科学的因素,但也恰恰反映出民众普遍认为因官员花的是纳税人的钱,理应对其个人隐私进行适当限制的看法。从当前法律规定来看,即使启动个人隐私答复也不违法。原因是个人收入这种涉及个人财政状况的信息属于个人隐私范围。这就需要我们对个人隐私例外进行修正。修正的办法就是要求区分不同级别官员和不同类别官员个人信息,并进行不同程度的保护。一般来讲,与公务相关的个人信息应公开,与公务无关的纯属官员个人的信息原则上不公开,只有在确有保护公共利益需要时才公开。例如,官员的工资、工作岗位、工作职责、任职时间、工作地点、公务电话不受个人隐私保护,属于公开范围。南非信息公开法第32条第2款第(f)项就有类似排除规定。

3. 促进从政府到公众间主动公开信息流通

要降低从公众到政府被动公开量,就必须提升主动公开质量。这就要求从立法上保障主动公开政府信息可到达、可找到、相关性、可理解性、免费及更新及时性。[1]一方面,要求设立汇聚所有主动公开政府信息的网站,如美国政府的 data. gov。另一方面,要求政府部门将那些已经被或有可能今后会经常被申请的政府信息(Frequently requested records)转为主动公开的政府信息。所谓经常被申请的政府信息,就是被申请三次以上的政府信息。[2]而我国目前主动公开政府信息都是通过各个部门单独进行,立法当中也没有被动公开向主动公开政府信息转换方面的规定。

4. 促进政府间信息流通,提升政府信息公开

缺少政府间信息流通的改进,会对从公众到政府间信息流造成消极影响。"微笑局长"事件所引发的政府信息公开申请说明,政府间信息流通是必要的。在陕西省财政厅的答复中,一个瑕疵就是没有依法告知申请人应向哪个部门申请公开杨达才个人工资收入事项。理论上讲,财政厅是知晓的。这也是造成民众对该答复不满意以及不理解答复机关答复的原因之一。目前,《政府信息公开条例》并没有规定政府信息公开申请的内部流转,只是对不属于

---

〔1〕 See Helen Darbishire,"Proactive Transparency:The future of the right to information?",http://wbi. worldbank. org/wbi/document/proactive-transparencythe-future-right-information,2010-03-01.

〔2〕 See Department of Justice,"Guide to the Freedom of Information Act Proactive Disclosures",http://www. justice. gov/oip/foia_ guide09/proactive-disclosures. pdf,2012-08-20.

本机关公开的申请,通过告知方式予以解决。申请人反过来还要再递交一次申请。未来立法应该允许相同业务部门就政府信息公开申请进行内部流转。不应增加申请人知情权行使负担,造成申请人同时向多个部门提出申请;而且,未来立法也要考虑到通过政府间数据库的共享加强政府间信息流通,达到降低被动公开量的积极效果。从某地情况来看,由于存在餐饮企业对环保部门出具的《餐饮业环保审核意见》造假现象,食品药监部门在餐饮企业申请《餐饮服务许可证》时,要求所有餐饮企业出具《餐饮业环保审核意见》原件。餐饮企业没有办法,只有找到环保部门,通过向其递交政府信息公开申请的方式获取。从降低申请量考虑,该地环保部门向食品药监部门共享其数据库,供食品药监部门在办理《餐饮服务许可证》业务时查阅。通过使用该数据库,食品药监部门不必再要求办事对象提供原件。该做法是通过政府间信息流通的方式降低了被动公开申请量的典型例子。

（二）从信息流通角度实施我国政府信息公开法律

"微笑局长"事件也说明,仅从依法角度决定政府信息是否公开并不能取得最佳效果。除了从立法上为畅通信息流通进行通盘考虑外,还应充分发挥受理机构的自主性,从依服务这种便民惠民角度进行公开。各级政府部门不能仅仅因为合法而不予公开,还应积极发挥自由裁量决定公开。[1]

依服务方式和依法方式是各国政府实施信息公开法律的两种主要方式。依服务方式倚重指引、调解、协商和沟通交流等的便民方式解决在信息公开法律实施过程中所遇到的问题,处处从服务的角度将自己置于信息需求者的地位考虑问题,强调信息公开过程中"你中有我,我中有你"的合作。依法方式则倚重从法律规定和正规的法律程序解决所遇到的和政府信息公开法律实施有关的问题,处处从法律角度将自己放在信息需求者对立面看问题,强调信息公开过程中"我是我,你是你"的对抗。依服务方式并不是不依法,而是在依法的前提下促进更高程度和更大范围的信息公开。依服务方式隐含着任何信息都可公开的假定。一项依法落入政府信息公开例外而不能公开的政府信息也可从服务的角度得以公开。

"微笑局长"事件预示着各级政府在受理不属于本部门公开职责权限范围

---

〔1〕 See Department of Justice, "Discretionary Disclosure and Waiver", http://www.justice.gov/oip/foia_guide09/disclosure-waiver.pdf, 2012-08-20.

的政府信息公开申请时，在现有制度框架下，要尽可能提供应向哪个政府部门申请方面的帮助信息。即使受理申请的政府部门自身不知道，也可真实告知不知道情形。这种信息流通的加强有助于增进民众对政府在政府信息公开工作上的理解和支持。"微笑局长"事件也说明，对于舆论关注的热点事件，即由公众间信息流通所激发的政府信息公开申请，各级政府应慎重对待，尽量做到依服务申请的满足，实现便民惠民。就该事件而言，陕西省财政厅就应在答复书中明确指出依据《政府信息公开条例》第21条，你所申请的政府信息不属于本机关公开职责权限范围，建议你向陕西省安全生产监督管理局申请，并提供联系方式等之类的词语。另外，该类答复还应增加保障申请人诉权的话语。例：如对本答复不服，可以在收到本答复之日起60日内向某某机关申请行政复议，或者在3个月内向人民法院提起行政诉讼。而不是添加一些和政府信息答复不相关的言辞，如"祝你学习进步！"和不是特别相关的举动，包括寄送《政府信息公开条例》。这类与依法或依服务无关的话语和举动反倒会额外引发其他方面的争议和猜想。

四、结语

"微笑局长"事件的意义不在于最终杨达才是否被拉下马，而在于它告诉我们不能忽视政府信息公开。信息社会要求我们必须对之予以足够的重视。考虑到目前从微观角度设计和实施政府信息公开制度的现实情况，未来要全面提升政府信息公开成效，就必须改从宏观角度，将政府信息公开看作信息环境中一种不可或缺的信息流，从该信息流和其他信息流之间的内在关系角度完善我国政府信息公开制度，进而提升其实施成效。

第九章
信息流通视野下奥巴马政府信息公开政策分析*

摘　要：责任缺失和全球化等传统的理论可以用来解释信息公开法通过背后的原因，但是却无法为信息公开法律通过后的实施提供明确指引。信息流通理论则可以完成该使命。虽然奥巴马政府没有明确提到信息流通理念，但是奥巴马政府所采取的一系列实施信息公开法的政策措施却充分反映了其对信息流通的重视。它注重通过改善一国信息环境当中的其他信息流通类型推动政府信息公开工作。这是因为奥巴马政府开始注重依服务方式，从鼓励信息流通视角提升政府信息公开法实施成效。该视角不仅强调从提升主动公开，而且还强调从提升公众参与水平和政府部门间的协同性提升政府信息公开法实施成效。

责任缺失（Accountability deficit）理论解释了美国等西方民主国家为何通过政府信息公开法。[1]奥巴马在其上台后的第一天，就提到民主建设离不开责任政府建设，而责任政府建设离不开政府信息公开。[2]全球化（Globaliza-

---

* 本章成果已在《美国问题研究》2012年第1期上发表。题目为《从信息流通视角评析奥巴马政府信息公开政策》。收录时有删减。

〔1〕See Xiao Wei-Bing, *Freedom of Information Reform in China: Information Flow Analysis*, London: Routledge, 2012, p. 2.

〔2〕See Barack Obama, "Freedom of Information Act", http://www.whitehouse.gov/the_press_office/FreedomofInformationAct, 2009-11-21.

tion）理论则解释了最近 20 年为何政府信息公开法会在全球 90 多个国家得以通过。但是责任缺失和全球化理论都无法解释包括中国及其他一些国家为何通过政府信息公开法。更为重要的是，它们无法为各国政府信息公开法的具体实施提供明确指引。我们需要通过构建新的理论指导政府信息公开法律的具体实施。信息流通理论就是这样一个模型。虽然奥巴马政府没有明确提出信息流通理念，但是奥巴马政府所采取的各项实施政府信息公开法的政策措施恰是对信息流通这一理论的具体实践。

一、信息流通理论

从实践角度来讲，信息流通理论就是运用动态、宏观和服务方法，分析一国信息环境当中各种信息流通间相互作用，研究信息公开法律实施问题的理论。首先，一国信息环境由各种信息流通组成。信息流通是一国信息环境的血液。简单来讲，一国信息环境由四种信息流通构成：（1）从政府到公众信息流通或称主动公开；（2）从公众到政府信息流通，包括被动公开（依申请公开）和公众向政府主动提供信息；（3）政府间信息流通；（4）公众间信息流通。其次，这四种信息流通相互作用并相互影响。这是我们审视一国信息环境改变的重要准绳。一种信息流通的通畅或不通畅对其他信息流通具有潜在的积极或消极影响，主要体现在如下四点：（1）主动公开信息流通水平的提升有助于被动公开信息流通的通畅，反之亦然；（2）公众间信息流通的改善有助于政府和公众间，即主动公开和被动公开信息流通水平的提升；（3）政府间信息流通水平的提升有助于通畅被动公开信息流通。

国际上对于政府信息公开的理解更多地将其严格限定在从公众到政府间的信息流通，即主动公开和被动公开上，而其中的被动公开更是受到格外关注。信息流通理论允许我们扩大视野，从与被动公开紧密相关的其他信息流通上探究其他信息流通对狭义上的政府信息公开——被动公开——所起到的作用。

信息流通理论合理解释了中国政府为何通过政府信息公开法。[1]中国政府信息公开法律的实施需要从中国信息环境下的各种信息流通间相互关系进行研究。信息流通理论在中国的适用说明它是新的审视一国政府信息公开法

---

[1] See Xiao Wei-Bing, *Freedom of Information Reform in China：Information Flaw Analysis*, London：Routledge, 2012, p. 122.

律通过以及实施的有效分析工具。对于实施了几十年政府信息公开法的美国来说，更多的探讨已经不再是政府信息公开法通过背后的原因，而是如何提升政府信息公开法实施成效。传统理论在指导政府信息公开法律具体实施方面的缺陷需要信息流通这样新的理论予以弥补。这种弥补的策略就是将被动公开视为一种信息流通，放在一国信息环境当中进行审视，并从改善政府到公众的主动公开信息流通、公众到政府的信息流通和政府间信息流通出发，提升政府信息公开法实施成效。奥巴马政府各项实施政府信息公开法的政策措施就是对该信息流通理论的具体贯彻。

二、从促进信息流通角度处理被动公开问题

虽然奥巴马曾在上海与中国青年对话演讲过程中提到他是信息流通（Flow of Information）层面公开理念最忠实的支持者,[1]但是其并没有明确提出信息流通理念。不过，奥巴马政府所采取的一系列政府信息公开政策措施足以凸显出其对信息流通理念的重视。奥巴马政府充分借助被动公开、主动公开、从公众到政府间以及政府间信息流通角度提升美国政府信息公开法实施成效。信息流通层面的政府信息公开要求从推进和被动公开紧密相连的其他信息流通类型提升政府信息公开水平，而不单纯从被动公开本身谈推动问题。

奥巴马政府注重用促进信息流通或依服务方式（Administrative approach），而非单纯控制信息流通或依法方式（Legalistic approach）实施政府信息公开法律。促进信息流通方式和控制信息流通方式是各国政府实施政府信息公开法律的两种主要方式。前者由于对信息流通的促进作用更大而受到广泛关注。促进信息流通方式倚重指引、调解、协商和沟通交流的方式解决在政府信息公开法律实施过程中所遇到的问题，处处从服务的角度将自己置于信息需求者的地位考虑问题，强调政府信息公开过程中"你中有我，我中有你"的合作。控制信息流通方式则倚重从法律规定和正规的法律程序解决所遇到的和政府信息公开法律实施有关的问题，处处从法律角度将自己放在信息需求者对立面看待问题，强调政府信息公开过程中"我是我，你是你"的对抗。

---

[1] See Barack Obama, "Remarks by President Barack Obama at Town Hall Meeting with Future Chinese Leaders", http://www.chinais.com/2009/11/president-barack-obama-shanghai-speech.html, 2019-11-16.

第九章　信息流通视野下奥巴马政府信息公开政策分析 ❖

促进信息流通方式或依服务方式并不是不依法，而是在依法的前提下促进更高程度和更大范围的政府信息公开。因此，促进信息流通方式注重信息提供的质和量。从量的角度，就是要提升公开信息的完整性以及基于完整性所带来的真实性。因此促进信息流通方式隐含着任何信息都可公开的假定。一项依法落入政府信息公开例外而不能公开的政府信息也可从服务的角度得以公开或者通过提供摘要的方式公开。[1]但控制信息流通方式或依法方式则认为政府信息公开法律只要求政府部门提供信息，不负责加工或整理。[2]从这点来看，促进信息流通方式更具灵活性和变通性。大家熟知的一项原则，即公开是原则，不公开是例外，就是从量上对政府信息公开提出的最高要求。有量才谈质。从质的角度，就是要提升公开信息的可用性以及可获取性。这里的可用性强调公开信息的真实性、准确性、及时性和易于理解。[3]为达到该目的，就需要政府在提供政府信息前和申请人的沟通交流。交流不仅可以明确申请人的真正需要，而且可以避免不必要纠纷。可获取性是对政府信息获取渠道的要求。从便利信息需求者角度，制定简捷的获取程序，通过便利的设施以及简单的方法公平获得政府主动或被动公开的信息。

信息流通层面的政府信息公开预示着依服务方式比依法方式实施政府信息公开法对信息环境当中的信息流通的作用更大。政府机关向社会提供信息的愿望在依服务方式下高于纯粹依法方式。因为前者鼓励政府部门公开那些受法律严格保护的政府信息公开例外的信息。在斯奈尔看来，前者的典型例子有新西兰和瑞典，后者则有美国。澳大利亚和英国两者兼具。[4]

奥巴马上台以来所采取的新的政府信息公开政策意味着美国从依法方式向依服务方式的转变。这是因为奥巴马政府确立了一条是否公开难以抉择时，选择公开原则。该原则出现在奥巴马上台后第一天所颁布的《政府信息公开法备忘录》当中。[5]奥巴马政府司法部部长侯德在2009年3月就贯彻落实

---

〔1〕 See Steve Price, "The Official Information Act 1982: A Window on Government or Curtains Drawn?", http://www.medialawjournal.co.nz/downloads/OP_Price.pdf, 2011-11-10.

〔2〕 参见吴偕林："政府信息公开行政诉讼有关问题的思考"，载《电子政务》2009年第4期。

〔3〕 参见肖卫兵："论衡量政府信息公开的标准"，载《情报理论与实践》2005年第4期。

〔4〕 See David Clark, "Open Government in Britain: Discourse and Practice", *Public Money & Management*, 16 (1996), p. 23.

〔5〕 See Barack Obama, "Freedom of Information Act", http://www.whitehouse.gov/the_press_office/Freedom of information Act, 2009-11-21.

奥巴马《政府信息公开法备忘录》发布了新的指引。[1]该指引指出这一原则包含两层含义。第一层指的是政府部门决定是否公开政府信息时不能仅从合法性与否角度考虑，而应发挥自身的裁量权，自主决定是否公开那些哪怕落入法定公开例外的政府信息。第二层指的是政府部门在任何情形下都应考虑是否使用部分公开机制决定那些依法不能公开的政府信息。该原则推翻了布什政府司法部部长埃斯克劳福特所出台的指引当中确立的依法原则。该原则要求只要存在任何不予公开的"合理的法律依据"，就可拒绝相关政府信息公开申请。[2]奥巴马政府所确立的是否公开难以抉择时，选择公开原则比克林顿政府司法部部长雷诺自1993年以来在雷诺指引当中所建立的当有损害发生时才可拒绝公开原则[3]在促进信息流通方面更为前进一步。

奥巴马政府所颁布的《政府信息公开法备忘录》还指出各级政府部门不能基于公开会给政府官员带来尴尬、会揭露政府官员的失误和失败或会引起公众猜测或不特定的公众恐慌而拒绝公开。该备忘录强调任何不予公开都不应以牺牲公众利益为代价而去寻求保护政府官员的个人利益。在答复政府信息公开申请时，各级政府部门应当本着合作的精神及时处理政府信息公开申请。所有这些都意味着奥巴马政府采取了依服务方式促进信息流通，进而提升政府信息公开法实施成效。

三、从主动公开和被动公开关系角度提升政府信息公开法实施成效

从时间上来看，各国采纳被动公开型政府信息公开法在先，采纳主动公开型政府信息公开法在后。全球目前正经历着从被动公开型政府信息公开法向主动公开型政府信息公开法转变。美国也不例外。奥巴马政府则充分意识到改善主动公开有助于提升被动公开实施成效，并最终有助于提升政府信息公开法律实施成效。

世界上众多的政府信息公开法基本上可划分为倚重主动公开和被动公开

---

[1] See Office of the Attorney General, "Freedom of Information Act", http://www.justice.gov/ag/foia-memo-march2009.pdf, 2010-03-19.

[2] See General Accounting Office, "Freedom of Information Act: Agency Views on Changes Resulting from New Administration Policy", http://www.gao.gov/cgi-bin/getrpt? GAO-03-981, 2008-10-07.

[3] See General Accounting Office, "Freedom of Information Act: Agency Views on Changes Resulting from New Administration Policy", http://www.gao.gov/cgi-bin/getrpt? GAO-03-981, 2010-10-07.

两种类型。信息技术专家库比什克(Kubieck)[1]和政府信息公开法专家帕特森（Paterson）[2]形象地使用 Push 和 Pull 区分两种不同类型的政府信息公开法。前者注重主动公开，后者注重被动公开或依申请公开。倚重依申请公开的政府信息公开法在西方民主国家的采纳源于政府权利膨胀所带来的责任缺失问题。[3]该型政府信息公开法因此具有很强的敌对性[4]并注重保护单个主体的知情权。[5]20 世纪 60 年代到 80 年代之间在美国、加拿大、新西兰和澳大利亚等国通过的政府信息公开法就具有该显著特征。被动公开型政府信息公开法是媒体和议会等信息需求者和政府之间妥协的结果。90 年代后经由世界银行等国际组织推行的政府信息公开全球化浪潮进一步向全世界其他国家推广了被动公开型政府信息公开法。

但是，政府信息公开法类型在最近 20 年已经开始发生一些细微的变化，即从倚重被动公开的法律向倚重主动公开的法律转变。信息流通环境的改善和 20 世纪 80 年代以来开展的新公共管理运动[6]是促使世界范围内的政府信息公开法类型转变的两大重要因素。[7]新公共管理运动崇尚以市民或客户而不是政府为核心的公共管理理念。[8]这给主动公开型政府信息公开法的出台

---

[1] See Herbert Kubicek, "Third-Generation Freedom of Information in the Context of E-Government: The Case of Bremen, Germany", *Public Sector Information in the Digital Age: Between Markets, Public Management and Citizens' Rights*, Cheltenham: Edward Elgar Publishing, 2004, p. 280.

[2] See Moira Paterson, *Freedom of Information and Privacy in Australia: Government and Information Access in the Modern State*, Chatswood: LexisNexis Butterworths, 2005, p. 498.

[3] See Colin Bennett, "Understanding Ripple Effects: The Cross-National Adoption of Policy Instruments for Bureaucratic Accountability", *Governance*, 10 (2002), p. 213.

[4] See Dag Wiese Schartum, "Information Access Legislation for the Future? Possibilities according to Norwegian Experience", *Public Sector Information in the Digital Age: Between Markets, Public Management and Citizens' Rights*, Cheltenham: Edward Elgar Publishing, 2004, p. 76.

[5] See Greg Terrill, "Individualism and Freedom of Information Legislation", *Freedom of Information Review*, (87), 2000, p. 30.

[6] See Michael Barzelay, "Origins of the New Public Management: An International View from Public Administration/Political Science", *New Public Management: Current Trends and Future Prospects*, Abingdon: Routledge, 2002, p. 15.

[7] See Day Wiese Schartum, "Information Access Legislation for the Future?", *Public Sector Information in the Digital Age: Between Markets, Public Management and Citizens' Rights*, Cheltenham: Edward Elgar Publishing, 2004, p. 76.

[8] See Kuno Schedler, Isabella Proeller, "The New Public Management: A Perspective from Mainland Europe", *New Public Management: Current Trends and Future Prospects*, Abingdon: Routledge, 2002, p. 165.

创造了条件。[1]该型政府信息公开法的采纳降低了过往政府信息公开法的敌对性。[2]更重要的是,信息时代的来临降低了被动公开的重要性。[3]借助于互联网和手机等信息技术的力量,信息流通变得更为便捷和经常。在一个改善后的信息流通环境里,政府部门共享政府信息的意愿逐步提升。斯奈尔等政府信息公开研究专家因而呼吁从注重被动公开的政府信息公开1.0版本向注重主动公开的政府信息公开2.0版本转型。[4]

可以说,一个将依申请公开作为最后举措的主动公开型政府信息公开法正在全世界范围兴起,原先的被动公开型政府信息公开法因而逐渐落伍。不同于其他发达国家,英国直到2000年才通过政府信息公开法。不过,这也使得其信息公开法具有了更多主动公开方面的规定。英国《政府信息公开法》第19和20条明确规定了出版计划(Publication Scheme)。该计划要求政府部门按时主动公开政府信息。墨西哥《联邦透明和依申请公开法》第7和9条则要求政府部门通过政府网站主动公开大量的政府信息。更为突出的是,澳大利亚及其新南威尔士、塔斯马尼亚和昆士兰等州正引领主动公开型政府信息公开立法潮流。新南威尔士在新修订的政府信息公开法明确将授权和鼓励政府部门主动公开政府信息作为其中的一个立法目标。

为适应信息时代的迫切需求,美国在1996年对其原先以被动公开为主的政府信息公开法进行了适当修正。[5]除了要求主动公开具有法律效力但不是普遍适用的文件、政策说明和解释、对公众有影响的行政职员手册和指示外,还要求被动公开信息在适当时候转化为主动公开信息。该法第522(a)(2)

---

[1] See Massimo Craglia, Michael Blakemore, "Access Models for Public Sector Information: The Spatial Data Context," *The Digital Age: Between Markets, Public Management and Citizens' Rights*, Cheltenham: Edward Elgar Publishing, 2004, p. 187.

[2] See Dag Wiese Schartum, "Information Access Legislation for the Future?", *Public Sector Information in the Digital Age: Between Markets, Public Management and Citizens' Rights*, Cheltenham: Edward Elgar Publishing, pp. 76-77.

[3] See Robert Gellman, "The Foundation of United States Government Information Dissemination Policy", *Public Sector Information in the Digital Age: Between Markets, Public Management and Citizens' Rights*, Cheltenham: Edward Elgar Publishing, 2004, p. 126.

[4] See Rick Snell, "Opening Up the Mindset Is Key to Change", *The Canberra Times*, 2008-11-4, pp. 10-11.

[5] See Michael Tankersley, "How the Electronic Freedom of Information Act Amendments of 1996 Update Public Access for the Information Age", *Administrative Law Review*, (50) 1998, p. 422.

(D) 条要求政府部门将那些已经成为或今后有可能成为经常被申请的政府信息（Frequently requested records）转为主动公开政府信息。这里并没有明确次数，但按照美国司法部的解释是 3 次以上。[1]

奥巴马在其《政府信息公开法备忘录》中要求各级政府部门主动公开政府信息，不必被动等待公众政府信息公开申请而公开政府信息。奥巴马政府司法部部长的政府信息公开法指引进一步要求各级政府部门提升主动公开力度，以便减少政府信息公开申请的数量和减缓当前在处理政府信息公开申请上存在的答复时间拖延问题。奥巴马在上台的第一天除颁布了《政府信息公开备忘录》外，还颁布了《透明和公开政府备忘录》。[2]该备忘录要求各级政府部门采用一切可以让公众能够随时找到和使用的方式公开政府信息，尤其要借助技术的力量在网上公开政府信息。为落实该备忘录要求，奥巴马政府管理预算办公室牵头于 2009 年 12 月 8 日颁布了《公开政府指令》。[3]该指令首先要求各级政府部门加强政府信息的网上公开并妥善保有电子信息，并要用开放格式在线公开政府信息。该开放格式不应对公众再使用政府信息设置任何障碍。公开的政府信息应是可恢复、下载、索引和搜索。各个部门还要在政府网站上制作公开政府网页（Open Government Webpage）以作为各部门贯彻落实《公开政府指令》的窗口，各级部门还要在公开政府网页上公开其政府信息公开年报。

奥巴马政府所采取的一系列举措意味着美国已经开始从过去的强调被动公开转向现在的强调主动公开。2010 年 9 月 23 日，白宫公布了奥巴马总统就职以来所取得的公开成就清单。该清单包括设立了 Data.gov 这样的集众多可公开政府信息为一身的一站式访问平台；设立了供公众追踪经济振兴款去向的公开政府网页和 Recovery.gov 网站；首次在美国白宫网站上公开了白宫访问者名单、官员财产和薪资等信息；美国司法部还在其公开政府网页上允许

---

[1] See Department of Justice, "Guide to the Freedom of Information Act Proactive Disclosures", http://www.justice.gov/oip/foia_guide09/proactive-disclosures.pdf, 2011-09-30.

[2] See Barack Obama, "Transparency and Open Government: Memorandum for the Heads of Executive Departments and Agencies", http://www.whitehouse.gov/the_press_office/TransparencyandOpenGovernment, 2011-10-21.

[3] See Office of Management and Budget, "Open Government Directive", http://www.whitehouse.gov/sites/default/files/omb/assets/memoranda_2010/m10-06.pdf, 2011-12-08.

美国民众评估政府部门的政府信息公开表现。[1]

主动公开是一种从政府到公众的信息流通类型。该种类型的政府信息公开一方面可以减少依申请公开的数量；另一方面也可以使政府信息服务于大众，而不是个别申请主体。这种倚重主动公开的措施可以在充分利用有限的行政资源的基础上，提升政府信息公开水平。

四、从公众参与和政府间角度提升政府信息公开法实施成效

奥巴马政府注重从加强公众间和政府间信息流通水平提升政府信息公开法实施成效。不过，公众间信息流通还需要政府进行积极引导，更大程度发挥其积极作用。同时，促进政府间信息流通还有很多工作要做。

（一）从公众参与角度提升政府信息公开法实施成效

奥巴马政府注重利用新兴技术，在提升公众参与水平的前提下加强政府信息公开。公众参与作为从公众到政府信息流通类型的一种，对政府信息公开工作起到了积极作用。奥巴马在《透明和公开政府备忘录》当中指出政府应具有参与性。公众参与可以提升政府的有效性和政府决策的质量。政府只有通过公众参与，才可吸纳公众智慧并从中受益。技术革新使得简便易行的公众参与成为可能。为落实该参与式政府的要求，奥巴马政府通过博客和论坛等新媒体工具广泛征集公众关于制定《公开政府指令》和修改保密政策等的意见，并通过在线回答公众关于经济方面的问题。[2] 这种注重从提升公众参与程度提升决策质量的做法培养的是协同精神。该协同精神可以为政府信息公开工作创造良好的外部条件，从而提升政府信息公开水平。另外，公众参与到决策过程当中也是扩大政府信息公开范围的重大举措，毕竟决策过程例外（Deliberative process exemption）是多数政府信息公开法所规定的常见例外。

奥巴马政府管理预算办公室颁布的《公开政府指令》要求在公开政府网页上，各部门要有和公众开展互动的平台，以便公众可以就所公开的政府信

---

[1] See The White House, "Fact Sheet: U. S. Support for Open Government", http://www.whitehouse.gov/the-press-office/2010/09/23/fact-sheet-us-support-open-government, 2011-10-11.

[2] See Kristin Adair, "Transparency and Accountability: The Changing U. S. Perspective", http://escholarship.org/uc/item/4gv7n7kr, 2009-08-01.

息质量进行评价，发表关于何种信息应优先公开的意见，以及就各部门所制作的公开政府计划发表看法。除了建立公开政府网页外，各级机关要定期答复所收集到的公众意见。至今已有30多个政府部门设立了可提供新的渠道加强公众参与的公开政府网页。奥巴马政府也建立了方便美国民众和政府部门一道解决所面临问题的 Challenge.gov 网站。[1] 这种从公众参与角度提升政府信息公开法实施成效的做法值得提倡。

维基解密（Wikileaks）属于公众间信息流通类型。该事件的发生提醒我们公众间信息流通对政府信息公开工作具有两面性。政府如果引导好如上所述的各种方式，对政府信息公开工作具有积极作用。但是，如果政府引导得不好，对政府信息公开工作则有消极作用。成立于2006年12月的维基解密，在2010年4月公开了2007年美军在伊拉克滥杀平民的信息，7月公布了9万多份美军有关阿富汗战争的军事机密文件，8月发表了一份美国中央情报局的分析备忘录，10月公布了3.9万份美军关于伊拉克战争的机密文件，11月披露了25万份美国驻外使馆发给美国国务院的秘密文传电报，12月发布了一份涉及全球各地对美国国家安全具有重大影响的设施的官方机密名单。维基解密这一系列行动给美国国家安全造成了损害。为了应对，管理和预算办公室在2010年11月28日要求各部门组建专家团队，审查各自保密程序，抵制不正当公开。[2] 随后在2011年1月3日，管理和预算办公室发文要求各部门采取积极措施，阻止维基解密事件的再次发生。该文侧重在自动生成系统的保密措施上，要求各部门从管理和监督、反刺探、保障、阻止和探测雇员的非法公开、信息维护措施、教育和培训、人事保障以及设备和技术安全八大方面检测部门内的现有保密措施是否到位。[3] 奥巴马的这一系列在维基解密事件后的举措似乎和其所倡导的鼓励政府信息公开精神相违背。但是，我们应该注意到，任何一部信息公开法都是有信息公开例外的，而国家安全例外则是其中必不可少的一项。信息公开法鼓励的是正当公开和最大化公开，不是

---

[1] See The White House, "Fact Sheet: U. S. Support for Open Government", http://www.whitehouse.gov/the-press-office/2010/09/23/fact-sheet-us-support-open-government, 2011-10-11.

[2] See Office of Management and Budget, "Wikileaks-Mishandling of Classified Information", http://www.whitehouse.gov/sites/default/files/omb/memoranda/2011/m11-06.pdf, 2011-11-28.

[3] See Office of Management and Budget, "Initial Assessments of Safeguarding and Counterintelligence Postures for Classified National Security Information in Automated Systems", http://www.fas.org/sgp/obama/omb-010311.pdf, 2011-01-03.

不正当公开和全部公开。维基解密这样一种公众间信息流通说明政府有必要对公众间信息流通进行引导，使其朝着有利于推动政府信息公开工作方面努力。

（二）从政府间信息流通提升政府信息公开法实施成效

奥巴马政府注重从政府间信息流通推进公开政府建设。奥巴马在其《透明和公开政府备忘录》当中强调建设透明政府需要从公开、参与和协同三方面着手。协同的其中一方面就是政府间信息流通。政府间信息流通的改善同样对政府信息公开工作有促进作用。因此，奥巴马政府要求政府部门应该具有协同性，该协同性要求政府部门之间以及政府和社会主体之间加强合作。美国司法部部长政府信息公开法指引也指出政府信息公开是所有政府官员的责任，而不仅仅是若干政府信息公开官员的责任。《公开政府指令》则强调公开政府的建设需要政策部门、法制机构、财务部门、采购部门和技术部门等的紧密合作。为加强政府间信息流通，奥巴马政府建立了公务人员就提升政府工作效率和成效发表意见之平台。[1] 为鼓励大家发表意见，奥巴马政府还设立了捍卫美国人价值和功效（SAVE）奖。

政府间信息流通还有很多工作要做，而奥巴马政府在这方面也还做得不够。提升政府间信息流通，包括加强文件管理和共享、政府间信息公开申请的内部流转等，都可以提升政府信息公开水平。

五、结语

在上台的第一天，奥巴马就提出："本届政府致力于建设史无前例公开程度的政府"。[2] 上任三年后，奥巴马个人也在 2011 年初阳光政府周（Sunshine Week）赢得了非政府组织授予的公开政府奖。该成就的取得源于奥巴马政府将信息流通理念贯穿于所出台的各项涉及政府信息公开的政策措施当中。奥巴马政府意识到其他类型的信息流通的改善对政府信息公开工作的

---

[1] See The White House, "Fact Sheet: U. S. Support for Open Government", http://www.whitehouse.gov/the-press-office/2010/09/23/fact-sheet-us-support-open-government, 2011-10-11.

[2] See Barack Obama, "Transparency and Open Government: Memorandum for the Heads of Executive Departments and Agencies", http://www.whitehouse.gov/the-press-office/Transparency_ and_ open_ Government, 2011-10-11.

推动作用。它摒弃了旧有的从被动公开工作本身寻求解决政府信息公开法律实施过程当中所遇到问题的狭隘思维模式。可以说，信息流通理念的贯彻执行为美国政府信息公开工作注入了新的活力。因此，我们应当注意到信息流通理念具有普适性。中国在未来的政府信息公开法律实施过程中，也应从信息流通理念出发，从注重依服务方式、加强主动公开的力度、从提高公众参与和政府协同水平角度提升我国政府信息公开水平。

CHAPTER10 第十章

信息流通视野下人民建议征集信息公开*

摘　要：人民建议征集信息公开是参政议政的要求，也是政府科学民主决策的需要。现有人民建议征集信息公开工作存在重征集、轻回应；重内部交流、轻外部公开；重一对一的回复、轻一对多的公开；重投诉请求类信访信息查询、轻建议意见类信访信息公开四大缺陷。这些缺陷造成了人民建议征集作为政府权力这样一种错误印象，结果推导出政府没有权力进行人民建议征集。要彻底解决这些缺陷以及固有认识偏差，就需从人民建议的政府信息属性、适用法律、公开方式以及公开渠道上建立完善一套系统的人民建议征集信息公开机制。

我国《宪法》为人民建议的提出和征集提供了根本性保障。《信访条例》则进一步落实了宪法关于人民建议征集方面的规定。人民建议被视为信访的一种纳入到了《信访条例》当中进行规范。不过，投诉请求类信访仍是《信访条例》所关注的重心。《信访条例》虽然对建议意见类信访有了一些规定，如通过公开信访机构联系方式提供便利建议提交的信访渠道、奖励对国民经济和社会发展或者对改进国家机关工作以及保护社会公共利益有贡献的建议等。新修订的《上海市信访条例》明确将信访功能定位为参政议政和权利救

---

* 本章成果已在《检察风云-创新社会管理理论专刊》2013年第5期上发表。题目为《论人民建议征集信息公开问题》。

济两大方面。[1]依托上海市信访办于2011年成立的人民建议征集处,人民建议征集正逐渐成为有序推动公民政治参与并同时集民心、民智和民力实现科学、民主决策的重要手段。要更好实现参政议政和科学民主决策目的,则离不开人民建议征集信息方面的规范公开。要消除人民建议征集作为政府权力进行有选择性征集的顾虑,[2]就需要将人民建议征集工作纳入政府信息公开轨道进行规制。本章试就人民建议征集信息公开问题进行探讨。

一、人民建议征集信息公开的必要性

信访视野下的人民建议征集是指各级信访机构通过和人民互为主动的方式交换建议的过程。人民建议征集信息公开是参政议政的要求,也是政府科学民主决策的需要。

(一)参政议政的需要

人民建议征集作为一项有助于提升公民参政议政的社会管理创新手段,离不开信息公开的支持。可以说,信息公开是保障我国公民参与权行使的前提和基础。[3]近年来,中央政府开始鼓励公众有序参与到政治生活当中。十六大政治报告指出:"健全民主制度,丰富民主形式,扩大公民有序的政治参与,保证人民依法实行民主选举、民主决策、民主管理和民主监督,享有广泛的权利和自由,尊重和保障人权。"该观点在2004年颁布的《关于加强党的执政能力建设的决定》予以重申。党的十七大和十八大政治报告进一步要求从各个层面和各个领域提升公民有序政治参与水平。上海市新修订的《信访条例》也寄希望通过强化信访工作参政议政功能,进一步保障公民的参与权。[4]从实际情况来看,我国公民参政议政的意愿也逐步高涨。从厦门到启

---

[1] 参见丁伟:"关于《上海市信访条例(修订草案)》的说明",载http://www.spcsc.sh.cn/ckzl/content/2013-02/18/content_ 95927.htm,最后访问时间:2013年6月5日。

[2] 参见蒋晓伟:"征集人民建议是国家民意机关依法进行的专门活动",载《检察风云·创新社会管理理论专刊》2012年第6期。

[3] 参见《中国的民主政治建设》白皮书。白皮书说道:"中国政府要求各级政府部门办理的行政事项,能够公开的都要向社会公开,提高政府工作的透明度,保障人民群众对政府工作的知情权、参与权和监督权。"

[4] 参见丁伟:"关于《上海市信访条例(修订草案)》的说明",载http://www.spcsc.sh.cn/ckzl/content/2013-02/18/content_ 95927.htm,最后访问时间:2013年6月5日。

东、再到宁波和现在的云南昆明 PX 风波,透露出我国民众迫切希望在关系到自身切身利益领域方面有自己的话语权并得到尊重。2011 年底成立的上海市信访办人民建议征集处至今已累计办理各类人民建议意见 1 万余件,"建议意见类信访事项已占信访总量中的一定比例,2012 年 1 月至 10 月,建议意见类信访事项占来信、电子邮件总量的 33%。"〔1〕有了中央的支持以及民众的回应,扩大公民有序政治参与俨然已成一种趋势。我们关注的焦点不再是是否需要提升公民有序政治参与水平,而是如何提升的问题。

而要提升公民有序政治参与水平,则需要大力推进政府信息公开工作。《中国的民主政治建设》白皮书说道:"中国政府要求各级政府部门办理的行政事项,能够公开的都要向社会公开,提高政府工作的透明度,保障人民群众对政府工作的知情权、参与权和监督权。"可以说,公民对政治、经济和社会等事务的参与依赖于对各种信息的了解程度。政府信息公开有助于民众了解行政权力运作的前因后果和自身利益在行政权力运作过程中的损益,进而有效地参政议政。〔2〕政府作为最大的信息拥有者,〔3〕在征集人民建议之前,需要向民众公开政府所关心的议题,以及对这些议题的一些初步阐释。这种前期公开有助于民众更加有的放矢地献计献策。在人民建议处理后,有必要通过信息公开让建议人和其他公众都有权知道政府对人民建议是否采纳以及采纳理由方面的结果信息。这样一种互动方式不仅体现了对建议人的尊重,而且也可提高其他人提建议的积极性,进而扩大建议范围和提升建议深度。

(二) 科学民主决策的需要

我国延续几千年的"官本位"思想使得政府在做出决策时倚重"领导说了算",〔4〕由于整个决策未经民主程序,一旦公布常常出现各种问题。为改变这种"领导说了算"的决策做法,就需要建立一套科学民主的决策机制,人民建议征集制度是对这个决策机制的支持。

〔1〕 李上涛、钮怿:"市民金点子频频摆上市长会议桌",载《文汇报》2012 年 11 月 29 日,第 1 版。
〔2〕 参见张中一:"政府信息公开效果研究:以上海政府信息公开为主要观察对象",上海交通大学 2008 年硕士学位论文。
〔3〕 参见《中华人民共和国政府信息公开条例(草案)》(送审稿)。
〔4〕 参见李芳:"政府诚信与责任政府——以马克思主义政治学与行为主义政治学为分析视角",载《长沙铁道学院学报》2007 年第 4 期。

第十章　信息流通视野下人民建议征集信息公开

1997年以来，民主决策和民主选举、民主管理和民主监督一起被认为是发展我国社会主义民主的四种主要形式。政府信息公开被看作改善民主决策、民主管理和民主监督的工具之一。十五大政治报告就提到民主决策、民主管理和民主监督的推行，离不开政府信息公开。实行科学民主决策是2004年之后新组建的政府一直致力推行的三大任务之一。中央认识到正确决策是各项工作成功的重要前提。我国政府主要从加大公众参与立法的力度和建立诸多机制，包括社会公示、专家咨询和听证会等，落实科学民主决策。中央对科学民主决策的关注使得政府信息公开成为必要。党的十六大报告要求"各级决策机关都要完善重大决策的规则和程序，建立社情民意反映制度，建立与群众利益密切相关的重大事项社会公示制度和社会听证制度，完善专家咨询制度，实行决策的论证制和责任制，防止决策的随意性。"2004年颁布的《全面推行依法行政实施纲要》将公开视为行政决策的主要组成部分。国务院2008年通过的《国务院工作规则》要求重要决策直接听取基层群众的意见和建议。党的十八大报告重申："坚持科学决策、民主决策、依法决策，健全决策机制和程序……凡是涉及群众切身利益的决策都要充分听取群众意见"。

上海市在推进人民建议征集工作时就强调"旨在将'民心'作为衡量决策的坐标、把'民智'作为科学决策的基础、把'民力'作为实施决策的动力，始终坚持人民群众的主体地位，发挥人民群众的首创精神，保持同人民群众的血肉联系。"〔1〕人民建议征集作为社情民意的有效表达和汇集分析渠道成为上海实施科学、民主决策的一项不可忽视的重要工作。人民建议征集制度的探索有助于政府从被动防范民众上访转向主动问计于民。〔2〕但是，人民建议征集工作本身也存在公开问题。要充分发挥人民建议在政府决策中的重要作用，就应将其纳入政府信息公开范围。在人民建议征集过程中，政府对人民建议的不回应或者回应不及时是导致公民参与热情不高的一个重要原因。政府的冷漠换来的是公民对有序政治参与的冷漠。〔3〕

---

〔1〕 上海两新互动网，"上海市人民建议征集制度建设"，载http://www.shlxhd.gov.cn/XY18/Detail.aspx? voteItemId=500016，最后访问时间：2013年6月5日。

〔2〕 参见凌燕："注重民意表达，建立人民建议征集制度"，载《检察风云·创新社会管理理论专刊》2012年第6期。

〔3〕 参见高艳："公民参与视阈下的人民建议征集制度"，载《理论导刊》2011年第12期。

二、人民建议征集信息公开现状分析

现有人民建议征集工作在信息公开方面存在四大缺陷,即重征集、轻回应;重内部交流,轻外部公开;重一对一的回复,轻一对多的公开;重投诉请求类信访信息查询,轻建议意见类信访信息公开。这些缺陷造成了人民建议征集作为政府权力这样一种错误印象,[1]结果推导出政府没有权力进行人民建议征集。要彻底解决这些缺陷以及固有认识偏差,则离不开人民建议征集信息公开制度的建立和推行。

(一)征集重于回应

现有人民建议征集工作重在征集。回应这种向建议人公开的方式并不是关注重点。国务院颁布的《信访条例》只是将建议意见类归为信访的一种类型进行了原则方面的规范,没有就规范人民建议征集工作做出具体规定。其中涉及信息公开的就只有第九条的告知信访机构的联系方式和工作时间、第22条的答复方式和时间。第11条虽然要求国家信访工作机构充分利用现有政务信息网络资源,建立全国信访信息系统,为信访人在当地提出信访事项、查询信访事项办理情况提供便利。但是《信访条例》第12条则只要求信访部门将信访人的投诉请求输入信访信息系统,供信访人查询其所提出的投诉请求的办理情况。

为适应民众参政议政热情的提升,新修订的《上海市信访条例》一个创新之处就是要求建立人民建议征集制度。该《条例》第6条规定各级国家机关应当建立、健全人民建议征集制度,并可以通过信访渠道,征集、梳理、分析信访人对社会公共事务提出的建议和意见。从该条规定来看,人民建议征集更多还是突出在政府单方面的主动为之,无论是征集、还是梳理到后面的分析、采纳以及奖励更多体现的是政府单方面从公众处收集到建议意见后的内部工作流程。缺少对公众建议回应这类告知或公开方面的硬性要求。有关书面信访处理意见则只是针对投诉请求类。当然,人民建议和投诉请求类信访虽同属政府信息,但在公开程度和范围乃至方式上应有所不同。

---

[1] 参见蒋晓伟:"征集人民建议是国家民意机关依法进行的专门活动",载《检察风云·创新社会管理理论专刊》2012年第6期。

(二) 内部交流重于外部公开

我国现行的信访制度侧重在内部流转，对外部公开方面则有所忽视。体现的是一种单向度传输。国务院《信访条例》当中规定了信访机构的职责，其中除了受理、查询之外，其他的如交办、转送、承办、协调处理、督促检查以及研究分析和指导强调的都是内部交流方面的工作事宜。查询和国务院《信访条例》第9条当中规定的向社会公布信访工作机构的通信地址、电子信箱、投诉电话、信访接待的时间和地点、查询信访事项处理进展及结果的方式等相关事项是其中仅有的和外部公开有联系的职责。如果不将外部公开和内部交流等同对待，信访的参政议政功能就会受到制约。

(三) 侧重于一对一的回复

现有关于人民建议征集信息公开主要是针对建议人的回复。更多时候估计还没有回复。《哈尔滨市人民建议征集办理奖励办法》对此做了一些调整。其中除了一文一复的答复方式外，还有针对内容相同或相近的广大建议人普遍关注的人民建议采取召开座谈会、利用新闻媒体等具有广泛告知性的方式进行答复。这突破了原先的一对一的回复类公开。但是，该办法并没有涉及除此之外的人民建议的主动公开和依申请公开问题。没有常规性的主动公开和依申请公开机制的建立，就不能说建立起了真正意义上的人民建议征集信息公开机制。

(四) 侧重于投诉请求类信访信息查询

国务院《信访条例》要求省级政府颁布关于投诉请求类信访办理情况查询的具体实施办法。上海市在2005年颁布实施了《上海市信访事项查询试行办法》。其中明确将其适用范围限定在投诉请求类信访。该办法第2条规定信访人向本市各级政府信访机构或有关行政机关查询投诉请求信访事项的办理情况，有关机关接受查询请求、反馈查询结果的活动，适用本办法。有关建议意见类信访的查询则无法可依。查询作为信息公开的一种，如果没有相应制度支撑，就无法充分发挥人民建议的参政议政功能，也会制约其科学、民主决策实效的发挥。

三、人民建议征集信息公开若干对策

要建立一套系统的人民建议征集信息公开机制，还需要从人民建议的政府信息属性、适用法律、公开方式以及公开渠道上进行完善。

（一）确立人民建议的政府信息属性

人民建议属于政府信息。依照《政府信息公开条例》第 2 条关于政府信息的定义，我们可以推导出人民建议是一种行政机关在履行职责过程中所获取的政府信息。《政府信息公开条例》所界定的政府信息为行政机关在履行职责过程中制作或者获取的，以一定形式记录、保存的信息。一项信息要构成政府信息，需要符合四个要件：主体是行政机关；必须和履行职责相关；以一定形式记录保存；制作或获取。人民建议是作为行政机关的信访部门，如上海市信访办的人民建议征集处，依其在信访渠道开展人民建议征集工作这份职责所获取的来自人民的以书信、电子邮件、传真等各种方式提交的信息以及所制作的关于人民建议处理方面的信息。符合《政府信息公开条例》关于政府信息的四个构成要件。如果有申请人向信访部门申请涉及人民建议征集方面的信息公开，信访部门就无法依据《政府信息公开条例》第 2 条以"非政府信息"予以答复而不予公开。

（二）人民建议信息公开适用《政府信息公开条例》进行调整

属于政府信息一种的人民建议征集信息可以直接适用《政府信息公开条例》进行调整。人民建议征集信息和投诉请求类信息不同。现有实践对于后者不适用《政府信息公开条例》调整。对于投诉请求类信访信息，统一适用特别法规定，即有关信访事项方面的查询制度。实践过程中，行政机关在收到这类信息公开申请后，一般都以"其他法律法规规定例外"进行答复，并建议申请人通过其他特别规定进行查询。司法实践也大多支持这种答复。[1] 人民建议属于信访信息的一种，如果和投诉请求类信访信息区别开来，统一走政府信息公开渠道进行公开，似乎有所不妥。但是如果走信访查询这种特别渠道，就涉及目前并没有相关制度进行调整。这是因为国务院《信访条例》

---

[1] 赵某诉上海市静安区监察局（2013）沪二中行终字第 162 号；张某诉上海市人民政府（2013）沪高行终字第 19 号。

只授权地方就投诉请求类信访信息制定特别办法。上海市就投诉请求类信访信息查询制定了《上海市信访事项查询试行办法》。

考虑到人民建议和投诉请求类信访信息的差别，在降低立法成本的情况下，建议适用现有的《政府信息公开条例》对人民建议征集信息进行公开。这样做有利于人民建议征集信息更大程度和范围上的公开，从而有助于人民建议征集在有序推动公民政治参与和实现科学、民主决策方面的积极作用。这是因为纳入《政府信息公开条例》调整的人民建议征集信息公开可以去除规定在信访事项查询特别规定当中的主体资格限制。《上海市信访事项查询试行办法》将查询主体限定为提出该信访事项的信访人。非该事项的信访人无权也无法进行查询。如果人民建议征集信息也适用该主体资格限制的话，人民建议征集信息的使用价值就会大打折扣。

（三）主动公开作为人民建议信息公开的主要方式

人民建议信息在公开方式上应当侧重主动公开，辅助依申请公开。这主要考虑到我国通过了一个以主动公开为主的政府信息公开立法。[1]我国《政府信息公开条例》不仅规定了最低标准，而且还用三个条款的内容分别规定了各级行政机关应重点公开的政府信息。《政府信息公开条例》还提供了一般标准，规定了四种情形供行政机关决定可以主动公开的政府信息。这四种情形包括涉及公民、法人或者其他组织切身利益的；需要社会公众广泛知晓或者参与的；反映本行政机关机构设置、职能、办事程序等情况的；其他依照法律、法规和国家有关规定应当主动公开的。《政府信息公开条例》也设置了六大保障措施，用以确保主动公开要求得到落实。这六大保障措施包括多渠道的主动公开、各式各样的政府信息公开场所、政府信息公开目录和指南的编制和出版、主动公开信息20个工作日的时间限制、举报和行政处分机制。[2]具体到人民建议征集信息，除了现有的主动公开信访机构联系方式和工作时间外，在主动公开机制上，我们还可以考虑：

一是主动开展人民建议征集工作。在"征"上下功夫。人民建议征集部门可以通过报纸、网络等各种渠道开展各类主题的人民建议有奖征集活动，

---

[1] See Xiao Wei-Bing, "China's Limited Push Model of FOI Legislation", *Government Information Quarterly*, 27 (2010), p. 346.

[2] 参见肖卫兵：" 论我国有局限的推出型信息公开法"，载《行政法学研究》2010年第3期。

如黑龙江省曾经开展的"我为建设社会主义新农村建言献策"有奖征集活动等。这类有奖征集活动是政府以一种开放姿态主动向人民征集建议，有助于引导公众就政府最为急迫需要解决的问题贡献智慧。在进行主动征集活动时，要有信息流通思维，不仅仅局限于一些标准框架，要尽量阐释所需征集的主题、具体内容、征集时间、方式，如有奖励的，奖项设置和奖励标准等都应主动公开。

二是编制并主动公开《人民建议征集公报》。该公报以非正式出版物的方式定期出版。除了分送相关职能部门和建议人外，还可供一般人随意参阅。[1] 上海自成立人民建议征集处以来，编写了《人民建议专报》和《人民建议摘报》。这些专报和摘报除了上报相关领导外，也可依据《政府信息公开条例》所规定的如涉及公民、法人或者其他组织切身利益的以及需要社会公众广泛知晓或者参与的主动公开适用标准考虑主动公开。如果不能全文公开的，至少可以将人民建议的目录进行主动公开。

三是设立人民建议网络征集平台，一站式征集人民建议，实现和建议人的互动。在该平台上，可以向社会主动征集人民建议。征集来的人民建议也可以统一汇集到该平台。所征建议的处理过程也可以供建议人实时查询。征集部门也可利用该平台，不仅公开具有典型意义的人民建议，而且也可以加强对人民建议征集工作的宣传引导。

（四）依申请公开作为人民建议信息公开的辅助方式

我国说的主动公开，不是要求所有政府信息都主动公开，对于那些不能主动公开的人民建议信息，我们可以采取依申请公开。做好依申请公开工作，需要考虑到：

一是开展对人民建议定属性工作。在人民建议信息制作开始，就界分其属于主动公开还是依申请公开内容，方便今后开展人民建议信息公开工作。对于那些涉及公民、法人或者其他组织切身利益的，以及需要社会公众广泛知晓或者参与的人民建议信息，应当按照《政府信息公开条例》要求列入主动公开信息。属于主动公开范围的人民建议信息，应当自该信息形成或者变

---

[1] 参见薛万博：《做好人民建议工作的三个关键词——黑龙江大学哲学与公共管理学院叶富春教授访谈录》，载 http://www.dangjian.people.com.cn/GB/117104/9542991.html，最后访问时间：2013年6月1日。

更之日起 20 个工作日内予以公开。其他信息则可列入依申请公开范围，按照依申请公开程序进行办理。

二是申请人范围不限定在提出人民建议本人，还应扩展到包括公民、法人等其他所有主体。向人民建议本人公开是对其的尊重。在做好人民建议登记、处理和答复工作基础上，对于被采纳的建议发放人民建议证书；对于未被采纳的建议要做好解释工作。不必等到建议人自己向人民建议征集部门申请信息公开。如果除建议人外的其他主体申请人民建议信息公开的，则要启动第三方征询机制，向建议人征询是否同意公开，如果同意公开的，予以公开；如果不同意公开的，原则上不予公开。当然，建议人在提交人民建议时就明确同意公开的情形除外。还有，如果信访部门认为不公开可能对公共利益造成重大影响的，按照《政府信息公开条例》应当予以公开。不过，建议人有权知道该公开决定及做出该决定的理由。

三是被申请主体是作为人民建议信息收集和处理的机构，即信访部门。依据《政府信息公开条例》第 17 条所规定的"谁制作，谁公开"原则，信访部门作为人民建议信息获取以及人民建议处理意见的制作部门，是答复信息公开申请的第一责任部门。虽然人民建议在处理时会涉及其他相关职能部门，这些相关职能部门也会制作和人民建议相关的政府信息，但是考虑到这些职能部门较为分散，作为建议人和公众是无法知晓的，如果严格按照"谁制作，谁公开"的话，不利于人民建议信息公开工作。从便民考虑，信访部门作为可以获取到这些人民建议处理意见的机构，理应作为答复涉及人民建议征集信息的公开申请的受理部门。受理相关申请的信访部门不能适用"非本机关公开职责权限范围"予以答复。

四是虽然属于依申请公开的政府信息，但并不意味着所有人民建议信息都是可以公开的。这就说明对政府信息公开申请的答复可以是全部公开、部分公开或不予公开。部分公开的依据是《政府信息公开条例》第 22 条。该条规定，申请公开的政府信息中含有不应当公开的内容，但是能够作区分处理的，行政机关应当向申请人提供可以公开的信息内容。不予公开是因为所申请的人民建议信息落入《政府信息公开条例》当中所规定的例外。这些例外包括商业秘密、个人隐私和国家秘密。还有就是"三安全一稳定"例外，即国家安全、公共安全、经济安全和社会稳定。在公开人民建议信息时，也应考虑所申请的人民建议信息是否落入这些例外，如果落入，则不予公开；能够区分处理的，则予以部分公开。特殊情况下，如建议人申请所提建议涉及到的领导批示件公开，如果因为国家秘密等原因不能做到原件公开，至少应该通过提供信息摘要的便民方式对建议人进行描述性告知。这样做有助于在激励建议人的同时，满足建议人在科研考核等方面的需求。

（五）公开渠道上的完善

政府信息公开的渠道一般包括图书馆、档案馆、政府公报、政府网站、新闻发布会以及报刊、广播、电视等。对于人民建议征集信息，公开渠道上更是需要发挥政府网站作为发布政府信息"第一平台"的作用。[1] 这就需要建立集人民建议信息一站式入口的平台，供民众通过该入口浏览到所有和人民建议相关的政府信息。该一站式平台还需要提供强大的搜索功能，对人民建议信息进行分门别类，方便民众快速找到。对于主动公开人民建议信息要用不对公众再使用这些信息设置任何障碍的开放格式在线公开。同样在该网站上，还需要有选择性主动公开那些具有典型性的属于依申请公开范围的人民建议信息，方便除建议人外的其他主体了解和使用。

---

[1] 参见《国务院办公厅关于做好施行<中华人民共和国政府信息公开条例>准备工作的通知》国办发〔2007〕54号。

CHAPTER11 第十一章

信息流通视野下12345市民热线建设*

摘 要：信息社会下，信息成为人类赖以生存发展的基石，同时也是我们看待事物的新视角。循着这一思路，笔者认为，12345 市民热线具有量大、便民、快速和再利用等优点。未来有必要通过政府信息公开工作和12345 市民热线之间的联动，进一步发挥信息或数据在推动上海改革创新发展和深化社会治理中的应有作用。

一、信息视角概述

1996 年，全球 32 个工业国家的科技部长在南非开会时宣布信息时代已经来临。2006 年，第 60 届联合国大会将每年的 5 月 17 日定为"世界信息社会日"。这标志着人类建设信息社会进入了一个新的阶段，推动信息社会建设已然成为世界各国的共同选择。

在信息社会里，信息理应成为我们看待各种事物的新视角。从历史上来看，在过往的农业社会，土地是社会基础资源，因此，从土地或不动产视角出发看待万事万物就成了必需。但是，在人类社会过渡到工业社会之后，机器成了社会基础资源。于是，从机器或动产视角看待各种社会现象成了主流。

---

* 本章成果已在《检察风云-创新社会管理理论专刊》2015 年第 2 期上发表。题目为《信息视角下的 12345 市民热线建设》。收录时有删减。

而在信息社会，信息成了我们的社会基础资源并且是人类赖以生存发展的基石，[1]看待万事万物离不开信息这一视角。同时，从维度上来看，看待事物的维度无外乎时间和空间。一年中的春夏秋冬四季变化和一天中的白天黑夜差别，对生活在其中的人的思维方式和行为习惯都会产生影响，甚至带来限制。同时，生活在不同空间里的人，如农村或城市、高楼大厦或传统的四合院，无形当中也会对我们的思维和行为产生影响，从而定义了生活在其中的各种人群。随着托夫勒所称的"第三次浪潮"的信息社会的来临，之前的时间和空间限制被逐渐打破，信息成了影响甚至定义我们生活的主要维度。

在信息社会里，任何社会主体都离不开信息和信息流动。对此，可以有如下两点理解：第一点是信息的价值日益凸显，信息消费在信息社会中占有突出地位。信息取代物质和能源成为这个社会当中最重要的经济资源。[2]以开发和利用信息资源为目的经济活动逐渐取代工业生产活动而成为国民经济活动的主要内容。而信息或数据的量则直接影响到信息的价值。第二点是信息流已然成为一种趋势，便民、快捷和再利用就成为其要义。在信息社会里，各种信息流在信息技术的推进下，提升了信息通畅程度。公众间信息流动在借助微博、微信等新媒体工具下成了一种常态。政府间信息流动也随着电子政务技术的推进变得更为顺畅和快捷。政府和公众间的信息流动也因政府网站建设而降低了公开成本。可以说，信息社会是一个信息流动更为顺畅的社会。信息传播的主体呈现大众化，信息传播由原先的单向转为双向。传统媒体和新媒体、公众和政府在信息传播上都扮演着不可或缺的角色。政府对信息流动的限制也因此变得日益困难。在信息社会这样的时代背景下，各种信息流内的信息畅通程度得以迅速提升，相互之间的影响也自在情理之中。这就意味着我们需要多从信息流动的角度思考政府和公众间沟通的问题。

二、注重信息流动的12345市民热线建设

12345市民热线就是这样一种注重信息和信息流通的信息社会下的产物，顺应了信息社会的发展潮流。这是因为：

第一，它是信息量大的。信息或数据量大是信息社会过渡到大数据时代

---

[1] 参见齐爱民："土地法、动产法到信息法的社会历史变迁"，载《河北法学》2005年第2期。
[2] 参见齐爱民：《信息法原论：信息法的产生与体系化》，武汉大学出版社2010年版，第16页。

的一个典型特征。在上海，仅2014年一年，12345市民服务热线就接听了市民电话154.3万个，日均达到4200多个。如此庞大的数据在历经年复一年的沉淀后将为系统分析上海市民方方面面需求提供丰富的素材。如何再联合其他方面的政府和市民间的信息沟通数据，则更为庞大。

第二，它是便民的。便民性体现在其具有良好的整合性。过去的各种热线众多，相互之间没有联通，看待问题的视角是微观和个案的。随着12345市民热线的开通，过往热线逐渐整合到这个平台，使得政府在了解民众咨询、反映问题或是提供意见建议等方方面面诉求都有了同一入口和完整视角。各式各样的热线开通运作无疑会增加市民和政府沟通的不便，没有哪个市民会对各种热线电话耳熟能详，因此在遇到具体问题时，容易出现了盲目求助或不知如何求助之困境。12345市民热线的出现就能很好地解决这一难题。另外，便民性还体现在12345市民热线具有充分的互动性，市民通过12345热线和政府展开充分的互动，这不是任何一方文来文往的刻板的沟通方式。通过电话沟通可以充分掌握市民的诉求并作出相应的响应，这有助于避免因一定程度的信息不对称而造成市民的不必要误解。

第三，它是快捷的。这和同样作为政府和市民沟通交流渠道的政府信息公开不同，行政机关的答复期限是收到申请后的15个工作日内。如果不够的话，收到申请的行政机关还可以有15个工作日的延期。市民热线则不同，它的一个重要特征就是响应速度非常快。在上海，2014年，12345市民热线一个工作日先行联系率达到83.1%，同时严格执行"1、5、15"办理时限规定，按时办结率达到96.7%。这对急需一些解决方案的市民来说是非常有帮助的，甚至是必需的，避免了走其他信息沟通路径所带来的延时问题。

第四，它是可利用的。12345市民热线不仅是政府帮助市民解决问题的重要平台，而且政府可以通过对市民热线所积累的数据和信息进行深度挖掘分析，找出表象背后的政策法规问题、机制问题、作风问题等，从而为改进政府工作提供必要参考和相关依据。就来电的具体类型来看，政府也可通过对建议类来电的分析研究，从中归纳出对上海改革创新发展、深化社会治理有借鉴和帮助作用的"金点子"。充分发挥信息的潜在价值。

三、信息视角下的12345市民热线提升

基于12345市民热线和现如今开展长达十年的政府信息公开工作之间缺

少联动的情况,未来有必要将12345市民热线纳入政府信息公开范围,置于政府信息公开框架下,做好两者间的有效联动。如此建议的原因在于咨询不仅是12345市民热线的主要来电,同时咨询类申请也占了政府信息公开申请量的很大一部分且满意度偏低。基于政府信息公开工作所产生的咨询并未导入到12345市民热线当中,上海2014年通过12345市民热线受理了咨询事项72.6万件,占43.7%,将近一半。同样,咨询类申请一直伴随着《政府信息公开条例》的实施。以国家质量监督检验检疫总局为例,2011年的政府信息公开年报当中就提到有86件申请属于"咨询类问题",占申请总数的64.7%;2012年的政府信息公开年报进一步说明有135件申请属于"咨询类问题",占申请总数的57%;2013年的政府信息公开年报再次提到有100件申请属于"咨询类问题",占申请总数的41.2%。上海从2004年5月1日实施《上海市政府信息公开规定》以来,至今已达十年。通过过去十年的政府信息公开年度报告统计,我们不难看出,过去十年间在政府信息公开工作开展过程中共收到1.6多亿人次的电话咨询。平均每年达到1600多万人次(见图1)。由此可见,咨询类申请在实践过程中不仅不可避免,而且还占了一些行政机关政府信息公开申请受理工作的很大比重。

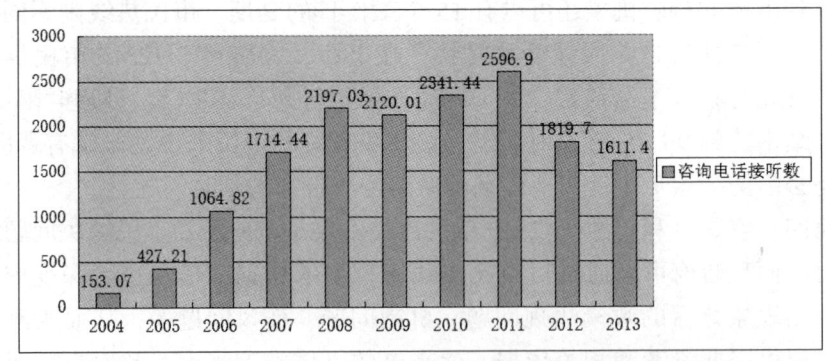

图1 上海2004年-2014年政府信息公开咨询电话接听数

从诉讼角度来看,以上海为例,在上海法院网上,至今公布了涉及咨询类申请的诉讼共有64件,占了一定的诉讼比例。这是因为政府信息公开实践过程中,行政机关常以非政府信息公开申请答复申请人,而这极其容易引起申请人的不满。目前,政府信息公开工作所产生的大量咨询并没有被有效引导到 12345 市民热线服务当中，因此做好 12345 市民热线中的咨询和政府信息公开工作过程中的咨询类申请的衔接和整合是非常必要的。

基于此，有必要通过充分发挥 12345 市民热线在答复市民各种咨询的快捷、便民以及沟通全面的优势，分流出现有大量的咨询类申请，从而降低政府信息公开的咨询量和申请量，提升公众满意度。这方面的典型例子有澳大利亚，该国在 2010 年信息公开改革时就将政府信息公开申请分为正式申请和非正式申请两类。对于非正式申请，申请人不必支付受理费，同时还可以得到行政机关的快速解答，不必受法定答复期限和收费方面的限制。当然如果申请人对咨询答复不满意，后续也可向行政机关提起正式的政府信息公开申请。[1]经过该次改革后，效果非常明显，有效降低了政府信息公开的申请量。[2]鉴于此，我国未来可以在收到咨询类申请后，在进入政府信息公开申请处理流程前，有必要先引导申请人联系 12345 市民热线进行咨询。申请人在得到 12345 市民热线的满意答复后，后续提起政府信息公开申请的可能性就会大大降低。

---

[1] Office of the Australian Information Commissioner, Review of charges under the Freedom of Information Act 1982 [R], 2012, p.51.

[2] Office of the Australian Information Commissioner, Freedom of Information Act 1982: Annual Report 2010-2011 [R], 2011, p.4.

CHAPTER12 第十二章

信息流通视野下符合国际规则的信息公开机制的建立*

摘　要：信息流通理论是一种通过动态和宏观角度关注一国信息环境内各种信息流间相互作用基础上设计信息公开制度并提升其实施成效的理论。符合国际规则的信息公开机制的构建离不开对信息流间相互关系的关注。这意味着我们需依托社会力量，侧重从主动公开、被动公开和外部公开相互关系角度，实现内部公开和外部公开的联动。这就需要做到及时主动公开充分的具有公共性质的信息以及非必经第三方意见征询部分公开相对式例外信息。只有这样，才能起到积极鼓励社会力量参与市场监督的效果。中国（上海）自由贸易试验区总体方案及其他配套制度都体现了这点。

2013年9月29日中国（上海）自由贸易试验区（以下简称自贸试验区）正式挂牌。这是中国深入改革、扩大开放的一个标志性事件。在正式挂牌之前，中国（上海）自由贸易试验区总体方案也经国务院批准对外公布。总体方案要求放开事前审批，强调提升事中、事后监管水平。提升事中、事后监管水平的其中一个重要手段就是信息公开。正如总体方案提到要"提高行政

---

* 本章成果已在《情报理论与实践》2014年第5期上发表。题目为《论符合国际规则的信息公开机制的建立：结合中国（中国）自由贸易试验区例子》。收录时有删减。

透明度，完善体现投资者参与、符合国际规则的信息公开机制"。符合国际规则的信息公开机制的构建于是被提到了议事日程。但是，这一目标的实现迫切呼唤理论创新。本章结合《政府信息公开条例》实施以来的经验得失，创设性地提出了信息流通理论，并且在构建这一理论前提下，为我国政府信息公开工作推进过程中所遇到的挑战寻求破解之策。

一、社会力量市场监督作用受限呼唤符合国际规则的信息公开机制

"阳光是最好的防腐剂"意味着监督是公开的自然含义。直接体现监督的反腐败和促进依法行政因素是我国当初决定将政府信息公开工作法制化的重要原因。不过，自《政府信息公开条例》实施以来，受各方面条件限制，公开所蕴含的监督功能在缺乏社会力量有效参与前提下难以得到充分发挥。没有符合国际规则的信息公开机制的建立，不利于最终达到提升事中和事后监管效果。这是因为事中、事后监管的加强离不开政府在加大信息公开力度前提下赋予社会力量有效参与市场监督。

（一）高比例的非属法定信息公开例外限制了社会力量市场监督作用发挥

《政府信息公开条例》实施以来，基于非属法定信息公开例外所做出的不予公开答复比例偏高，这些答复并没有增加社会力量所享有的信息量，限制了社会力量监督作用的发挥。非属法定信息公开例外是指除了《政府信息公开条例》所规定的国家秘密、商业秘密、个人隐私以及"三安全一稳定"例外之外的其他不予公开理由，包括信息不存在、非本机关公开职责权限范围、重复申请、非政府信息公开申请和不符合生产、生活和科研三需要等。从上海2009年到2012年四年政府信息公开年度报告的统计数据来看，基于非属法定信息公开例外所做出的不予公开答复数占到了所有答复总数的47.13%，最高一年达到53.5%（2011年）。而这其中又以信息不存在、非本机关公开职责权限范围、非政府信息和非政府信息公开申请四项最为常见（如图1），占到答复总量的42.04%。这些约占一半的不予公开答复理由不仅没有使得社会力量获取到更多的信息，而且还消耗了大量的人力物力资源。

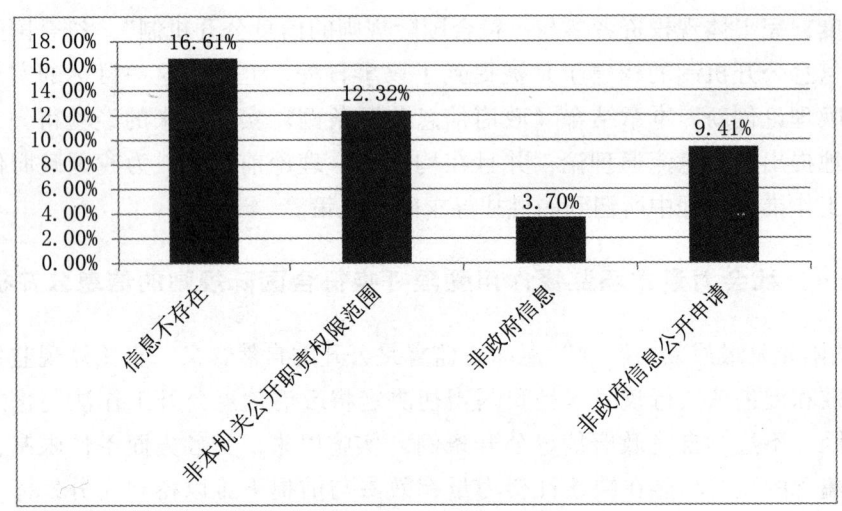

图1　各类非属法定信息公开例外占比

(二) 法定信息公开例外的扩大适用制约了社会力量市场监督作用发挥

法定信息公开例外的扩大适用进一步缩小了社会力量所获取到的信息量,降低了社会力量参与市场监督的作用。法定信息公开例外包括国家秘密、商业秘密、个人隐私、过程性信息、"三安全一稳定"和其他法律法规规定不予公开答复理由。从上海的情况来看,过去四年来,这些例外共有2682件,占到所有答复总数的4.52%。在这些法定信息公开例外答复数当中,存在一部分扩大适用的数量。以商业秘密例外为例,行政机关扩大解释商业秘密主要表现在如下两方面。一是行政机关在判断商业秘密上更多依赖企业等第三方主体单方面出具的公开与否意见。行政机关不常依照《反不正当竞争法》所界定的商业秘密定义自主判定所申请的信息是否构成商业秘密。第三方主体公开与否的意见值得尊重,但是在征询意见过程中,第三方主体出于自身利益的考虑而倾向于不同意公开,结果导致涉及企业行政处罚等不构成商业秘密的信息最终却以商业秘密理由不予公开。因此,单纯依据第三方主体的意见适用商业秘密例外存在扩大化趋向。二是行政机关不常启动公共利益评估将涉及商业秘密的信息向申请人公开。《政府信息公开条例》要求在涉及商业秘密信息时,行政机关认为不公开可能对公共利益造成重大影响时,即使第三方主体不同意公开,也最终决定予以公开。公共利益评估机制因此规定在我国《政府信息公开条例》当中。不过,行政机关很少在实践过程中启动该机制。结果是,商业秘密例外被作为一种绝对式例外得到过度保护。因此,目前针对商业秘密例外的适用情况无法从信息公开角度,达到积极鼓励社会力量参与市场监督的目的,限制了加强事中和事后监管目的的实现。

(三) 现有主动公开工作和加强社会力量市场监督作用结合不够紧密

《政府信息公开条例》实施以来,主动公开力度不断加大,这是可喜的一面。不过,现有主动公开工作和提升社会力量市场监督作用结合得不够紧密。有助于发挥社会力量市场监督作用的行政处罚信息公开工作的推进并不是特别顺利。各地在环境保护处罚信息的主动公开方面有了一些尝试。在食品安全领域,也开始有了一些探索。但是现有行政处罚信息的公开力度还不够大,公开范围还不够广,公开方式还偏被动。一是公开力度还不够大。不是针对全部行政处罚类信息,而是限定在重大公共利益的违法行为;不是针对涉及行政处罚方面的过程性信息和内部管理信息,而只是针对结果类信息。二是公开范围还不够广。不是针对所有类型的行政处罚信息,而更多是针对特定类型的行政处罚信息,如公共卫生、安全生产、食品药品、产品质量等重大公共利益的行政处罚信息。三是公开方式还偏被动。除涉及重大公共利益的行政处罚信息主动公开外,其他行政处罚信息采取依申请公开。依申请公开时,也只能向特定对象,即对于和行政处罚事项直接相关的利害关系人公开;对于非利害关系人,则不予公开。

目前,阻碍行政处罚信息公开工作推进的顾虑主要有两方面。一方面是出于保护本地企业的考虑。全国范围推进的不同步、不平衡阻碍了地方政府在面上的推进。这是因为监管部门主动公开了监管处罚信息后可能影响到本地企业进入其他区域从事经营活动,故地方政府部门在行政处罚信息公开方面一般都有所保留。[1]还有一方面是对被处罚人加重处罚的顾虑。[2]对企业的行政处罚方面的信息公开等于是在行政处罚措施之外的另外一种惩戒。如无原则向社会公开,会对被处罚人造成加重处罚效果的不利影响,甚至有可

---

〔1〕 参见唐民皓:"政府信息公开:评价、挑战与对策",载《上海法学研究》2010年第2期。
〔2〕 参见林曙光:"行政处罚信息应谨慎公开",载《医药经济报》2011年9月30日,第A03版。

能被竞争对手通过在网上恶意传播达到不正当竞争目的。[1]

目前,行政处罚信息的公开现状因为没有考虑到要增强社会力量参与市场监督的能力,因而影响到了政府职能转变过程中事中和事后监管效果。可喜的是,2013 年 11 月 20 日召开的国务院常务会议,已经通过了关于依法公开制售假冒伪劣商品和侵犯知识产权行政处罚案件信息的意见。有了顶层设计之后,下一步的问题就该是如何具体落实了。

二、符合国际规则的信息公开机制的建立离不开理论创新

提高事中和事后监管需要转变政府职能、创新社会管理。这就需要政府在提升信息公开水平基础上,让更多的社会力量参与到市场监督中来,实现社会的有序良性运转。无论是政府的信息公开,还是社会力量之间借助新媒体开展的信息传播,都代表着一种信息流。发挥信息的价值,则需要在创设信息流通理论前提下注意到诸多信息流间相互作用、相互影响。

(一)信息流通理论

信息流通理论是一种通过动态、宏观和服务角度关注一国信息环境内各种信息流间相互作用基础上设计信息公开制度并提升其实施成效的理论。信息流通理论认为:(1)一国信息环境由各种信息流组成。简单来讲,一国信息环境由四种信息流构成:①从政府到公众信息流或称主动公开;②从公众到政府信息流或称被动公开,也称依申请公开;③政府间信息流或称内部公开;④公众间信息流或称外部公开。(2)这四种信息流具有相关关系,即会相互作用并相互影响。这是我们审视一国信息环境改变的重要准绳。一种信息流的通畅或不通畅对其他信息流具有潜在的积极或消极影响。这主要体现在如下三点:①主动公开信息流水平的提升有助于被动公开信息流的通畅,反之亦然;②外部公开的改善有助于主动公开和被动公开信息流水平的提升;③内部公开的提升有助于通畅被动公开信息流[2]。这些信息流能够相互作用、相互影响的前提是信息社会下各种信息流当中的信息流通已然成为一种

---

[1] 参见李平:"行政处罚信息公开之我见",载《上海法学研究》2010 年第 2 期。

[2] See Xiao Wei-Bing, *Freedom of Information Reform in China. Information Flow Analysis*, London: Routledge, 2012, pp. 21–22.

第十二章　信息流通视野下符合国际规则的信息公开机制的建立

趋势。不同于农业社会和工业社会，各种信息流在信息社会条件下，提升了信息通畅程度。外部公开在借助微博、微信等新媒体工具成为了一种常态。内部公开也随着电子政务技术的推进变得更为顺畅和快捷。主动公开也因政府网站建设而降低了公开成本。原先的被动公开也由于电子受理平台而变得简便快捷。在信息社会下，各种信息流内的信息畅通程度得以迅速提升，任何忽视这些信息流间相互关系的研究都是不完整的。

国际上对于信息公开的理解更多地将其严格限定在从公众到政府间的信息流，即主动公开和被动公开上。而其中的被动公开更是受到格外关注。信息流通理论允许我们扩大视野，从和被动公开紧密相关的其他信息流上探究其他信息流对狭义上的政府信息公开，即被动公开所起到的作用。这就要求研究如下六层关系：（1）内部公开和被动公开的相互关系；（2）外部公开和被动公开的相互关系；（3）主动公开和被动公开的相互关系；（4）内部公开和主动公开的相互关系；（5）外部公开和主动公开的相互关系；（6）内部公开和外部公开的相互关系。符合国际规则的信息公开机制的建立需依托社会力量，侧重从主动公开、被动公开和外部公开相互关系角度，实现内部公开和外部公开的联动。

不同于以往国际上就信息公开谈信息公开的微观做法，信息流通理论改从宏观角度设计政府信息公开制度并研究其实施成效提升。宏观角度要求将被动公开视为一种信息流，从推进和被动公开紧密相连的其他信息流提升信息公开水平，而不单纯从被动公开本身谈推动问题。这是因为被动公开工作只是信息公开工作的一小部分，绝不是全部。另外，不同于以往就信息谈信息的静态做法，信息流通理论改从动态角度设计政府信息公开制度并研究其实施成效提升。关注的重心在信息流通，即各种信息流间的相互关系。信息流通理论认为这支信息流不流通会导致其他信息流不流通或乱流通。

（二）信息流通理论的初步适用：来自美国矿难例子的启示

2010年4月在美国西弗吉尼亚州发生了一起特大矿难，造成29人死亡[1]。这是美国近40年来死亡人数最多的一次。矿难发生后，大家都在讨论是什么原因导致了这起矿难，以及是否可以避免。最后分析得知是因为信

---

[1] 参见徐子沛：《大数据》，广西师范大学出版社2013年版，第245~267页。

息公开工作做得不够到位。这是因为在矿难发生 3 个月前，矿山安全健康局在一次执法检查当中就发现了该矿企存在通风设施故障这一重大安全隐患，建议立即整改并处以近年来最大的一笔罚款。行政机关依照布什政府在遭遇 911 恐怖袭击之后所确立的相对保守的政府信息公开政策，对外通过主动公开方式公开了该行政处罚结果，而取消了克林顿政府期间一并公开执法人员监督检查报告的做法。在有人申请公开该监督检查报告后，竟然发现执法人员在其监督检查报告当中明确指出了通风设施问题的严重性并且显示经营管理层矢口否认所存在的安全隐患，以及矿工对这一经久不能解决问题的无奈。有人就指出，如果像克林顿政府那样，不仅仅公开行政处罚结果，而且还公开监督检查报告，该矿难就难以发生。这是因为：一是新闻媒体肯定会拿这份监督检查报告大做文章，争取在矿难发生之前就可以通过舆论压力，指责矿企老板对矿工生命安全这一公共利益的漠视，从而迫使该矿山提前关闭或完成整改。二是矿企老板也不能恣意妄为，通过滥用申诉制度拖延行政处罚的生效时间，以便达到不整改目的。这样一起事件背后留给我们的思考是，如果美国政府能够从信息流间相互关系角度，借助信息公开这一机制，通过社会力量对矿企进行监督的话，该起矿难就可以避免。

　　信息流通理论当中的信息流相关关系有助于我们更好地看待这起矿难。这是因为：社会力量对矿企的监督来自完善的外部公开机制。完善的外部公开机制除了要有良好的媒体环境之外，还需要有充分的信息。信息的提供则离不开政府借助主动和被动公开机制打破原先的内部公开。如下从公开方式和所公开的信息内容的排列组合有助于我们进一步分析。基于这两个角度，我们可以得到四种组合：（1）主动公开充分信息；（2）主动公开部分信息；（3）被动公开充分信息；（4）被动公开部分信息（如图2）。这里的公开方式包括主动公开和被动公开两种；这里的公开对象包括行政处罚结果和监督检查报告。充分公开意味着这两种信息都得以公开，部分公开意味着只有行政处罚结果信息得以公开。

第十二章　信息流通视野下符合国际规则的信息公开机制的建立

	充分信息	部分信息
主动公开	√	×
被动公开	×	×

图 2　公开方式和公开内容间关系

不难发现，只有第一种组合有助于外部公开，从而达到借助社会力量，迫使矿企关闭或通过积极采取整改措施避免矿难发生。这是因为该组合可以避免被动公开充分信息的时间迟缓问题，主动公开部分信息的新闻价值丧失问题，以及被动公开部分信息的时间迟缓和新闻价值丧失问题。被动公开充分信息由于需要经过申请人递交申请和行政机关处理并答复申请这一漫长过程至少20个工作日，还有可能延期，再经过20个工作日。从而有可能错失外部公开介入的最佳时机。主动公开部分信息因为新闻价值的降低无法引起媒体的足够重视，也就无法通过外部公开达到借助社会力量进行监督的目的。公开部分信息则兼具了前面两个排列组合的两种弊端，更是无法实现通过外部公开达到借助社会力量有效监督目的。

通过对美国这样一起矿难的分析，留给我们的启示是，要从信息流间相互关系角度构建符合国际规则的信息公开机制。如果没有完善的主动公开，就无法达到有效的外部公开；就是有完善的被动公开，也无法促成最为有效的外部公开。而最终目标是要打破内部公开和外部公开不联动的格局。当然打破这种格局是有限定条件的，这取决于所公开的信息是否具有公共性质。对矿企的行政处罚结果和监督检查报告这类信息和矿工的生命安全息息相关，具有典型的公共性，理应做到两者都予以公开。

三、从信息流通角度构建符合国际规则的信息公开机制

建立符合国际规则的信息公开机制需依托社会力量，侧重从主动公开、被动公开和外部公开相互关系角度，实现内部公开和外部公开的联动。这就需要做到及时主动公开充分的具有公共性质的信息以及非必经第三方意见征询部分公开相对式例外信息。只有这样，才能起到积极鼓励社会力量参与市

场监督的效果。

(一) 及时主动公开充分的具有公共性质的信息

公开是原则，不公开是例外一直是政府信息公开工作推进过程中时常提及的一项根本性原则。这项原则更多从信息这一静态角度，从充分性对信息公开提出了要求。不过，这项原则没有从信息流通这一动态角度对信息公开提出要求。这是因为：一方面是该原则没有明确公开的方式。而从特别重视该项原则的非政府组织公开社会正义行动（Open Society Justice Initiative）来看，更多强调的是被动公开。主动公开则不是其理解这项原则的重心。另一方面是该原则没有对公开的时间提出要求。它不是特别刻意强调公开的及时性，而是更加强调公开的按时性，即被动公开时遵守答复时间限制。而对于主动公开则没有时间限制。最后是该项原则没有区分不同信息在公开时做出不同对待。基于这项原则的弊端，我们提出在自贸试验区内构建符合国际规则的信息公开机制时不得不对该原则进行反思，也就是要积极倡导及时主动公开充分的具有公共性质的信息这一新的原则。这一新的原则包含如下四层特性：

一是公开的及时性。《政府信息公开条例》规定了主动公开信息的时间。要求对于属于主动公开范围的政府信息，应当自该政府信息形成或者变更之日起20个工作日内予以公开。其他国家的信息公开法很少规定主动公开政府信息的时间限制。该限制有助于避免行政机关拖延应当主动公开的政府信息。不过，20个工作日规定还无法避免行政机关将该时限作为对待一切应当主动公开政府信息的正常公开时限。另外，即使是该20个工作日，也有过长之嫌疑。所以有必要区分不同政府信息，规定对于有对公共利益产生重大影响的应当主动公开的信息，需即时公开；对于其他应当主动公开信息，则应缩短至15个工作日进行公开。《中国（上海）自由贸易试验区管理办法》体现了及时性这一特点。第29条要求自贸试验区执法检查情况，应当依法及时公开。

二是公开的主动性。在信息公开法律类型从被动公开型向主动公开型开始转变时，主动公开应该是公开政府信息的主要方式，行政机关不必等到有申请时才予以公开。依申请公开则被视为是获知主动公开政府信息的来源渠道。这意味着不仅仅局限于将先前的对经常被申请的信息转为主动公开，而是要扩大到将依申请后答复公开的具有公共性质的信息也自动转为主动公开信息。另外，还应编制主动公开和依申请公开目录，并向社会主动公开，方便申请人递交申请。现有自贸试验区立法虽然体现了及时性特征，但对主动性似要求不足。这是因为《中国（上海）自由贸易试验区管理办法》第29条仅要求依法及时公开自贸试验区执法检查情况。这里的及时公开，可以包括主动公开和被动公开两种。

三是公开的充分性。既然选择主动公开，就需要充分的公开。有节选的主动公开不仅不利于降低依申请量，反倒会增加申请。当然，这里的充分公开不意味着全部公开。判断是否满足充分性需要以是否有助于积极鼓励社会力量参与市场监督为标准。单纯公开行政处罚结果信息并不能达到充分性要求，如美国矿难例子所示。而公开行政处罚决定书的摘要信息离充分性要求还差一步，必要时可以采取，但也不宜是常态。公开行政处罚决定书全部内容才能满足充分性标准。这就意味着对于一些内部管理信息或过程性信息，也不应一概不予公开，而应视具体情况决定是否公开。《中国（上海）自由贸易试验区管理办法》也部分体现了充分性这点。第29条要求自贸试验区对特定领域方面的执法检查情况，包括食品药品安全、公共卫生、环境保护、安全生产，应当依法及时公开外，还应当公开处理进展情况，并发布必要的警示、预防建议等信息。

四是公开对象的特定性。这里需要及时主动公开充分的对象是应当具有公共性质的信息。满足公共性的参照依据是《政府信息公开条例》第9条所规定的两个主动公开标准：一个标准是涉及公民、法人或者其他组织切身利益；另外一个标准是需要社会公众广泛知晓或者参与。只要达到任何一个标准，行政机关就应视为达到了公共性要求，应当主动公开。如果不满足公共性要求，则不必遵循及时主动公开充分这一原则。对企业的行政处罚信息，属于企业失信信息的一种，具有典型的公共性，需要及时主动充分公开。那种认为竞争主体网上大肆宣传这类信息构成不正当竞争的看法是不妥的。这是因为商业诋毁行为的客观方面表现是捏造、散布了虚假事实。对真实的行政处罚类信息的外部公开不构成商业诋毁行为。反倒是这类信息在公众间的充分流通更有利于通过社会力量监督失信企业，让失信企业在增加违法成本的同时，意识到诚信的重要性并注意规范自己的行为，对其他企业也起到警示和教育作用，从而更加有利于维护市场主体间的公平竞争。《中国（上海）

自由贸易试验区管理办法》也将自贸试验区企业信用信息认定为具有公共性质的政府信息，应当公开。该办法第 33 条就要求建立自贸试验区内企业信用信息记录、公开、共享和使用制度，推行守信激励和失信惩戒联动机制。

(二) 非必经第三方意见征询部分公开相对式例外

和信息公开相对的就是信息不公开，即信息公开例外。信息公开例外意味着不公开背后有需要保护的利益，而且不公开所保护的利益一般情况下大于公开所保护的利益，但这不意味着绝对不予公开。对待信息公开例外，应遵循不公开是原则，公开是例外标准。该标准要求在保护落入信息公开例外的信息后，通过促进信息流通思维选择部分公开或变通方式公开。在具体适用不公开是原则，公开是例外标准时，应当注意：

一是例外的认定需科学。以商业秘密的认定为例，从实体上，需要从秘密性和价值性两方面进行判定。不符合这两个特性的，就不构成商业秘密，则倾向于公开。如涉及企业行政处罚等信息，虽然具有极高的价值性，但是因为其并不符合秘密性特征，因此不构成商业秘密，并且这类信息的公开还存有需要保护的公共利益，应倾向于公开。只有这样，才能积极鼓励社会力量参与市场监督。好在国家工商行政管理总局《关于支持中国（上海）自由贸易试验区建设的若干意见》当中已经注意到这问题。该意见当中提出要通过市场主体信用信息公示系统公示市场主体登记、备案、监管等信用信息公示。从程序上，在收到政府信息公开申请时，如需征询企业意见，则需要细化到征询其关于哪部分信息因为构成商业秘密所以不予公开的意见和理由。

二是应确定部分公开为常态。虽然对待信息公开例外的处理以不公开为原则，但是不公开的是落入例外的信息，不是只要部分涉及例外的信息的所属文件都全部需要不予公开。在去除到落入例外的信息后其他部分还需公开。虽然国家工商行政管理总局《关于支持中国（上海）自由贸易试验区建设的若干意见》当中要求企业应当向社会公示年度报告，但是涉及商业秘密部分还需予以处理，去除后向社会公开其余部分。这在《中国（上海）自由贸易试验区管理办法》第 32 条的规定中就有体现。该条规定年度报告应当向社会公示，涉及商业秘密内容的除外。这就要求通过部分公开来主动公开年度报告信息。另外，这里的部分公开还要求在收到申请时，需要通过摘要这种描述性告知的便民方式向申请人公开所申请的信息。

三是第三方意见征询机制非属必经程序。《政府信息公开条例》规定了在涉及第三方信息,如商业秘密信息时,应当启动第三方意见征询程序。依据该规定,第三方意见征询程序在实践过程中被理解成一种必经程序,这种理解是有局限的。这是因为行政机关相比企业在商业秘密的认定上会更为客观和专业。征询意见时,企业很大程度上倾向于不公开。因此,征询后意见大多是不同意公开或和不同意公开起到一样效果的第三方未作答复的意见。再有就是第三方意见征询还需耗费一定的人力、物力以及时间。为节省行政成本和时间,政府有必要在获取第三方信息这一事先阶段时,同时征询第三方是否同意公开的意见。适当情况下,在获取第三方信息时,采取预先告知方式告知所获取的第三方信息将依据《政府信息公开条例》公开。

四是所有信息公开例外都应为接受公共利益衡量的相对式例外。信息公开例外可分绝对式例外和相对式例外两种。相对式例外也可以称为公共利益式例外[1]。绝对式例外因为不受公共利益因素的限制而被规定为绝对不予公开的信息范围,而相对式例外因为要考虑到公共利益因素而只是相对不予公开。在公开的公共利益大于不公开的公共利益时或不公开有违公共利益时,该例外信息也应公开。公共利益衡量成为所有信息公开例外在决定是否公开时一个自始至终需要考虑的不可或缺因素,这就意味着内部管理信息或过程性信息也可作为相对式例外对待。符合国际标准的信息公开规则认为绝大多数例外应该是相对式例外,即要视具体情况,衡量不予公开该信息是否会对公共利益保护造成重大不利影响。如果构成,则予以公开。

---

[1] See Maeve McDonagh, *Freedom of Information Law in Ireland*, Dublin: Round Hall Sweet & Maxwell, 1998, p. 85.

第二篇
DI ER PIAN

分论：公开例外

第十三章
政府信息公开例外的保护机制*

摘 要：总结归纳政府信息公开例外的保护机制是对公开例外的宏观保护的强调。这突破了旧有强调从信息本身这一微观角度出发所进行的例外保护方式。政府信息公开例外的保护机制主要包括损害衡量、公共利益衡量、第三方协商机制和信息存在与否不披露机制四种。该四种保护机制的有效运用可以最终达到既能保证政府信息公开的最大化，同时还能保护其他应受保护的利益。

2007年初颁布的《政府信息公开条例》标志着我国政府信息公开工作从此走上了法制化的轨道，但不可否认的是，我国在政府信息公开立法方面，无疑属于新兴国家。在我国《政府信息公开条例》通过之前，国际上已经有70多个国家通过了信息公开法。[1]这意味着我国政府信息公开立法在各个方面，尤其在政府信息公开例外的立法方面，应从借鉴国际上保护政府信息公开例外的成熟经验上找寻解决路径，以期处理好公开和不公开之间的内在关系。目前，学界过多倾向于从例外信息（如个人信息和商业秘密）本身这一微观角度具体谈政府信息公开例外的保护，从而忽略了从宏观角度探讨例外

---

* 本章成果已在《情报理论与实践》2011年第9期上发表。题目为《论政府信息公开例外的保护机制》。

[1] See David Banisar, "Freedom of Information around the World 2006: A Global Survey of Access to Government Information Laws", http://www.freedominfo.org/documents/global_survey2006.pdf, 2009-11-9.

保护。这种非系统化的研究路径无疑影响到了我国《政府信息公开条例》在政府信息公开例外立法上的整体设计，使得《政府信息公开条例》在公开例外立法上失去了完整性和系统化。本章对此试作一探讨。

一、政府信息公开例外保护机制综述

政府信息公开不是完全公开，也不意味着无条件无原则公开。公开程度理应受到合理限制。正因为这样，任何一部信息公开法都离不开对公开和不公开政府信息关系的处理，以期在确保政府信息最大化公开的前提下，不损害到其他应受保护的正当利益。为达此目标，我们可以从信息本身出发探究何种信息应公开，何种信息不应公开。除此之外，我们还应跳离例外本身，注重从整体上寻求对政府信息公开例外的保护。总结政府信息公开例外的保护机制体现了这一整体性的思考路径。纵观各国信息公开立法，我们可以归纳出至少四种信息公开例外的保护机制，即损害衡量、公共利益衡量、第三方协商机制和信息存在与否不披露机制。以下逐一分析。

（一）损害衡量（Harm Test）

损害衡量在各国信息公开法中都有所体现。可以说，该机制在保护政府信息公开例外上扮演了举足轻重的角色。损害衡量是指属于信息公开法当中公开例外的信息，经行政机关判断，认为公开该信息可能会造成某种特定损害时，从而决定不予公开的一种例外保护机制。[1] 梅吾·麦克唐纳（Maeve McDonagh）认为损害衡量分积极和消极两种类型。积极型要求从积极角度证明公开可能造成损害或者为了保护相关利益的需要，该信息公开才可以被拒绝或部分拒绝。大多数国家的信息公开法采用了积极型。消极型要求从消极角度证明存在公开对属于例外保护的信息不会造成损害或不利后果的事实，该信息才可以公开。[2] 芬兰的立法不仅采用了积极型，而且还采用了消极型的损害衡量。一般来说，证明积极型比证明消极型更为容易。前者对信息公

---

[1] See Maeve McDonagh, *Freedom of Information Law in Ireland*, Dublin: Round Hall Sweet & Maxwell, 1998, p. 84.

[2] See Maeve McDonagh, "European Access Legislation: Consistence or Divergence?", in Georg Aichhozer and Herbert Burkert eds., *Public Sector Information in the Digital Age*, UK: Edward Elgar Publishing Limited, 2004, pp. 114-115.

第十三章 政府信息公开例外的保护机制

开促进作用也更大。

同样，按照梅吾·麦克唐纳的观点，损害衡量主要由两部分组成，包括损害可能性和损害程度。[1]一般来说，三种损害的可能性出现于各国的信息公开立法当中，即"将有可能造成"（Would be likely to）、"可合理预见造成"（Could reasonably be expected to）和"可能造成"（Could prejudice）某种对公开例外信息的损害后果。[2]达到三种损害可能性要求不尽相同。相比其他两种可能性来讲，"将有可能造成"的要求最高；而"可能造成"某种损害的要求最低。澳大利亚相关案例，如 News Corporation Ltd 诉 National Companies and Securities Commission（(1984) 57 A. L. R 550）的案例，表明："可合理预见造成"损害的标准相比"可能造成"损害的标准要求更高。

就损害的程度而言，主要有三种。包括一般损害（Adverse effect）、严重损害（Serious adversely effect）和实质性损害（Substantial adverse effect）。[3]严重损害和实质性损害所造成的损害后果不易区分，甚至无太大差别，但是，这两种损害的损害程度都高于一般损害。澳大利亚相关案例，如 James 诉 Australian National University（(1984) 6 A. L. D. 687）的案例，说明实质性损害相比一般损害来说，附加了更为严格的证明标准。相关案例，如 Heaney 诉 Public Service Board（6 A. L. D. 310），表明实质性损害要求证明——严重或显著的实质性损害后果。损害的可能性和损害程度的多样性反映出所保护利益之间的差异性。有些政府信息倾向于保密，从而需要设置较低的证明标准。这是因为在多数情形下不予公开该信息所保护的利益总是大于公开该信息所保护的利益；有些政府信息倾向于公开，则需适用更高的不予公开的证明标准。这是因为公开和不公开该信息所保护的利益在程度上不具有明显的差异性。

另外，在损害衡量适用上，大多数国家的信息公开法只是将损害衡量适用于部分信息公开例外，其他例外则被属于当然或类别式例外（Class-based Exemption）。该类例外是基于该例外信息所属的类别，而被直接确定为信息公

---

[1] See Maeve McDonagh, *Freedom of Information Law in Ireland*, Dublin: Round Hall Sweet & Maxwell, 1998, p. 85.

[2] See Maeve McDonagh, *Freedom of Information Law in Ireland*, Dublin: Round Hall Sweet & Maxwell, 1998, p. 85.

[3] See Maeve McDonagh, *Freedom of Information Law in Ireland*, Dublin: Round Hall Sweet & Maxwell, 1998, p. 85.

开例外。[1] 法国和希腊等个别国家的信息公开法则将损害衡量适用于所有信息公开例外。

(二) 公共利益衡量 (Public Interest Test)

公共利益衡量也是一种政府信息公开例外信息不可或缺的保护机制。梅吾·麦克唐纳指出，各国的信息公开法主要规定了消极和积极两种公共利益衡量。[2]

消极型公共利益衡量通常使用"有违公共利益的"（Contrary to Public Interest）的表述。澳大利亚就是典型例子。爱尔兰最初的1997年信息公开法沿用了这一规定，但在2003年修改该法时删去了该一消极型公共利益衡量。

积极型公共利益衡量则要求行政机关经考量认为公开属于例外类别的政府信息的公共利益超过不公开其所保护的公共利益时，应公开该信息。积极型相对消极型来说，更难判断。因为证明有利于公开的公共利益比证明公开将有损公共利益的难度更大。[3] 依照芭芭拉·麦克艾赛克（Barbara McIsaac）的观点，积极型的公共利益衡量还可以细分为两种类型，即特别公共利益衡量（Special Public Interest Test）和一般公共利益衡量（General Public Interest Test）。[4] 加拿大立法就规定了特别公共利益衡量。因为公共利益衡量只是适用于个别信息公开例外，包括隐私和属于第三方的信息。类似的国家还有澳大利亚、英国和爱尔兰。一般公共利益衡量最明显的例子是新西兰。该国信息公开法将公共利益衡量适用到了所有信息公开例外。类似的国家还有南非和印度。这些国家的信息公开法都规定当公开属于例外信息的公共利益超过不公开该信息所应保护的公共利益时，应予以公开该例外信息。

(四) 第三方协商机制 (Third Party Consultation)

第三方协商机制是另外一种政府信息公开例外保护的重要机制。该机制

---

[1] See Moira Paterson, *Freedom of Information and Privacy in Australia: Government and Information Access in the Modern State*, Australia: LexisNexis Butterworths, 2005, p. 216.

[2] See Maeve McDonagh, *Freedom of Information Law in Ireland*, Dublin: Round Hall Sweet & Maxwell, 1998, p. 85.

[3] See Maeve McDonagh, *Freedom of Information Law in Ireland*, Dublin: Round Hall Sweet & Maxwell, 1998, p. 23.

[4] See Barbara McIsaac, "The Nature and Structure of Exempting Provisions and the Use of the Concept of a Public Interest Override", http://www.atirtf-geai.gc.ca/paper-nature1-e.html, 2005-7-14.

要求若干信息公开例外，如商业信息、个人信息和通过保密渠道收集的信息，在决定是否公开之前，需要征求第三方的意见。该机制还要求告知第三方，若对公开所涉及的信息有异议，可以寻求必要的法律途径进行救济，以维护其自身的合法利益不受侵犯。这就是我们一般所讲的反向信息公开诉讼。[1]

第三方协商机制见之于各国的信息公开法当中。采用该机制的主要原因是因为政府虽然拥有该信息，但该信息的真正权利主体是包括自然人、法人和其他组织在内的第三人。这样的立法设计突出了对第三方权利主体信息所有权的尊重。同时，该机制也照顾到政府未来收集信息时的便利程度。因为如果政府不顾在内第三方主体的主观意愿而决意公开其信息，极有可能给政府在未来获取同类信息时造成困难。从这层意义上讲，第三方协商机制的立法设计具有双重目的，一是为他，即尊重他人信息所有权；二是为己，以便畅通信息收集渠道。第二种目的突出了从程序意义上，而非从实体，即应保护的信息本身上设计政府信息公开例外。[2]

第三方协商机制的启动是否需要前提条件存在争论。澳大利亚和新西兰等国的信息公开法并没有对该机制的适用设置任何条件。因其规定只要信息公开申请涉及第三方信息，就应启动协商机制征求第三方的意见，而无论该第三方信息应当公开与否。有的国家则对第三方协商机制的适用进行了限制，即只在行政机关认为所申请的信息公开的公共利益超过应受保护的第三方利益时，并且决定予以公开的情形下，才决定启动协商机制。[3] 如果行政机关自身认为该第三方信息本来就不应公开的，就不必启动该机制，免得费时费力。爱尔兰信息公开法就是这一典型。这种限制是必要的，它可以缩短信息公开申请答复时间，从而提升政府信息公开的效率。应该注意到，大多数第三方并不愿意公开涉及自身的信息内容。除非在提交信息前，其已经明示同意公开。对第三方协商机制的启动进行限制并没有损害到第三方的利益，毕竟信息公开法并没有授权第三方当然否决信息公开的权利。

---

〔1〕 参见江必新、李广宇："政府信息公开行政诉讼若干问题探讨"，载《政治与法律》2009年第3期。

〔2〕 See Maeve McDonagh, *Freedom of Information Law in Ireland*, Dublin: Round Hall Sweet & Maxwell, 1998, p. 215.

〔3〕 See Maeve McDonagh, *Freedom of Information Law in Ireland*, Dublin: Round Hall Sweet & Maxwell, 1998, p. 87.

（五）信息存在与否不披露机制（Non-Disclosure of Existence or Non-Existence of Information）

各国信息公开法还有一项容易被忽略但同样非常重要的信息公开例外保护机制，即信息存在与否不披露机制。[1] 这项机制要求在某项政府信息存在与否的事实披露本身就可侵害到某种利益的时候，行政机关可对所申请的信息的存在与否不发表意见。这种机制突出保护的并不是信息实体，而是信息存在与否的事实。[2] 该机制是为了应对那些不是为信息本身，而是为刺探行政机关是否启动了某些调查而提交的信息公开申请。

信息存在与否不披露机制散见于美国、澳大利亚、加拿大和日本等国的信息公开法当中。该机制主要适用于涉及国家安全和执法两项例外信息。美国信息公开法规定该机制适用于三种情形：证实存在影响现有的执法调查可能；刑事执法部门保管的线人资料；联邦调查局保管的与国外间谍、反间谍或国际恐怖主义有关的材料。[3] 除此之外，有的国家还包括了国家和洲的关系信息，如澳大利亚；有的则包括了个人安全和商业秘密的信息，如新西兰；加拿大立法包括了个人安全的信息；还有的则包括了政府会议信息和公共安全信息，如爱尔兰。

二、我国《政府信息公开条例》中的公开例外保护机制评析

我国《政府信息公开条例》在借鉴国外立法关于政府信息公开例外保护的先进经验方面略显不足。首先，虽然我国《政府信息公开条例》规定了在信息公开法当中广泛采用的损害衡量，但只规定了最低标准的损害衡量。对于那些涉及国家安全、公共安全、经济安全或者社会稳定的信息，《政府信息公开条例》只使用了"危及"一词，并没有任何副词，如"实质性"或"严重"来形容损害的程度。对于涉及国家安全、商业秘密和隐私例外，损害衡量则不适用。

---

[1] See Maeve McDonagh, *Freedom of Information Law in Ireland*, Dublin: Round Hall Sweet & Maxwell, 1998, p. 139.

[2] See Maeve McDonagh, *Freedom of Information Law in Ireland*, Dublin: Round Hall Sweet & Maxwell, 1998, p. 202.

[3] 参见周汉华：《政府信息公开条例专家建议稿》，中国法制出版社2003年版，第142页。

其次，我国《政府信息公开条例》只规定了特别公共利益衡量，因公共利益只适用于个别例外，而不是所有例外。信息公开法通常要求在衡量信息公开例外时，应考虑到公共利益因素。这使得那些公众获益超过因公开而造成损害的政府信息也能够予以公开。[1]我国《政府信息公开条例》的公共利益衡量只适用于规定在第十四条当中的商业秘密和隐私例外。

再次，虽然我国《政府信息公开条例》在第三方协商机制上和国际接轨，但该机制设计的出发点突出在实体保护上，即保护应受保护的第三方信息。《政府信息公开条例》因此忽略了该机制的程序意义，给政府在未来收集第三方信息过程带来了不利影响。另外，该机制的启动并不受任何条件限制。从《政府信息公开条例》来看，只要涉及第三方信息的公开，就应启动协商机制，用以征求第三方意见。这种立法设计反映出立法者的立法意图是从信息本身，而不是兼顾到程序目的对第三方这一例外信息所实施的保护。

最后，我国《政府信息公开条例》并没有规定信息存在与否不披露机制。这也和国际惯例不符。信息存在与否不披露机制保护的对象不是信息本身，而是信息存在与否这一事实。毕竟申请人的申请目的并不完全是为了申请信息，有的是为了探究行政机关正在进行某项执法调查的事实，以便自身做出逃避法律调查的安排。信息公开申请这一合法渠道可以为该目的创造便利。

三、完善我国政府信息公开例外立法的若干建议

我国未来信息公开法应充分借鉴国际上现有对政府信息公开例外的保护机制。确保在不以损害其他正当利益为代价的前提下实现信息公开最大化或公开是原则，不公开是例外。这就需要做到如下几点：

一是合理运用损害衡量。信息公开法应较多考虑采用积极型，而不是消极型损害。因为消极型损害对信息公开法当中的公开最大化原则有减损作用。在损害可能性上，则应基于应受保护利益的轻重缓急而适用不同程度的损害可能性标准，但不管怎样，还是应较多采用"将有可能造成"这一较高标准。这有利于公开宗旨的贯彻。在损害程度上，也应区别例外信息背后所保护的

---

[1] See David Banisar, "Effective Open Government: Improving Public Access to Government Information", http://www.olis.oecd.org/olis/2005doc.nsf/0/cb40b8eb18975d01c1256fd300582d2d/$FILE/JT00181243.PDF, 2009-10-13.

利益，而采用不同的适用标准。这种安排既考虑到了应受保护利益的差异性，也体现了公开是原则，不公开是例外这一信息公开法当中的最高准则。

二是建议采用积极型公共利益衡量，并且该衡量应适用于大多数信息公开例外。积极型公共利益衡量足以保护公开例外信息。积极型公共利益衡量应一律采用"公开的公共利益超过不予公开的公开利益"，而去除像"公开有违公共利益的"的消极型表述。当然，我们所采用的公共利益衡量并不是针对政府信息公开法当中的所有信息公开例外，而只是有选择地针对其中大部分例外信息，如个人隐私、商业秘密、执法信息和决策过程中的例外。至于国家安全例外或其他法律规定的例外则不适用公共利益衡量。

三是对第三方协商机制的启动应不仅从信息本身，还应从程序角度进行设计。这就要求适当限制第三方协商机制的启动。当行政机关本身就可判断涉及的第三方信息不应公开时，就没有必要启动该机制。这可以节约答复信息公开申请的时间和所需的资源。

四是信息存在与否不披露机制。该机制在保护信息公开例外是必要的。理解信息公开法中的信息存在与否不披露机制应注意如下几点：首先，该机制只是适用于信息公开法中的公开例外信息，对可公开的信息不适用；其次，该机制的适用范围应有所限制，应只限定在国家安全和执法调查两项例外，对于信息公开法中的其他例外则不予适用；再次，该机制不仅要照顾到答复存在时对信息公开例外背后所保护的利益会造成损害的情形，还应该兼顾回答不存在时对有关利益造成损害的情形；最后，该机制的适用应受制于正常的行政或者司法审查。申请人对行政机关不予确认所申请的信息是否存在的答复存在异议时，可以通过正常的行政复议或者司法诉讼途径进行救济。

CHAPTER14 第十四章
政府信息公开例外立法的类别 *

摘　要：政府信息公开例外立法可以从实体上划分为强制式和任意式、类别式和损害式、绝对式和相对式；从程序上则可分为实体式和程序式、协商式和非协商式。我国《政府信息公开条例》当中的例外立法虽有这些类别的影子，但并没有在信息公开最大化原则指导下对这些类别进行科学合理的吸收。

政府信息公开例外是各国信息公开法当中一项不可或缺的内容。虽然该公开例外立法是一个复杂而系统的工程，但其中也有不少规律可循。信息公开立法已经在世界上存在了二百四十多年并波及全球九十多个国家。我国在2007年初也通过了《政府信息公开条例》，从而成为了信息公开法大家庭当中的一员。本章试图对政府信息公开例外立法所呈现的若干类别进行归纳综合，并对我国《政府信息公开条例》当中的例外规定进行分析，以期对今后信息公开法的制定有所裨益。

一、政府信息公开例外立法的类别

政府信息公开不意味着所有的政府信息都应公开，其中有不少例外，如

---

* 本章成果已在《情报理论与实践》2010年第4期上发表。题目为《论政府信息公开例外立法的类别》。

国家安全、个人信息、商业秘密和执法信息等都在一定程度上对政府信息公开内容和范围进行了适当限制，如上所言是从实体上来讲的。从程序上来说，为了不侵害到其他应受保护的利益，也有一些要求，如第三方协商机制等。所有这些针对政府信息公开的限制在各国立法中都或多或少地得到了体现。具体来讲，从各国针对政府信息公开例外立法来看，我们可以从实体和程序角度总结出如下几种类别。本章的分类主要借鉴了信息公开法研究专家麦克唐纳（McDonald）[1]和帕特森（Paterson）的研究成果。[2]

（一）从实体角度区分政府信息公开例外

从实体角度，政府信息公开例外的类别可以划分成如下三种形式：强制式和任意式、类别式和损害式、绝对式和相对式。

1. 强制式（Mandatory）和任意式（Discretionary）例外

各国信息公开法当中的公开例外有的是强制式的，而有的则是任意式的。之所以称为强制式，是因为一旦申请人申请的信息属于该类例外，处理该申请的相关机关就可当然地拒绝当事人的公开申请，而不需要考虑是否存在可以公开的情况。[3]而任意式，是指行政机关在处理当事人的信息公开申请时，虽然申请的信息属于法律规定中的例外范围，但他们还是可以在权衡各种利益之后，作出同意申请人的信息公开请求的决定。[4]这样规定的立法意图是为了吻合各国信息公开立法中的一项重要原则，即最大化公开原则，或者说，公开是原则，不公开是例外的原则。

适用于强制性的信息公开例外主要体现在两类信息。一类就是当信息属于第三方时，包括第三方政府的信息、第三方个人的信息和第三方企业商业的信息，该信息应当属于强制式的限制公开。另一类就是其他法律规定需要保密的信息，该信息理应当然地属于不公开的范围。相关机构无权依据信息

---

[1] See Maeve McDonagh, *Freedom of Information Law in Ireland*, Dublin: Round Hall Sweet & Maxwell, 1998, pp. 83-89.

[2] See Moira Paterson, *Freedom of Information and Privacy in Australia: Government and Information Access in the Modern State*, Australia: LexisNexis Butterworths, 2005, pp. 216-225.

[3] See Maeve McDonagh, *Freedom of Information Law in Ireland*, Dublin: Round Hall Sweet & Maxwell, 1998, p. 84.

[4] See Maeve McDonagh, *Freedom of Information Law in Ireland*, Dublin: Round Hall Sweet & Maxwell, 1998, p. 84.

公开法判断所涉及的信息是否公开。[1]

2. 类别式（Class-based）例外和损害式（Harm-based）例外

从内容上讲，政府信息公开例外中有的属于类别式例外，而有的则属于损害式例外。类别式例外是基于该例外信息所属的类别，而被确定为信息公开的例外。[2] 即一旦被请求的信息属于该例外规定中所确定的类别，该申请就应被拒绝。而损害式例外则指公开例外的信息并不当然成为例外信息而不被公开，它只是在公开后可能出现特定的损害后果才不被公开。[3] 从加拿大信息公开法可以得知，类别式例外一般包括两种信息：一种是不属于政府本身所有的信息，包括第三方政府、组织、个人的信息；另一种是通过一定的保密体制进行了加密处理的信息。该信息也应通过类别式例外进行保护。

一般来说，有三种损害的可能性出现于各国的信息公开立法当中。即"将有可能造成"（would be likely to）、"可合理预见造成"（could reasonably be expected to）和"可能造成"（could prejudice）某种对公开例外信息的损害后果。[4] 证明"将有可能造成"相比其他两种来说，要求最高。"可能造成"相比起"可合理预见造成"某种损害来说，需要证明的程度更低。而损害后果本身也可以有几种体现形式，包括不利后果（adverse effect）、严重不利后果（serious adversely effect）和实质性不利后果（substantial adverse effect）。[5] 不利后果相对于严重不利后果和实质性不利后果来说，损害程度最低。[6]

---

[1] See Barbara McIsaac, "The Nature and Structure of Exempting Provisions and the Use of the Concept of a Public Interest Override", http://www.atirtf-geai.gc.ca/paper-nature1-e.html, 2005-7-14.

[2] See Maeve McDonagh, *Freedom of Information Law in Ireland*, Dublin: Round Hall Sweet & Maxwell, 1998, 84; See Moira Paterson, *Freedom of Information and Privacy in Australia: Government and Information Access in the Modern State*, Australia: LexisNexis Butterworths, 2005, p. 216.

[3] See Maeve McDonagh, *Freedom of Information Law in Ireland*, Dublin: Round Hall Sweet & Maxwell, 1998, p. 84; Moira Paterson, *Freedom of Information and Privacy in Australia: Government and Information Access in the Modern State*, Australia: LexisNexis Butterworths, 2005, p. 216.

[4] See Maeve McDonagh, *Freedom of Information Law in Ireland*, Dublin: Round Hall Sweet & Maxwell, 1998, p. 84.

[5] See Maeve McDonagh, *Freedom of Information Law in Ireland*, Dublin: Round Hall Sweet & Maxwell, 1998, p. 84.

[6] See Maeve McDonagh, *Freedom of Information Law in Ireland*, Dublin: Round Hall Sweet & Maxwell, 1998, p. 84.

3. 绝对式（Absolute）和相对式（Qualified）例外

在政府信息公开的例外立法内容当中，有的例外属于绝对式例外，有的则属于相对式例外，该相对式例外也可以称为公共利益式例外。[1] 绝对式例外因为不受公共利益因素的限制而被规定为绝对不予公开的信息范围，而相对式例外因为要考虑到公共利益因素而只是相对不予公开。[2] 在公开的公共利益大于不公开的公共利益时，该例外信息也应公开。

麦克唐纳认为有两种公共利益衡量。一种是消极型。通常使用"有违公共利益的"的法律术语。[3] 这种类型体现在澳大利亚的信息公开法中。另外一种是积极型。通常使用如下术语，即"在负责处理信息公开申请人员的权衡下，准许信息申请的公共利益大于拒绝该申请所保护的公共利益或其他应受保护的利益。"[4] 积极型相对消极型公共利益衡量来说，更难把握，因为证明有利于公开的公共利益的难度比证明公开将有损公共利益的难度更大。[5] 而积极型的公共利益衡量还可以细分为特定性和一般性公共利益衡量两种。[6] 加拿大联邦信息公开法就规定了特定性的公共利益衡量。因为公共利益衡量只是适用于隐私和属于第三方的信息，并且不包括商业秘密。类似的国家还有澳大利亚、英国和爱尔兰；一般性公共利益衡量最明显的例子应是新西兰，因为新西兰信息公开法将公共利益衡量适用到信息公开法当中的所有公开例外。类似的国家还有南非和印度。

（二）从程序角度区分政府信息公开例外

从程序角度可以将政府信息公开例外分为两种类别：实体式和程序式例

---

[1] See Maeve McDonagh, *Freedom of Information Law in Ireland*, Dublin: Round Hall Sweet & Maxwell, 1998, p. 84.
[2] See Maeve McDonagh, *Freedom of Information Law in Ireland*, Dublin: Round Hall Sweet & Maxwell, 1998, p. 84.
[3] See Maeve McDonagh, *Freedom of Information Law in Ireland*, Dublin: Round Hall Sweet & Maxwell, 1998, p. 84.
[4] See Maeve McDonagh, *Freedom of Information Law in Ireland*, Dublin: Round Hall Sweet & Maxwell, 1998, p. 86.
[5] See Maeve McDonagh, *Freedom of Information Law in Ireland*, Dublin: Round Hall Sweet & Maxwell, 1998, p. 23.
[6] See Barbara McIsaac, "The Nature and Structure of Exempting Provisions and the Use of the Concept of a Public Interest Override", http://www.atirtf-geai.gc.ca/paper-nature1-e.html, 2005-7-14.

外；协商式和非协商式。

1. 实体式（Substantive）和程序式（Procedural）例外

帕特森认为，从实体和程序角度来讲，我们可以从政府信息公开例外中区分出实体式例外和程序式例外。[1] 虽然信息公开法中大多数例外信息都基于信息公开的实体内容而主张例外，但也有一些例外是基于程序要素而特别设定的。这种例外主要有两类：一类是属于第三方提供给政府机构的信息；另一类是属于政府机构决策过程中的信息。[2] 第一类信息包括商业敏感性信息、个人信息和经保密提供的信息。这类信息例外常见于各国信息公开法。行政机关通常在决定是否公开这些信息之前需要和第三方协商。区分程序式和内容式例外的主要意义在于突出在某些场合，保护程序显得比保护信息内容本身更为重要。行政机关公开了由某种特定程序获得的信息会对未来获取类似信息造成不利影响，如第三方因害怕公开而不提供信息或不提供完整信息、政府工作人员因害怕公开而不愿表达真实意见等。[3]

2. 协商式（Consultation）和非协商式（Non-consultation）例外

协商式例外和非协商式例外也是政府信息公开例外立法当中一个极具特色的分类。[4] 有些信息公开的例外在决定是否公开之前，需要和第三方进行协商。例如商业信息、个人信息和通过保密获取的信息。大多数例外都不需要协商。这种立法类型在众多国家的信息公开法中都可见到，如美国、爱尔兰和澳大利亚。这样的立法安排是为了实现信息公开的最大化原则，但是由于该类信息的一个共同特征就是它们的所有权不属于政府本身，所以，理应尊重信息所有权人的利益。

二、政府信息公开例外分类评述

政府信息公开例外分类具有多样性的特点。不同例外信息在保护程度和

---

[1] See Moira Paterson, *Freedom of Information and Privacy in Australia: Government and Information Access in the Modern State*, Australia: LexisNexis Butterworths, 2005, p. 216.

[2] See Moira Paterson, *Freedom of Information and Privacy in Australia: Government and Information Access in the Modern State*, Australia: LexisNexis Butterworths, 2005, p. 215.

[3] See Moira Paterson, *Freedom of Information and Privacy in Australia: Government and Information Access in the Modern State*, Australia: LexisNexis Butterworths, 2005, p. 216.

[4] See Maeve McDonagh, *Freedom of Information Law in Ireland*, Dublin: Round Hall Sweet & Maxwell, 1998, p. 86.

方式上应体现差异性。我国《政府信息公开条例》当中的例外的立法设计并没有充分照顾到这种差异性，因而无法充分体现公开是原则、不公开是例外的精神。

(一) 政府信息公开例外分类的多样性

从政府信息公开例外的分类出发，我们可以得知，政府信息公开例外呈现出多样性的特点。不仅有强制性不予公开的例外信息，而且有任意性的不予公开的例外信息；既有类别式的例外信息，也有损害式的例外信息；绝对性和相对性的例外信息也在信息公开法中得到体现。另外，从程序出发可以分出实体和程序例外以及协商式和非协商式例外。政府信息公开例外的分类多样性不是毫无章法，其内在的机理就是为实现政府信息公开最大化的目的，通过充分运用行政人员的自由裁量，既发挥其主动性，又对之进行合理监督约束。

政府信息公开最大化，或曰公开是原则，不公开是例外原则是各国政府信息公开法中的至上原则。[1]但实现该原则并不是一件轻而易举的事情。政府信息公开例外分类多样性能在一定程度上促进该项原则的实现。因为只有通过分类多样性，才能使得行政人员在决定政府信息是否公开时，在充分权衡了各种利益和因素的前提下作出政府信息是否公开的决定。这同时也照顾到了行政人员的主观能动性，通过发挥其专业优势，自由裁量决定属于例外规定的政府信息是否应公开。这是因为损害和公共利益因素在判断上具有很大的灵活性，需要行政人员运用自己的固有知识作出合理判断。这在一定程度上不仅是为了鼓励行政人员的自由裁量，而且还在一定程度上构成了对行政人员的监督。因为信息公开申请人可以通过审查行政人员是否在考虑了如上对政府信息公开例外信息的限制条件之后作出了不予公开的决定。这些限制条件也是信息公开申请人寻求法律救济是否成功的决定性因素。

(二) 我国《政府信息公开条例》例外立法之缺陷

结合麦克唐纳和帕特森对信息公开法当中的公开例外所做的分类，我们

---

[1] See The Open Society Justice Initiative, "Transparency & Silence: A Survey of Access to Information Laws and Practices in 14 Countries", http://www.soros.org/resources/articles_publications/publications/transparency_20060928/transparency_20060928.pdf, 2009-10-12.

可以看出我国《政府信息公开条例》当中的例外呈现出如下几点缺陷：其一，类别式例外在我国《政府信息公开条例》当中居多，其中规定在第八条的国家安全、商业秘密和个人隐私都属于该例外。其二，我国《政府信息公开条例》只规定了强制性例外，没有任意性例外。其三，虽然我国《政府信息公开条例》规定了在信息公开法当中广泛采用损害衡量，但只规定了最低标准的损害衡量，尤其对于那些涉及国家安全、公共安全、经济安全或者社会稳定的信息。因为《政府信息公开条例》只使用了'危害'一词，并没有任何副词，如'实质性'或'严重'来形容损害的程度。对于涉及国家安全、商业秘密和隐私例外，损害衡量则不适用。其四，我国《政府信息公开条例》只规定了特别性公共利益衡量，因公共利益只适用到个别例外当中，而不是所有例外。信息公开法通常要求在衡量信息公开例外时，应考虑到公共利益因素。这可以使得那些公众获益超过任何因公开所造成损害的政府信息也能够予以公开。[1]我国《政府信息公开条例》的公共利益衡量只适用于规定在第十四条当中的商业秘密和隐私例外。其五，《政府信息公开条例》更多地从实体角度，而不是从程序上对政府信息公开例外予以保护。给人感觉似乎只注重信息本身的内容，而轻视从程序本身来考虑信息是否应受保护。这也是为什么政府决策过程中的信息没有成为我国《政府信息公开条例》一个明示的公开例外类别的原因。

如上缺陷反映出我国《政府信息公开条例》在例外立法方面对借鉴国外经验方面略显粗糙，没有照顾到例外立法的多样性和区别性特征，这就难免造成了现有的例外立法和信息公开最大化原则契合度不够的结果。

三、我国未来信息公开法中的例外类别展望

基于如上对我国《政府信息公开条例》的例外立法分析，建议将来制定信息公开法时，应合理吸纳如上所述的政府信息公开例外立法的类别，通过照顾到例外立法的多样性来促进政府信息公开的最大化，真正实现公开是原则，不公开是例外的要求。不过，在具体运用如上类别时，应注意如下几点：

---

[1] See David Banisar, "Effective Open Government: Improving Public Access to Government Information", http://www.olis.oecd.org/olis/2005doc.nsf/0/cb40b8eb18975d01c1256fd300582d2d/$FILE/JT00181243.PDF, 2009-10-13.

一是合理借用强制式和任意式例外，破除一味地采用强制式例外来保护政府信息。强制式例外主要运用在第三方提供的信息以及其他法律规定的需要受到保密的信息。其他则应是任意式例外，政府机关信息公开义务人可以自由裁量决定该信息最终是否公开。

二是合理运用损害衡量，通过类别式和损害式例外规定进一步促进政府信息公开。除了本身不属于政府所有的信息，包括第三方政府、组织、个人的信息，和经过一定的保密体制进行了加密处理的信息不应受制于损害衡量外，其他落入例外的政府信息都应在考虑是否公开上加入损害因素。损害衡量还应注意通过损害后果的大小和损害可能性来进行细化以达到政府信息公开最大化。

三是采用特定性公共利益衡量。通过绝对式和相对式例外扩大政府信息公开范围和提升政府信息公开程度。涉及国家安全的信息可以通过绝对式例外予以严格保护，而对于其他例外则可以通过权衡公共利益因素以最终决定是否公开。

四是注重从程序角度保护政府信息，通过协商机制使得第三方利益不受到侵犯。有些信息更加注重保护的是程序的完整性，而不是信息本身，如政府决策过中的信息应该在我国未来的信息公开法当中明确规定。决策前特定信息理应受到保护，但决策后相关信息就没有保密的必要，理应公开。

第十五章 我国政府信息公开例外体系[*]

摘　要： 政府信息公开例外是各国信息公开立法的重心。现有研究侧重单个例外，缺少对政府信息公开例外体系构建方面的思考，无法为例外立法提供整体性建议。我国《政府信息公开条例》实施以来的实践告诉我们，有必要从实体性和程序性这一视角将实践中产生的诸多政府信息公开例外予以涵盖和归类。通过修改条例，构建起适合我国国情的政府信息公开例外体系并从体系的高度针对其中不同例外所遇问题进行修改。

我们讨论政府信息公开，无法忽视通过政府信息公开例外对政府信息予以保护的问题。政府信息公开例外是各国信息公开立法当中的一个当然内容。某种程度上，做好政府信息保护攸关信息公开立法的成功。我国《政府信息公开条例》出台时对例外规定不成体系，难以涵盖实践过程中出现的过程性信息、申请权滥用、重复申请、非申请等诸多情形。《政府信息公开条例》正面临第一次修改，对政府信息公开例外体系进行系统研究实属必要。条例实施近十年的丰富实践也为我们构建起适合我国国情的例外体系创造了可能。现有研究侧重于单个例外方面的研究，尚未构建起一套实践性很强的例外体系。本章试着从实体和程序视角提出我国政府信息公开例外体系构建设想。

---

[*] 本章成果已在《交大法学》2018 年第 1 期上发表。题目为《论我国政府信息公开例外体系构建完善》。

通过对散见于全国各地实践的诸多例外情形予以归类，在分析各种例外情形的适用难点基础上，提出针对性的修改建议。

一、国内外现有政府信息公开例外体系研究述评

（一）我国对政府信息公开例外体系的研究欠缺

国内关于政府信息公开例外体系方面的研究较少，更多研究聚焦在单一信息公开例外的完善上。大家也意识到政府信息公开例外情形的确定是政府信息公开范围制度的关键，[1]直接影响到后续实施。《政府信息公开条例》制定之初，因无具体实践支撑，难以对各种公开例外情形予以涵盖并有针对性规定，"不周延"问题在所难免。[2]一些研究对政府信息公开例外进行了论述，但也仅停留在实体性例外层面。[3]有的研究更进一步，对实体性例外进行了细分，认为存在国家安全与公共利益例外、第三方利益例外、内部行政信息例外三类。[4]不过，总的来说，现有研究还停留在实体性层面，未充分考虑到我国实践过程中出现的另外一种从程序角度考虑的例外情形。有研究已经涉及程序性例外，从公开主体、申请人资格、存在与否等角度予以提及，[5]但是还不够系统全面。虽然目前研究未过多涉及程序性例外，但是探讨涉及了公共利益衡量等例外保护机制，[6]这为例外体系研究奠定了基础。

可以说，我国现有研究尚未涉及我国政府信息公开例外体系构建这个不可或缺的话题。随着《政府信息公开条例》修改进程的推进，我们有必要通过梳理我国实践，借《政府信息公开条例》修改契机，构建起一套适合我国国情的完整的政府信息公开例外体系，从体系高度分门别类予以不同程度保

---

〔1〕 参见王敬波："什么不能公开？——信息公开例外事项的国际比较"，载《行政法学研究》2016年第3期。

〔2〕 参见周汉华："打造升级版政务公开制度——论《政府信息公开条例》修改的基本定位"，载《行政法学研究》2016年第3期。

〔3〕 参见常宏宇、张劲："论政府信息公开的'例外'"，载《中国行政管理》2011年第8期。

〔4〕 参见张雷、董妍："政府信息公开例外规则的检视与完善"，载《甘肃社会科学》2014年第6期。

〔5〕 参见程琥："《政府信息公开条例》的修改"，载《国家检察官学院学报》2016年第3期；参见肖卫兵："《政府信息公开条例》中的免予提供理由评析：基于上海的实践"，载《中国行政管理》2015年第8期。

〔6〕 参见王敬波："政府信息公开中的公共利益衡量"，载《中国社会科学》2014年第9期。

护。只有这样,才能避免现有立法的不周延并促进后续实施。

(二) 国外对政府信息公开例外体系的研究梳理

国外学者对政府信息公开例外体系的研究也不多。较为系统的研究应归属于麦克唐纳（McDonagh）[1]和帕特森（Paterson）。[2]两者从实体和程序角度对政府信息公开例外情形进行了分类。从实体角度,细分为有无自由裁量的强制式和任意式、是否受制于损害衡量的类别式和损害式、受不受制于公共利益衡量的绝对式和相对式；从程序角度主要分协商式和非协商式以及过程性信息和结果性信息。[3]由对政府信息公开例外体系研究延伸出了向损害衡量、公共利益衡量、第三方协商等政府信息公开例外保护机制方面的探讨。[4]虽然这些研究是从实体和程序两个角度对政府信息公开例外进行的归类,但是所针对的对象还是限于实体性例外。

理论研究是一方面。国外实践过程中还存在另外一种涉及政府信息公开例外体系的认识。该认识跳出了仅仅围绕实体性例外构建例外体系的局限,将程序性例外也涵盖之内。这在新西兰巡察官（Ombudsman）和英国信息专员（Information Commissioner）出具的信息公开指引当中已有体现。该认识认为,信息公开例外体系由实体性和程序性两类构成。其中实体性例外是指公开过程中基于信息存在基础上的各种免予公开的法定理由,包括国家秘密、商业秘密、个人隐私等例外；程序性例外是指依申请过程中各种免予提供的法定理由,包括非本机关、申请内容不明确、口头申请、超过收费限额的申请、重复申请、申请权滥用、[5]信息不存在、需要实质性加工汇总整理、将主动公开等理由。[6]国外这些理论和实践成果对构建我国政府信息公开例外体系是有益借鉴。

---

[1] See Maeve McDonagh, *Freedom of Information Law in Ireland*, Dublin: Round Hall Sweet & Maxwell, 1998, pp. 83~85.

[2] See Moira Paterson, *Freedom of Information and Privacy in Australia: Government and Information Access in the Modern State*, Australia: LexisNexis Butterworths, 2005, p. 216.

[3] 参见肖卫兵:"论政府信息公开例外立法的类别",载《情报理论与实践》2010年第4期。

[4] 参见肖卫兵:"论政府信息公开例外保护机制",载《情报理论与实践》2011年第9期。

[5] 这些种类出现在英国的信息公开法当中,参见英国信息公开法Part I中的相关条款。

[6] 这些种类出现在新西兰的信息公开法当中,参见新西兰官方信息法第18条规定。

(三) 国外研究对我国政府信息公开例外体系的启示

基于现有研究，笔者认为构建我国的政府信息公开例外体系，不能仅仅关注实体性例外，还需要延伸到程序性例外。这是因为，一是在我国实践过程中，后一种例外的适用比前者更为频繁并且占比颇高，现阶段不能不引起高度重视。二是实体性和程序性例外均是对申请人的否定性或消极性答复，都可引发纠纷。从后果角度来说，具有相似性，有必要进行整体考虑。三是不纳入整体考虑不利于各种例外保护机制的科学合理配置，将会导致保护失衡。但是，将两者予以一并考虑并不是意味着两者不存在区别。两者区别在于：

一是所保护的利益不同。实体性例外保护的是公开对象信息背后所体现的包括公共利益和个人利益等在内的正当利益。如个人隐私例外保护的是个人的隐私利益，商业秘密例外保护的是经营者的商业秘密利益。但是，程序性例外则多从操作权限和操作效率层面进行考量，而非所涉信息是否公开方面的实体性判断。[1] 非申请和信息不存在主要基于所产生的信息提供不能而作出。三需要、重复申请、已主动公开、不符合一事一申请、申请权滥用则基于为节约行政资源考虑作出。非本机关则基于谁是更具发言权的公开义务主体角度作出。第三方不同意公开则是基于尊重被获取主体的控制权角度作出。二是判断基础不同。实体性例外是基于信息存在这个基础上作出的是否公开的实质性判定基准。程序性例外并不依赖这个基础，信息不存在就是其中一个例证，其并不对信息是否公开作判断。三是针对对象不同。实体性例外针对公开这个行为。程序性例外针对提供这个行为。公开和提供的区别在于公开这种行为既可针对申请人这类特定对象，也可针对大众这种不特定对象，如在主动公开情形下。而提供一般针对特定对象即申请人，不涉及公众这种不特定对象。四是立法技术不同。实体性例外一般系统规定在信息公开法当中的信息公开例外篇中，相对集中；程序性例外则散见于信息公开法当中的多个条款，相对分散。五是利益衡量不同。不同于商业秘密、个人隐私等实体性例外，行政机关启用程序性例外时，不必受制于公共利益衡量。

基于如上分析，我国的政府信息公开例外体系由两大类共十八小类构成。

---

[1] 参见肖卫兵："《政府信息公开条例》中的免予提供理由评析：基于上海的实践"，载《中国行政管理》2015年第8期。

具体来说，第一类是实体性例外。该例外可分为国家秘密、商业秘密、个人隐私、"三安全一稳定"、非政府信息、内部管理信息、过程性信息、历史信息和其他法律法规规定九种。对于实体性例外，一个方向是大多数例外都应受制于损害衡量和公共利益衡量。在具体保护时，需要照顾到不同例外的保护程度，分别归入强制式或任意式、类别式或损害式、绝对式或相对式例外予以保护。同时，对损害式例外，也需照顾到保护程度不同，从损害可能性和损害后果严重性程度予以差异化保护。第二类是程序性例外。该例外包括信息不存在、非申请、非本机关、重复申请、不符合三需要、已主动公开、不符合一事一申请、第三方不同意公开、申请权滥用九种情形。和实体性例外保护不同，程序性例外一般不受制于损害衡量和公共利益衡量。但是，对于程序性例外，则需要通过任意式要求，鼓励行政机关答复时便民利民，提升公众满意度。

（四）例外体系在我国政府信息公开实践中的检视

如上构建的例外体系系基于我国过去实践。可找寻的依据是全国各地为弥补《政府信息公开条例》例外立法缺失所发布的各类指导政府信息公开实践的文件和司法解释。这些文件包括国办历年下发的系列文件，最高法院的《关于审理政府信息公开行政案件若干问题的规定》，北京市、上海市和浙江省高级法院发布的关于审理政府信息公开行政案件若干问题的解答和上海市政府办公厅发布的指导性文件。这些文件实践指导意义很强，是检视如上构建的政府信息公开例外体系的重要文献。九大类实体性例外分别在不同文件中有所提及。九大类程序性例外，除了申请权滥用外，均有所涉及（见表1）。列入申请权滥用是考虑到一起申请权滥用案例，即陆红霞诉南通市发改委政府信息公开案，被收入2015年最高法院公报案例。还有一个可用来印证体系的材料是各地信息公开年度报告。这其中以国务院办公厅2014年下发的《关于加强和规范政府信息公开情况统计报送工作的通知》最为突出。该通知对信息公开情况统计提供了样表，该样表涉及大多数实体性和程序性例外，一并将两者置放在依申请公开情况栏目下进行统计。这些文件印证了我们构建起的例外体系具备系统性和完整性。

表 1　现有文件提及的政府信息公开例外

来源 \ 分类	政府信息公开条例	国办系列文件	最高法院	北京市高院	上海市高院	浙江省高院	上海市政府
实体性例外							
1. 国家秘密	√	√	√	√	√		√
2. 商业秘密	√	√	√	√			√
3. 个人隐私	√	√	√	√			√
4. 三安全一稳定	√	√		√	√		√
5. 其他法律法规规定		√	√				
6. 非政府信息		√		√	√		√
7. 内部管理信息		√		√		√	√
8. 过程性信息					√		√
9. 历史信息							√
程序性例外							
1. 信息不存在	√	√	√	√			
2. 非申请							
3. 非本机关	√						√
4. 重复申请		√				√	
5. 不符合三需要	√		√			√	
6. 已主动公开	√			√	√		√
7. 不符合一事一申请		√					
8. 第三方不同意公开	√						
9. 申请权滥用							

二、我国实体性例外适用难点分析

（一）国家秘密

国家秘密作为一种强制式、类别式和绝对式例外，受《政府信息公开条例》第 14 条保护。国家秘密适用难点在于：一是处理细节上的疏忽导致适用瑕疵。如行政机关在适用国家秘密答复申请人时，未能做到明确告知申请人。[1] 在处理细节上，将内部文件作为作出国家秘密理由依据不予公开所申请信息等。[2] 同时，还存在滥用国家秘密情形，即将不属于国家秘密的涉及企业年检的信息认定为国家秘密。[3] 二是与三安全一稳定例外在适用上存在竞合。申请人申请系中国民用航空局与国家保密局联合发文的《民航工作国家秘密范围的规定》。根据规定，中国民用航空局征求了国家保密局的意见，在收到国家保密局复函后，依据"三安全一稳定"理由决定不予公开所申请决定文件。[4]《政府信息公开条例》第 14 条第 3 款实际上规定的是对不能确定为国家秘密情形的处理办法。但是，行政机关却将其作为"三安全一稳定"理由的判断依据。两者存在适用上的混淆。

（二）商业秘密

商业秘密作为强制式、类别式和相对式例外之一，受《政府信息公开条例》第 14 条保护。商业秘密适用难点有：一是商业秘密判断上的困难。《反不正当竞争法》第 10 条第 3 款界定的商业秘密是否可直接套用到《政府信息公开条例》所规定的商业秘密，判断一项信息是否构成商业秘密需要考虑哪些因素，以及特定类型的信息是否应作为商业秘密适用的除外情形，和《企业信息公示暂行条例》之间的协调等都有待明确和细化。二是仅凭第三方意见能否视为构成商业秘密问题。法院对此并没有形成一致观点。反对意见认为行政机关在不作审查的情况下，以第三方不同意公开作为信息不予公开的

---

[1] 参见李敏与宁波市住房和城乡建设委员会信息公开案，(2014) 浙甬行终字第 170 号。
[2] 参见任济舟诉中国民用航空局信息公开案，(2014) 二中行初字第 1223 号。
[3] 参见任 X 诉西安市 XXX 局 XX 分局信息公开案，案号：(2013) 莲行初字第 00073 号。
[4] 参见任济舟诉中国民用航空局信息公开案，(2014) 二中行初字第 1223 号。

理由，于法无据。[1] 三是商业秘密保护存在扩大化倾向。和商业秘密保护配合启用的部分公开机制并未得到有效发挥。行政机关倾向于只要涉及商业秘密，就全部不予公开所涉信息。另外，虽然有公共利益衡量机制，但是却未发现有案例真正启用了该机制。还有就是商业秘密本身作为类别式例外进行了更高程度的保护以及仅凭第三方不同意公开意见就认为构成商业秘密这类做法都扩大了实践过程中商业秘密的适用。

（三）个人隐私

个人隐私作为强制式、类别式和相对式例外之一，受保护的法律依据是《政府信息公开条例》第 14 条。个人隐私适用难点在于：一是个人隐私判断上的困难。判断一项信息是否构成个人隐私需要考虑哪些要件，以及特定类型的信息是否应作为个人隐私适用的除外情形等都有待明确和细化。二是仅凭第三方意见能否视为构成个人隐私问题。和商业秘密一样，法院对此并没有形成一致观点，既有支持的，也有反对的。三是个人隐私保护存在扩大化倾向。和个人隐私保护配合启用的部分公开机制未得到有效发挥。行政机关倾向于只要涉及个人隐私，就全部不予公开所涉信息。另外，虽然有公共利益衡量机制，但却很少发现有案例真正启用了该机制。和商业秘密理由一样，绝对化保护个人隐私以及仅凭第三方不同意公开意见就判断构成了个人隐私都在一定程度上扩大了个人隐私的适用。

（四）"三安全一稳定"

"三安全一稳定"作为一种强制式、损害式和绝对式例外，受保护的法律依据是《政府信息公开条例》第 8 条。三安全包括国家安全、公共安全和经济安全，一稳定指的是社会稳定。由于《政府信息公开条例》第 8 条所规定的"三安全一稳定"例外比较原则，这给行政机关带来了不少挑战，体现在：

一是适用困难。这是因为行政机关在适用三安全一稳定理由答复时，难以说理举证，导致慎用甚至不用。发生在上海浦东的两起诉讼充分反映了"三

---

[1] 参见北京北方国讯通讯有限责任公司诉北京市海淀区人民政府信息公开案，(2010) 一中行初字第 1225 号。

安全一稳定"理由在具体适用上的困难。[1] 案件主要争议集中在"三安全一稳定"例外的判定是否一定需要主管部门书面批准件。上海出于限制第 8 条滥用方面的考虑,在其颁布的《上海市政府信息公开规定》第 6 条第 2 款设置了要报本级政府信息公开主管部门审查的门槛。行政机关在非滥用情形下启动第 8 条答复时,主管部门的同意却难以获取,从而得不到法院支持。

二是适用混乱。有时候行政机关将本不是本机关公开职责权限范围的也适用三安全一稳定理由答复申请人,结果导致败诉。[2] 同时,也有的行政机关在申请人申请内容不明确的情况下,以"三安全一稳定"理由作出了不予公开答复,最终被法院认为答复不甚妥当。[3] 也有时候将本属于《政府信息公开条例》第 14 条所规定的国家秘密的信息纳入到第 8 条所规定的"三安全一稳定"例外进行保护。[4]

三是刻意扩大"三安全一稳定"的适用范围,出现了滥用。行政机关认为申请人申请获取的高评委相关组成人员名单的信息会危及社会稳定,故不能公开。理由主要有三:一是根据规定,评审委员会名单在本期评审工作完成之前不能对外公布;二是公开可能引发不正之风,影响评审工作公平、公正性;三是公开可能引发打击报复,对评审本人生活和工作造成影响。[5] 对此,法院认为上述三点理由并不能充分地推导出公开相关高评委专家名单可能危及社会稳定的结论。判断标准不明的"三安全一稳定"例外存在滥用可能。

(五) 非政府信息

非政府信息作为一种强制式、类别式和绝对式例外,受保护的法律依据是《政府信息公开条例》第 2 条。实践过程中主要基于"非政府信息"和"非申请"两种视角理解《政府信息公开条例》第 2 条中所规定的政府信息概念。现有第 2 条并不仅仅作为概念界定条款存在,而是作为诸多例外的直接依据,很大程度上成为界定政府信息公开范围的附属品。实践过程中,非政

---

[1] 参见上海市浦东新区审计局课题组:"审计信息公开行政争议浅析",载《电子政务》2014 年第 10 期。
[2] 参见王桂英与天津市北辰区人民政府信息公开案,(2014) 辰行初字第 0012 号。
[3] 参见李枚加与乐山市食品药品监督管理局信息公开案,(2014) 乐中行初字第 20 号。
[4] 参见任济舟诉中国民用航空局信息公开案,(2014) 二中行初字第 1223 号。
[5] 参见上海市人力资源和社会保障局与周乙政府信息公开案,(2010) 沪二中行终字第 189 号。

府信息适用困难体现在：

一是是否属于行政机关履职范围的判断标准复杂多样，难以把握。这里可归类的有内部管理信息、过程性信息、民事信息、刑事侦查、其他法律法规规定、受委托和新中国成立前。还有一些难以明确归类的情形。这些类别已经跳出了我们单纯从"履行职责"概念上理解的范畴，拓展成从内外、性质、时间、相关性等多维度进行解释。这足以证明"履行职责"的理解就像个大口袋，在标准不明情况下，不仅存在行政机关判断困难和不统一，而且也存在随意解释情形，进而引发争议。二是本属法定例外的过程性信息和内部管理信息在我国条例规定缺失的情况下，行政机关只能援引第2条从政府信息概念出发予以适用，无形中增加了该条负担。同时，因概念界定本身的过于简单也给实践造成了适用困难，加上缺乏损害衡量机制，易使这类例外被绝对化。三是党政混合信息的公开也是实践过程中的判断难点。从产生主体来看，不同于纯粹由党委部门所制作的文件，行政机关也是联合制作主体之一。并且这类信息在我国大量存在。未来在条例当中如何实现这类信息的公开突破是我国必须面对的问题。四是对加工汇总的理解过于简单，不易被大众所接受。实践中因此产生的争议也不少。在现如今信息化日益向纵深发展的时代背景下，从电子文件中抽取申请人所需要的关键信息并不会给行政机关带来巨大负担。我们过往理解的简单的加工汇总是否还得坚持值得重新审视。五是咨询类申请争议大。可以说，咨询类申请从一开始就伴随着条例的实施。咨询类申请在实践过程中不仅不可避免，而且还占了一些行政机关申请受理工作的不少比重，所发生的诉讼比例也较高。

（六）内部管理信息

内部管理信息，也有称谓内部信息，并没有在《政府信息公开条例》当中明确规定。可找到的法律依据是《政府信息公开条例》第2条规定，但也有争议。另外，《国务院办公厅关于做好政府信息依申请公开工作的意见》（国办发［2010］5号）第2点规定也是实践过程中支持内部管理信息作为强制式、类别式和绝对式的依据。

内部管理信息的适用难点包括：一是有关内部管理信息的认定标准并不统一。有的将之界定为行政机关在从事内部管理活动、履行内部管理职责时所产生的信息。〔1〕该界定强调内部管理信息的内部性。也有的对内部管理信息的类别进行了列举,如行政机关内部的人事管理、财政管理、机关管理、物资设备及其他后勤管理事务中的信息。即使是信息类别上,也有分歧。有的认为内部管理信息类型表现为不作为行政管理依据的属于行政机关之间和行政机关内部行文的请示、报告、批复、会议纪要、抄告单等文件和资料。〔2〕这些都是从内部管理信息的效力范围标准上对内部管理信息的认识。也有案例从信息属性上认为内部管理信息轻微而琐碎,申请人申请公开此类信息,只会增加行政机关的工作,无助于公共利益。〔3〕两种分类标准都在实践中有所适用,究竟何种更为合适或者两者都有适用空间值得进一步研究。二是内部管理信息有绝对化保护倾向。只要符合内部管理信息的信息属性或效力范围特征,就当然认为会造成不利影响,进而不予以公开。同时,仅从形式上考虑是否构成内部管理信息,未考虑到内部管理信息向外部信息转化问题。例如会议纪要,其不绝对就是内部管理信息。如果会议纪要涉及行政相对人的权利义务,就不应该视为内部管理信息。三是和过程性信息的区别不易区分。请示、批复类信息属于过程性信息还是内部管理信息在实践中认识并不统一。行政机关在不易区分两者时,就笼统以都涉及或以"内部过程性信息"予以答复,造成答复理由不清晰。〔4〕四是现有依据《政府信息公开条例》第2条作为内部管理信息的法律依据存在不妥之处。第2条针对的是非政府信息和非申请。内部管理信息不一定就不是政府信息。遇到属于政府信息的内部管理信息,若答复还是以非政府信息作出的话,行政机关又会遭遇败诉风险。

（七）过程性信息

过程性信息并没有在《政府信息公开条例》当中明确规定。可找到的法律依据是《政府信息公开条例》第2条规定,但也存有争议。和内部管理信息一样,国办发〔2010〕5号文第二点规定也是实践过程中支持过程性信息作为强制式、类别式和绝对式例外的依据。

---

〔1〕 参见朱正明与南通市民政局信息公开案,（2014）港行初字第00299号。
〔2〕 参见《浙江省政府信息公开暂行办法》第二十条第一款第（三）项的规定。
〔3〕 参见启东市天外天饮用水有限公司与南通市启东工商行政管理局信息公开案,（2015）通中行终字第00057号。
〔4〕 参见孙明祥与杭州市人民政府信息公开案,（2014）浙杭行初字第213号。

过程性信息适用难点在于：一是过程性信息的判定标准不统一。过程说和状态说各执一词，导致实践过程中的判定困难重重。时间这个维度是否是过程性信息判定的唯一要素，是否还应考虑其他因素？甚至过程性信息是否是政府信息都存疑。判定标准的不统一导致类似请示、批复这类信息是否该公开都成为实践中经常需要考虑的。二是过程性信息的法律依据不足，导致实践适用过程中有难度。国办文件虽对过程性信息有了界定，但是对于法院来讲，国办文件是否可以在行政机关的答复文书中援引都有不一致看法。三是过程性信息是否应当作为一种强制式、类别式和绝对式例外进行保护。如此保护过程性信息是否有扩大过程性保护之嫌疑，以及是否是造成现如今对过程性信息判断上犯难的主要原因，诸如此类问题都值得思考。四是和内部管理信息的区别不清。有的行政机关在分不清是内部管理信息还是过程性信息时，就采取模糊处理，结果导致败诉。实践中就出现了五花八门叫法，如有"内部过程性信息""内部工作程序"等。[1]

（八）历史信息

历史信息是指《政府信息公开条例》实施前形成的政府信息。条例并没有将历史信息作为一种公开例外予以保护。但是实践过程中却对此有不少争论，围绕法不溯及既往原则的具体理解上予以展开。有行政机关主张对条例实施前产生的政府信息不予适用，辩称无溯及力，但是从法院的角度，则大都对此不予支持。

历史信息的适用难点是历史信息例外并不是一项法定例外，实践过程中，行政机关援引"法不溯及既往"原则将一些历史信息作为一项强制式、类别式和绝对式例外予以保护。但是法院则从政府信息定义、国办发文精神、对"实施前的行为"理解上排除了历史信息作为公开例外之说法。[2]未来修改《政府信息公开条例》是否可以纳入历史信息例外值得研究。

（九）其他法律法规规定

其他法律法规规定一般作为强制式、类别式和绝对式例外予以保护。可

---

［1］参见张世文诉平远县人民政府信息公开案，(2014) 梅中法行初字第23号。

［2］参见浏阳市国土资源局与浏阳市集里街道神仙坳社区居委会中心居民小组信息公开案，(2014) 长中行终字第00210号。

找到的依据是《政府信息公开条例》第 17 条规定。可实践中被申请机关很少依据该条答复申请人，更多的还是依据《政府信息公开条例》第 2 条政府信息定义条款。在《最高人民法院关于审理政府信息公开行政案件若干问题的规定》出台后，行政机关和法院也通过援引规定第 2 条第 4 项和第 7 条规定作为涉及档案查询和案卷查询的其他法律法规规定例外的法定依据。

其他法律法规规定的适用难点有：一是法律依据的缺失。《政府信息公开条例》对此并没有明确规定。第 17 条更指向的是非本机关例外。第 2 条就变相成为这一例外的依据。二是对该例外的适用没有限制，容易造成滥用。其他法律法规规定是否只限于法律和法规，不包括政府规章。现有实践是包括政府规章中的特别规定。其他法律法规中的什么规定也并不明确，实践中将其他法律法规中的主动公开规定作为申请当中是否同意公开的依据是否合适？值得研究。三是是否应该限定范围，如信访、档案、举报之类的也值得明确。实践过程中启用该例外五花八门，不利于信息公开工作的顺利开展。

三、我国程序性例外适用难点分析

（一）信息不存在

信息不存在的法律依据是《政府信息公开条例》第 2 条规定和第 21 条第 3 项规定。信息不存在的适用难点有：一是答复信息不存在时，行政机关如何证明自己尽到了合理的搜索义务，尤其在查找范围方面，究竟查找到什么部门，哪些地域才算尽到了该义务。二是政府信息概念构成要素当中的"产生方式 & 存在形式"，容易和信息不存在答复混淆。未找到、未制作或获取和尚未制作或获取是信息不存在的几种常见情形。除此之外，无论是未加工汇总导致的非现有，还是制作未保存都应是信息不存在情形之一。如何通过清晰界定信息不存在的具体情形，提升实践过程中对信息不存在理由的明确适用也是需要考虑的。

（二）非申请

非申请的全称是非政府信息公开申请。支持这类答复的法律依据是《政府信息公开条例》第 2 条规定。非申请的适用难点包括：一是咨询类非申请和非政府信息答复容易混淆。可以说，咨询类申请从一开始就伴随着《政府信息公开条例》的实施，并且占了部分行政机关申请受理工作的不少比重。实践过程中，咨询类非申请最容易和非政府信息的因需要行政机关加工汇总或重新制作而不存在情形混淆，结果导致行政机关在答复申请人时，在判断是否是非申请还是非政府信息间徘徊。另外，对于党委、司法机关等非行政主体所产生的信息，大多视为非政府信息，但是也有地方将其视为非申请。不同判断也会导致实践上的不统一和适用混乱。二是判断申请内容不明确是否过于简单。实践过程中，只要申请人的申请出现了"相关""全部"或"所有"这类词汇，就极为容易被行政机关认定为申请内容不明确而以非申请对待。这种简单对待是否合理，是否应有所限制值得探讨。三是政府信息外的诉求种类多，给非申请认定带来困难。实践中主要出现了三种情形：一种是要求行政机关更正非自身信息的诉求；第二种是通过申请要求行政机关落实主动公开义务方面的诉求；第三种是要求行政机关履行其他方面职责的诉求，如撤销公证书、进行审查等。

（三）非本机关

非本机关，全称是非本机关公开职责权限范围。这一答复的法律依据是《政府信息公开条例》第 17 条。该条是确定公开义务主体的关键条款。附带的另一条款是《政府信息公开条例》第 21 条第 3 项关于非本机关确定后，答复机关告知申请人正确的公开义务机关方面的规定。

非本机关的适用难点表现在：一是第 17 条规定中"公民、法人或者其他组织"是否包括行政机关？行政机关按照"谁制作，谁公开"原则确定公开义务主体是否有法定依据？实践过程中，对《政府信息公开条例》第 17 条规定上的理解是有分歧的。"谁制作，谁公开"原则只是一种实践上的通常理解。仅从该条语义分析无法绝对推断出这一原则，能够得出的更应是"制作机关公开优先"原则。这也就意味着行政机关对其保存的其他行政机关制作的政府信息亦有义务公开。二是法律主体与操作主体不一致时判断谁为制作主体的困难。实践中出现法律规定为一个行政机关的职能，实践中却由另一个行政机关具体实施的现象。一级政府一般是挂个名义，实际都由相关部门操作，结果出现了法律主体与操作主体不一致现象。因此，谁为制作主体就难以判断。应该说，法律主体承担公开义务并不为过，但也有认为应该由操作主体负责公开。[1]

（四）重复申请

行政机关也使用过重复申请拒绝申请人的信息公开申请。不过，我国《政府信息公开条例》并没有就重复申请作出规定。考虑到这点，国务院办公厅在其2008年下发的《关于施行〈政府信息公开条例〉若干问题的意见》（国办发〔2008〕36号）当中就重复申请进行了补充规定。该文件指出对于同一申请人向同一行政机关就同一内容重复提出公开申请的，行政机关可以不重复答复。

重复申请的适用难点有：一是重复申请的认定标准难以确定。认定因素包括申请内容、申请指向、申请人、被申请人和答复形式五个方面。尤其在申请内容和答复形式上，行政机关如何判断申请内容基本一致情形，答复形式上是否包括申请人通过其他渠道知悉所申请信息的情形等都成为实践过程中较难把握的问题。二是其他判定因素的标准不清。包括多少次为重复，重复申请是否有答复次数限制，以及遇到重复申请非政府信息时，行政机关该如何答复等问题都是困扰实践过程中比较突出的问题。

（五）不符合三需要

三需要理由的适用依据是《政府信息公开条例》第13条和国办发〔2008〕36号文第十四条规定。不符合三需要的适用难点在于：一是三需要是否必须是申请递交的条件。现有实践大多主张申请人申请公开的信息必须与其生产、生活、科研等特殊需要有关，否则行政机关可以不予提供。三需要是申请人递交申请的法定条件之一。但是也有案例认为不应作此理解，认为条例并未规定，行政机关在政府信息公开过程中不得随意为申请人增设义务。[2] 二是应主动公开政府信息是否需要三需要存在分歧。大多数案例认为《政府信息公开条例》第13条不适用于申请人申请获取应主动公开政府信息情形，但也有个别案例除外。[3] 即使认为申请的是应主动公开政府信息，也有时间上的限定。对于申请人申请《政府信息公开条例》实施前依据条例规

---

〔1〕 参见王某等诉福州市人民政府信息公开案，(2012) 闽行终字第125号。
〔2〕 参见穆冬梅与如皋市港口管理局公开案，(2015) 通中行终字第00077号。
〔3〕 参见穆冬梅与如皋市港口管理局信息公开案，(2015) 通中行终字第00077号。

定被确定为行政机关应主动公开信息，行政机关可适用"三需要"原则进行审查。[1]三是是否符合三需要标准不统一，实践中难以判断。有基于申请人、所申请信息、申请目的、信息用途和时间角度上论证申请人达不到三需要要求，从而不予提供政府信息。行政机关所适用的这些标准，在法院层面，支持和反对声音均有，并没有形成统一认识。近十年的实践并未使得该理由在适用上达成较为一致的标准。该理由继续存在的必要性存疑。

（六）已主动公开

已主动公开的法律依据是《政府信息公开条例》第21条。已主动公开的适用难点有：一是主动公开信息是否能够收费问题。我国的情况是对提供主动公开信息时一律不能收费。依据是财政部和国家发展改革委颁布的《关于提供政府公开信息收取费用等有关问题的通知》。为避免因费用收取导致纠纷，行政机关的变通做法是告知申请人到相应网址查询。但实际情况是有申请人不能上网，反倒给申请人造成麻烦。

二是主动公开告知方式和途径的针对性和准确性问题。笼统告知申请人到政府门户网站地址获取信息则未达到针对性和准确性要求；也有的因提供了错误网址或因网站改版等原因，导致申请人无法获取到所申请的主动公开信息。

三是告知申请人获取已主动公开信息的方式和途径是否有违申请人信息提供形式选择权问题。这实际是《政府信息公开条例》第21条和第26条之间的冲突问题。在申请人要求以邮寄方式提供主动公开政府信息复制件时，行政机关却选择告知申请人获取该政府信息的方式和途径。这不符合第26条规定的"无法按照申请人要求的形式提供"情况。结果对申请人的信息提供形式选择权构成了限制。

四是主动公开信息时间节点判断问题。一种情况是针对《政府信息公开条例》实施之前形成的应主动公开政府信息的处理。有案例说明，对形成于《政府信息公开条例》实施之前的政府信息，因关于该政府信息的主动公开工作尚处于梳理过程中，暂时将其作为依申请公开政府信息妥当。[2]另一种情况是《政府信息公开条例》和其他法律法规规定的主动公开要求冲突时的处

---

[1] 参见郭伙佳与佛山市南海区国土城建和水务局信息公开案，(2014)佛中法行终字第248号。

[2] 参见孟某与上海市虹口区人民政府信息公开案，(2012)沪二中行初字第25号。

理。例如，在《机关事务管理条例》实施前的三公经费信息不应被视为主动公开信息。[1]行政处罚信息公开也面临同样问题。[2]

五是对条例主动公开规定的理解存在困难。例如，《政府信息公开条例》第10条中的第11项规定的环境保护等件监督检查情况。对此，法院认为，"监督检查情况"与"行政处罚信息"存在明显区别，含义并不能等同。[3]还有，对于《政府信息公开条例》第11条第3项规定的征收或者征用土地情况的重点公开，法院认为，该规定不包括补充耕地信息的主动公开。[4]

（七）不符合一事一申请

不符合一事一申请的依据是国办发〔2010〕5号文。行政机关在以"一事一申请"理由要求申请人对申请方式加以调整的条件是：1.形式上，申请公开的信息类别和项目繁多或分属多个行政机关制作或保存；2.后果上，有利于行政机关尽快准确查找到相关信息，方便申请人尽快获取其所申请的信息。[5]需要提出的是，国办文件对行政机关启用"一事一申请"理由采取的是任意式。

不符合一事一申请的适用难点在于：一是存在扩大适用情况。行政机关在实践过程中并没有遵循国办文中所要求的按照"形式+后果"启用"一事一申请"答复。更多是忽略了后果这个要件，将之作为对申请人申请权利进行限制的一种措施。同时，对形式上的要求，判定时也存在不准确的地方，同一类别的信息不应视为信息类别和项目繁多。[6]二是对一事一答复规定，认识上存在不统一情况。虽然大多数案例表明，法院都支持一事一答复并不是对行政机关的义务性规定。行政机关可以根据情况进行归并答复或在一件答复书中逐条进行答复。归并答复时，只要避免答复不完整情况就可。三是存在利用"一事一申请"答复和因申请内容不明确所导致的非申请相混淆。在后果的解释上，除了国办文提及的影响了办理时效并不利于申请人尽快获取所申请公开的信息两个后果之外，实践中，也存在第三种后果，即认为行

---

[1] 参见成德林诉石门县人民政府信息公开案，（2012）常行初字第33号。
[2] 参见李枚加与四川省乐山市工商行政管理局信息公开案，（2014）峨眉行初字第72号。
[3] 参见李枚加与四川省乐山市工商行政管理局信息公开案，（2014）峨眉行初字第72号。
[4] 参见郭玉堂与莆田市国土资源局涵江分局信息公开案，（2014）莆行终字第128号。
[5] 参见纪广贵与如皋市国土资源局信息公开案，（2014）东行初字第00172号。
[6] 参见中山市国土资源局与吴结庆信息公开案，（2015）中中法行终字第45号。

政机关可以启用"一事一申请"理由将明确申请内容的义务交由申请人进行明确。[1]

（八）第三方不同意公开

第三方不同意公开的法律依据是《政府信息公开条例》第23条规定。第三方不同意公开的适用难点包括：一是《政府信息公开条例》第23条所规定的第三方意见征询机制启动前提规定上有失妥当。是否行政机关在所涉信息涉及第三方时，就必须启动该征询机制？同时实践中，在征询时，第三方的意见绝大多数是不同意公开，这导致我们不得不思考征询机制启动的必要性问题。从征询内容上，行政机关是否只能就个人隐私和商业秘密信息才启动征询第三方意见？除个人隐私和商业秘密外的其他第三方信息是否有必要纳入？二是征询内容上存在简单化倾向。实践中，只是征询第三方对所申请信息同意公开与否的意见，而没有围绕个人隐私和商业秘密要求第三方提出具体哪些信息涉及，理由是什么等这类征询内容。三是第三方不同意公开意见的使用问题存在偏差。实践中，行政机关有将第三方不同意公开的意见作为判断构成个人隐私和商业秘密的唯一标准，放大了该第三方不同意公开的意见作用。四是公共利益衡量的设计上和《政府信息公开条例》第14条第4款规定上存在冲突。第23条规定的是"行政机关认为不公开可能对公共利益造成重大影响的，应当予以公开"，第14条第4款规定的是"行政机关认为不公开可能对公共利益造成重大影响的涉及商业秘密、个人隐私的政府信息，可以予以公开。"一个是"应当"，一个是"可以"。两者规定上的不一致制约了公共利益衡量机制的启用。

（九）申请权滥用

申请权滥用理由并没有确切的法律依据。无论《政府信息公开条例》还是国办下发的多个文件，对此都未直接提及。但是，近几年的实践，尤其江苏南通的若干案例，告诉我们申请权滥用是实际过程中不能回避的话题。江苏南通案例也被收入了最高法院公报案例。我们发现，行政机关和法院在判定申请权是否构成滥用主要从申请人的申请目的、申请行为、申请内容、申请数量、申请后果等一种或多种因素一起判断是否构成了申请权滥用。

---

[1] 参见李建德与福州市仓山区工商行政管理局信息公开案，(2014)仓行初字第46号。

申请权滥用的适用难点在于：一是无法律依据。行政机关无法通过直接适用滥用机制对申请人的申请权利进行一定程度的限制。二是在滥用标准缺失情况下存在将滥用和重复申请等同对待。重复申请和申请权滥用还是有区别的。重复性或反复性是判断是否构成滥用的一个要素，但不是全部。三是在判断申请权滥用上不成系统。考虑的要素包括申请行为、申请目的、申请数量、申请内容等多种。实践过程中并没有形成一套可操作，又不会对申请权构成过度限制的判断标准。

四、我国政府信息公开例外修改建议

（一）实体性例外修改建议

1. 国家秘密

一是继续将国家秘密作为强制式、类别式和绝对式例外予以保护。同时修改《政府信息公开条例》第14条第3款，将之改为"行政机关依据未经发布的文件作出决定时或对政府信息不能确定是否可以公开时，应当依照法律、法规和国家有关规定报有关主管部门或者同级保密工作部门确定"。明确行政机关不能将未经发布的文件作为作出国家秘密例外答复的依据。二是协调好国家秘密和"三安全一稳定"例外关系。涉及国家秘密的，就直接以国家秘密例外作出；"三安全一稳定"例外作为国家秘密理由的补充，对不能确定为国家秘密的政府信息予以保护。

2. 商业秘密

一是将商业秘密作为强制式、损害式和相对式例外予以保护，适用损害衡量和公共利益衡量。二是明确一些不适用商业秘密例外的除外情形，方便实务部门具体操作。这些情形包括：《企业信息公示暂行条例》所规定的应当公示的企业信息；非经营者保密信息；当事人同意公开的商业秘密。三是仅凭第三方不同意公开意见不能认定构成商业秘密。同时，行政机关自身独立判断就可认为公开会对商业秘密造成损害时，可以不启用第三方协商机制。

3. 个人隐私

一是将个人隐私作为强制式、损害式和相对式例外予以保护。二是明确一些不适用个人隐私例外的除外情形，包括：依法应当主动公开的涉及个人隐私信息；当事人同意公开的个人隐私信息。三是仅凭第三方不同意公开意

见不能认定构成个人隐私。和商业秘密一样，行政机关自身独立判断就可认为公开会对个人隐私造成损害时，可以不启用第三方协商机制。避免现如今因未启用该机制造成败诉的结果。也可通过这种"可以启用"征询机制避免因相对人死亡等特殊情形所造成的征询困难。

4. 三安全一稳定

2015年《国家安全法》第2条对国家安全概念进行了界定。这一界定有助于解决目前判断"三安全一稳定"的标准不明问题。未来则有必要将"三安全一稳定"作为一项强制式、损害式和相对式例外进行保护。具体来说：一是去除现有的"三安全一稳定"提法，改成除国家秘密外的国家安全例外，和个人隐私等其他例外一并规范，避免目前规定在总则中的适用上的尴尬并对没有定密但确有保护需要的涉及国家安全的政府信息进行适当保护。当然，基于国家安全法这种集传统安全和非传统安全的定义为一身的做法，可以将国家安全、公共安全、经济安全和社会稳定统称为国家安全，而不必细分成现有的四个方面。对于国家安全例外，有必要适用损害衡量机制，沿用现有"危及"一词这样一种最低限度的损害标准。另外，加上"除国家秘密外"的限定词，是为了体现国家安全例外作为一种保护非国家秘密信息的措施进行立法，避免国家秘密和国家安全例外的竞合问题。

5. 非政府信息

针对非政府信息，建议去掉"履行职责"限定，将政府信息定义为"行政机关制作或获取的，以一定形式记录、保存的信息"。在该定义之外，可以考虑采用完善例外规定和排除适用条款等予以补充，将之作为任意式、类别式和绝对式例外予以保护。具体包括：一是在《政府信息公开条例》第2条政府信息定义条款当中将一些实践过程中出现频率高的特殊情形单列，排除其适用。这些情形包括：行政机关作为民事主体所产生的民事信息；公安部门行使刑事侦查司法功能所产生的信息，对此也有不同意见；[1]新中国成立前所制作或获取的信息。二是明确非申请答复的具体情形，单列一款进行规定，恢复政府信息定义作为定义条款原义。三是考虑将党政混合信息和政府数据纳入调整范围，照顾到我国国情以及大数据时代发展要求。当然，有必

---

[1] 参见周汉华："误读与被误读：从公安机关刑事执法信息公开看《政府信息公开条例》修改"，载《北方法学》2016年第6期。

要将非政府信息作为任意式例外予以保护，给行政机关提升透明度和解决实际问题留足空间。

6. 内部管理信息

建议将内部管理信息作为一项任意式、损害式和相对式例外予以立法保护。具体来说，一是将内部管理信息的认定标准明确为信息属性和效力范围两方面。二是内部管理信息适用损害衡量。光具备内部性，不足以判断是否属于内部管理信息，需结合公开后的不利影响进行综合判断。三是将内部管理信息作为一项任意式例外，行政机关有权根据实际情况，决定公开内部管理信息。四是和过程性信息进行区别。内部管理信息和过程性信息形式上的最大区别在于过程性信息不具有最终的正式性、准确性及完整性。公开后的不利影响也不同，内部管理信息的不利影响体现在和公共利益无关并增加行政机关负担方面，过程性信息则不同。

7. 过程性信息

建议将过程性信息作为一项任意式、损害式和相对式例外予以保护。具体来说，一是明确过程性信息的政府信息属性，避免从政府信息定义角度找寻过程性信息判定依据。二是适用损害衡量机制。过程是否结束只是一种对结束前后的过程性信息进行不同程度保护的考量因素之一。过程中强保护，过程结束后保护随时间后移逐渐趋弱。同时，行政机关可以自由裁量，如果公开的需要大于不公开的需要，不管过程是否结束，都可以公开。是否公开需要考虑的因素包括：公开是否会影响执法活动的顺利进行或妨害行政事务的有效处理；公开是否会引起误解和社会混乱；公开是否会影响行政机关内部的充分交流，影响决策过程的科学性、民主性、完整性。

8. 历史信息

建议将特定类型的历史信息作为一项任意式、损害式和相对式例外进行立法。具体建议有：一是将历史信息限定为条例实施前形成的未移交档案馆的政府信息。这样规定有助于和档案信息进行区分，在适用其他法律法规规定例外时不会产生竞合。二是行政机关可自由裁量，充分评估损害影响后决定是否公开。评估因素有公开后是否会危及国家安全、引发系列行政争议、影响行政机关核心职能发挥等损害后果。如果需要限定的话，这种损害程度应该是重大的。损害发生的可能性是极有可能发生的，而不是臆测的。

9. 其他法律法规规定

建议将其他法律法规规定作为一种强制式、类别式和绝对式例外予以立法。具体建议：一是限定其适用条件。规定为其他法律法规规定中涉及查询的依申请公开方面的规定，不包括主动公开方面的规定；限制适用的重点领域是信访、档案、举报、行政程序过程中的案卷查阅、房产查询这五种，便于解决目前实践过程中矛盾最为突出的部分。二是将其他法律法规规定例外作为一种类别式例外进行立法，不适用损害衡量。

（二）程序性例外修改建议

1. 信息不存在

建议修改《政府信息公开条例》第21条第3项规定，和现有的非本机关答复分开，将信息不存在答复单列一条或一款。同时，具体列举信息不存在的各种情形，增强说理性，并减少实践过程中基于政府信息的"产生方式&存在形式"所进行的答复频率。这些信息不存在的情形包括：（1）需要实质性汇总、加工或重新制作；（2）属于本机关职责权限范围，但是确未制作或获取；（3）属于本机关职责权限范围，但是尚未制作或获取；（4）制作过但已经遗失（含遗失原因）；（5）制作过但已依法销毁（含法律依据）；（6）经过一定范围搜索未找到（含具体的搜索范围）。这其中的前五种信息不存在情形和《政府信息公开条例》第2条政府信息概念规定直接相关。需要说明的是，建议对汇总、加工或重新制作增加程度限制。这样可排除实践过程中行政机关不进行简单的汇总、加工或重新制作情况发生。第六种情形要求行政机关列出搜索范围，以便满足法院所要求的尽到谨慎审查全面搜索义务。

2. 非申请

建议将非申请作为一项任意式例外单列一款进行规定。同时，明确非申请答复的不同情形，具体包括：（1）不能指向特定政府信息的咨询；（2）申请内容不明确，经过补正后仍达不到明确要求；（3）以政府信息公开申请名义提出了其他利益诉求。如此规定有助于提升实践中的准确适用。将不能指向特定政府信息的咨询类申请作为非申请的一种类型，以非申请予以答复。实践过程中经常出现的咨询类申请是申请人要求行政机关就其提出的问题作出选择性答复或要求行政机关提供解释。符合这个形式要求的咨询类申请不宜一概视为非政府信息公开申请不予答复。行政机关理应拒绝的咨询类申请是不能指向特定政府信息的咨询类申请。能够指向特定政府信息的咨询类申请则可视具体情况以同意公开或需要一定程度加工汇总，非现有的信息不存在答复。

3. 非本机关

一是修改《政府信息公开条例》第17条，明确"谁制作，谁公开"这一原则，避免实践中理解上的不统一。将行政机关排除在该条规定当中的"公民、法人或者其他组织"之外。二是细化《政府信息公开条例》第17条，将国办文件有关机构撤并情形的公开规定并入该条。三是对联合制作情形予以明确，避免联合制作主体采用非本机关进行答复。四是对法律主体与操作主体不一致时判断谁为制作主体进行明确，建议统一为由熟悉情况的操作主体公开较为合适。当然，考虑到非本机关答复偏高情形，有必要将非本机关作为一种任意式例外予以规定，同时鼓励一级政府采取线上线下统一入口接受申请，后台流转这种便民做法。

4. 重复申请

将重复申请作为任意式例外进行界定并规范。建议：一是将重复申请界定为"同一申请人向同一行政机关连续两次以上提出表述基本一致或虽有差异，但指向同一政府信息的申请。"该界定回应了现有实践中的分歧，如申请人和被申请人应具有同一性；认定为重复的次数至少在两次；申请内容强调基本一致性，但指向上强调高度一致。二是规范重复申请的适用，将是否重复答复的决定权交给行政机关自身。表述可以是"对于重复申请，行政机关可以不重复答复；决定不重复答复时，行政机关应当向申请人出具重复申请告知书"。对于之后申请人还一再申请的，受理机构为了节约公共资源，可以不予理睬，但是应当做好登记。遇到申请人重复递交不属于政府信息公开申请的，行政机关也可同样适用重复申请的处理方式进行处理。

5. 不符合三需要

现有丰富实践并未促成不符合三需要理由的合理适用，建议取消三需要限制。如果确需保留，建议将之作为任意式例外限缩其适用：一是三需要不宜作为申请递交的法定条件，解决现有第20条和第13条的冲突。二是排除应主动公开政府信息适用三需要的条件限制。当然这里的应主动公开政府信息应该是条例实施后依据条例标准确定为应主动公开的政府信息。三是增加三需要的说理性，要求行政机关在以三需要答复申请人时，必须论证为何不符合三需要。

6. 已主动公开

已主动公开的提法实际上并不全面。这是因为没有考虑到即将主动公开情形。未来可以改称"已或即将主动公开"并将之作为任意式例外予以规定。具体建议有：一是修改收费机制，去除主动公开政府信息不收费规定。对于申请人要求提供复制件的，可按成本进行收费。解决现如今收费难题并提升便民水平。二是对申请人的信息提供形式选择权进行限制，将《政府信息公开条例》第 26 条规定中的"行政机关依申请公开政府信息"改成"行政机关依申请公开非应主动公开政府信息"。这样就避免了和《政府信息公开条例》第 21 条第 1 项的冲突。申请人申请应主动公开政府信息时，行政机关有权优先告知申请人获取方式和途径，而不受 26 条的优先满足申请人信息提供形式选择权的限制。三是为提升行政机关告知的针对性和准确性，有必要将第 21 条第 1 项改成"属于公开范围的，应当准确告知申请人获取该政府信息的方式和途径"，解决现有实践中行政机关在告知上的随意性。四是从时间节点上处理好主动公开和依申请公开关系。明确《政府信息公开条例》实施前的可定为主动公开信息仍为依申请公开信息，按照依申请公开答复程序进行处理。对于即将主动公开信息，遇到申请时，行政机关可以所涉信息即将主动公开为理由答复。

7. 不符合一事一申请

一是建议将国办文中的"一事一申请"规定作为一种任意式例外列入《政府信息公开条例》当中。但是需要对"一事一申请"的启用条件从"形式+后果"上进行限定，避免对申请人的申请权利构成过度限制。形式上需要满足：在申请人申请内容明确情况下，申请公开的信息类别多于三件或分属超过三个行政机关制作或保存；后果上，有利于行政机关尽快准确查找到相关信息，方便申请人尽快获取其所申请的信息。二是保留现有关于启用"一事一申请"属于行政机关的自由裁量行为，非强制性要求，对于"一事一答复"也是如此，行政机关可以对申请人同一申请中的多个内容进行归并答复或逐条进行答复。

8. 第三方不同意公开

一是规定第三方协商机制的启用前提，即只在行政机关认为所申请的信息公开的公共利益超过应受保护的第三方利益时，并且决定予以公开的情形下,才决定启动协商机制。二是征询第三方意见的内容不限于个人隐私和商业秘密两类信息,也可包括除此之外的第三方信息。三是需要明确征询的内容,不是对所涉信息的全部同意公开与否问题,是要求第三方帮助行政机关在出现了判断构成个人隐私或商业秘密困难时,提供足够证据证明所涉信息哪些构成,哪些不构成这类具体信息。四是统一公共利益衡量机制的适用问题,即在行政机关认为不公开可能对公共利益造成重大影响的,应当予以公开,解决现有《政府信息公开条例》第 14 条和第 23 条之间的要求不一致问题。

9. 申请权滥用

有必要对申请权滥用行为进行适当规制,但需考虑:第一,行政机关认定申请权滥用不应基于申请人,而应基于申请人所递交的申请作出。避免对申请人的申请权构成过度限制。第二,行政机关应当基于申请人申请所造成的重大后果角度,在权衡其他包括申请人申请背后所涉及的申请信息、申请目的、申请人申请行为等诸多因素后判断一项申请是否构成申请权滥用。所申请信息主要从其是否不知所云造成行政机关难以判断其申请内容进行考虑。第三,辨别申请权滥用和重复申请之间的内在关系。申请人的重复申请在一定程度上也可构成申请权滥用,只要该申请对行政机关构成了一定程度不可忍受的干扰效果。但是重复申请不一定构成申请权滥用。第四,改革现有收费机制,和申请权滥用认定保持配套,避免用收费吓退申请人。第五,行政机关应区分申请所指向的信息是否是应主动公开还是依申请公开信息。第六,应对行政机关认定申请权滥用行为有所制约,将申请权滥用决定控制在极少数范围内。制约措施包括向申请人提供帮助、取得上级主管部门的同意、加强行政机关在告知书中的认定理由方面的解释说明义务。[1]

---

[1] 参见肖卫兵:"论政府信息公开申请权滥用行为规制",载《当代法学》2015 年第 5 期。

CHAPTER16 第十六章
公共利益衡量机制*

摘 要：公共利益衡量在信息公开例外立法中具有突出地位。分析公共利益衡量的类型和何处存在公共利益以及公共利益的排除情形，对于具体运用公共利益衡量具有相当意义的实际价值。公共利益衡量包括消极型和积极型两种，积极型又可分为特定性公共利益逾越和一般性公共利益逾越。存在公共利益的情形主要有涉及公共议论的事项、公众参与政治讨论的事项、公共资金的正当使用、公共安全和个人公正相关的事项。公共利益的排除情形主要包括可能导致政府机构或其他官员的尴尬情形、可能有损政府机构信任度的情形、涉及高层官员的情形以及申请人可能误解信息的情形。在运用公共利益衡量时，主要应注意两步法的运用。

一、公共利益衡量介绍

（一）公共利益衡量类型

国际上主要存在三种信息公开立法的类型。一种是瑞典型。瑞典是最早制定信息公开法的国家。它在现行的《出版自由法》中主要规定了七种信息

---

* 本章成果已在《情报杂志》2006年第9期上发表。题目为《论信息公开法中的公共利益测试》。收录时有删改。

公开的例外，但是这些例外必须援引特别法对其中的术语进行具体的解释。该特别法特指 1980 年的《国家保密法》。另一种就是美国型。美国于 1966 年制定了《信息公开法》。该法对信息公开例外的规定显得相对粗糙，政府机构和法院在解释时享有充分的自主权。第三种就是最近二十年才制定了信息公开法的国家，俗称第三代。包括澳大利亚、加拿大、新西兰和爱尔兰，以及英国等。它们对信息公开例外的规定显得更加具体和多元化。其中贯穿它们立法中的一个理念就是应区别对待每一个例外，并不总是每个例外都享有应受同等保护的地位。[1]在第三代信息公开法的信息公开例外立法中，一个共同特征就是都在例外立法中采用了公共利益衡量。[2]

而纵观第三代的信息公开法，主要存在两种公共利益衡量。一种是消极型（negative）。通常使用"有违公共利益的（be contrary to the public interest）"的法律术语。这种类型体现在澳大利亚和爱尔兰的信息公开法中。另外一种是积极型（positive），也称公共利益逾越（public interest override）。通常使用如下法律术语，即"在有关机关处理信息公开申请人员的权衡下，准许信息申请的公共利益大于拒绝该申请所保护的公共利益或其他应受保护的利益。"积极型相对消极型来说，更难把握，因为证明有利于公开的公共利益比证明公开将有损公共利益的难度显得更大。[3]而积极型的公共利益衡量还可以细分为两种附属类型。即特定性公共利益逾越和一般性公共利益逾越（special or general public interest override）。加拿大联邦信息公开法就规定了特定性的公共利益逾越。因为公共利益衡量只是适用于隐私和属于第三方的信息（商业秘密除外）。[4]然而，加拿大相关州的信息公开法却规定了一般性公共利益逾越。如阿尔伯塔省（Alberta）的法律，其中第 31 条就规定了无论是否有信息公开申请，涉及公共健康、安全和环境问题或具有明显公共利益的信息都应公开。卑诗省（British Columbia）法律第 25 条也有相类似的规定。一般性公共利益逾越最明显的例子应是新西兰，因为新西兰信息公开法将公

---

[1] See Central European and Eurasian Law Initiative, "Freedom of Information: A Concept Paper", http://www.abanet.org/ceeli/publications/conceptpapers/lobbying/lobbying_concept_paper.pdf, 2005-7-25.

[2] 如果例外中包含了公共利益衡量，该类例外就属于合格性例外（qualified exemptions），而没有公共利益衡量的例外，一般称之为绝对性例外（absolute exemptions）。

[3] See Maeve McDonagh, *Freedom of Information Law in Ireland*, Dublin: Round Hall Sweet & Maxwell, 1998, p. 23.

[4] See Canadian Federal ATIA, Subparagraph 8 (2) (m) (i), Subsection 20 (6).

共利益衡量适用到了差不多所有的信息公开例外。但是该公共利益衡量只是适用于存在信息公开申请的情形，政府并不主动地通过公共利益衡量来衡量是否公开信息。[1]一般来说，信息公开衡量应当不仅适用于存在信息公开申请的情况，也适用于政府主动公开信息的情形。正如加拿大信息公开审查团建议到："政府机构在有申请和没有申请的情况下，有义务公开任何涉及公开的公共利益明显大于任何应受保护的公开例外中的其他利益的信息。"[2]

（二）若干国家公共利益衡量适用情况分析

相关国家在信息公开例外条款中，对公共利益衡量的规定差别很大，但总的可以归纳如下：

一是新西兰、南非、印度的信息公开立法中的公共利益衡量属于一般性的公共利益逾越类型。因为它们基本上都是通过一个概括性的条款来对几乎所有的例外信息进行概括性的公共利益逾越规定。即只要存在公开的公共利益大于不公开的公共利益，就应公开该信息。如南非的信息公开法第46条是这么规定的："当能揭露实质性违法或揭露即将面临的严重的公共安全或环境危害时，以及存在公开的公共利益大于不公开的公共利益情形，公共机构和私营机构都应公开信息。"而印度信息公开法第8条第2款是这样规定的："尽管受制于官方保密法中的例外和其他例外规定，如果存在公开的公共利益大于给应受保护的利益所造成的损害后果，该信息也应公开。"原则上，公共利益逾越适用于新西兰信息公开法的所有例外信息。只不过新西兰因为存在部长否决权制度（Ministerial Certificate），在一定意义上对公共利益衡量进行了限制。

二是其他大多数国家的公共利益衡量都是采用了特定性的公共利益逾越。典型例子有澳大利亚、爱尔兰、加拿大和英国。澳大利亚立法共有五种信息公开例外适用公共利益衡量。爱尔兰立法共有七种信息公开例外受制于公共利益衡量。具体包括公共机构讨论、公共机构运作和协商、保密信息、商业信息、个人信息、研究性或国家资源、国家财政经济利益和法律执行（只是

---

[1] See Barbara McIsaac, "The Nature and Structure of Exempting Provisions and the Use of the Concept of a Public Interest Override", http://www.atirtf-geai.gc.ca/paper-nature1-e.html, 2005-7-12.

[2] 参阅 Access to Information Review Task Force 在2000年12月所作的 Compendium of Recommendations/Proposals/Measures from Previously Published Documents Relating to Access to Information.

部分），包括联邦和州的关系、联邦政府的财政和财产利益、内部工作文件、财政文件、和机构运作相关的文件的例外。而加拿大的公共利益衡量只是适用于两种情形，一个是个人信息，还有一个就是除商业秘密之外的第三方信息。英国也是采用的特定性的公共利益逾越，不过，英国的信息公开法适用于十七种例外情形，包括意为将来出版的信息、国家安全、防卫、国际关系、和英国的关系、经济、公共机构展开的调查和相关程序、法律执行、审计功能、政府政策的形成、公共事务的有效开展、和女王等的通信、健康和安全、环境信息、法律职业者权利、部分的个人信息和商业利益信息。

二、存在公共利益的情形

基于公共利益概念本身的模糊性，决定何处存在公共利益并非易事。如澳大利亚法律改革委员会所言："公共利益的决定基本上没有合理性可言，它取决于主观性的判断而不是确定性的准则。"[1]但是，为了推进信息公开法的有效实施，依据各国实践，提供一些指引应是必要的。

一般来说，公共利益可以被界定为"存在于人类行为准则和政府运作过程中的事务，该事务被政府机关默认并接受。它有利于造就社会的善良秩序和人类福祉。"[2]它可以一般适用于对公众的不正当行为或危险。依据《苏格兰内阁办公室关于透明政府法令指引》，其中阐述到："当信息有助于公众获知当前国内议论的事项，或者有助于提升政府特定职能的透明度和负责任性时，公开的公共利益尤其明显。"[3]也有的认为，公共利益的内容可以包括促进公众议论当前问题，提升有关公共开销决策的负责任性，允许个人理解决定，并在有些情况下，帮助个人质疑该决定以及得知影响公共安全的信息。[4]而联邦制国家人权促进组织则认为，公共利益可以存在于如下情形，包括信息公开可能揭露实质性违反法律、对个人的不公正、公共资金的非法使用、即将发生的严重安全或环境隐患以及国家机关工作人员的权力滥用或

---

〔1〕 R v Trade Practices Tribunal; ex parte Tasmanian Breweries Ltd (1971) 123 CLR 361.
〔2〕 Director of Public Prosecutions v. Smith [1991] 1 VR 63.75.
〔3〕 参看该指引第三段。
〔4〕 See D&W and JISC Legal Information Service, "Freedom of Information and the Public Interest Test", http://www.jisclegal.ac.uk/publications/foidundaswilsonpublicint.htm, 2005-7-5.

渎职。[1]总的来说,基于公共利益而支持例外信息公开的情形应当包括如下五种事项:公共议论的事项;公众参与政策讨论的事项;公共资金的正当使用;公共安全;和个人公正相关的事项。如下表格可以更加详细地说明其中存在公共利益的五种事项。[2]

表 1　存在公共利益的五种事项

公共议论的事项	·有助于公众理解涉及当前国内争论的焦点问题 ·引起公众或议会讨论的问题 ·如果缺乏所有相关信息的广泛获取,正当讨论将无法进行 ·政府对公共记录的一般性评估和决断 ·影响到绝大多数个人或公司的事项 ·影响到立法程序的观点和陈述应当接受公众审查
公众参与政策讨论的事项	·当地利益群体能有足够信息去有效代表涉及当地利益的相关问题 ·主要政策决定背后的事实和分析 ·了解决定做出的理由 ·史无前例的政治问题
公共资金的正当使用	·出售公共资产时的程序正当性 ·法律援助开销的正当性 ·招投标程序的透明化和正当性 ·最新的成本预算的获知 ·公共资金不正当使用的揭露 ·官员有问题资产的正当性 ·政府机构资产增值的公共利益
公共安全	·航空安全 ·核工厂安全 ·公共卫生事件 ·突发事件管理方案 ·环境损害[3]

---

〔1〕 See International Advisory Commission of the Commonwealth Human Rights Initiative, "Open Sesame: Looking for the Right to Information in the Commonwealth", http://www.humanrightsinitiative.org/publications/chogm/chogm_ 2003/chogm%202003%20report.pdf, 2005-4-3.

〔2〕 该表格主要参照了 Meredith Cook. Balancing the Public Interest, "Applying the Public Interest Test to Exemptions in the UK Freedom of Information Act 2000", http://www.informationcommissioner.gov.uk/cms/DocumentUploads/Balancing%20Public%20Interest%20Test.pdf, 2005-7-13.

〔3〕 See Section 25 of the British Columbia Freedom of Information Act.

续表

和个人公正相关的事项	·揭露犯罪和欺诈事项[1] ·威胁到个人安全的事项[2] ·任何应向当事人披露的不正当行为[3] ·有助于阻止错误定罪[4]

三、排除存在公共利益的情形

基于公共利益的不确定性和其可能因时代和特定情况改变而改变的特征，有必要对排除公共利益存在的情形进行审查。首先，有必要区分公共利益和其他若干可能引起混淆的概念。一个就是公共利益不同于个人或个体性利益。[5][6]这意味着公共利益可以被界定为对公众有益的重要事项，而不仅仅是个人利益。[7]另一个就是公共利益不是指的公众感兴趣的而是公众自身的利益。[8]还有就是公共利益不是指的满足好奇心或仅是提供欢娱性的信息。[9]最后一个就是社区内日常发生的事情，可能引起公众的关注并在一定程度上对公众有益。但是这种形式的利益本身不是公共利益的组成部分。[10]其次，有几个因素可以在政府机构决定是否存在公共利益的时候予以排除。它包括：可能导致政府机构或其他官员的尴尬情形；可能有损政府机构信任度的情形；涉及高层官员的情形；以及申请人可能误解信息的情形。[11]还有就是在保护和特定信息相关的信息公开例外时，并不自动就存在公共利益。[12]例如，并不

---

[1] See Gartside v Outram [1856] 26 LJ Ch. 113.
[2] See Schering Chemicals Ltd v Falkman Ltd [1981] 2 WLR 848, 869.
[3] See Initial Services v Putterill [1968] 1 QB 396, 405.
[4] See Lion Laboratories Ltd v Evans [1984] 2 ALLER. 417-435.
[5] 但是在如上所述的和个人司法、执法公正的事项也属于公共利益的范畴。
[6] See Sinclair v. Mining Warden of Maryborough (1975) 32 CLR 473.
[7] See British Steel Corporation v Granada Television Ltd (1980) 3 WLR 780.
[8] See Johansen v City Mutual Life Assurance Society Ltd (1905) 2 CLR 186.
[9] See D. P. P. v. Smith [1991] 1 V. R. 63.
[10] See D. P. P. v. Smith [1991] 1 V. R. 63.
[11] See D&W and JISC Legal Information Service, "Freedom of Information and the Public Interest Test", http://www.jisclegal.ac.uk/publications/foidundaswilsonpublicint.htm, 2005-7-5.
[12] See Meredith Cook, "Balancing the Public Interest: Applying the Public Interest Test to Exemptions in the UK Freedom of Information Act 2000", http://www.informationcommissioner.gov.uk/cms/DocumentUploads/Balancing%20Public%20Interest%20Test.pdf, 2005-7-13.

存在"高层官员的通信"就自然属于信息公开的例外,当然并不排除"高层官员的通信"比"较低级别的官员的通信"更有可能存在和公共利益相违背的属性,可实际情况并不总是如此。

四、公共利益衡量的具体运用

在具体运用公共利益衡量的时候,有几个问题需要明确。

首先,不公开信息的公共利益和公开信息的公共利益的不同适用。不公开信息的公共利益指的是隐藏在特定信息公开例外里的公共利益,而不是指可以考虑作为不公开信息的一般化的公共利益。这和在所有情形下都可以作为公共利益考虑的情况有所区别。[1]而相反,公开信息的公共利益却得考虑到所有情形下都可适用的一般化的公共利益。

其次,公共利益衡量可以通过两步法具体运作。第一步就是明确适用于特定情况下的赞成和反对信息公开的公共利益所有因素。第二步就是评估每个因素,并决定是否反对信息公开的因素多于赞成信息公开的因素。

再次,公共利益衡量的证明责任归属问题。在存在信息公开申请的情形下,证明公开的公共利益大于不公开的公共利益的责任应归属于申请人。相关机构也有义务依据自身的考量作出公开的公共利益是否大于不公开的公共利益,而最终决定是否公开信息。[2]当然不排除法律在特定情形下将该证明责任归属于公共机构,比如在主动公开的情形下。申请人也不能只是泛泛地依据法律的目标和知情权的享有而没有依据所申请的信息存在的特定公共利益就认为公开的公共利益大于不公开的公共利益。[3]

最后,法院对公共利益衡量的使用的裁判标准也值得关注。依据加拿大最高法院相关案件得知,相关政府机构在作公共利益衡量时,不需要给出广泛的理由,而只要其实际真正做了公共利益衡量的考量并且依据自身认识,认为确实存在公开信息的公共利益就可。这时法院不干涉到该具体考量,除

---

[1] See Philip Coppel, "Freedom of Information: Hide & Seek the Public Interest, Prejudice and Aarhus", http://www.adminlaw.org.uk/publications/Philip%20Coppel.pdf, 2005-7-12.

[2] See Meredith Cook, "Balancing the Public Interest: Applying the Public Interest Test to Exemptions in the UK Freedom of Information Act 2000", http://www.informationcommissioner.gov.uk/cms/DocumentUploads/Balancing%20Public%20Interest%20Test.pdf, 2005-7-13.

[3] See Re Mann and Australian Taxation Office (1985) 7 A.L.D. 698 at 710.

非相关机构并没有进行该考量或者在考量时存在明显不当。即使那样的话，法院也会将该案件退回到相关机构。法院自身并不作该公共利益的考量。[1] 欧洲第一巡回法院也有和加拿大最高法院相类似的观点。在相关案例中认为，当欧洲理事会决定是否公共利益将受到损害时，理事会行使欧洲条约相关条款所授予的职能进行自由考量。遇到如此情形，第一巡回法院只限于查实是否理事会遵守了相关规定的程序，做出信息公开与否决定的相关理由是否适当以及有关事实是否准确陈述，还有就是是否在事实评估时存在明显失误和滥用权力的情形。[2]

---

[1] See Dagg v. Canada (Minister of Finance) [1997] 2 S. C. R. 403, 432-433.
[2] See Aldo Kuijer v. Council of the European Union Case T-211/00 53.

CHAPTER17 第十七章
程序性例外 *

摘　要：《政府信息公开条例》实施以来，在答复政府信息公开申请时，产生了信息不存在和非政府信息公开申请等一系列程序性例外。从上海的实践来看，这些程序性例外得以频繁适用，从而影响到了《政府信息公开条例》立法目标的实现和政务诚信建设。行政机关有必要通过综合运用各种便民措施，在依法前提下合理适用各种程序性例外。

各国拒绝政府信息公开申请的答复理由无外乎两种。一种是启用商业秘密等免予公开理由拒绝申请人的政府信息公开申请；另一种是启用信息不存在等免予提供理由拒绝申请人的政府信息公开申请。我国也不例外。《政府信息公开条例》实施以来，不仅有基于实体性例外，也有基于程序性例外的政府信息公开答复，并且基于程序性例外的答复数远比那些基于实体性例外的答复数多。目前的研究主要关注实体性例外。虽然对程序性例外当中的个别种类有一些研究，但是这些理由缺乏归类，从和实体性例外相对应角度开展的系统研究。党的十八届四中全会依法治国决定对"以公开为常态，不公开为例外"原则的重申以及政府信息公开答复过程中程序性例外的高使用率更是提醒我们不能忽视对这些理由进行系统研究和应对。问题是何为程序性例外？具体包括哪些种类？它和实体性例外的关系如何？现有实践中对程序性

---

* 本章成果已在《中国行政管理》2015 年第 8 期上发表。题目为《〈政府信息公开条例〉中的免予提供理由评析：基于上海的实践》。为统一称谓，"免予提供理由"统一改为"程序性例外"。

例外在适用上存在哪些问题？未来如何完善程序性例外的适用，提升信息公开的实效？本章基于上海的实践就这一系列问题进行初步回答，供大家参考。

一、程序性例外概述

程序性例外是那些除了个人隐私、商业秘密和国家秘密等信息公开法中的实体性例外之外的答复理由。[1]它不同于实体性例外，背后保护的不是信息本身所体现的正当利益，而是操作方面的效率和权限。它具体包括信息不存在、非政府信息公开申请、非本机关公开职责权限范围、重复申请和不符合三需要五种。基于程序性例外所做出的政府信息公开答复在实践过程中所占比例非常高。这种答复理由有来自政府对待信息公开工作的意愿和能力方面因素，也有来自民众自身对政府信息公开工作关注方面的意愿和能力方面原因。

程序性例外是那些除了个人隐私、商业秘密和国家秘密等信息公开法中的实体性例外之外的答复理由。我国《政府信息公开条例》实施以来，出现了一系列程序性例外。这些程序性例外有的也存在于其他国家，有的则是我国特有的，如不符合三需要。具体来说，这些程序性例外包括非政府信息、信息不存在、非政府信息公开申请、非本机关公开职责权限范围、重复申请和不符合三需要六种。

一是信息不存在。信息不存在也是行政机关答复信息公开申请人的常见做法，依据是《政府信息公开条例》第21条。信息不存在答复主要用来适用于三种信息公开申请情形：一种是行政机关未以一定形式记录、保存信息，如口头信息；另外一种是申请人申请公开的信息需要行政机关加工、汇总、整理；[2]还有一种是所申请的政府信息因文件管理上的瑕疵而导致的信息不存在，如只有存根联，无原件，[3]时间较久远导致丢失等。[4]也有尚未向行政机关备案导致行政机关尚未获取的情形；[5]当然，还有一种情形就是行政机关以信息不存在不愿公开一些实际存在的政府信息。

---

[1] 参见肖卫兵："上海政府信息公开十年：成就、挑战、前瞻"，载《电子政务》2014年第10期。

[2] 参见（2010）黄行初字第69号。

[3] 参见（2011）沪二中行终字第107号。

[4] 参见（2011）沪二中行终字第97号。

[5] 参见（2011）浦行初字第91号。

二是非政府信息公开申请。特定情形下，行政机关也会用非政府信息公开答复申请人。这种程序性例外答复的法律依据相对分散，主要是《政府信息公开条例》第21条规定。实践过程中，非政府信息公开申请主要适用如下几种情形：首先是申请人所申请的内容不明确以及经过补正程序后仍旧不明确的；[1]其次是申请人提交给信息公开处理机构的是咨询，而不是申请特定政府信息的公开，[2]也就是申请人的申请需要达到一定的合理描述要求。[3]

三是非本机关公开职责权限范围。非本机关公开职责权限范围是行政机关经常使用的另外一种程序性例外答复。这种答复的法律依据是《政府信息公开条例》第17条关于行政机关公开职责的界分。非本机关公开职责权限范围答复主要出现在两种情形。一种是确实是申请人所申请的政府信息不被申请机关制作，[4]这种情形较为常见。另外一种是形式上的制作主体和实质上的制作主体不一致情况。[5]依照法律规定为一个行政机关的职能，实践中却由另一个行政机关具体实施。这在政府的海域使用权登记、土地登记、林权登记等一些审批职能当中较为常见。政府一般是挂个名义，实际都由相关部门操作，结果出现了形式上的制作主体和实质上的制作主体不相一致的现象。因此，谁为制作主体就不甚清楚。还有一种是涉及申请人申请公开有关信访信息[6]、档案信息[7]、房产信息[8]和行政复议信息。[9]基于这类信息都有相应的特别法规定，依照"特别法优于一般法"的法律适用原则，将之认定为由相应的信访部门、档案部门、房产机构和法制部门依特别法规定进行。

四是重复申请。行政机关也使用过重复申请拒绝申请人的信息公开申请。诸多国家信息公开立法都规定了重复申请这个程序性例外。不过，我国《政府信息公开条例》并没有就重复申请作出规定。考虑到这点，国务院办公厅

---

[1] 参见（2009）黄行初字第109号。
[2] 参见（2009）沪二中行初字第34号。
[3] 参见张千帆："政府公开的原则与例外：论美国信息自由制度"，载《当代法学》2008年第5期。
[4] 参见（2012）沪二中行终字第171号。
[5] 参见（2012）浦行初字第67号。
[6] 参见（2013）沪二中行终字第162号。
[7] 参见（2012）沪二中行初字第13号。
[8] 参见（2009）黄行初字第144号。
[9] 参见（2013）黄浦行初字第122号。

在其2008年下发的《关于施行〈中华人民共和国政府信息公开条例〉若干问题的意见》当中就重复申请进行了补充规定。该文件指出对于同一申请人向同一行政机关就同一内容反复提出公开申请的，行政机关可以不重复答复。

五是不符合三需要。这是我国特有的。依据是我国《政府信息公开条例》第13条规定，该条规定申请人可以根据自身生产、生活、科研等特殊需要，向各级行政机关申请获取相关政府信息。由于该条规定不符合国际上通常不对申请人申请目的进行限制的做法，从而引起了很多争议。国务院办公厅下发的《关于施行〈中华人民共和国政府信息公开条例〉若干问题的意见》对此做了进一步明确。该文件指出行政机关对申请人申请公开与本人生产、生活、科研等特殊需要无关的政府信息，可以免予提供。实践过程中，行政机关也有基于三需要免予提供所申请的政府信息。[1]

二、系统研究程序性例外的必要性

对程序性例外进行系统研究是必要的。这是因为程序性例外在实践过程中答复数偏高，从而制约了政府信息公开立法目标的实现以及对政务诚信产生消极影响。现有研究空白以及实践过程中适用上的困难则进一步提升了对程序性例外进行独立研究的必要性。

（一）程序性例外答复数偏高给政府信息公开工作带来的影响不容忽视

现有基于程序性例外对政府信息公开申请的答复数远超基于实体性例外的答复数。以上海为例，2008年到2013年六年期间，基于免予提供理由的答复总数占到六年来的总答复数的42.09%。这其中还不包含以不符合三需要所做出的答复。而实体性例外的答复数只占到过去六年来的总答复数的4.78%。

这种程序性例外的答复频率过高，其背后的原因无外乎两种。一种是政府对信息公开的意愿和能力偏低所致。非政府信息、信息不存在和非本机关公开职责权限范围答复都直接或间接和政府信息公开的意愿和能力相关。以信息不存在为例，政府有时候答复信息不存在是因为文件管理不规范所致，这是能力偏低的表现。有时候是政府不想公开，以信息不存在了事，这是意愿偏低的表现。另外一种是公众对信息公开的意愿强但能力偏低所致。非政

---

[1] 参见（2009）沪二中行初字第19号。

府信息公开申请、信息不存在、非本机关公开职责权限范围答复有部分原因是申请人不知道向哪个部门申请以及如何提出申请。这是申请人申请能力偏低的结果。而重复申请和不符合三需要等程序性例外则和申请人的申请意愿偏高有关。

程序性例外的答复频率过高给我国政府信息公开工作带来的影响是显而易见的。它一方面不利于我国信息公开立法本意的最终实现。《政府信息公开条例》第一条开宗明义宣示条例立法本意包括三个：一是保障公民、法人和其他组织依法获取政府信息，提高政府工作透明度；二是促进依法行政；三是充分发挥政府信息对人民群众生产、生活和经济社会活动的服务作用。如果说程序性例外的答复对促进依法行政这一立法本意没有直接联系的话，那么程序性例外的答复无疑不利于保障第一和第三个立法本意的实现。无论怎么说，申请人都无法通过程序性例外从行政机关处获得任何政府信息。

程序性例外的答复频率过高另一方面则不利于我国正在进行的政务诚信建设。我国近年来出现的诚信缺失现象引起了中央领导的高度关注。党的十八大报告要求加强政务诚信、商务诚信、社会诚信和司法公信建设。政务诚信作为社会诚信体系的基础和核心，如果有所缺乏，其他诚信则无法建立起来。政务诚信内涵主要包括称职、为善和诚实三方面。[1] 2014年，全国政协社会和法制委员会还专门成立"推进政务公开，增强政府公信力"专题调研组进行了深入调研。[2] 相比实体性例外来说，程序性例外更容易对政务诚信造成不利影响。信息不存在答复数量过多会对政府是否称职以及是否诚实产生消极影响。老是答复信息不存在，尤其在民众自己指出了相关文号，而政府还是答复信息不存在的话，民众会认为政府没有能力管理好文件。另外，这种答复情形对民众来说，反正你说了算，我也不知道该信息是否存在。这样就有可能认为政府不够诚实。而非本机关公开职责权限范围答复在特定情况下会对政务诚信产生消极影响。民众会认为政府在踢皮球，尤其在政府答复时没有指出应向哪个部门提出的情况下。因申请内容不明确而以非政府信息公开答复对政务诚信有一定影响。这里主要看政府是否以申请人没有提供

---

[1] See Stephan Grimmelikhuijsen, "Transparency and Trust", Utrecht: Utrecht University School of Governance, 2011, p.44.

[2] 参见全国政协社会和法制委员会"推进政务公开，增强政府公信力"专题调研组："推进政府信息公开，增强政府公信力"，载《人民政协报》2014年12月19日，第4版。

文号而以该理由免予提供。或者是否和申请人进行过沟通，协助其明确申请内容。如果没有不合理要求以及和申请人进行过沟通的话，对政务诚信则有限。否则，会有负面影响。

（二） 当前缺乏程序性例外的系统研究影响到其在实践过程中的具体适用

当前文献更多关注实体性例外，[1]缺乏关于程序性例外的系统研究。有的文献已经开始就程序性例外当中的其中一种类别展开了独立研究，例如信息不存在。周勇[2]、殷勇[3]等多位专家围绕信息不存在的举证责任和司法审查进行了研究。除了对信息不存在展开的一些研究外，目前还没有对其他程序性例外展开的独立研究。现有文献只是在一些文章当中有提及这些程序性例外，如非政府信息[4][5]和非本机关公开职责权限范围。[6]也有的研究仅仅提出了程序性例外和实体性例外的不同而缺少具体分析。[7]目前的研究缺少对每一个程序性例外的深入分析。这意味着我们需要对这些程序性例外开展独立研究。而在开展独立研究之前，我们更有必要将这些程序性例外放置在一起进行系统研究。只有这样，才能更加清晰地判断程序性例外给我国政府信息公开工作所带来的影响，进而破解我国《政府信息公开条例》在实施过程中所遇到的困境。

我国《政府信息公开条例》实施以来，各级行政机关在具体适用程序性例外答复信息公开申请时遇到过各种困难，这要求对程序性例外展开系统研究。这些困难制约了程序性例外在信息公开答复方面的具体适用，急需破解之策。我国各级行政机关在实施《政府信息公开条例》方面所遇到的困难包括如下几个方面：

其一是信息不存在理由适用困难。行政机关在适用信息不存在理由答复信息公开申请时遇到的难题主要有三方面。一方面是申请人在提交信息公开

---

[1] See Maeve McDonagh, *Freedom of Information Law in Ireland*, Dublin: Round Hall Sweet & Maxwell, 1998, pp. 83-89.

[2] 参见周勇："'政府信息公开不存在'案件中证明困境的解决路径探析"，载《行政法学研究》2010年第3期。

[3] 参见殷勇："'政府信息不存在'情形下的司法审查"，载《法学》2012年第1期。

[4] 参见王丹："从'PM2.5之争'看公共信息的发布与监督"，载《法学》2012年第9期。

[5] 参见林靖："申请信息公开为何一半失败？"，载《北京晚报》2014年12月1日。

[6] 参见肖卫兵："从'微笑局长事件'谈政府信息公开问题"，载《电子政务》2013年第1期。

[7] 参见杨伟东：《政府信息公开主要问题研究》，法律出版社2013年版，第222页。

申请时使用了一些不规范术语。实践过程中申请人用拆房许可证代替拆迁许可证，或者用建设工程许可证代替建设工程施工许可证或规划许可证，还有就是用法定代表人代替部门负责人称谓进行申请。有的时候，在和申请人沟通后，其依然坚持使用不规范术语，这时候该如何适用信息不存在答复。还有就是在答复信息不存在时，行政机关如何证明自己尽到了合理的搜索义务等，尤其在查找范围方面，究竟查找到什么部门，哪些地域才算尽到了该义务。

其二是非政府信息公开申请理由适用困难。行政机关在适用非政府信息公开申请进行答复时，遇到的主要难题是非政府信息公开申请的界定以及非政府信息申请和非政府信息之间的区别。除了咨询、信访、申请内容不明确外，还有哪些申请会落入非政府信息公开申请范围。是否申请人必须提供文件名称、文号，才算申请内容明确。那些涉及党务、村务等信息是否也属于非政府信息公开申请范畴等。

其三是非本机关公开职责权限范围理由适用困难。行政机关在适用非本机关公开职责权限范围理由答复信息公开申请时遇到的难题主要是如何理解《政府信息公开条例》第21条规定的依法不属于本行政机关公开规定。对于申请所指向的政府信息的形式上的制作主体和实际上的制作主体不一致的情况下该如何答复。还有就是严格按照"谁制作、谁公开；谁获取、谁公开"是否必要等。

其四是不符合三需要理由适用困难。行政机关在适用不符合三需要理由答复信息公开申请时遇到的难题主要是界定权限、批准程序、依据和标准不明确。如需要申请人出具什么样的证明才达到三需要的标准。以科研需要为例，应从狭义还是从广义上进行解释？是否只要是高校教师身份就可以证明其申请符合三需要，还是需要教师所任职单位科研管理部门出具科研证明才可。如果遇到在校大学生因撰写毕业论文原因而提出信息公开申请，是否符合三需要当中的科研需要，又该由谁出具证明等。还有，申请人申请主动公开信息时，启动三需要是否有违信息公开立法本意。另外，申请人系所属地块拆迁户身份就拆迁方面提出信息公开申请是否就符合三需要当中的生产生活需要。

其五是重复申请理由适用困难。行政机关在适用重复申请理由答复信息公开申请时遇到的难题主要是重复申请的认定标准，多少次为重复，重复申请是否有答复次数限制，以及遇到重复申请非政府信息时，该如何答复。

三、政府信息公开答复过程中程序性例外适用之完善分析

程序性例外具体适用上困难的解决需要我们在依法前提下多从便民角度进行答复。这有利于提升政务诚信，也有助于政府信息公开立法目标的实现。

（一）依法前提下的便民答复是提升程序性例外答复质量的需要

当前政府信息公开答复更多倾向于单维度，即单从是否依法角度考量申请所指向的对象是否应当公开，以及是否有权力公开。这种单维度更适合于实体性例外的适用。这是因为实体性例外的作出主要基于所针对的信息背后受保护的利益出发，要么绝对不予公开，如国家秘密；要么接受损害评估，在权衡公开后会造成一定损害后果时相对不予公开，如商业秘密和个人隐私。这都有明确的法律规定，可供行政机关自由裁量的空间有限。但是对于程序性例外而言，要缓解目前因高频率的免予提供答复给政府信息公开工作带来的制约，就需要从双维度，即不仅从依法角度，而且从便民角度考虑依据程序性例外所作出的政府信息公开答复。这是因为程序性例外更多是操作层面所引发的问题。如非本机关公开职责权限范围的判断标准，即"谁制作，谁公开；谁获取，谁公开"并不是绝对的。重复申请和不符合三需要等都是可以为了申请人利益而不一定必须遵守。这种双维度处理适用程序性例外的视角有助于提升政府诚信，也有助于《政府信息公开条例》立法目标的具体实现。

依法前提下的便民答复要求在依法前提下，通过综合运用各种便民措施提升该类答复水平。这主要包含两层含义。第一层是依法答复。依法要求严格依据《政府信息公开条例》相关规定，做到答复合法有据。这意味着不能不答复信息不存在而直接将相似信息直接提供给申请人。[1]如果这样的话，相应纠纷在所难免。也意味着不能不答复非本机关公开职责权限范围和非政府信息而直接将属于其他部门制作的政府信息直接提供给申请人。同时还意味着不能不答复非政府信息公开申请而直接回答申请人所咨询的问题。

第二层是便民答复。依法答复虽然从一定程度上保障了政府免受败诉的

---

[1] 参见（2011）虹行初字第22号。

困扰，但是依法答复并不能完全提升申请人的满意度并降低随后所引起的行政争议。这就需要多从服务角度，采取各种便民措施，提升申请人的满意度。采取便民答复是有依据可循的，我国《政府信息公开条例》第5条就规定了便民原则。便民答复要求答复机关从申请人利益角度，通过各种措施为申请人创造最大化获取政府信息便利的原则。这类答复倚重指引、协商和沟通交流的方式解决答复申请人过程中所遇到的各种问题。处处从保障申请人利益的角度将自己放在信息需求者里面看待。强调信息公开过程中"你中有我，我中有你"的合作。和依法答复不同，便民答复注重答复申请人过程中的灵活性和变通性。这就需要答复机关在答复前和申请人进行充分的沟通交流，从而明确申请人的真正需要，避免行政争议。便民答复还需要在答复文书中加强指引和解释说明，做到即使无法满足申请人信息需求，也可提升申请人的满意度，从而从在政府信息公开角度提升政务诚信。

（二）完善程序性例外的具体建议

针对五种程序性例外，从依法前提下的便民答复角度，提出如下具体建议。

其一是加强依法前提下的便民答复，解决信息不存在答复难题。要解决信息不存在适用难题，就需要行政机关多从便民角度考虑，做好答复过程中的各方面工作。这就需要：一方面，区分不同情况对信息不存在理由进行说明。这些情况可有：属于本机关职责权限范围，但是确未制作；属于本机关职责权限范围，但是确未获取；已经遗失（含遗失原因）；已依法销毁（含法律依据）；需要汇总、加工或重新制作；经过一定范围搜索未找到（含具体的搜索范围）。这里具体的搜索范围可有业务处室内部协查、机关档案室查询、[1]管理系统查询、[2]年度连续公文目录查询等。只有这样，才能满足法院所要求的尽到谨慎审查全面搜索义务。[3] 答复机关除了列明信息不存在的原因外，还需要考虑：（1）信息不存在的前提是该信息是政府信息，不是政府信息的不能答复信息不存在，而应该答复非政府信息；[4]（2）存在的政府信息不能答

---

[1] 参见（2013）沪二中行终字第46号。
[2] 参见（2012）黄浦行初字第218号。
[3] 参见（2011）黄行初字第78号。
[4] 参见（2012）黄浦行初字第73号。

复信息不存在;[1](3) 答复信息不存在需要准确理解申请人所申请的信息内容,不能答非所问;[2](4) 申请人所申请的内容和实际存在的政府信息有细微差异时,不宜简单答复信息不存在。在答复前:要和申请人主动沟通,询问其是否需要实际存在的相似政府信息;若需要,则将相似的政府信息通过便民方式予以提供;如果申请人坚持自己的申请内容,则发补正通知,等待其是否会主动更改,如果还坚持不改的话,则在答复信息不存在同时,以便民方式说明实际存在相类似的政府信息,如果需要,可以另行申请。

其二是加强依法前提下的便民答复,解决非政府信息公开申请答复难题。行政机关在适用非政府信息公开申请进行答复时,遇到的主要难题是非政府信息公开申请的界定以及非政府信息申请和非政府信息之间的区别。非政府信息公开申请应该包括如下四类:(1) 咨询;(2) 申请内容不明确;(3) 特别法规定的信访、档案、房产和行政复议信息;(4) 党委部门、司法部门的信息。遇到针对这类信息的申请时,答复机关应当使用非政府信息公开申请进行答复。答复机关如果认为从保障申请人利益角度,可以答复该咨询的,应当通过便民方式进行公开。遇到申请内容不明确的申请,还应启动补正程序,只有在经过补正程序后仍旧不明确的才可以非政府信息公开申请进行答复。对于具有特殊性的信访等政府信息,则通过便民方式尽可能提供有关信访机构和档案馆等的联系信息。对于针对党委部门和司法部门的信息申请,尤其党委部门,则需要在公开前,经过向相关党委部门征询其公开是否的意见程序后,再答复申请人。

其三是加强依法前提下的便民答复,解决非本机关公开职责权限范围答复难题。这就需要:一方面,采用该答复时,应尽可能告知申请人制作该信息的行政机关并提供联系方式。另一方面,答复机关在涉及申请其他行政机关主动公开政府信息情况时,应当以非本机关公开职责权限范围理由进行答复后,通过便民方式提供该不属于其法定公开职责的政府信息或告知申请人获取该主动公开政府信息的途径。[3] 还有,即使答复机关收到那些申请公开涉及非本机关制作,但获取了的政府信息时,也可以通过便民方式向申请人

---

[1] 参见 (2012) 浦行初字第 80 号。
[2] 参见 (2011) 黄浦行初字第 85 号。
[3] 参见 (2010) 沪二中行初字第 51 号。

提供该政府信息。例如，有些下级机关在涉及上级机关制作但自身获取了的政府信息时，下级机关出于便民考虑，代上级机关予以公开。[1]便民答复不仅仅限于下级对上级，也在上级对下级当中适用。[2] 当然，可以通过内部征询意见后再对外公开。最后，答复机关在遇到所申请的政府信息存在形式上的制作主体和实际制作主体不一致的情况下，不必将内部的这种不一致作为推脱法定公开职责的理由，制约申请人获取政府信息，而应根据实际情况通过与相关主体沟通后，向申请人采取便民提供的方式进行公开。

其四是加强依法前提下的便民答复，解决不符合三需要答复难题。行政机关要慎用不符合三需要理由进行答复。三需要理由是我国特有的，国务院办公厅意见将适用三需要的裁量权交给了各个行政机关。即申请人不符合三需要时，行政机关可以用，也可以不用其进行答复。考虑到该条规定极具争议性，行政机应严格控制三需要理由的适用。一方面通过要求答复机关向取得上级主管部门批准的方式进行控制；另一方面答复机关自身在适用三需要理由时，应从广义上理解三需要。如科研需要，单凭高校教师身份就可认定为其符合其科研需要，而不必要求其提供科研管理部门的证明。这是因为不是高校教师所有科研内容都经过科研管理部门立项。同样，高校学生撰写毕业论文也不可能有科研管理部门的立项，他们申请政府信息时也可从广义上理解其符合科研需要。还有，只要是申请人系所属地块拆迁户，就所拆迁地块提出申请的，就应该符合其生活需要。另外，无论谁申请属于应当主动公开类的政府信息的，就不能启用不符合三需要理由进行答复。

其五是加强依法前提下的便民答复，解决重复申请难题。要解决重复申请理由适用难题，就需要明确重复申请的界定问题。重复申请是针对那些表述大体一致或虽有差异，但指向同一政府信息的申请。对于重复申请，如果第一次发现是重复申请的，要启动重复申请理由进行答复。申请人还一再申请的，受理机构为了减少公共资源的滥用，可以不予理睬，但是应当做好登记。遇到申请人反复递交不属于政府信息公开申请的，如党委部门，行政机关也可同样适用重复申请的处理方式进行处理。

---

[1] 参见（2011）黄行初字第269号。
[2] 参见（2011）黄行初字第202号。

四、结语

　　行政机关经常性使用程序性例外答复政府信息公开申请很容易造成申请人不满,降低政府公信力。将一件本来服务于人民群众生产、生活和经济社会活动需要的制度变成为引起民众不满的来源。要适用好程序性例外,就需要行政机关多从申请人利益角度,通过采用各种便民措施,努力降低程序性例外答复率。当然,从长远来看,则有必要通过修改《政府信息公开条例》或出台《信息公开法》,规范程序性例外的适用。

CHAPTER18 第十八章
非本机关公开职责权限范围[*]

摘　要：我国《政府信息公开条例》实施以来，行政机关较常使用非本机关公开职责权限范围答复申请人，而这其中又以档案部门最为突出。这类非本机关公开职责权限范围答复频率高，既有申请人对政府内部运作不熟悉方面的原因，也有行政机关在答复时不够规范方面的原因。要降低该类答复，就有必要通过修改《政府信息公开条例》第 17 条，肯定现有"谁制作，谁公开"的实践，并鼓励行政机关在答复非本机关公开职责权限范围时注意各种便民措施的综合运用。

《政府信息公开条例》在我国已经实施了多年。在实践过程中，行政机关以非本机关公开职责权限范围进行答复较为常见。而这其中又以档案部门出具这类答复最为突出。这类答复有申请人对政府运作不熟悉方面的原因，也有行政机关在答复文书中不规范方面的因素。结果导致了一些基于非本机关公开职责权限范围方面的行政纠纷。降低这类答复所引起的行政纠纷率需要从规范答复入手，对申请人进行科学引导。本章拟从档案部门的答复实践角度，就完善非本机关公开职责权限范围立法和答复提出一些对策建议。

---

[*] 本章成果已在《哈尔滨工业大学学报》（社会科学版）2016 年第 6 期上发表。题目为《非本机关公开职责权限范围答复之完善：结合档案的视角》。

一、问题的源起：非本机关公开职责权限范围答复的争论与实践

非本机关公开职责权限范围答复源自《政府信息公开条例》第17条的法律规定。在实践过程中，行政机关使用非本机关公开职责权限范围答复申请人的情况较为常见，而这其中又以档案部门使用非本机关公开职责权限范围答复申请人最为典型。

（一）从"谁制作，谁公开"狭义理解《政府信息公开条例》第17条的理由分析

非本机关公开职责权限范围答复的法律依据是《政府信息公开条例》第17条。第17条规定："行政机关制作的政府信息，由制作该政府信息的行政机关负责公开；行政机关从公民、法人或者其他组织获取的政府信息，由保存该政府信息的行政机关负责公开。法律、法规对政府信息公开的权限另有规定的，从其规定。"问题是该条规定中"公民、法人或者其他组织"是否包括行政机关？行政机关之间的信息交流和共享是否属于"获取"？有人认为，"目前实务中大多对'获取'采狭义理解，仅限于行政机关向管理相对人采集信息情形"[1]，即在申请人申请行政机关保存的其他行政机关制作的政府信息时，行政机关按照"谁制作，谁公开"原则，以非本机关公开职责权限范围进行答复。确立这一标准主要考虑到：

首先是划清公开的职责界限是照顾到作为某项信息的原始制作者或采集者会比其他行政机关更了解政府信息的内容、背景等，也能更好地把握是否公开[2]。例如，高新技术企业的认定过程中，行政机关要求企业提交各种申报材料。这些材料是从企业那里获取的，保存在行政机关。因此，这些材料能否公开，保存机关更有发言权[3]。

其次是划清公开的职责界线有利于促进信息公开，防止出现扯皮现象。曾有这样的例子，某记者向临邑县国土局递交了涉及金锣临邑公司占地补偿问

---

[1] 刘平等："《政府信息公开条例》立法后评估调研报告"，载《2013年政府法制研究》。
[2] 参见刘平等："《政府信息公开条例》立法后评估调研报告"，载《2013年政府法制研究》。
[3] 参见"罗源县工商局政府信息公开主动公开制度"，载 http://www.fz.fjaic.gov.cn/fastcms/jsp/portal/qx/content.jsp?categoryId=147&objectId=2756&orgCode=1014，最后访问时间：2015年3月25日。

题方面的政府信息公开申请[1]。该局答复到未拥有该信息,建议其去邢侗办事处了解。但是,邢侗办事处办公室有关人员对记者表示,金锣临邑公司属恒源办事处管辖,因而其无法提供信息。但恒源办事处有关人员却对记者说,该公司不归自己管辖,因为该公司是县政府的招商引资项目,归临邑县国土局管。结果记者转了一圈,又回到了原点。这种"踢皮球"策略被用来挑战申请人的耐心,而实际上是一种拒绝信息公开申请的手段。如果《政府信息公开条例》规定了"谁制作,谁公开"和"谁保存,谁公开"后,就可以避免这类"踢皮球"式的处理方法。

再次是划清公开的职责界线有利于提高效率,防止出现重复公开现象。这种重复公开很大程度上浪费了公共资源。不仅如此,有时还会出现不同部门就同一政府信息答复不一的情况,最终会损害政府形象。这是因为申请人有可能向不同的行政机关索要同一政府信息,但是却得到不同答复。这个时候如果发生纠纷,对政府形象是有影响的。

最后是有利于明确政府信息公开和保密的审查主体和审查责任[2]。实践过程中,行政机关会获取到其他行政机关制作的政府信息。如发改委会保存国土部门的用地审批信息。申请人有可能向发改委申请公开国土部门的用地审批信息。但是考虑到公开和保密审查主体和责任的统一,由国土部门负责公开较为妥当。政府信息的原始制作者、采集者比其他行政机关更能权衡所涉及的政府信息的审查,防止在公开政府信息过程中泄露国家秘密、商业秘密、个人隐私,危及国家安全、公共安全、经济安全和社会稳定。

(二) 从广义理解《政府信息公开条例》第17条的理由分析

不过,需要指出的是,在实践过程中,对这条规定的理解是有分歧的。分歧主要源于《政府信息公开条例》第17条规定的理解上的差异。"谁制作,谁公开"原则只是一种实践上的通常理解。仅从该条语义分析无法绝对推断出这一原则。在吴玉强诉天津市滨海新区规划和国土资源管理局一案中,[3]

---

[1] 参见"个别地方政府信息陷入'不公开'困境",载http://news.xinhuanet.com/politics/2008-07/30/content_ 8851290.htm,最后访问时间:2015年6月20日。

[2] 参见"政府信息'谁制作谁公开'",载《人民代表报》2013年8月22日,第A5版。

[3] 参见吴玉强诉天津市滨海新区规划和国土资源管理局信息公开纠纷一审行政判决书,(2014)滨海初字第0055号。

法院认为,关于行政机关对其保存的其他行政机关制作的政府信息有的无义务公开的问题。《政府信息公开条例》第17条规定中的"法人"并未将行政机关排除在外。因此,行政机关在履行职责过程中获取其他行政机关制作的政府信息,属于保存该行政机关的政府信息,该行政机关应依法负责该政府信息的公开。被告主张"谁制作,谁公开",实际上是认为政府信息公开中应当遵从"制作机关公开优先"的原则,但相关法律、行政法规从未明确政府信息公开中存在上述原则。因此,行政机关对其保存的其他行政机关制作的政府信息亦有义务公开。法院的这一判决与行政机关实践过程中通常理解的"谁制作,谁公开"原则相悖。

从广义上理解《政府信息公开条例》第17条意味着行政机关之间的信息交流也属于"获取",制作者和获取者均负有公开义务,并由先收到政府信息公开申请的单位负责答复。支持广义理解的理由主要有四种:"首先是符合建设服务政府和便民的要求。要求公民、法人和其他组织弄清楚谁是制作主体近似苛求,而承认采集属于'获取',保存主体也是公开义务主体,就可以从源头上解决该问题。其次是效率高。借鉴一般政务处理中的'首问负责制'和行政审批制度改革中的'并联审批'做法,明确采集方和制作方均有义务公开,由首先收到政府信息公开申请的行政机关负责办理,如果采集方为办理机关,内部征求制作方意见后公开。如果制作主体不同意公开的,应当由其制作书面答复,并承担相应的复议、诉讼等法律后果。再次,有助于解决执行部门的信息公开悖论。从我国的立法体制和行政管理体制来看,县级以上地方行政机关主要负责执行,相关行政法规、规章和规范性文件多为上级行政机关制作。《政府信息公开条例》第10条要求重点公开行政法规、规章和规范性文件,这就与《政府信息公开条例》第17条制作者负责公开的规定相矛盾。实践中还有一类特殊情形,如政府信息原由某行政机关制作,后被其他行政机关调取,原制作机关不再保存,无法公开。明确执行部门或保管部门作为获取机关也有义务公开,即会解决上述问题。最后,符合国际惯例。从保障信息自由的角度出发,区分制作者和获取者,并限定原始制作者才负有公开义务不仅没有意义,反而会被滥用,成为公民行使信息自由权的障碍。"[1]

---

[1] 刘平等:"《政府信息公开条例》立法后评估调研报告",载《2013年政府法制研究》。

（三）非本机关公开职责权限范围答复和纠错情况分析

全国方面的数据较难统计，仅以上海为例，上海在2008—2015年，共有18 628件政府信息公开申请是以非本机关公开职责权限范围答复作出的，占所有答复总数的13.03%。这个比例颇高。过去八年当中每年启用非本机关公开职责权限范围的答复情况如表1所示。

表1　2008-2015年非本机关公开职责权限范围答复情况

	2008年	2009年	2010年	2011年	2012年	2013年	2014年	2015年
非本机关公开职责权限范围答复数	972	1 489	1 422	2 318	2 086	2 596	3 590	4 155
答复总数	9 027	11 137	11 197	18 586	18 438	18 563	24 130	31 894
占比	10.77%	13.37%	12.70%	12.47%	11.31%	13.98%	14.88%	13.03%

在这些非本机关公开职责权限范围答复当中，档案部门答复非本机关公开职责权限范围的现象较为突出。从上海市某区2009年7月1日到2012年6月30日的统计情况来看，该区档案局共作出62件政府信息公开申请答复，其中54件是以非本机关公开职责权限范围答复的，占比达到87.1%[1]。这说明该区档案局大部分答复是非本机关公开职责权限范围。背后原因值得分析。

至于非本机关公开职责权限范围答复的纠错情况，笔者依托中国裁判文书网中的相关案例研读，发现行政机关的非本机关公开职责权限范围答复被法院纠错的情形无外乎七种：一是对于机构撤并情形，法院认为以非本机关公开职责权限范围答复不妥。依据是国务院办公厅《关于施行政府信息公开条例若干问题的意见》中提到"因政府机构改革不再保留的部门（单位）的政府信息公开工作，由继续履行其职能的部门（单位）负责"。二是对于联合制作部门，作为制作部门之一的行政机关，不应以非本机关公开职责权限范围答复申请人，而应作为公开义务机关决定向申请人公开与否。三是行政机

---

[1] 参见肖卫兵："信息流通视野下的政府信息公开制度实施：以上海市A区为例"，载《中国行政管理》2014年第7期。

关未能提供证据证明适用非本机关公开职责权限范围答复的正当性被法院撤销。四是明明属于本机关，但却以非本机关公开职责权限范围理由答复。五是作为政府信息的获取单位，是否有义务公开其所获取的其他行政机关制作的政府信息。这是最有争议的情形。六是行政机关在能够确定公开义务机关却不提供具体指引，会被法院认为不作为。这里涉及"对能够确定该政府信息的公开机关的"规定的理解问题。七是当法律主体和操作主体不一致时，谁为制作主体的判断问题。案例当中既有认可法律主体的，也有认可操作主体的。

二、问题的分析：行政机关和申请人双重原因

行政机关使用非本机关公开职责权限范围答复频率偏高的背后原因无外乎两个方面：一是由于行政机关自身作为答复机关在答复时不太规范造成的；二是由于申请人对政府机关的内部运作不熟悉导致的。

（一）答复机关原因

在实践过程中，如果遇到申请人所申请的政府信息已经移交到档案馆后，行政机关一般都会答复："经查，您（单位）要求获取的信息已移交国家档案馆。建议您（单位）向某某档案局查询。"这种答复很容易造成申请人的误解，以为需要向档案局提交政府信息公开申请。上海就发生过这样一起典型案件。在上诉人景某某诉上海市黄浦区发展和改革委员会一案中，景某某于2012年7月4日向黄浦发改委申请公开：（1）上海市福民街集贸市场入室改造工程可行性研究报告的批复；（2）上海市福民街集贸市场入室改造工程立项批文。黄浦发改委于同日受理，于2012年7月9日发出编号为黄发改（2012）第14号公告的政府信息公开告知书，告知内容为：经查，您申请的信息已经移交黄浦区档案局，您可以前往黄浦区档案局查询。[1]这类向档案局查询的答复非常普遍。但是这类答复的结果会给申请人造成误解。申请人会误解为应该向档案局递交政府信息公开申请。结果通过政府信息公开向档案局提出申请，档案局又不得不以非本机关公开职责权限范围做出答复。

---

[1] 参见上诉人景某某诉被上诉人上海市黄浦区发展和改革委员会，（2012）沪二中行终字第443号。

有的答复机关告知申请人向档案馆查询。这种向档案馆查询答复比向档案局查询答复似乎更为妥当一些，但是也没有彻底解决申请人的误解问题。这是因为申请人会认为档案馆和档案局同属一家而不对两者作出具体区分。结果到了档案馆后，申请人需要持单位介绍信等证明才能查阅政府信息，获取政府信息的门槛提高了，最后还会转向不需要提交证明的档案局提出申请，而档案局又不得不以非本机关公开职责权限范围进行答复。所以，如果答复机关在答复上不能做到更为规范和细致一些，这些误解都难以避免。

（二）申请人原因

非本机关公开职责权限范围答复之所以常见，也有申请人对政府内部运作不熟悉方面的因素。正是因为申请人不熟悉，结果造成该向这个部门提出的申请，却向另一个部门提出了。即使是政府内部人士，有时候也觉得不知道该向哪个部门提出申请。在个别情况下，还会出现法律规定为一个行政机关的职能，实践中由另一个行政机关具体实施的现象。这在政府的海域使用权登记、土地登记、林权登记等一些审批职能当中较为常见。政府一般是挂个名义，实际都由相关部门操作。结果出现了法律主体与操作主体不一致的现象。因此，谁为制作主体就难以判断。

在王某等诉某市政府一案当中，原告王某等人于 2011 年 8 月 1 日向被告某市政府申请公开《某市政府关于某地农用地转用及土地征收的批复》。市政府于 8 月 12 日作出非本机关公开职责权限范围答复，并建议王某等人向市国土资源局提出申请。法院经审理查明，上述批复属于市政府授权市国土资源管理局制作的，并加盖市政府土地审批专用章。法院认为，上述批复是市政府做出的行为，但文书的制作可以由政府授权职能部门负责。市政府提交的关于启用"市人民政府土地审批专用章"的通知，可以证明此类土地批复文书已由市政府授权市国土部门制作并由市国土部门保存。被告市政府作出非本机关公开职责权限范围答复并无不当。法院依法驳回了原告王某等人的诉讼请求。[1]二审法院维持原判。按理说，征地批复上加盖的是市政府的印章，据此可以认定市政府是征地批复信息的制作主体，也是这一信息的公开主体。但是在市政府将作出征地批复的部分权力交由国土部门行使的情况下，认定

---

〔1〕参见王某等诉某市政府一案，闽行终字第 125 号。

谁是这一信息的制作主体就成为难题。在上海发生的另一起案子方某诉某区建交委也说明了这点。方某申请公开某区人民政府批准同意对原告户位于某镇3472号房屋执行强拆决定后，某区建交委在执行强拆时提前十五日通知当事人的通知书的信息。某区建交委该通知书是区政府批准的，所以认为所申请信息不属于其公开职权范围，免予公开。但是法院认为提前十五天通知被拆迁人的职责属于被申请主体。依据是建设部《城市房屋拆迁行政裁决工作规程》第21条规定及《上海市城市房屋拆迁行政裁决若干规定》第20条。[1]同样的，建交部门有做出该通知书的法定职责，但实际上是区政府做出的。谁是这一政府信息的公开主体也成为实践中的难题，如果严格按照《政府信息公开条例》的要求，应该由区政府公开。

档案部门答复非本机关公开职责权限范围的现象较为突出，说明申请人误将档案馆作为政府信息公开申请受理点而不是作为政府信息主动公开的查阅点来对待的。结果跑到档案馆，档案馆又以档案的法律法规对其查询限定了条件，例如需要查询人持单位介绍信和其他证明等。在上海，区县一些档案馆也确实是作为市政府政府信息公开申请现场受理点来做的。这说明档案部门的非本机关公开职责权限范围的答复利弊不完全是因申请人对政府职能不理解而造成。

三、问题的解决：加强各级答复机关的互动并修改条例

非本机关公开职责权限范围答复很难获得申请人的理解。这不仅需要综合运用各种便民措施，减少申请人对非本机关公开职责权限范围答复的误解，而且有必要通过修改《政府信息公开条例》，确定"谁制作，谁公开"原则，统一实践中的分歧。

（一）完善除档案部门外其他行政机关的非本机关公开职责权限范围答复

一般答复机关在以非本机关公开职责权限范围进行答复时，需要提供一些说明，避免给申请人造成误解。这种提供一些附加说明的更为规范的答复应是："经查，您（单位）要求获取的信息已移交国家档案馆，建议您（单位）向某某档案馆咨询，该信息是否公开，由档案馆根据档案法律法规的有

---

[1] 参见方某诉某区建交委一案，（2012）浦行初字第67号。

关规定办理。"另外，答复文书当中还需提供相应的联系方式和联系电话。必要的时候，则需要附上温馨提醒，即提醒申请人在依照档案法律法规的有关规定办理时，需要申请人携带有关证明，包括单位介绍信、身份证明等。这有助于申请人理解向档案馆查询和向行政机关递交政府信息公开申请的门槛是有区别的。

不仅仅限于涉及档案查询，行政机关在作出涉及其他部门制作的非本机关公开职责权限范围答复时，需要明确具体部门，而不能笼统答复。在王玉珍与石门县人民政府不履行政府信息公开法定职责及行政赔偿一案中，法院认为，石门县政府在收到申请人申请后，作出了书面答复，答复称：你申请获取的政府信息应向电力主管部门提出。依据《政府信息公开条例》第21条规定的"依法不属于本行政机关公开或者该政府信息不存在的，应当告知申请人，对能够确定该政府信息的公开机关的，应当告知申请人该行政机关的名称、联系方式"。石门县政府的这种仅告知向电力主管部门提出的答复是不规范的。实际情况是，2008年以前电力主管部门为石门电力局，2008年以后电力主管部门为石门县工业局。石门县政府是知道具体部门的。法院最终撤销了石门县政府这一答复。[1]

（二）完善档案部门的非本机关公开职责权限范围答复

非本机关公开职责权限范围答复很难获得申请人的理解。这就需要合理适用便民原则，减少申请人对非本机关公开职责权限范围答复的误解[2]。在申请人得到了行政机关告知向档案馆查询的答复后，申请人可能因为不清楚档案馆与档案局的区别而向档案局递交了政府信息公开申请。如果遇到这种情况，档案局则不能只以一纸非本机关公开职责权限范围进行答复而不作任何解释说明。最好的做法是通过便民方式告知申请人应该向档案馆查询，而不是向档案局递交申请。另外，对于一些档案馆也代理市县政府受理政府信息公开申请的，如果由于申请人误解为是向档案局申请政府信息公开，档案局则更是需要在回复非本机关公开职责权限范围时，附加一些说明，说明档案

---

〔1〕参见王玉珍与石门县人民政府不履行政府信息公开法定职责及行政赔偿一案行政判决书，(2014) 常行终字第8号。

〔2〕参见肖卫兵："论便民原则在政府信息公开申请答复中的适用"，载《河北法学》2014年第4期。

部门只是代为受理申请的部门，不是法定的答复机关。或者档案部门也可以通过允许内部流转的方式将相关申请转交有关部门，减少申请人知情权行使负担。

（三）灵活适用"谁制作，谁公开"规定

在《政府信息公开条例》第17条规定的"谁制作，谁公开"存有争议的情况下，行政机关应该突破现有约束，在一些情况下，有必要基于自己的判断，打破"谁制作，谁公开"的约束。这就包括：

一是答复机关可以将其他行政机关已经主动公开了的政府信息提供给申请人。这种做法虽然没有法律依据，但是政府作为一整体，没有必要将申请人推来推去。推来推去的做法不仅不能减少申请人来回奔波的负担，而且还无形中浪费了公共资源。实践中也有这方面的例子，在计甲与上海市虹口区人民政府政府信息公开决定一案中，申请人申请公开审批核实办事流程，行政机关认为申请人所申请的政府信息指向房屋拆迁裁决工作中的相关法律依据，该法律依据属于主动公开的政府信息。[1]虽然答复机关不是该政府信息的制作机关，但是它选择告知了申请人能够获取该信息的途径[2]。

二是答复机关对涉及非本机关制作，但获取的政府信息也可在出于保障申请人权益情况下通过便民方式提供给申请人。从上海的实践来看，有些下级机关在涉及上级机关制作但自身获取了政府信息时，下级机关出于便民考虑，代上级机关予以公开。在陈某某与上海市黄浦区规划和土地管理局政府信息公开答复一案中，申请人申请获取"关于2001年环城绿化二期（古城公园）建设用地规划许可证及附图（黄浦区福佑路某号）"的政府信息。该政府信息系被申请人上级部门即原上海市城市规划管理局做出的。黄浦区规划和土地管理局意识到申请人不具备确定涉案建设用地规划许可证制作核发机关的能力，而其在受委托从事该许可的审批工作中又实际获取了相关信息，于是从便民原则出发向申请人公开了所申请的信息。[3]便民答复不仅仅限于

---

[1] 参见计甲与上海市虹口区人民政府政府信息公开决定一案，（2010）沪二中行初字第51号。

[2] 参见肖卫兵："论便民原则在政府信息公开申请答复中的适用"，载《河北法学》2014年第4期。

[3] 参见陈某某与上海市黄浦区规划和土地管理局政府信息公开答复一案，（2011）黄行初字第269号。

下级对上级，也在上级对下级当中适用。在吴某某不服上海市城乡建设和交通委员会政府信息公开决定案中，申请人所申请的建筑工程施工许可证信息属于上海市建交委下属机构上海市建筑业管理办公室制作，从依法角度，上海市建交委没有义务公开，它也完全可以答复非本机关公开职责权限范围，但是上海市建交委基于便民考虑，向申请人公开了所申请的政府信息。另外，在王学才与梁平县人民政府信息公开二审行政判决书一案中，申请人王学才向重庆市梁平县人民政府申请公开梁平县双桂街道太和村3组（原太和村7、8、9、11、12组）属于基本农田的数量、质量和地块以及与梁平县双桂街道签订的基本农田保护责任书等相关信息。县政府认为公开基本农田相关信息行政职责是县国土局，其以电话形式告知申请人已指令县国土局公开。[1]虽然县政府的答复存在不规范之处，但这也是一种突破现有条例限制，指令下级机关履行信息公开职责的具体例子。

三是对法律主体和操作主体不一致的情况，更是需要获取单位代制作单位公开所应公开的政府信息。不必将谁是制作主体这种自己也纠结的问题推给申请人。当然，答复机关在答复时，还是需要依法以非本机关公开职责权限范围进行答复，提供政府信息或告知获取途径的信息则以便民方式提供。这样做可以避免不必要的法律纠纷。

（四）通过修改《政府信息公开条例》第17条，明确"谁制作，谁公开"规定

现有《政府信息公开条例》第17条存在一定瑕疵，并没有明确"谁制作，谁公开"这一原则。而实践过程中，却大多都以这一原则理解并执行。国际上有"一口对外，内部流转"方面的最佳实践[2]，但是考虑到我国实际，这一做法并不符合我国国情，虽然我们也鼓励或提倡行政机关采取各种便民措施降低非本机关公开职责权限范围答复。基于第17条规定的模糊，未来有必要通过修改《政府信息公开条例》第17条，明确"谁制作，谁公开"这一原则，避免实践中理解上的不统一。一是将行政机关排除在该条规定当

---

[1] 参见王学才与梁平县人民政府信息公开二审行政判决书，（2014）渝高法行终字第00101号。

[2] 参见肖卫兵："全球信息公开法评级体系评析：兼论针对中国的评估"，载《图书情报工作》2012年第10期。

中的"公民、法人或者其他组织"之外。二是细化《政府信息公开条例》第17条，将国办文件有关机构撤并情形的公开规定并入该条。三是对联合制作情形予以明确，避免联合制作主体采用非本机关进行答复。四是对法律主体与操作主体不一致时判断谁为制作主体进行明确，建议统一为由熟悉情况的操作主体公开较为合适。当然，考虑到非本机关答复偏高情形，我们有必要将非本机关作为一种任意式例外予以规定，同时鼓励一级政府采取线上线下统一入口接受申请，后台流转这种便民做法。

CHAPTER19 第十九章
咨询类政府信息公开申请*

摘　要：咨询类政府信息公开申请是《政府信息公开条例》实施以来较为常见的一种。尤其当这类申请和申请内容不明确联系起来更是增加了实践过程中的判断难度。为了提升申请内容不明确的咨询类申请的答复水平，行政机关未来有必要通过规范该类申请的判定流程，通过补正程序及其他途径在答复前帮助申请人明确申请内容，通过主动公开对咨询类申请的解读，以及考虑采取便民等其他途径回应咨询类申请，推动相关争议的妥善解决。

上海曾发生这样一起案例。原告上海市昆仑律师事务所向被告上海市城乡建设和交通委员会提出政府信息公开申请，要求获取"1. 上海市城乡建设和交通委员会的法定职责是什么？2. 上海市12319城建服务热线是否由上海市城乡建设和交通委员会主管或主办？如不是，是由谁主管或主办？为何在贵委网站显示？12319是否具有行政机关法人性质？3. 近日，在奉贤区南桥镇德丰路×××弄（南郊聚润广场）1号8楼电梯大厅，有人破坏原有大厅结构，破墙开门，将临窗近三分之一的面积拦围进行装潢，擅自占用物业共用部位，擅自改变、妨碍共用设施用途。原本临窗、明亮、通风的电梯大厅，将无窗、不通风、不见阳光，电梯大厅不仅面积大幅缩减，如不开灯，则成

---

* 本章成果已在《法学论坛》2015年第5期上发表。题目为《咨询类政府信息公开申请探析》。

暗房。对上述违章搭建，12319是否曾接到电话投诉？如曾接到投诉，投诉几次？分别为何时？可否提供投诉人电话、姓名（或单位名称）？4.如12319接到上述投诉，对此投诉是如何后续处理的？是否已交由其他相关部门处理？如已交办，交办时间为何时？受交办的是哪个部门？该部门在何处？经办人是谁？"被告认为原告的申请不符合法律规定，要求原告补正。原告向被告提交了《申请政府信息公开补充说明》，表示其对申请公开的文件名称、文号并不知晓，在政府信息公开申请表中对于所需政府信息的其他特征已经进行了非常详细的描述，无需再行补正。被告最后以《非政府信息公开申请告知书》的形式告知原告其所提交的材料不符合《上海市政府信息公开规定》第21条规定的政府信息公开的申请要求，不适用于《上海市政府信息公开规定》，不再按照《上海市政府信息公开规定》作出答复。原告对此答复不服，向法院提起诉讼。一审法院审理认为原告的申请内容不明确，不符合政府信息公开的申请要求。被告按照法律规定要求原告在合理期限内补正，原告未按照补正要求及时更改、补正申请内容。被告据此作出非政府信息公开申请告知并无不当。故驳回原告的诉讼请求。[1]原告不服，提起上诉。二审法院审理认为被上诉人作出的非政府信息公开申请告知，适用法律正确。上诉人的上诉理由不能成立，于是驳回上诉，维持原判。[2]

　　该案例涉及一个实践过程中经常发生的以咨询方式提出的一种政府信息公开申请类型，通常称之"咨询类政府信息公开申请"（以下简称咨询类申请）。实践过程中申请人对此称谓知之甚少，各地做法也不尽相同。虽然上海形成了一些规范做法，但是具体到个案来看，行政机关对何为咨询类申请认识不甚清楚，对于如何认定或认定标准也存在困惑。对申请人来说，则觉得提出这类咨询类申请非常自然，相互之间认识上的不统一引起了多起政府信息公开诉讼案件，上面只是其中一例。在国家层面目前正积极筹划《政府信息公开条例》修改的时机下，我们有必要对咨询类申请进行探讨。本章结合上海的实践，通过研读涉及咨询类申请的政府信息公开诉讼案件，对咨询类申请进行分析。

---

〔1〕参见上海市某律师事务所不服上海市某委员会所作决定一案，（2012）黄浦行初字第19号。
〔2〕参见上海市昆仑律师事务所与上海市城乡建设和交通委员会政府信息公开答复一案，（2012）沪二中行终字第86号。

一、咨询类申请概述

咨询类申请是指申请人通过向行政机关提出政府信息公开申请，要求其就政策文件、法律规定、行为活动和特定事项等提供指导和解释的申请。咨询类申请可以以设问形式提出，也可不以设问形式提出。实践过程中常见的咨询类申请是申请人要求行政机关就其提出的问题作出选择性答复或要求行政机关提供解释。但是，只有结合申请内容不明确这个要件，才对政府信息公开过程中的咨询类申请的判断更有实践意义。

（一）咨询类申请内涵和种类

《辞海》中并没有单独对咨询一词进行过定义。依照《汉语常用字大词典》的定义，咨询作动词用为"征求意见"[1]。《现代汉语词典》将咨询定义为"询问磋商；征求意见"[2]。意见是通过咨询活动达到的结果。结合《辞海》中对"咨询业""咨询公司""咨询机关"和"咨询服务"词汇的定义，可以看出，咨询最终结果是咨询者希望被咨询者提供涉及专门知识的意见或建议等智力服务。[3] 通过逻辑推理和分析总结等思维活动形成的意见或建议等智力服务是咨询活动所应达致的目标。基于这点，结合政府信息公开，我们认为：咨询类申请指的是申请人通过政府信息公开途径，要求行政机关就政策文件、法律规定、行为活动或特定事项等提供指导和解释的申请。咨询类申请大多以设问的形式提出，例如，申请公开"劳教制度废止之前，上海有多少劳教场所？""某某区国资委监督管理某某国有资产项目中是否有某房产的政府信息？"等。但是这并不意味着不以设问形式提出的申请就不是咨询类申请，例如申请公开"某某区国资委监督管理某某国有资产项目中有某房产的政府信息的文件名称、文号"。

实践过程中，咨询类申请通常表现为两种常见情形。一种是要求行政机关就其提出的问题作出选择性答复。在徐某某与上海市工商行政管理局虹口分局政府信息公开申请答复一案中，申请人申请公开"上海燃气市北销售有

---

[1]《汉语常用字大词典》编纂委员会：《汉语常用字大词典》，商务印书馆2009年版，第1410页。

[2] 季恒铨、杨再隋、张书岩主编：《现代汉语词典》，吉林出版集团有限责任公司2012年版，第960页。

[3] 参见夏征农主编：《辞海》，上海辞书出版社1999年版，第2009页。

限公司营业所是有独立法人资格能以自己名义承担法律责任的分公司，或没有独立法人资格不能以自己的名义承担法律责任的分公司"的材料。法院认为"该申请没有指向特定的政府信息内容，而是要求被上诉人就其提出的问题作出选择性答复。"因而认可行政机关所持的申请人申请政府信息公开的内容不是《政府信息公开条例》和《上海市政府信息公开规定》所规定的政府信息，而是属于咨询性质。[1] 本文开头所举案例当中申请人申请公开的"上海市12319城建服务热线是否由上海市城乡建设和交通委员会主管或主办"也属这种需要行政机关作出选择性答复的类型。

另外一种情形是申请人要求行政机关提供解释。在郑某诉上海市某管理局信息公开案中，申请人申请公开"被申请人2010年7月23日致申请人函件中第二款：'您反映：公房被冲击问题。'的相关信息记载依据。"申请人通过政府信息公开要求被申请人解释为何于《信访告知单》中作出"您反映：公房被冲击问题"这种申请人在信访中从未反映过的问题。[2] 从申请人的申请目的可以得知，申请人要求的是一种解释，而不是特定政府信息的公开。另外一起案例要求行政机关提供政府信息公开答复书中认定个人隐私的解释同样具有咨询性质。申请人申请公开"申请人家购买和居住的延安中路XXX弄XXX号房屋，其中三楼前楼第4季度（10月、11月、12月）支付房租的书面记载是'文革'中侵犯他人合法权益而形成的信息记载。不属于被申请人978号答复书所称的受法律保护的个人隐私。申请人要求被申请人更正该认定的相关书面记载。"上海市住房局认为该政府信息公开申请属于咨询性质。原因是申请人的申请系要求对其之前作出的政府信息公开申请答复的内容作出解释，该描述不能指向特定政府信息，不符合政府信息公开申请条件。[3]

其实如上所探讨的更多是表象上或形式上的咨询类申请。针对符合咨询类申请表象特征的申请，不能一概视为非政府信息公开申请，简单拒绝。只有在结合了申请内容不明确要素后的咨询类申请才最值得具体分析。这是决

---

[1] 参见徐某某与上海市工商行政管理局虹口分局政府信息公开申请答复一案，(2013)沪二中行终字第306号。

[2] 参见郑某诉上海市某管理局信息公开一案，(2012)黄浦行初字第58号。

[3] 参见郑A与上海市住房保障和房屋管理局政府信息公开答复一案，(2012)沪二中行终字第110号。

定是否是政府信息公开申请的关键和核心。从申请内容不明确角度，咨询类申请可以分为申请内容明确的咨询类申请和申请内容不明确的咨询类申请。做如此区分的目的是针对不同类型的咨询类申请，对申请人作出的政府信息公开答复也是不同的。对于后者，一般以非政府信息公开申请进行答复，而对于前者，则视为是政府信息公开申请，并且需要基于法律规定对所涉及的政府信息作出公开与否的具体答复。

《政府信息公开条例》并未对申请内容不明确进行具体阐释。从《上海市政府信息公开规定》推论，认定申请内容不明确的主要依据是该规定第21条第2项。该项要求申请人的申请需有明确的政府信息内容。何为明确？即包括能够据以指向特定政府信息的文件名称、文号或者其他特征描述。因此从该项推论，符合申请内容不明确的情形就有两种。一种是没有指向特定政府信息的文件名称、文号和特征描述的申请，可以表现为语句不通不知所云。这种情形比较少见但也不是没有。如实践中有人申请获取"上海教育电视台曝光，某某等全在违章建筑现场，我们到处申请政府信息公开、行政复议和行政诉讼和信访复查复核全部由委托书原件，不知道信息公开也要委托书。"另外一种是申请人在申请书当中既没有提供文件名称，也没有提供文号，而只是提供了一些特征描述，且这些特征描述不能指向特定的政府信息。这种情形比较常见，咨询类申请和这种情形联系紧密。如果申请人提供了文件名或文号，即使存在所提供的文件名或文号有误的情形，行政机关不宜认定为申请内容不明确，而可以以信息不存在理由进行答复。

在出现如上所述的第二种情形后，这个时候就需要判定申请人提交的特征描述是否属于"不能指向特定的政府信息"情形。对"不能指向特定的政府信息"的理解有如下三种情形。一是申请所指向的政府信息不止一件或有很多种，行政机关无法搜索查找。本文开头案件中，申请人申请内容为"上海市城乡建设和交通委员会的法定职责是什么"。法院认为，基于行政机关的法定职责是由法律、法规、规章等多个层面的法律规范所设定。行政机关无法知晓到底应该向申请人提供哪个具体政府信息。这种解释更应针对的是"上海市城乡建设和交通委员会的法定职责设定的依据"这类申请。对于申请人申请行政机关具体的法定职责信息应该是指向明确的，即指向该机构的三定方案。这种情形的申请内容不明确比较典型的是申请人用"所有""全部"等词概括其所申请的政府信息，如申请人申请公开涉及某某地块的所有文件。

该申请文字表述已经清楚，但是所申请内容显然是不特定的。二是所申请的政府信息没有指向具体载体形式。依据《政府信息公开条例》第2条关于政府信息的定义，该定义要求政府信息必须是以一定形式记录、保存的。政府信息必须以任何物理形态的书籍、文件、图片、机器可读格式的等任何一种载体形式存在。本案开头案例中，法院认为申请人的申请通过提问的方式提出，其中三项申请包含多个问题，且部分问题系以之前的设问为前提，不符合政府信息公开申请应具体指向信息载体的一般要求。再如申请人申请获取"某某部门有多少个副职人数"或"某某局长今年多少岁"的信息。这类信息并不符合具体指向信息载体要求。三是所申请的政府信息不是现实存在，需要行政机关分析归纳和加工整理才能产生。本文开头案例申请人的申请也符合该特征。国务院办公厅2010年发布的《关于做好政府信息依申请公开工作的意见》当中认为行政机关向申请人提供的政府信息，应当是现有的。行政机关一般不承担为申请人汇总、加工或重新制作政府信息，以及搜集信息的义务。从美国的实践来看，也认为作为政府信息公开的对象应该是"既有的、现成的"[1]。

（二）咨询类申请现状

在《政府信息公开条例》实施后不久，有些部门就反映申请人其实更多不是真的想要政府信息，而是需要得到解决他们问题的官方答复。[2]可以说，咨询类申请从一开始就伴随着《政府信息公开条例》的实施。以国家质量监督检验检疫总局为例，2011年的政府信息公开年报当中就提到有86件申请属于"咨询类问题"，占申请总数的64.7%。2012年的政府信息公开年报进一步说明有135件申请属于"咨询类问题"，占申请总数的57%。2013年的政府信息公开年报再次提到有100件申请属于"咨询类问题"，占申请总数的41.2%。[3]由此可见，咨询类申请在实践过程中不仅不可避免，而且还占了一些行政机关政府信息公开申请受理工作的不少比重。从诉讼角度来看，

---

[1] 后向东：《美国联邦信息公开制度研究》，中国法制出版社2014年版。

[2] See Xiao Wei-Bing, *Freedom of Informatoin Reform in China: Information Flow Analysis*, London: Routledge, 2012, p. 119.

[3] 参加国家质量监督检验检疫总局网站上的2011年、2012年、2013年政府信息公开年度报告。

以上海为例，在上海法院网上，至今为止，共公布了涉及咨询类申请的诉讼共有 64 件，占了一定的诉讼比例。这些数字说明申请人对行政机关的咨询类申请的答复满意度偏低。这进一步提示我们有必要对咨询类申请进行系统研究。

二、实践过程中咨询类申请判定困境

申请人考虑到咨询类申请有行政复议和诉讼等监督途径保障，更倾向于选择政府信息公开渠道提出咨询。但是对于行政机关而言，在政府信息公开过程中，却存在判定咨询类申请的诸多困难。这主要表现在将咨询类申请自然等同于申请内容不明确，咨询类申请容易和其他不予公开理由混同使用，咨询类申请对行政机关设定了更多义务。

（一）将咨询类申请统一视作申请内容不明确

实践过程中，存在将咨询类申请统一并归入申请内容不明确类型倾向。行政机关在诉讼过程中习惯辩称申请人申请的信息不能明确指向特定政府信息的文件名称、文号或者其他特征描述，属于咨询性质[1]或者申请人的申请虽经补正但仍不能据以指向特定政府信息的文件名称、文号或其他特征描述，申请内容属咨询性质。[2] 这种辩称存在一定问题。判断申请内容不明确在前，咨询性质在后。其实应该倒过来阐述，也就是说申请人的申请属咨询性质，且其申请不能指向特定的政府信息，即先判断是不是咨询类申请，然后结合申请内容明不明确，判断其能不能指向特定的政府信息。

（二）咨询类申请容易和其他不予公开理由混同使用

申请内容不明确的咨询类申请一般以非政府信息公开申请理由答复，实践过程中，该理由容易和其他不予公开理由混同使用。首先是和非本机关公开职责权限范围理由混同。在郑某与上海市静安区住房保障和房屋管理局政府信息公开决定一案中，申请人向静安区房管局申请公开"被申请人将其履

---

[1] 参见彭某某与上海市住房保障和房屋管理局行政复议决定一案，(2012) 沪二中行终字第 521 号。

[2] 参见赵继华与上海市静安区人民政府行政其他一审行政判决书，(2014) 沪二中行初字第 20 号。

职中形成的'上海市房地产卡'中关于延安中路XXX弄XXX号房屋的房地产信息记载定性为'国家秘密'的法定依据书面记载"的政府信息。静安区房管局依据自己的理解，将申请人所申请的信息确定为沪房地资公〔2006〕314号文件，并认为该文件符合郑某所描述的政府信息特征。但是因为该文由原上海市房屋土地资源管理局制定，故静安区房管局并非该政府信息公开的义务机关。于是以非本机关公开职责权限范围予以答复。但在上诉过程中，申请人认为沪房地资公〔2006〕314号文件不属于其申请内容当中提到的"法定依据书面记载"，静安区房管局应提供按照《静安区住房保障和房屋管理局政府信息发布保密审查工作规范》的规定，将"上海市房地产卡"定性为国家秘密的书面记载的信息。[1]

其次是和信息不存在理由混同。在赵某某与上海市静安区住房保障和房屋管理局政府信息公开申请答复一案中，申请人曾向上海市住房保障和房屋管理局申请公开"适用于化解历史遗留的动拆迁问题的政策（如属非本机关公开职责权限，请给予文件名称、文号的帮助、指引）"的申请。结果上海市住房保障和房屋管理局最初作出了信息不存在的政府信息公开申请答复。申请人并未对该答复提起行政复议和行政诉讼，但在后续申请同样信息时被上海市住房保障和房屋管理局以非政府信息公开申请答复后，申请人提起了诉讼，并在法庭上提出在自己第一次以同样内容申请时，上海市住房保障和房屋管理局并没有认为其申请不明确，而是以信息不存在理由给予的答复。[2]

最后是和非政府信息理由混同。在徐某某与上海市工商行政管理局虹口分局政府信息公开申请答复一案中，申请人向虹口工商分局提出政府信息公开申请，要求获取"上海燃气市北销售有限公司营业所是有独立法人资格能以自己名义承担法律责任的分公司，或没有独立法人资格不能以自己的名义承担法律责任的分公司"的材料。虹口工商分局作出了《非政府信息公开申请告知书》，但因未启动补正程序，该答复被法院撤销并判令其重新答复。结果虹口工商分局根据法院判决，以非政府信息理由重新作出了答复。一审法

---

〔1〕 参见郑某与上海市静安区住房保障和房屋管理局政府信息公开决定一案，（2012）沪二中行终字第272号。

〔2〕 参见赵某某与上海市静安区住房保障和房屋管理局政府信息公开申请答复一案，（2013）沪二中行终字第248号。

院认为申请人要求虹口工商分局告知"上海燃气市北销售有限公司营业所"是否属法人单位，该申请所指向的答案，显然需要虹口工商分局书面作出解答，而非《政府信息公开条例》所称政府信息。[1]

（四）咨询类申请对行政机关设定了更多义务

申请内容不明确的咨询类申请对行政机关设定了更多义务。这可以体现在：一是需要行政机关启动补正程序。从64件涉及咨询类申请的政府信息公开诉讼案件，可以看出，行政机关大多启动了补正程序，即向申请人发出《政府信息公开补正申请告知书》，告知申请人因申请内容不明确，要求申请人在规定时间前补正申请，明确所需信息的内容，包括据以指向特定政府信息的文件名称、文号或者其他特征描述。逾期未补正的，视为放弃申请。这是遵照《政府信息公开条例》第21条第4项和《上海市政府信息公开规定》第23条第8项的规定。《政府信息公开条例》要求对申请内容不明确的，应当告知申请人作出更改、补充。《上海市政府信息公开规定》要求对申请内容不明确的申请，应当告知申请人在合理期间内补正；申请人逾期未补正的，视为放弃申请。在一些案件中，就有申请人就提出行政机关为何在申请内容不明确的时候未依法启动补正程序。[2]甚至有的案件因行政机关在申请人申请内容不明确的情况下，未依法履行补正程序即作出了答复的行为被法院认为属于违反法定程序，因而撤销了答复。[3]

二是需要行政机关提供帮助义务。《政府信息公开条例》第28条第2款要求行政机关对存在阅读困难或者视听障碍的申请人提供必要的帮助。从该条来看，并没有要求行政机关应对一般申请人在申请内容遇到困难时提供帮助。但是，《上海市政府信息公开规定》第22条第2款则明确提出申请人描述所需政府信息的文件名称、文号或者确切特征等有困难，向行政机关咨询的，行政机关应当提供必要的帮助。从现有发生的案例来看，行政机关在提供帮助方面有所欠缺。更多的是通过一纸补正告知书的方式要求申请人补正，

---

[1] 参见徐某某与上海市工商行政管理局虹口分局政府信息公开申请答复一案，(2013)沪二中行终字第306号。

[2] 参见彭某某与上海市住房保障和房屋管理局行政复议决定一案，(2012)沪二中行终字第521号。

[3] 参见徐某某与上海市工商行政管理局虹口分局政府信息公开申请答复一案，(2013)沪二中行终字第306号。

至于如何补正则很少说明。这也正是有些法官提出"在审理中我们常会发现，行政机关在答辩时总会把申请人申请内容不明确的理由说得非常充分，那为何在当事人提出申请时不向其解释清楚呢？这样可以避免申请人不知如何补正，或者漫无目的的补正。"[1]

三、咨询类申请应对之策

在实践过程中，为了更好地处理申请内容不明确的咨询类申请，有必要做到在答复前要求申请人进行补正，行政机关尽可能向申请人提供关于申请内容方面的帮助，并在补正时向申请人解释申请内容不明确的具体理由。

（一）行政机关应帮助申请人明确申请内容

行政机关作为信息拥有方，有必要对申请人的申请与补正给予必要的帮助与指导。这不仅可以体现政府信息公开工作的便民原则，而且可以提高行政效率，减少不必要的行政资源浪费。我国《政府信息公开条例》并没有就申请内容不明确时要求行政机关向申请人提供必要帮助的义务。《上海市政府信息公开规定》第22条第2款有相关规定。规定要求在申请人描述所需政府信息的文件名称、文号或者确切特征等有困难时并向行政机关进行咨询的，提供必要的帮助。这里的帮助义务不能局限于只有在申请人向行政机关咨询时才进行。即使申请人没有提出咨询，行政机关在要求申请人补正之前，通过沟通引导申请人明确申请内容，如当申请人申请获取"某某局长今年几岁"的政府信息时，行政机关可以引导申请人申请一个有载体的政府信息，如某某局长简历。若申请人同意，则可解决申请内容未以具体载体形式存在所造成的不明确问题。但是如果遇到申请人不同意修改，则需要行政机关要求申请人补正。

（二）行政机关在答复前应启动补正程序

申请内容不明确时，行政机关需要通知申请人进行补正。这是一个法定要求。如果缺失这一环节，发生纠纷时，行政机关将面临败诉风险。补正要求同样适用于申请内容不明确的咨询类申请。当然，在补正告知书中，需要

---

[1] 周勇："政府信息公开'申请内容不明确'时'补正'的法律思考"，载《行政法学研究》2011年第3期。

对申请内容不明确进行一定的解释。不能简简单单告知补正，而不阐释补正的理由。这样做的后果是极有可能引起申请人的误解。例如，申请人申请"劳教制度废止之前，上海有多少劳教场所？"。行政机关在收到申请后，就以《补正告知书》告知申请人："经审查，您申请内容不明确……。"结果申请人产生误解，我的申请怎么就不明确了呢？其实行政机关可以在补正申请告知书中指出：包含您申请的政府信息不止一件，本部门无法知晓到底应该向您提供哪个具体政府信息，所以认定您申请内容不明确，根据规定通知您补正。这样的解释可以解除申请人的困惑以及对被申请人的不信任感，尤其在申请人向全国各地提出了系列申请，并有其他地区相同机构的答复作为对比时，更应慎重对待。

（三）规范申请内容不明确的咨询类申请的判定流程

只有申请内容被认为是不明确的咨询类申请才可以以非政府信息公开申请理由予以拒绝。实践过程中判断是不是申请内容不明确的咨询类申请需要经历如下三个步骤。第一步判断是不是咨询类申请。这可以从是否是以设问形式提出或者是否需要行政机关提供解释或选择性答复两个方面进行判断。如果是，进入第二步，判断是否是申请内容不明确的咨询类申请。这首先需要和申请内容明确作区分。对于提供了文件名、文号的申请，哪怕所提供的文件名、文号有误，也应认定为申请内容明确的咨询类申请并以信息不存在理由附加便民说明予以答复。同样，如果申请人仅提供了特征描述，但是该特征描述指向的政府信息仅有一件或者是特定的，则不应认定为申请内容不明确，而应视为政府信息公开申请，判定所涉及政府信息能否公开。在排除了申请内容明确情形后，进入具体的申请内容不明确方面的判断，即判定申请人的申请是否语句不通不知所云，如果是，即可认定为申请内容不明确，以非政府信息公开申请予以答复。如果不是，进入是否是仅有特征描述且不能指向特定政府信息的咨询类申请的判定。这是明确哪种情形的申请内容不明确的最后一步。这又分三种情形，包括指向政府信息多件、无具体的信息载体、需要分析归纳加工整理非现实存在。行政机关确定清楚了具体哪种申请内容不明确后，可以在补正申请告知书当中，告知申请人属于哪种申请内容不明确情形并要求其进行补正。如果申请人拒绝补正或者补正回来的申请还是申请内容不明确，可以在答复书当中告知申请人判定为非政府信息公开申请的具体理由，即因何原因申请内容不明确。如果行政机关严格遵照上面判定申请内容不明确的流程，就可以在实践过程中避免和非政府信息、非本机关公开职责权限范围、信息不存在等理由混同使用。

（四）考虑采取便民等其他途径回应咨询类申请

对于咨询类申请，行政机关不能仅仅将之视为一种简单的政府信息公开申请行为，而应由政府信息公开工作延伸出信访投诉之类的其他工作的思考，并且在答复政府信息申请后，通过其他途径做好和申请人的积极沟通和回应，推动行政争议的实质解决。在本文开头案例中，受审法院就明确指出："被告在办理政府信息公开申请事项时，还可加强对行政相对人申请内容和方式的释明和指导。除依法对政府信息公开申请作出处理外，被告作为市级城市建设管理部门也应当对通过政府信息公开途径提出的、实质系信访投诉的事项予以关注，并通过其他相关途径作积极回应，以推动行政争议的实质解决。"这里的其他途径可以是通过对举报、信访等方式进行主动回应，给申请人一个答复。当然，在答复书当中更是可以通过便民做法，在认定为非政府信息公开申请后，就申请人的一些咨询在答复书的结尾处附加便民注释，就申请人的咨询做一些力所能及的解释说明，如申请人申请"劳教制度废止之前，上海有多少劳教场所？"，完全可以在答复非政府信息公开申请后附加便民注释，告诉申请人具体数字。从申请人角度，只需要具体数字就可。但是对于行政机关，则需要依法答复。因此对于行政机关，除了依法作出政府信息公开答复之外，还有必要通过便民做法将该数字予以提供，不必多次往来信件，浪费人力物力，还不能赢得申请人的理解。

（五）主动公开对咨询类申请的解读，增进相互理解

行政机关可以通过政府信息公开指南或其他主动公开渠道对申请内容不明确的咨询类申请进行解读，培养申请人对咨询类申请的正确认识。同时，提醒申请人应尽最大可能提供能够据以指向特定信息的文件名称、文号或者其他特征描述，以便于公开义务机关查询、检索。在本文开头案例中，法院认为："规范申请的内容和方式有助于提高政府信息公开效率、更好发挥政府信息公开制度的积极效用。原告作为提供法律服务的专业机构，相比公民和其他组织更能理解政府信息公开的相关规定。但原告未按照补正要求及时更改、补正申请内容，被告以此作出非政府信息公开申请告知并无不当。"美国

政府信息公开实践也告诉我们，信息公开法并没有要求行政机关替您做研究、做数据分析、回答您的提问或是为了您的申请专门制作一份材料。[1]因此，申请人的知情权不能拓展到要求行政机关制作新记录。

（六）关于《政府信息公开条例》修改的思考

现有的一些做法只是权宜之计，最终涉及《政府信息公开条例》的修改。结合对咨询类申请的探讨，我们认为，未来我国《政府信息公开条例》的修改至少应包括如下两个方面：

一是对规定申请人应有明确其申请指向特定政府信息的义务。在这方面，新西兰信息公开法就是例子。该国信息公开法（Official Information Act）第13条对申请人设定了所申请政府信息"应指向特定"（Due Particularity）义务。当然申请人如果申请自身信息，则不受该要求限制。美国信息公开法第552（a）（3）（A）条也要求申请人的申请必须达到"合理描述"（Reasonably describing）的要求。[2]反观我国《政府信息公开条例》则没有。这种义务意味着在申请过程中，如果行政机关出于明确申请内容需要，向申请人了解其申请意图或目的是正当的。这种义务设定有助于申请人明白政府信息公开申请是双方的一种双向互动关系，需要双方的配合才能更好完成，也就是不能将是否明确的判定简单交给行政机关。

二是将行政机关的帮助义务扩大到申请内容是否明确上。在这方面，新西兰信息公开法是典型例子。该法第13条就要求行政机关在申请人未尽到所申请信息"应指向特定"义务时，应向申请人提供合理的帮助（Reasonable Assistance）。不过，我国现有《政府信息公开条例》的帮助义务只是限定在对存在申请阅读困难或者视听障碍的申请人提供必要的帮助。实践过程中，由于信息不对称，对于一般申请人而言，针对申请内容方面的帮助更为广泛和普遍，也更为需要。在提供帮助时，行政机关不能仅仅告知申请人申请内容不明确，还应通过了解申请人的申请意图和其他任何帮助，更为清楚判断申请人所真正需要的政府信息。这种帮助义务也可使申请人明白自己的申请得到了行政机关的认真处理。

---

[1] 参见后向东：《美国联邦信息公开制度研究》，中国法制出版社2014年版，第35页。

[2] 参见张千帆："政府公开的原则与例外：论美国信息自由制度"，载《当代法学》2008年第5期。

第二十章
政府信息公开申请权滥用[*]

摘　要：政府信息公开申请权滥用是各国信息公开法实施后普遍面临的问题。对此，各国都通过立法或援引其他规定对申请权滥用行为进行必要的限制，同时也设置一定条件避免行政机关滥用该限制。我国《政府信息公开条例》实施以来，各地政府部门同样面临大量的纠缠申请和申请权滥用问题。但由于《政府信息公开条例》缺少相关规定，导致各地规制方法并不统一，一定程度上影响到了我国政府信息公开固有价值的发挥。未来有必要结合我国实际情况，通过修改《政府信息公开条例》，从申请本身出发聚焦申请所造成的重大后果对申请权滥用行为进行适当规制。

我国《政府信息公开条例》自 2008 年 5 月 1 日实施以来，政府信息公开申请权（以下简称"申请权"）[1]在一定程度上遭到了滥用。个别申请人成了职业申请人，甚至出现了申请代理中介，向各级行政机关提出了大量的

---

[*] 本章成果已在《当代法学》2015 年第 5 期上发表。题目为《论政府信息公开申请权滥用行为规制》。

[1] 政府信息公开申请权是我国《政府信息公开条例》所赋予自然人等主体的一种向各级行政机关申请政府信息公开的权利。也有称之为"获取政府信息权"，甚至有说是"知情权"。考虑到我国目前情况，政府信息公开申请权提法更为妥切。

"纠缠申请"[1]。出现这种申请权滥用行为后，政府部门因缺少必要的规制措施而长期处于难以答复的尴尬境地，甚至干脆冒着法律风险对此不予理会。这直接影响到了个别政府部门申请量过重而无暇顾及主动公开工作等其他更能体现政府信息公开力度方面的工作。最近，江苏南通市港闸区人民法院在全国率先对政府信息公开滥诉行为作出系列裁判。这也让申请权滥用话题被推上了舆论的风口浪尖。发生这种情况主要是因为现有《政府信息公开条例》对申请权滥用方面缺乏规定。虽然法院可以从司法救济角度认定申请人滥用了诉讼权利并予以驳回，但是行政机关却因《政府信息公开条例》无明文规定，遇到申请人滥用申请权时，只能依法逐一答复而无法置身事外。值此国家层面正积极筹划修改《政府信息公开条例》，我们有必要对申请权滥用行为的规制问题展开研究。

一、政府信息公开申请权滥用行为之理论化

申请权滥用问题并非我国独有，国外也同样普遍存在。我国申请权滥用问题最近因江苏南通系列政府信息公开诉讼案件被驳回而引起热议。国外，如英国在2014年也因公布了"十大古怪政府信息公开申请"而受到舆论高度关注。这提醒我们申请权滥用行为规制问题需要放在全球视野下进行观察研究。

（一）我国政府信息公开申请权滥用行为的讨论

我国《政府信息公开条例》实施以来，申请权遭滥用一直是伴生性问题。有人曾说信息公开正沦为第二信访。[2]而最近将申请权滥用置放到公众视野下进行讨论的当属江苏南通。2015年2月27日，江苏省南通市港闸区人民法院率先在全国对申请权滥用行为进行了规制。其以新闻发布会形式向社会通报了八起典型滥用申请权的行政诉讼案件，裁定驳回原告陆某父女分别针对南通市公安局、国土局、发改委、城建局、审计局等五个行政机关的起诉。[3]港闸

---

[1] 纠缠申请的叫法只是一种，实践过程中有关这种滥用行为的叫法有多种，并不统一。有的称为恶意申请，也有的称为无谓申请。结合国外更多关注申请本身的思路，本文统称为纠缠申请较为合适。

[2] 参见林鸿潮："政府信息公开的诉讼之路堵在何处"，载《法制日报》2008年12月4日，第3版。

[3] 参见陈坚："南通在全国率先规制政府信息公开滥诉行为"，载《江苏法制报》2015年3月2日，第A01版。

区人民法院随后公布了该行政裁定书全文。从该行政裁定书中可以看出，陆某及其父亲、伯母在2013年到2015年期间，分别向南通市人民政府、城乡建设局、发改委等八家单位共提出了至少94件政府信息公开申请，要求公开的政府信息包括南通市人民政府财政预算报告、所拥有公车的信息、政府信息公开年度报告等众多内容。[1]

该起系列认定申请权滥用行为的案件公布后引起了社会各界的热议。支持一方认为申请权滥用行为导致了行政资源和司法资源被严重浪费。同时因申请权滥用行为也导致其他有正当信息需求的申请人无法得到公平对待。反对一方认为在没有法律明文规定情况下，这种裁定申请权滥用行为违法。而作为申请人陆某本人则认为自己提出申请存有正当目的。自己提出多项申请主要是因为征地拆迁手续不全，"逼着签空白协议""宅基地没有补偿"等原因导致。[2]而法院则认为，陆某等人申请的真实目的并非为获取了解所申请的信息，而是借此表达不满情绪并向政府及相关部门施加压力，以实现拆迁补偿安置利益的最大化。[3]也有观点指出法院应该对滥用诉权浪费司法资源和行政资源行为进行规制，但是法院惩罚意味不能太明显，不能把司法规制变成限制甚至剥夺申请人的权利。[4]应当说，由基层法院所作系列裁判所引发的理论争鸣，让我们不得不思考：申请权滥用是否为我国独有？究竟应当如何建构申请权滥用的认定标准？

（二）国外有关政府信息公开申请权滥用行为的讨论

英国、澳大利亚、韩国、新西兰等国信息公开法当中都有关于限制申请权滥用的规定。美国虽然没有专门的规定，但实践中也出现了申请权滥用例子。[5]澳大利亚自从新的信息公开法修订后，信息专员同意并在其网站上公

---

[1] 参见陆红霞诉江苏省南通市发展和改革委员会，江苏省南通市港闸区人民法院行政裁定书，(2015)港行初字第00021号。

[2] 参见"94次申请信息公开后的'滥诉'之争"，载《东方早报》2015年3月5日，第A21版。

[3] 参见陆红霞诉江苏省南通市发展和改革委员会，江苏省南通市港闸区人民法院行政裁定书，(2015)港行初字第00021号。

[4] 参见"94次申请信息公开后的'滥诉'之争"，载《东方早报》2015年3月5日，第A21版。

[5] 在和纽约州信息公开官员交流中得知，申请权滥用在美国并不普遍。这有多方面原因：一方面是公司主体申请信息公开占了很大比例；另一方面是信息公开法对申请人赋予了更大的明确申请内容义务。

布了七件申请权滥用案例,其中 2013 年 4 件,2014 年 2 件,2015 年 1 件。[1]韩国以及印度申请权滥用例子也时有出现。

在英国,2014 年 8 月 16 日英国地方政府协会(Local government association)在其官方网站上公布了公民向地方政府提出的十个古怪的信息公开申请(Wacky requests)事例。这十个古怪申请也被认为是申请权遭滥用的典型例子。具体是:(1) 当地政府所制定的为保护本区域免受龙的袭击方面的具体计划;(2) 当地政府自 2012 年 3 月以来所冰冻的动物种类及冰冻数量;(3) 当地政府邀请巫师等提供服务的次数以及这些服务是否用于成年人、孩童、宠物或建筑物;(4) 当地政府在本行政区域内建设的环形公路数量;(5) 当地政府为行星爆炸、陨石降落或太阳磁暴灾害所制定的计划预案和所安排的经费;(6) 过去十年,本行政区域内公共厕所和政府办公大楼外墙被凿洞孔数量;(7) 过去十年,本行政区域内存放在太平间的无人认领尸体数量、存放时间、年龄及姓名;(8) 本行政区域内饲养老虎、狮子、金钱豹、猞猁、美洲豹这类宠物的许可数量;(9) 向本地政府提出的,要求在博物馆等历史建筑内开展鬼怪调查的申请数量;(10) 本行政区域内,由政府所负责照料孩子体内被植入芯片数量。[2]

该十大古怪申请被报道后,引发了各界争议。政府一方认为大多数申请针对的是政府的政策和花费,但是也有少数申请和当地政府所提供的服务不太相关。这使得纳税人的钱无形中被浪费。同时,过多的滥用申请不利于信息公开法的良性发展。反对一方认为相比其他机制,信息公开并不会消耗大量公共资源。况且这十个古怪申请并不全都会造成公共资源浪费。例如,对政府冰冻动物尸体信息的了解有助于市民更好找回自身宠物。市民对环形公路建设信息的了解有助于政府优化其设置,从而缓解交通拥堵和减少交通事故。市民对公共厕所凿洞孔信息的了解则有助于督促政府治理反社会行为。[3]应当说,申请人所提这些申请背后的具体目的以及申请

---

[1] See Office of the Australian Information Commissioner, "FOI Dedarations", http://www.oaic.gov.au/freedom-of-information/applying-the-foi-act/foi-declarations/, 2015-07-28.

[2] See Local Governmant Association, "Councils Quizzed on Dragon Attacks, Asteriod Crashes and Possesssed Pets in Wacky FOI Reguests", http://www.local.gov.uk/media-releases/-/journal_content/56/10180/6445913/NEWS, 2015-03-14.

[3] See "Wacky FOI Requests? Really? Sinister Motive? Possibly", http://www.freedominfo.org/2014/08/wacky-foi-requests-really-sinister-motive-possibly/, 2015-03-08.

价值，对法理上判断申请权是否遭滥用究竟发挥何等影响力，均值得深入研究。

英国的例子说明，申请权滥用现象不仅中国有，国外也有。有关申请权滥用的讨论也是公说公有理，婆说婆有理。具体到立法来看，信息公开法是如何规定的，实践过程中各部门又是如何认定的。只有理清了这些法律方面的规定和相关实践，才有助于我们更全面地认识申请权滥用现象。

二、政府信息公开申请权滥用行为规制的立法模式及实践

政府信息公开理论研究落后于实践。[1]从我国现有文献来看，几乎没有关于申请权滥用行为规制方面的具体探讨。综合各国关于申请权滥用行为规制的法律规定及实践，我们认为有基于申请、申请人、所申请信息三种规制申请权滥用行为的立法模式。这为我国未来规制申请权滥用行为提供了有益参考。

（一）基于政府信息公开申请角度进行立法

第一种是基于政府信息公开申请角度进行立法。这种立法模式较为普遍。它围绕申请人递交的申请本身对申请权滥用行为予以规制。英国即采取此种立法模式。英国《信息公开法》第14条第1款明确规定，信息公开法没有为行政机关设定答复纠缠申请（Vexatious request）的义务。作为解决信息公开纠纷的主要机构，英国信息专员（Information Commissioner）办公室为纠缠申请前后制作了多份指引。2014年11月20日所制作的最新指引基于大量案例对纠缠申请进行了更为细致的认定。[2]该指引指出，判断是否"纠缠"取决于申请人的申请是否会给行政机关带来过度的阻扰、引起超出其忍受程度的恼怒或不安。[3]具体来看，如果申请人申请当中出现了攻击性言语、对单位或个人表达了不满、无中生有的控诉等，就有构成纠缠申请的嫌疑。

---

[1] See Colin Daren, Peter Underwood, "Freedom of Information Legislation, State Compliance and the Discourse of Knowledge: The South African Experience", *The International Information and Library Review*, 37 (2005), p. 80.

[2] See UK Information Comissioner's office, "Dealing with Vexations Requests (section14)", https://ico.org.uk/media/for-organisations/documents/1198/dealing-with-vexatious-requests.pdf, 2015-03-08.

[3] See UK Information Comissioner's office, "Dealing with Vexations Requests (section14)", https://ico.org.uk/media/for-organisations/documents/1198/dealing-with-vexatious-requests.pdf, 2015-03-08.

另外，如果申请人围绕一件事反复提出申请、漫无目的进行申请及申请微不足道事项等，也可构成纠缠申请。但是，信息专员也提醒，行政机关应该允许来自申请人申请的一定程度的烦扰，因为这是信息公开工作的必然负担。

在具体判断是否构成纠缠申请时，英国信息专员提出可以区分两种情形。第一种情形是很显然的纠缠申请，如申请中使用了威胁性或带有种族歧视言语的，该类申请即使申请人有正当的申请诉求，也可构成纠缠申请。第二种情形是似是而非的纠缠申请。这种情形更为常见。判断这种情形就需要行政机关在申请对行政机关所造成的影响、申请人的申请目的、申请价值以及申请内容、申请人过往申请历史等因素进行权衡后，得出该申请是否是纠缠的，即是否会对行政机关带来过度的阻扰，引起超出其忍受程度的恼怒或不安。当然，信息专员指出纠缠申请针对的不是申请人，而是申请本身。行政机关尽可能在认定纠缠申请前，考虑是否可采取费用限制等其他变通措施。当然，一旦认定为申请人的申请是纠缠申请后，行政机关首次必须告知申请人，之后对相似内容申请则可不必告知。申请人如不服，可向信息专员办公室提起投诉或向法院提起诉讼。

（二）基于政府信息公开申请及所申请的信息角度立法

第二种是基于政府信息公开申请及所申请的信息角度立法。不同于第一种立法模式，这种立法模式在考虑规制申请权滥用行为时，增加了申请人所申请的信息这一因素。典型国家是新西兰。新西兰在其《官方信息法》第18条第 h 款中规定，行政机关可以拒绝那些草率或纠缠申请（Frivolous or vexatious request）或针对琐碎信息（Trivial）所提出的申请。作为信息公开争议主要解决机构的新西兰监察专员（Ombudsman）指出，该条规定所说的纠缠申请应该结合申请的具体情况判断其是否构成，而不能仅凭申请人的身份判断其申请是否构成纠缠。同英国一样，判断是否构成纠缠申请，不能仅凭申请人的身份这一因素就得出结论。行政机关不应区别对待不同申请人，避免在申请人间构成歧视，限制其申请权。当然，申请人过往的申请行为和申请目的对于是否构成草率或纠缠申请是有参考价值的。这是因为过往的经验可以很好印证来自申请人的新的申请只不过是某种对申请权滥用的表现。[1]

至于判断所申请的信息是否是琐碎的，则应考虑信息本身属性、申请人的申请目的、所申请信息和已公开信息间关系具体考虑。行政机关不能仅凭自身的主观判断所申请的信息是琐碎的就拒绝该申请。有时候因申请人的申请目的差异而使得所申请的信息瞬间变得不那么琐碎。举例来说，申请人申请的信息是关于制定某项政策而召开会议的参加人员，如果申请目的是想了解某项政策是如何形成方面的信息，该次会议参加人员信息就是琐碎的。但是如果申请目的是想理解哪些人参与了该项决策，那么该次会议参加人员的信息就不是琐碎的。[2]

新西兰立法和英国有所不同，它从申请和信息两个角度对申请权滥用行为进行了规制。对于琐碎信息申请，英国还从是否对行政机关造成过度阻扰、引起超出其忍受程度的恼怒或不安这一后果角度将其作为考虑是否构成纠缠申请的众多判断因素之一。只不过没有像新西兰那样将琐碎信息单列并突出而已。

（三）基于政府信息公开申请人角度进行立法

第三种是基于政府信息公开申请人角度进行立法。不同于前两种立法模式，这种立法模式仅从申请人角度考虑对申请权滥用行为进行规制。不过，该种立法模式并不普遍。可供参考的代表性国家是澳大利亚。澳大利亚在2010年修改后的《信息公开法》中规定信息专员可以基于自身判断或基于行政机关申请，决定将某个申请人列为纠缠申请人名单。构成纠缠申请人的条件是该申请人单个申请或重复申请构成了滥用以及提出了明显不合理（Manifestly unreasonable）的申请。滥用因素包括威胁攻击个人或行政机关工作人员、申请行为干扰行政机关日常运行、利用信息公开法逃避法院为其所设定的申请限制义务、不配合行政机关删除攻击性语言并执意不断提出系列申请、申请人针对已有法院生效判决的政府信息公开争议所指向的旧有信息继续提

---

[1] See New Zealand's Ombudsman, "Partz A: Administrative Reasons for Refusing Regnests", http://www.ombudsman.parliament.nz/system/paperclip/document_files/document_files/245/original/part_2a_administrative_reasons_for_refusing_official_information_requests.pdf? 1344201714, 2015-03-14.

[2] See Office of the Australian Information Comissioner, "Part12-Vexatious Applicant Declarations", http://www.ombudsman.parliament.nz/system/paperclip/document_files/document_files/245/original/part_2a_administrative_reasons_for_refusing_official_information_requests.pdf? 1344201714, 2015-03-14.

出申请。[1] 基于申请人角度规制申请权滥用的做法在澳大利亚昆士兰州得以通过后，遭到了其他州的非议，如塔斯马尼亚州，在指出该纠缠申请人认定有失妥当后，转向了如英国那样的从纠缠申请角度进行立法修改。澳大利亚国家层面也考虑到由行政机关认定纠缠申请人的做法难免会导致行政机关滥用，即仅凭申请人是否令人讨厌就可认定。基于此，澳大利亚在2010年新修订的信息公开法当中将认定权力交给了信息专员这一第三方中立机构。但是，澳大利亚2014年启动了撤销信息专员办公室的信息公开法修改工作。之后如果修改工作成功，纠缠申请人认定机构将不复存在，这也直接导致信息公开法的相应规定无法实施。因此，2014年信息公开法修正案也建议删除相关规定，而交由澳大利亚的行政上诉裁判所（AAT）依据《行政上诉裁判所法》相关规定进行。信息专员办公室目前已经停止受理来自行政机关的关于纠缠申请人的认定申请。这意味着这种基于申请人模式认定纠缠申请的立法模式难以为继。

三、我国申请权滥用行为规制的完善建议

我国未来应当通过修改《政府信息公开条例》，建立针对申请权滥用行为的规制机制。这有助于直接减少申请权滥用行为，从而将《政府信息公开条例》的实施引入主要以信息为最终需求的轨道上来。但是在规制申请权滥用行为时，要充分考虑到我国的特殊性和实际情况。总的来说，我国应树立通过规制权利滥用反哺权利保障之意识，[2]即通过规制申请权滥用行为保障申请权的合理行使。

（一）通过立法规制政府信息公开申请权滥用行为的必要性

任何权利都是相对的，都有其行使的限度。[3] 政府信息公开申请权也是如此。我们只有通过对申请权滥用行为的规制，才能有助于公共资源的合理配置以及将申请权引到正常的以信息为需求的轨道当中。

---

[1] See http://www.oaic.gov.au/freedom-of-information/applying-the-foi-act/foi-guidelines/part-12-vexatious-applicant-declarations, Retrieved 2015-03-14.
[2] 参见高慧铭："论基本权利的滥用禁止"，载《清华法学》2015年第1期。
[3] 参见刘作翔："权利相对性理论及其争论：以法国若斯兰的'权利滥用'理论为引据"，载《清华法学》2013年第6期。

首先，现在不止一个地方出现了或多或少的滥用申请权现象，不进行适当限制，不利于我国政府信息公开制度对促进透明政府、责任政府和廉洁政府建设方面的价值。如印度一法院判决所言，不加思考和不切实际地要求通过信息公开法公开各式各样与推进透明政府、责任政府和廉洁政府无关的信息将起反作用。[1] 单从个人申请量来看，各种疑似申请权滥用行为在我国各地都有发生，其中以上海最为典型。从上海某区情况来看，跨度三年（2009年7月-2012年6月）共有5182件来自个人的申请。突出的是，共有11个来自市民的申请人成了"申请专业户"，占了个人申请量的37.23%，高达1929件。其中有一位申请人的申请量最多，占了其中的30.2%。其他人的申请都在70件以上。[2] 上海其他区也出现了类似情况。其中一区2014年全年共有704件来自个人的申请。申请量排前五位的申请人占了个人申请量的36.51%。其中一个申请人，2014年递交了72件申请，占了个人申请量的10.23%。排名第二、三位的申请人实为父子俩，共递交了119件申请，合计占了个人申请量的16.90%。[3] 这些来自个别申请人的大量申请导致行政机关疲于应付，各部门主动公开工作也因此受到影响。[4] 这违背了我国突出以主动公开为核心的信息公开法[5] 的设计初衷。一些部门的政府信息公开申请量负担过重，相应人力物力难以承载其重，其核心职能也因此受影响。有些机构由于每天都面对那些老面孔，甚至开始怀疑政府信息公开的真正价值所在。[6]

其次，由于现有制度设计不能有效控制政府信息公开申请量和答复量，结果导致基于重复申请、非政府信息公开申请等程序性不予公开理由的高答复比率。以上海过去十年数据为例，信息不存在、申请内容不明确、非本机

---

[1] See http://www.the-laws.com/Encyclopedia/Browse/Case? CaseId=812102063000, Retrieved 2015-07-28.

[2] 参见肖卫兵："上海政府信息公开十年：成就、挑战和前瞻"，载《电子政务》2014年第10期。

[3] 该组数据来自上海市某区的调研。

[4] 参见肖卫兵："信息流通视野下的政府信息公开制度实施：以上海市A区为例"，载《中国行政管理》2014年第7期。

[5] See Xiao Wei-Bing, "China's Limited Push Model of FOI Legislation", *Government Information Quarterly* 27 (2010), p.346.

[6] 这些看法来自微信政府信息公开群的一些线上讨论，也有的来自和政府信息公开工作人员之间的交谈。

关公开职责权限范围、其他（包括非政府信息、非政府信息公开申请、重复申请、不符合三需要等）这四种答复理由占到了所有答复总量的39.23%。信息不存在理由占到了所有不予公开答复总数的30.23%，比例最高。其次是非本机关公开职责权限范围，达到25.20%。申请内容不明确和其它占比不相上下，占比超过17%。[1]这样一个高答复比例，意味着目前的制度设计无法有效降低政府信息公开申请量和答复量。

最后，在缺乏法律明确规定情况下，为了降低这些特定人群的申请量，各地也采取了一些应对措施，但是目前这些临时措施并不能从根本上解决申请权滥用问题。遇到纠缠申请时，行政机关可以以"非政府信息公开申请"进行答复，但这只适用于申请人申请内容不明确情形。对于申请人申请内容明确的申请则不适用。同样的，行政机关也可对依据国办发〔2008〕36号文对重复申请采取一定限制措施，但是重复申请本身就很难认定，多大程度上构成重复，申请人随意添加删除几个字就可造成重复申请的认定难题。另外，重复申请本身只是申请权滥用的一种，无法涵盖所有滥用申请权行为。也有援引生产、生活和科研需要，即"三需要"，对滥用情形进行限制。单纯从申请目的角度限制申请人的做法也难以得到有力支撑，加之"三需要"本身的证明门槛其实并不高，也难以达到规制效果。例如，大量的借助信息公开针对新中国成立后落实"私房政策"等行为就难以基于此得到有效控制。也有意图通过收费机制进行限制。但是目前的收费不是绝对的，经济困难的申请人可以要求免费。我国还和国外情况不同，很少有因收费过高导致申请人放弃申请的情况发生。更多滥用是在低收费甚至不收费情况下发生。由于出具相关免费证明过于容易，也使得收费机制难以制约申请权滥用行为。也有探索通过建立黑名单制度，限制一些特殊申请人的申请，但是这种做法由于得不到类似像澳大利亚那样的立法支撑，同时也因直接针对申请人进行的限制而饱受质疑。并且实践过程中这种基于人而不是基于申请的做法很容易造成行政机关滥用权力。

（二）我国政府信息公开申请权滥用行为发生的特殊性

对申请权滥用行为进行规制不得脱离我国实际情况，甚至有些地方如上

---

[1] 参见肖卫兵："上海政府信息公开十年：成就、挑战和前瞻"，载《电子政务》2014年第10期。

海多年来的信息公开实践给我们分析我国实际情况提供了丰富素材。这些实际情况在我们思考对申请权滥用行为进行规制时不可忽略。

首先，历史信息公开一直是条例实施以来一个难点。个别申请人围绕一些历史遗留问题反复提出各种申请，致使行政机关疲于应付。历史信息公开问题需要更多解决方案，对申请权滥用行为进行规制就是一种。我国《政府信息公开条例》并未依据法不溯及既往原则，将《政府信息公开条例》实施前制作或获取的政府信息排除在申请范围之外。针对落实私房政策等历史信息所提出的申请以及随后的复议诉讼给实践部门带来了不少困扰。上海政府信息公开第一案，即董铭房产档案信息查询案就是例证。我国既然已经开了对历史信息进行申请的口子，就只有依托其他机制更为系统解决历史信息公开问题。目前的依托房产档案查询和信访查询等其他法律法规规定是一种解决方案，但还存有不足。申请人可以围绕相关话题一而再再而三提出不同申请，行政机关仍旧无计可施。从更好解决历史信息公开问题这点考虑，在我国对申请权进行适当限制是必要的。

其次，我国政府信息公开工作还处在初步，透明度还不高，加之行政机关现有行政行为还和信息公开要求存在落差，导致正常的以信息为诉求的政府信息公开申请也无法得到满足。以上海为例，同意公开包括全部公开和部分公开。全部公开答复占比在58.44%，接近及格线水平。但是，结合历年答复情况来看，全部公开所占历年依申请答复量的比例却呈现下降趋势。就部分公开而言，过去十年部分公开答复占比微小，均值在3.06%。最低年份只有1.23%，最高年份也仅有5.49%。加之我国以主动公开为主的信息公开立法在主动公开工作方面还有很大提升空间。节选式主动公开以及未照顾到公众需求的主动公开都只会催生更多的申请。[1]这类疑似纠缠申请很有可能是一种对行政机关提升透明度的合理的"倒逼"行为。在如此现状下，不得不提醒我们构成申请权滥用的标准或门槛在我国应宜高不宜低。

最后，现有政府和公众沟通的包括信访、复议诉讼等其他渠道不畅导致政府信息公开承载了过度的压力，信息公开俨然成为公众与政府有效对话的一条重要渠道。在我国，所申请的信息更多是房屋动拆迁补偿信息，被申请

---

〔1〕 参见肖卫兵："主动公开与被动公开关系辨析"，载《电子政务》2013年第2期。

部门集中在住房保障、规划和建设部门。[1] 这意味着我国众多疑似滥用申请权的申请人更多是在自身利益被认为受到侵害前提下，不得已转向信息公开这根"救命稻草"。因此，我国政府对申请人的滥用申请行为应有更高的忍受度，对申请人的滥用申请行为规制则应更为谨慎。江苏省南通市港闸区法院的相关裁制，其考量因素似乎也并不周全和严谨。其判决理由主要是从申请人的申请目的、申请行为、申请内容等申请特征角度，而不是从申请所给行政机关造成的严重后果角度对申请人的申请权利进行限制。江苏省南通市港闸区法院认为申请人背离《政府信息公开条例》立法目的，任凭个人主观意愿执意不断提出申请的做法，构成了获取政府信息权利的滥用。构成申请权滥用的典型特征可以从申请人申请行为、申请目的和所申请信息三个方面进行判断。从申请人申请行为来看，特殊表现是申请次数众多和申请内容多有重复；从申请目的来看，特殊表现是申请人背离了政府信息公开制度立法宗旨，企图通过政府信息公开制度实现其他如翻旧案等目的；从所申请信息来看，申请人的申请内容包罗万象，并申请那些明知不属于《政府信息公开条例》所规定的政府信息。[2]

(三) 我国规制申请权滥用行为的立法建议

未来修改《政府信息公开条例》时，有必要在条例当中规定行政机关没有义务答复来自申请人的纠缠申请，但是在作出决定之前，需要取得上级主管部门的同意。同时，行政机关应当向申请人出具认定为纠缠申请的告知书，在告知书中详细解释认定依据、认定理由以及认定不服后的救济措施。将来还有必要通过修改《行政复议法》和《行政诉讼法》，将纠缠申请的认定结果和滥诉行为禁止结合起来，从而达到最有效的规制效果。当然，规制申请权滥用行为还需考虑方方面面的程序和实体问题，具体包括：

第一，将申请权滥用情形作为程序性或行政性不予公开理由（Procedural or administrative reasons）之一种进行统一立法。我国《政府信息公开条例》并没有将程序性不予公开理由进行统一规定，有些程序性不予公开理由则没

---

〔1〕 参见肖卫兵："上海政府信息公开十年：成就、挑战和前瞻"，载《电子政务》2014年第10期。

〔2〕 参见陆红霞诉江苏省南通市发展和改革委员会，江苏省南通市港闸区人民法院行政裁定书，（2015）港行初字第00021号。

有规定。依据国外相关立法，这里的程序性不予公开理由包括非本机关公开职责权限范围、申请内容不明确的申请、口头申请、超过最高收费的申请、重复申请、纠缠申请、[1]信息不存在、需要实质性加工汇总整理、不久将主动公开等理由。[2]不同于商业秘密、个人隐私等实体性不予公开理由，行政机关启用程序性不予公开理由时，不必受制于公共利益衡量（Public interest test），即不需在公开的公共利益和不公开的公共利益间进行权衡后作出答复决定。同时对于这些不予公开理由，行政机关应在答复前后通过多种形式的便民服务获得申请人更多理解和配合。[3]还有就是在运用程序性不予公开理由时，需要考虑各种理由，包括滥用申请权和重复申请、最高收费之间的协调性，通过合理使用纠缠申请认定机制降低我国目前这种非常高的程序性不予公开理由答复量。

第二，行政机关认定纠缠申请不应基于申请人，而应基于申请人所递交的申请作出。避免对申请人的申请权构成过度限制。行政机关应该考虑到申请人申请的具体情形，而不是排除一切来自该申请人的申请的简单方式导致限制甚至取消申请人正当的申请权。这意味着类似澳大利亚那样的黑名单做法不应提倡，避免实践过程中已经出现的这种"因人"而不是"因事"作出不同等对待。现有关于"职业申请人""刁民"或"无赖"的提法就是例证。同时，考虑到认定纠缠申请本身也可包含了针对琐碎信息的申请，加之琐碎信息的判断易被滥用以及我国政府信息公开尚处于起步阶段，同时考虑到指向类似的琐碎信息的政府数据开放已然是未来发展方向，故也不必像新西兰那样分申请和信息两个角度进行立法。

第三，行政机关应当基于申请人申请所造成的重大后果角度，在权衡其他包括申请人申请背后所涉及的申请信息、申请目的、申请人申请行为等诸多因素后判断一项申请是否构成纠缠申请。所申请信息主要从是否是不知所云等造成行政机关难以判断其申请内容进行考虑。虽然从国际惯例上看，信息公开法不要求了解申请人的具体申请目的，但是在判断纠缠申请时，行政机关有必要通过沟通更全面掌握申请人申请目的。如果了解到申请人明确表

---

[1] 这些种类出现在英国的信息公开法当中。参见英国信息公开法 Part I 中的相关条款。

[2] 这些种类出现在新西兰的信息公开法当中。

[3] 参见肖卫兵："论便民原则在政府信息公开申请答复中的适用"，载《河北法学》2014年第4期。

示陪政府玩玩这类申请目的，这就为行政机关判断纠缠申请提供了依据。考虑到我国实际情况，来自同一家庭成员的申请数量和行为可予以综合考虑，评估其影响。同时，这里尤其需要强调申请人的申请所造成的后果的严重程度，如果只是因为申请人的一次申请的信息居多，给行政机关带来了一定的工作压力就认定为纠缠申请则难以站得住脚。

第四，辨别纠缠申请和重复申请之间的内在关系。申请人的重复申请在一定程度上也可构成纠缠申请，只要该申请对行政机关构成了一定程度不可忍受的干扰效果。但是重复申请不一定构成纠缠申请，也不是纠缠申请的全部。重复申请和纠缠申请同属两个并列的程序性不予公开理由，相互之间不具可替代性，反倒可以形成互补，引导申请权的正当行使。例如行政机关有义务首次以告知书形式告知申请人该纠缠申请认定行为。但是对于未来如果申请人还是就类似事项提出申请，行政机关就可以不必再次告知，只需留存相关资料即可。通过设置一种针对纠缠申请所申请信息的终结答复程序顺畅政府信息公开申请受理流程。

第五，改革现有收费机制，和纠缠申请认定保持配套，避免用收费吓退申请人。对于单次申请超过了行政机关所能收取的最高收费的，行政机关可以依据收费规定拒绝申请。行政机关也可在规定时间内对所申请内容相似的申请进行累计收费。在和纠缠申请理由比较时，能够用收费规定拒绝的，优先考虑收费方面的规定，尤其当仅存在申请人的申请处理将对行政机关构成巨大负担时。但要指出的是，我国实际情况是大量的疑似滥用申请权的申请其实都未超出行政机关的最高收费，达到最高收费的申请只在少数。这就意味着从最高收费角度解决我国申请权滥用方面收效不应过于乐观。除非在现有收费结构之外对申请人的申请收取一定的受理费，但是该种收费方式仅之前在澳大利亚和爱尔兰等少数国家有所采用，并且这些国家的后续改革也考虑修正甚至废除受理费这一收费模式。

第六，行政机关应区分申请所指向的信息是否是应主动公开还是依申请公开信息。江苏南通的例子则对此未作任何区分。如果申请所指向的是主动公开政府信息，行政机关应该告知申请人该政府信息已经主动公开，可通过其他渠道获取。对于这类申请，则无论如何也不能判定其属于纠缠申请。将所申请的应主动公开政府信息排除在纠缠申请认定之外是考虑到我国目前政府信息公开尚处初级阶段。这就意味着应该更大程度允许来自民众更多申请，从而倒逼行政机关提升透明度。

第七，应对行政机关认定申请权滥用行为有所制约，将纠缠申请控制在极少数范围内。一个制约措施就是行政机关在以该理由答复申请人时，需要通过和申请人沟通，在申请人申请内容不明确时有义务提供帮助，给申请人提供一次修改其申请的机会等措施降低申请人的不满。即应当贯彻落实《政府信息公开条例》所规定的便民原则，在作出纠缠申请认定之前对申请人提供足够的便民服务。当然，除此之外，在行政机关不得不以该理由答复申请人时，其还应取得上级主管部门的同意。通过内部审查进一步降低行政机关错误使用甚至滥用该限制措施。最后是通过加强行政机关在告知书中的认定理由方面的解释说明义务，即认定为纠缠申请的理由应具体、特定并具说服力。[1] 考虑到我国各级行政机关在答复申请人时普遍存在说理性欠缺的问题，这种要求也是一种通过提高行政机关启动该规定的门槛，从而更好保障申请人的申请权。

第八，仅凭法律的一两条规定难以给实践部门提供具体的指引。因此，需要在积累大量案例基础上，由政府信息公开主管部门出具关于认定纠缠申请的操作指引并以一定方式向公众公开。这不仅可以规范实践运用，也可引导申请人提出正确的申请。同时，这些操作指引也并不意味着是一劳永逸的，可以随着具体情况的变迁而做相应调整更新。认定为纠缠申请数量多的部门甚至还可有自身的操作指引，突出个性和具体例子方式提醒潜在申请人申请时注意。

四、结语

《政府信息公开条例》制定之初，我们更多只能依赖国外的立法和实践，国内实践几近空白。现如今，我们在考虑修改《政府信息公开条例》时，则更多应基于本国实践，以问题为导向，着力解决政府信息公开领域的突出问题，这其中就包括申请权滥用问题。解决这一问题的总体思路应是将申请权滥用情形作为一种程序性不予公开理由予以立法。判断是否构成申请权滥用行为，则应围绕申请本身，结合申请所造成的重大后果进行判断。同时，还

---

[1] 苏格兰信息专员在其2013年最近颁布的关于纠缠申请认定的指引当中更是强调了这点。参见 http://www.itspublicknowledge.info/home/News/20130401.aspx, Retrieved 2015-03-14.

应注意和重复申请进行区分，通过完善收费机制、落实帮助义务以及向上级主管部门报告机制尽可能减少申请权滥用行为方面的认定。总的来说，对这一问题的有效解决，有助于破解现有条例实施过程中的困境，从而最大化发挥条例在大数据时代下对促进信息流动方面的应有价值。

CHAPTER21 第二十一章
政府信息概念*

摘　要:《政府信息公开条例》第2条关于政府信息概念条款在实践中产生的争议较多，理论研究尚有不足。我们通过分析实践产生的874件相关案例，梳理总结出我国目前关于政府信息定义理解方面的非政府信息和非申请两种视角。这两种视角下又可细分多种类型。结果表明，现有实践已经将《政府信息公开条例》第2条定义条款演变成不予公开理由的兜底条款。未来可考虑删除"履行职责"限定，并在该定义之外，通过完善例外规定和增加排除适用条款，提升政府信息概念条款适用性。

《政府信息公开条例》已纳入修改议程。在这一契机下，我们有必要从实证角度考察《政府信息公开条例》各条款实施以来所遇具体问题并提出完善建议。实践过程中，针对《政府信息公开条例》第2条政府信息概念条款被援引作为法律依据答复申请人的例子颇为常见，由此产生的争议也较多。考虑到现有研究不足，我们依据公开的裁判文书数据，开展针对第2条概念条款适用的实证研究，从中提出相关对策建议，为《政府信息公开条例》修改时参考。

---

* 本章成果已在《中国法律评论》2016年第4期上发表。题目为《政府信息概念：基于874件诉讼案例的实证分析》。

一、政府信息概念现有研究述评

（一）现有研究概述

现有关于政府信息概念的研究大多围绕三个方面展开。一是对政府信息概念界定的重要性和难度方面的研究。王敬波教授在《中国行政管理》一文中认为：政府信息的定义事实上成为决定政府信息公开范围的前提和基础。她认为《政府信息公开条例》通过一个相对宽泛的政府信息定义为"公开是常态，不公开是例外"原则的发展创造了条件。也有人认为，界定申请公开的适用对象是政府信息公开制度的核心。这些事实和论述说明了厘清政府信息概念十分重要。但同时，大家也意识到界定清楚这一概念是个挑战。最高人民法院李广宇副庭长在其《政府信息公开判例百选》一书当中就指出：司法审查中一个令人头疼的问题就是甄别形形色色的"政府信息"。

二是对政府信息概念实践中所遇问题的归纳总结。针对《政府信息公开条例》第2条政府信息概念的理解，有一类研究通过实证方式，对实践中引发的关于政府信息概念理解的诸多问题予以归纳。上海市法制办在2012年开展的《政府信息公开条例》立法后评估工作当中就指出，实施中的问题包括与民事信息、内部信息、过程性信息、党政混合信息、档案信息、信访信息这类信息和政府信息的区分存在难度。青岛市中院在关于政府信息公开诉讼案件审理问题的调研当中就指出监察建议信息、刑事执法文件信息、内部管理信息是否属于政府信息？司法实践中对获取信息如何准确理解？这些实践问题的提炼为理论研究提供了丰富素材。

三是对政府信息构成要素的研究。基于实践中所遇问题，专家学者对政府信息构成要素进行了系统研究。基于我国《政府信息公开条例》第2条将政府信息界定为行政机关在履行职责过程中制作或者获取的，以一定形式记录、保存的信息。研究中大多主张四要素说。这四要素包括信息产生主体、产生过程、产生方式、存在形式。也有人认为，界定政府信息需要考虑信息主体、职责、来源和载体四个要素。四要素说从《政府信息公开条例》第2条的定义出发，基于字面角度进行拆分后理解政府信息。也有主张五要素说，包括信息拥有主体、信息性质、信息产生方式、信息存在形式、所对应权利。上海市法制办就持这一说。五要素相比四要素增加了一个所对应权利，即强调公开主要是公众享有知情权的信息。最后还有三要素说,即包括主体、内容、形式三个方面。三要素说省略了信息产生方式。还有一种将产生过程和产生方式放在一起讨论的三要素说。

围绕这些要素,大家都进行了深入探讨。对于产生主体、存在形式和产生方式,大家的认识趋于一致。政府信息的主体为广义的行政机关,不仅包括各级人民政府及其组成部门,还包括法律法规授权管理公共事务的组织。存在形式上,政府信息是以一定形式记录、保存的信息。"一定形式"可以是纸质文本,也可以是电子介质,或者是其他可感知的载体。产生方式包括制作或获取。大家的分歧主要集中在产生过程,即对"履行职责"(以下简称履职)的理解。有一种观点认为,履职可从宏观、中观和微观三个层面进行认识。实践中,"履职"常被理解成履行行政管理职责这种微观理解。

(二) 现有研究评介

现有研究尚有一些不足。一是在政府信息构成要素上的认识不够统一。无论是四要素说,还是五要素、三要素说,哪一种更接近于实践或者还有其他要素未被考虑到以及如何组合更为合理,我们难以评判。这就要求围绕具体案例开展实证研究,而不局限于从理论上或字面上理解政府信息概念。

二是对《政府信息公开条例》第2条的理解是否全面,值得进一步研究。该条的理解是否只有"非政府信息"这个视角?实践过程中有没有出现其他视角?比如大家常见的针对咨询类申请的答复,第2条是否可援引的法律依据?似乎没有人对此进行过回答。这就需要从实践出发,探究第2条在实践中出现的各种适用,进行系统的梳理分类后,作出相对准确的回答。

三是现有研究方法还有待创新。现有围绕第2条政府信息定义的案例研究存在不全问题,有的也仅从个案出发进行探讨。但是条例实施多年后,似乎需要更强有力的案例支撑。本研究试着从较为全面的案例分析当中重新理解政府信息概念。基于易用性和完整性考虑,我们基于Openlaw库收录的裁判文书,整理出涉及政府信息概念的874件最为相关案例。基于此更为全面分析条例实施以来对规定在第2条的政府信息概念的具体理解。

二、政府信息概念诉讼案例的实证分析

（一）对政府信息概念理解的两种视角

1. 两种视角

通过研读这874件案例，我们发现，实践过程中主要基于两种视角理解《政府信息公开条例》第2条中所规定的政府信息概念。一个从是否是政府信息，即"非政府信息"角度进行理解，这个视角是目前研究探讨最多的；另一个从是否是政府信息公开申请，即"非申请"角度进行理解。非申请这个角度是现有研究所未涉及的视角。这两个视角下还可以作细分（表1）。

表1 政府信息概念理解的两种视角

			1	2	3	4	5	6	7	8
1 非政府信息	1.1 产生过程	是否属于履职范围	内部管理信息或内部信息	过程性信息	民事信息	刑事侦查	法律法规未规定	受委托	新中国成立前	其他
	1.2 产生主体	非行政机关	党委部门	司法机关	村居委	公司	其他组织	人大		
	1.3 产生方式与存在形式	不以一定形式制作或获取	非现有（未加工汇总）	未制作或获取（信息不存在）	尚未制作或获取	无证据证明制作或获取	制作未保存	非获取（代管、保管、收集、备案除外）	口头	
2 非申请	2.1	咨询								
	2.2	申请内容不明确								
	2.3	无申请内容								

2. 非政府信息视角解读

第一个视角是从"非政府信息"进行理解。如果申请人申请所指向的信

息不属于政府信息的话，行政机关就会以非政府信息答复申请人。实践过程中主要从政府信息的产生过程、产生主体、产生方式与存在形式这三方面判断一项所申请的信息是否是政府信息。这和之前研究所探讨的各种要素说均有所不同。

　　行政机关通常的判断思路是，第一步是产生主体，如果属于1.2类别里的非行政机关，则直接答复非政府信息不予公开。第二步，如果产生主体没有异议，则从产生过程，即是否是行政机关的履职范围，进行判断。如果属于1.1所列的八种情形之一，行政机关则以"非政府信息"答复申请人。另外，实践过程中对履职的判断角度有从对内对外、过程和结果、履行法定行政职责和履行法定职责、行政活动和民事活动、直接履职和与履职相关、新中国成立前和新中国成立后等。如果所申请的信息属于行政机关履职范围，则进入第三步，从产生方式及存在形式进行判断。产生方式限定为行政机关制作或获取。如果属于行政机关收集、代管或保管的，则不符合政府信息的产生方式。对存在形式的理解，实践中认为所申请的政府信息应是客观存在。如果需要行政机关加工汇总的非现有，则不属于；如果所申请的政府信息行政机关制作但未保存、未制作或获取，即不存在，则不符合客观存在的理解；另外，所申请的政府信息行政机关尚未制作或获取，属于将来时，也不符合客观存在的理解；口头表达，属于不以载体的客观存在；还有一种特殊情形，如果申请人无证据证明行政机关制作或获取了所申请信息，法院也支持行政机关"非政府信息"答复。

　　这与之前研究政府信息构成要素主要的区别在于第三步的产生方式和存在形式。产生主体和产生过程都可独立存在。产生方式和存在形式更多时候粘连在一起。除了代管、保管、收集等非获取这种情形之外，其他的制作或获取情形都和信息不存在相关，体现的是信息不存在的各种情形，与存在形式密不可分。现有研究将产生方式和存在形式这两种情形进行切分不符合实践过程中的判断思路和流程，反倒会造成处理上的紊乱和过分繁琐。

　　基于表1，我们发现，自《政府信息公开条例》实施以来，"非政府信息"视角占了较大比例（87.5%）；发生时间早，从2008年就有案例。如果做进一步细分的话，不难发现，由产生过程所发生的诉讼案例最多，占比达到64.41%。产生主体次之，但和产生方式与存在形式之间数量相差不大。

　　就产生过程来看，居前三位的纠纷是内部管理信息、民事信息、过程性信息。就产生主体来看，居前三位的纠纷是村居委、人大、党委制作或获取的信息。就产生方式与存在形式来看，居前三位的纠纷是关于未制作或获取导致信息不存在、需要加工汇总非现有、尚未制作或获取三类。如下是各类型纠纷数量表。

表2 非政府信息视角各类型案例数量

	2011年前	2011年	2012年	2013年	2014年	2015年	数量
1	44	15	57	114	458	82	770
1.1	26	8	34	94	264	70	496
1.1.1	5	0	13	38	69	24	149
1.1.2	0	0	6	11	54	7	78
1.1.3	4	3	9	18	17	3	54
1.1.4	7	3	0	9	71	35	125
1.1.5	6	2	3	9	10	0	30
1.1.6	0	0	0	0	2	0	2
1.1.7	0	0	0	3	1	0	4
1.1.8	4	0	3	4	40	1	52
1.2	11	1	16	6	134	3	171
1.2.1	1	1	14	1	11	0	28
1.2.2	0	0	0	0	4	0	4
1.2.3	1	0	0	3	55	2	61
1.2.4	0	0	2	0	6	1	9
1.2.5	0	0	0	2	12	0	23
1.2.6	0	0	0	0	46	0	46
1.3	7	6	7	14	60	9	103
1.3.1	5	5	3	6	13	5	37
1.3.2	2	1	1	8	33	3	48
1.3.3	0	0	0	0	7	0	7
1.3.4	0	0	1	0	1	0	2

续表

	2011 年前	2011 年	2012 年	2013 年	2014 年	2015 年	数量
1.3.5	0	0	0	0	1	0	1
1.3.6	0	0	2	0	5	0	7
1.3.7	0	0	0	0	0	1	1

3. 非申请视角解读

第二个角度是从"非申请"进行理解，涉及案例111件，含7件和第一个角度重复的案例。该视角可细分成三种情形：一是所申请的政府信息非客观存在，被判断为属于申请人提出的"咨询"。这类申请要么要求行政机关就申请人申请所提出的问题作出选择性答复；要么要求行政机关就申请人申请提供解释。该情形容易和第一个角度的第三种情形中的第一类（1.3.1）混淆。这是因为两种情形同指的是所申请的政府信息非客观存在。二是申请内容不明确。这其中包括申请人补正后仍达不到明确要求以及申请人放弃补正情形。三是申请人的申请无申请内容。这主要涉及申请人提出的是非政府信息方面的其他诉求。相比而言，第一种情形出现的最多，共有73件，占比达到65.77%。第二种情形次之，共有35件，占比31.53%。需要指出的是，这其中包括一些两个角度都涉及的案例。第三情形只有3件，发生纠纷的情况并不典型。

（四）法院纠错类型分析

在874件案例当中，与政府信息概念认定最为相关的纠错案例共有22件，主要有八种类型。第一种是内部管理信息认定问题，共有2件。在（2013）浦行初字第198号和（2014）江中法行终字第1号案中，行政机关分别认为万祥镇区域内河道整治的相关信息和《关于梁其器的房屋材料》属于行政机关在日常工作中制作或者获取的内部管理信息未得到法院支持。法院认为内部管理信息，通常应当是与公共利益无关，其效力应当仅限于行政机关内部，是行政机关在内部管理过程中制作和形成的信息。基于此判断标准，如上所涉及政府信息不属于内部管理信息。

第二种是关于过程性信息认定问题，共有6件。其中3件被法院认为《政府信息公开条例》第2条不能作为过程性信息的依据，见（2013）金行初字第 11 号、第 12 号、第 13 号判决。3 件从过程说角度认定过程性信息。行政机关因持相反的状态说未得到法院支持，分见（2014）未行初字第 00038 号、（2014）榕行终字第 83 号、（2015）榕行终字第 129 号判决。这在最高人民法院 2014 年发布的政府信息公开十大案例当中已有体现，即认为过程性信息指的是行政决定尚在作出过程期间的信息，一旦决定作出，则公众就有权了解决定的过程，所以过程性信息应当仅为信息本身的形成状态，取决于行政行为是否仍处于处理过程中，而非指行政决策或行政决定作出过程中形成的各种政府信息。

第三种是民事信息的认定问题，共有 4 件。1 件涉及行政机关作为民事主体向房管局提出的拆迁期限延长申请信息被法院认定为民事信息，从而撤销了该行政机关以政府信息答复并公开的行为，见（2011）黄浦行初字第 17 号判决。1 件涉及土地使用权出让合同，在（2014）张开行初字第 15 号案中，法院认为该行为属于行政许可，行政机关认定为民事合同不当。1 件涉及拆迁安置协议，行政机关认为属于非政府信息，被法院撤销，见（2009）沪二中行终字第 217 号判决。还有 1 件因是物业部门这类非行政主体制作的信息被判断为政府信息，法院认为有误，如（2015）三中行终字第 122 号判决所述。

第四种是关于刑事侦查信息认定问题。法院认为 110 报警记录和处警记录系公安局根据《人民警察法》和《110 接处警工作规则》在履行职责过程中制作记录的信息，其载明的内容包括报警、接警、处警的基本情况以及处警经过、结果等，属于政府信息的范畴。因此此类信息被认定为非政府信息有误，如（2015）鄂武汉中行终字第 00088 号和（2015）鄂武汉中行终字第 00090 号判决所述。

第五种是党政混合信息的认定问题，共有 2 件，分见（2014）郑行初字第 323 号和（2014）开行初字第 00097 号判决。党委部门和行政机关联合发文的党政混合文件，法院认为行政机关作为制作机关之一，有义务公开。

第六种是关于履职的认定问题，共有 4 件。在（2013）甬镇行初字第 32 号、（2014）宽行初字第 18 号、（2014）港行初字第 00180 号和（2009）杭上行初字第 42 号判决书中，法院分别认为被拆迁房屋测绘评估等资料和其他被拆迁人安置补偿情况、房屋拆迁征占等问题、行政机关签署了意见并加盖公章的认可行为、裁决机关听证主持和裁决人员的组成信息都属于行政机关履职行为，被认定为非政府信息有误。

第七种是关于尚未制作导致信息不存在情形的认定问题。在（2014）东行初字第146号一案中，法院认为行政机关应存有涉诉地块的权属信息，但以某公路改造工程建设未依法实施征收，该公路改造工程用地性质、土地现状未依法发生变更，其没有该公路改造工程用地依法变更后的权属信息，而认为原告申请的信息不是政府信息，理由显然不当。

第八种是关于备案作为获取方式的理解问题。依据《城市房屋拆迁管理条例》第13条第1款规定，补偿、安置协议订立后，可以向公证机关办理公证，并送房屋拆迁主管部门备案，故所涉行政机关具有获取本案所涉房屋拆迁补偿安置协议的法定职权。备案属于获取方式一种，行政机关以非政府信息答复有误，见（2014）港行初字第00182号一案。

三、我国关于政府信息概念理解的现存挑战及修改建议

（一）现存挑战

《政府信息公开条例》第2条有关政府信息概念的界定条款并没有为"公开是常态，不公开是例外"原则的发展创造了条件。该条也并不是仅仅作为概念界定条款存在，而是作为诸多不予公开理由的直接依据，是《政府信息公开条例》第14条和第8条不予公开理由规定之外的重要补充，很大程度上成为界定政府信息公开范围的附属品。这加剧了第2条实践适用上的困难，主要体现在：

一是是否属于行政机关履职范围的判断标准复杂多样，难以把握。这里可归类的有内部管理信息、过程性信息、民事信息、刑事侦查、其他法律法规规定、受委托和新中国成立前。还有一些难以明确归类的情形。这些类别已经跳出了单纯从"履职"概念上理解的范畴，拓展成从内外、性质、时间、相关性等多维度进行解释。这足以证明"履职"的理解就像个大口袋，在标准不明情况下，不仅存在行政机关判断困难和不统一，而且也存在随意解释情形。

二是本属法定例外的过程性信息和内部管理信息在我国《政府信息公开条例》规定缺失的情况下，行政机关只能援引第2条从政府信息概念出发予以适用，无形中增加了该条负担。同时，因概念界定本身的过于简单也给实践造成了适用困难，加上缺乏损害衡量机制，易使这类例外被绝对化，甚至内部管理信息或过程性信息是否属于履职，内部管理信息和过程性信息的区

分都存在不少争议，结果导致诉讼增多，被法院纠错概率也高的后果。最为突出的是，有的法院认为仅凭第 2 条，无法推断出其可作为内部管理信息或过程性信息例外的法律依据。

三是政府信息概念构成要素当中的"产生方式与存在形式"，容易和信息不存在答复混淆。未制作或获取、尚未制作或获取是信息不存在的两种常见情形。除此之外，无论是未加工汇总导致的非现有，还是制作未保存都应是信息不存在情形。如何通过清晰界定信息不存在情形，提升实践适用是需要考虑的。

四是党政混合信息的公开也是实践的判断难点。从产生主体来看，不同于纯粹由党委部门所制作的文件，行政机关也是联合制作主体之一。并且这类信息在我国大量存在。诉讼案例当中也有所涉及。未来在条例当中如何实现这类信息的公开突破是需要面对的。

五是对加工汇总的理解过于简单，不易被大众所接受。实践中因此产生的争议也不少。在现如今信息化日益向纵深发展的时代背景下，从电子文件中抽取申请人所需要的关键信息并不会给行政机关带来巨大负担。过往理解的简单的加工汇总也不允许是否还得坚持值得重新审视。

六是咨询类申请争议大。咨询类申请从一开始就伴随着条例的实施。该类申请实践过程中不仅不可避免，而且还占了一些行政机关申请受理工作的不少比重，所发生的诉讼比例也较高。

（二）修改建议

现有对"履职"的理解五花八门，难以统一。未来修改条例时，建议删除"履职"限定，将政府信息定义为"行政机关制作或获取的，以一定形式记录、保存的信息"。在该定义之外，建议采用完善例外规定和排除适用条款予以补充，同时考虑涵盖党政混合信息。具体包括：

一是将内部管理信息和过程性信息作为独立例外进行规定。如此做可以减轻现有适用第 2 条政府信息概念进行答复所带来的弊端。内部管理信息和过程性信息例外也是国外立法的常见例外，并非我国独有。同时，针对这些常见例外进行立法也可提升适用。例如，通过明确过程性信息的判断标准，以过程说和损害衡量增强实践过程中的适用。

二是在《政府信息公开条例》第 2 条政府信息定义条款当中将一些情形

单列，排除其适用。这些情形包括：1. 行政机关作为民事主体所产生的民事信息；2. 公安部门行使刑事侦查司法功能所产生的信息；3. 新中国成立前所制作或获取的信息。这些情形实践中出现频率高，予以单列利于实践操作和公众理解。

三是通过具体列举信息不存在的各种情形，减少基于政府信息的"产生方式与存在形式"所进行的答复频率，将产生方式与存在形式方面的适用限定在非获取情形和口头形式。行政机关依据《政府信息公开条例》第2条简单以信息不存在答复申请人，极易导致申请人不理解。行政机关本身也难以准确地从第2条政府信息定义出发推论出所总结的各种信息不存在情形，难免"张冠李戴"。因此有必要通过列举信息不存在的各种情形，增强信息不存在答复说理性。

四是明确非申请答复的具体情形，单列一款进行规定。这些情形包括：1. 不能指向特定政府信息的咨询；2. 申请内容不明确，经过补正后仍达不到明确要求；3. 以政府信息公开申请名义提出了其他利益诉求。如此规定有助于解决现有从政府信息定义条款寻找法律依据之弊端，提升实践中的准确适用。同时，解决政府信息定义和政府信息公开例外相互混淆问题。

CHAPTER22 第二十二章
国家安全例外 *

摘　要：2015年出台的新国家安全法对"国家安全"首次进行了界定。该界定有助于解决《政府信息公开条例》第8条当中所规定的"三安全一稳定"例外的具体实施问题。随着《政府信息公开条例》被提上了修改日程，未来有必要修改条例第8条，以国家安全例外融入国家秘密等其他政府信息公开例外立法当中，同时有必要对国家安全机构是否是信息公开义务主体以及信息存在与否不确认机制进行明确。

2015年7月1日，我国新的《国家安全法》得以通过实施。这次《国家安全法》的出台有很多亮点，其中一个最大亮点就是对"国家安全"这个术语进行了首次界定。[1]这一界定对规范《政府信息公开条例》第8条所规定的"国家安全、公共安全、经济安全和社会稳定"例外，通称"三安全一稳定"例外或不予公开理由的具体适用提供了指引。有助于解决该条在实施过程中所遇到的诸多困难。我国正在考虑修改《政府信息公开条例》，未来有必要对第8条进行修改完善。本章结合新国家安全法的出台就《政府信息公开条例》当中的国家安全例外规定完善进行分析，供大家参考。

---

* 本章成果已在《上海政法学院学报》2016年第4期上发表。题目为《〈政府信息公开条例〉中"国家安全"例外规定的完善》。

[1] 参见李忠："国家安全法的六大亮点"，载《人民日报》2015年7月13日，第11版。

一、《政府信息公开条例》第8条"三安全一稳定"规定的争论评析

一方面,规定在总则部分的《政府信息公开条例》第8条的"三安全一稳定"条款是否是公共利益因素具体化条款,还是作为和其他如国家秘密等例外的一种,可在实践中具体援引适用,一直是研究领域争论的焦点;另一方面,实践中确有行政机关援引该条款答复申请人并产生纠纷的情形。因此,如何界定和理解"三安全一稳定"或国家安全就显得十分必要。

(一)第8条是否可以作为独立例外适用的分歧

我国《政府信息公开条例》在总则中第8条规定了一条不予公开的兜底条款,该条规定:行政机关公开政府信息,不得危及国家安全、公共安全、经济安全和社会稳定。我们通称"三安全一稳定"例外。有关该条规定的争议很大。该条没有规定在第14条当中和国家秘密等不予公开理由并列,而是出现在总则当中。这就产生了一种说法,即认为第8条仅可作为原则规定,不能直接作为政府信息公开实施中的依据。因此,第8条可以视为是政府信息公开中保障公共利益的原则,即在公开政府信息时,不得危及公共利益,而国家安全、公共安全、经济安全和社会稳定则是公共利益因素的具体表现。[1]不过,有学者指出我国现行的《政府信息公开条例》第8条存在逻辑矛盾。[2]这是因为第8条可视为是关于政府信息公开应当维护公共利益的规定,但又是有关政府信息不得公开的规定,可危及后果却无法事先得知。第8条到底是维护公共利益的原则性规定还是一种特殊例外并没有形成统一意见。基于此,最高人民法院出台的《关于审理政府信息公开行政案件若干问题的规定》删除了之前发布的征求意见稿当中的"三安全一稳定"例外。对此,最高人民法院负责人的解释是:在公开征求意见时,多数网民对征求意见稿将"三安全一稳定"解释为例外信息持反对意见,认为"三安全一稳定"并非条例规定的例外信息,司法解释不应妄加限缩。而且,"三安全一稳定"作为不确定法律概念,涵盖的信息范围过于宽泛,且与国家秘密等制度之间存

---

[1] 参见练育强:"《政府信息公开条例》第8条的理解与运用——就周某某不服政府信息公开案的法律分析",载《行政法学研究》2011年第2期。

[2] 参见王锡锌:"信息公开的制度实践及其外部环境:以政府信息公开的制度环境为视角的观察",载《南开学报》2011年第2期。

在竞合关系，没必要单独列举。[1]

不过，依据国务院办公厅2008年发布的《关于实行〈中华人民共和国政府信息公开条例〉若干问题的意见》当中的规定：凡属国家秘密或者公开后可能危及国家安全、公共安全、经济安全和社会稳定的政府信息，不得公开。这一规定事实上将"三安全一稳定"作为保护未能定密成国家秘密的政府信息使用的另外一种不予公开理由。实践中各种涉及第8条的案例因此产生。总的来说，将"三安全一稳定"作为一种独立例外的认识是必要的。这对那些非属国家秘密但又涉及国家安全的政府信息的保护是必要的。如果仅将该条理解成一种公共利益因素的具体列举而不在实践中援引适用的话，则无法在现有框架下对这类非属国家秘密的国家安全信息予以适当保护。

（二）定义和判断标准模糊制约了第8条的实践适用

学理上争论并没有阻碍第8条在实践中的具体援引适用。《政府信息公开条例》自从实施以来，虽然行政机关较少使用该条答复申请人，但并不代表没有，并且相关诉讼随之发生。发生诉讼后，法院判决也涉及"三安全一稳定"各种因素的具体判定问题。这意味着"三安全一稳定"例外的适用可能不再是要不要适用的话题，而是如何适用更好的问题。由于国家安全等数据定义缺失以及判断标准模糊，大家普遍认为第8条在实践中难以适用。政府信息公开是否危及国家安全、公共安全、经济安全和社会稳定该如何判断？有无明确标准？这些因素相互之间是否有竞合？对此《政府信息公开条例》并没有提供可参照的标准和可操作的程序。这就需要行政机关在缺乏判断标准情况下从个案出发进行主观判断，难度可想而知。适用困难所带来的最终结果是出现适用不当，第8条容易成为不予公开政府信息的"口袋"，想不公开的都往里面装，让政府信息公开价值因此大打折扣。好一点的做法是导致实践过程中行政机关慎用或干脆不用"三安全一稳定"答复申请人，保护不了应保护的涉及国家安全的信息。

总之，现有研究表明界定"三安全一稳定"十分必要，何为国家安全，如何判断成为不可回避的话题。这至少从《政府信息公开条例》在实施过程

---

[1] 参见张先明："依法保护公民知情权 助推透明政府和服务政府建设——最高人民法院行政庭负责人答记者问"，载《人民法院报》2011年8月13日，第2版。

中所遇到的适用困境就可得到印证。如下对实践过程中所产生的各式各样案例的分析则从更多细节说明了这点。

二、"三安全一稳定"例外案例概览及适用难点分析

《政府信息公开条例》实施以来,得益于最高人民法院所公布的裁判文书,我们发现,在过去七年(2008-2015)的《政府信息公开条例》实施过程中,有十四个案例是和规定在第 8 条当中的"三安全一稳定"例外直接相关的。这些案例和大量产生的数以万计的政府信息公开案例相比,虽然所占比重非常低,但是却对实践提出了非常大的挑战。

(一)"三安全一稳定"案例总体分析

基于所公布的裁判文书,我们以"《政府信息公开条例》第 8 条"作为关键词进行搜索,截至 2015 年 6 月 30 日,得到了相关案例,之后通过研读去除了一些和该条实际上并不相关的案例,最终删选出了十四个直接相关案例。如下表 1 是这些案例的基本信息。

表 1 "三安全一稳定"案例列表

名称	时间	法院	案号
赵青霞诉北京市规划委员会信息公开案	2014/9/30	北京市西城区人民法院	(2014)西行初字第 370 号
周万山诉北京市规划委员会信息公开案	2014/4/1	北京市第二中级人民法院	(2014)二中行终字第 295 号
任济舟诉中国民用航空局信息公开案	2014/12/19	北京市第二中级人民法院	(2014)二中行初字第 1223 号
华允鉴与苏州市住房和城乡建设局信息公开案	2015/2/4	江苏省苏州市中级人民法院	(2014)苏中行终字第 00274 号
上海市人力资源和社会保障局与周乙信息公开案	2010/8/11	上海市第二中级人民法院	(2010)沪二中行终字第 189 号

续表

名称	时间	法院	案号
王炳庭诉上海市虹口区人民政府信息公开案	2010/3/15	上海市高级人民法院	（2010）沪高行终字第10号
阮某某与上海市虹口区人民政府信息公开案	2015/4/28	上海市高级人民法院	（2015）沪高行终字第32号
姚某某与上海市规划和国土资源管理局信息公开案	2013/12/16	上海市黄浦区人民法院	（2013）黄浦行初字第381号
徐某诉上海市浦东新区审计局信息公开案	2012/9/26	上海市浦东新区人民法院	（2012）浦行初字第188号
徐某诉上海市浦东新区审计局信息公开案	2012/9/26	上海市浦东新区人民法院	（2012）浦行初字第187号
李枚加与乐山市食品药品监督管理局信息公开案	2014/5/22	四川省乐山市市中区人民法院	（2014）乐中行初字第20号
王桂英与天津市北辰区人民政府信息公开案	2014/6/11	天津市北辰区人民法院	（2014）辰行初字第0012号
高文香与天津市滨海新区规划和国土资源管理局信息公开案	2015/6/9	天津市滨海新区人民法院	（2014）滨行初字第0121号
陈振铨与桐乡市住房和城乡规划建设局信息公开案	2013/1/6	浙江省嘉兴市中级人民法院	（2012）浙嘉行终字第39号

从这十四个案例所发生的年份来看，涉及"三安全一稳定"的行政诉讼呈现增加的趋势（见图1），但和其他例外相比，其总体数量并不多，也并没有出现大幅增长。这说明行政机关在适用第8条答复申请人时是持相对慎重态度的。

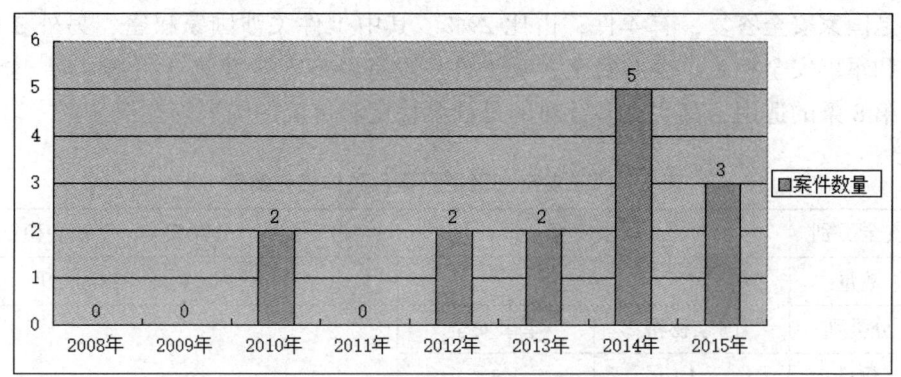

图1 三安全一稳定例外诉讼案件分布年份

从发生地域来看，上海居多，有6件，占比43%。北京次之，有3件。天津第三，有2件。其他地方，江苏、四川、浙江各1件（见表2）。这说明第8条的适用相对较为集中，以长三角和京津冀地区最为突出。

表2 "三安全一稳定"案件发生地域

发生地域	上海	北京	天津	江苏	四川	浙江
数量	6	3	2	1	1	1
所占比例	43%	21%	14%	7%	7%	7%

从所涉及部门来看，规划部门最多，有4件，占比29%。区县3件，占比21%。住建部和审计部门各有2件。其他的还涉及航空、人保和食药监部门，各占1件（见表3）。这说明规划、住建和审计部门适用第8条的实践最为突出。

表3 "三安全一稳定"案件发生部门

涉及部门	规划	航空	住建	人保	审计	食药监	区县
数量	4	1	2	1	2	1	3
所占比例	29%	7%	14%	7%	14%	7%	21%

如果将"三安全一稳定"细分成国家安全、公共安全、经济安全和社会稳定四个类别来看，我们发现，社会稳定答复最多，共9件，占比64%。其

次是国家安全答复,有4件,占比29%。其中1件关涉国家秘密,另外3件都和军事安全相关。公共安全答复1件。没有经济安全答复(见表4)。这说明第8条的适用,其实更多针对的是社会稳定和传统的国家安全概念。

表4 "三安全一稳定"案件具体细分类别

安全类别	国家安全		经济安全	公共安全	社会稳定
数量	4		0	1	9
分类别	国家秘密	军事安全			
数量	1	3			
所占比例	29%		0%	7%	64%

基于这四大类,我们发现,涉及国家安全的具体信息,包括民航秘密规定、国防和驻京部队建设用地内容以及现势地形图。涉及公共安全的有轨道交通施工设计图纸。其他都涉及社会稳定,包括动拆迁补偿、高评委名单、给排水系统、请示类过程性信息、社会稳定风险评估、食药品违法案件、世博动拆迁总决算审计报告、世博居民拆迁项目决算审计报告、私房改造信息。

从法院判决结果来看,被法院撤销的只有1件。因被告即答复机关在诉讼过程中改变原先答复而最终被法院确认违法的有1件。其余案件都得到法院支持,原告起诉被驳回。但是在所有支持行政机关答复结果当中,有1件较为特殊。该案虽判决结果是驳回原告起诉,但法院在判决书当中却指出了答复机关以"三安全一稳定"例外答复时的不妥当性(见表5)。

表5 "三安全一稳定"案件诉讼结果

判决类型	驳回		撤销	确认违法
数量	12		1	1
细分类型	驳回	指出瑕疵		
细分数量	11	1		
所占比例	86%		7%	7%

(二)"三安全一稳定"例外适用难点分析

虽然基于信息不存在、非本机关之类的答复增加了各级行政机关政府信息公开工作量，但是实践过程中对各级行政机关提出的最大挑战不是来自这些例外，而是国家秘密等法定例外，而这其中又以"三安全一稳定"例外最为突出。由于《政府信息公开条例》第8条所规定的"三安全一稳定"例外比较原则，这给实践带来了要么适用困难，要么适用混乱，甚至出现滥用情况。

一是适用困难。这是因为行政机关在适用"三安全一稳定"理由答复时，难以说理举证，导致慎用甚至不用。在不得不用的时候，又要承担败诉风险。发生在上海浦东的两起来自同一个申请人的政府信息公开行政诉讼案件充分反映了"三安全一稳定"理由在具体适用上的困难。两起行政诉讼涉及申请人徐某向浦东新区审计局递交了分别涉及"世博动拆迁总决算审计报告"和"世博居民拆迁项目决算审计报告"的两项政府信息公开申请。浦东新区审计局以可能危及"三安全一稳定"为由不予公开。申请人不服该答复，因而向浦东新区法院提起了行政诉讼。案件主要争议集中在"三安全一稳定"例外的判定是否一定需要主管部门书面批准件。上海出于限制第8条滥用方面的考虑，在其颁布的《上海市政府信息公开规定》第6条第2款设置了要报本级政府信息公开主管部门审查的门槛。意图通过从程序上对"三安全一稳定"例外适用进行适当限制。但是该限制并没有赋予主管部门审批的权力，即行政机关只需书面报告，而无需经主管部门批准，即可予以适用。因此从根源上难以完全防止滥用的可能。即使行政机关在并不是滥用情况下启动第8条答复时，主管部门的同意却难以获取，从而得不到法院支持。虽然最终浦东新区法院维持了浦东新区审计局"三安全一稳定"例外答复，但是这两起行政诉讼案件预示着有必要进一步研究"三安全一稳定"例外的合理适用。[1]

其二是适用混乱。有时行政机关将本不是本机关公开职责权限范围内的也适用"三安全一稳定"答复申请人，结果导致败诉。在王桂英与天津市北辰区人民政府信息公开案中，原告王桂英曾向被告天津市北辰区人民政府申请公开"在进行天津市河北区天泰路（白庙新、老村）地块拆迁工作时，原告房产所在区域（天津市河北区京津公路白庙中街5号）的集体土地被征收为国有，所发放征地补偿费用、安置费用的分配和支付清单"。被告以公开后可

---

[1] 参见上海市浦东新区审计局课题组："审计信息公开行政争议浅析"，载《电子政务》2014年第10期。

能危及国家安全、公共安全、经济安全、社会稳定为由,不予公开相关政府信息。法院经审查认为被告以"三安全一稳"定为由作出的不予公开答复属适用法律法规错误,应予撤销。这是因为申请人所申请的政府信息并不是被告制作或获取。基于诉讼过程中,被告撤销了原先的不予公开答复,重新作出了不属于本行政机关公开职责答复。法院最终确认被告具体行政行为违法。

同时,也有的行政机关在申请人申请内容不明确的情况下,以"三安全一稳定"理由作出了不予公开答复。最终被法院认为答复不甚妥当。在李枚加与乐山市食品药品监督管理局信息公开案中,原告向被告申请公开自成立以后查处的食品、药品违法案件情况。被告以"三安全一稳定"为由,拒绝公开相关信息。对于被告以涉案信息基本都涉及"三安全一稳定"为由,拒绝公开的理由是否成立问题,法院经审查认为鉴于原告对其申请信息描述不准确,且不符合"一事一申请"原则,不能确定具体审查的政府信息对象,无法判断被告的该理由是否都成立。当然,在被告没有提供充足的证据或者法律依据予以证实该理由成立的情况下,被告简单地以该理由拒绝原告所有的政府信息申请,也不甚妥当。

另外,也有本属于《政府信息公开条例》第 14 条所规定的国家秘密的信息纳入到第 8 条所规定的"三安全一稳定"例外进行保护。这方面的例子有任济舟诉中国民用航空局信息公开案。任济舟向中国民用航空局(以下简称"民航局")申请公开《民航工作国家秘密范围的规定》,民航局以"三安全一稳定"理由不予公开所申请的信息。但是,民航局就该文件的公开事宜依据《政府信息公开条例》第 14 条第 3 款规定,征求了国家保密局的意见,国家保密局予以复函。这实际上是对所申请的政府信息启动了事后补定密的程序,并不违法。不妥的地方是本该以国家秘密例外答复申请人,民航局却启用了"三安全一稳定"理由。

这些案件反映出行政机关在适用"三安全一稳定"理由答复申请人时的次序不明,甚至颠倒。行政机关不是遵循"是不是——有没有——给不给"这种顺序,先决定是不是政府信息,是不是本机关,然后判断有没有,最终决定给不给。而如果将"三安全一稳定"作为具体的例外看待的话,理应落在本机关和申请内容是不是明确判断之后。如果发生判断顺序颠倒的话,本来就难以说理的"三安全一稳定"不予公开答复更是难以得到法院支持。即使在给不给这个阶段,也应先判断是不是构成国家秘密,只有在不构成之后,才考虑是不是构成"三安全一稳定"。

三是刻意扩大"三安全一稳定"的适用范围，出现了滥用。在上海市人力资源和社会保障局与周乙信息公开案中，周乙向上海市人力资源和社会保障局（以下简称市人保局）申请公开"于2008年9月开始启动的高级职称社会评定中对申请人职称评定申请进行评审的高评会组成人员、评审经过和评审结果"的政府信息。市人保局在延期后答复周乙，认为周乙申请获取高评委相关组成人员名单的信息，一旦公开将会危及社会稳定，故不能公开。市人保局认为公开可能危及社会稳定的理由主要有三：一是根据人职发（1991）8号《人事部关于重新组建专业技术职务评审委员会有关事项的通知》的规定，评审委员会名单在本期评审工作完成之前不能对外公布；二是公开可能引发不正之风，影响评审工作公平、公正性；三是公开可能引发打击报复，对评审本人生活和工作造成影响。

对此，一审法院认为，人职发（1991）8号文虽有"评审委员会名单在本期评审工作完成之前不对外公布"的规定，但市人保局将本"期"扩张性解释为专家库成员一届三年的任"期"，该扩张性解释系对行政相对人知情权的限制，不符合《政府信息公开条例》的立法精神，不应被采信。其次，与公开随之而来的不正之风、打击报复等并非评委面临独有的职业风险。抵制不正之风，不畏打击报复乃系对我国较多行业从业者提出的基本职业要求。我国逐步完善的行政处罚、刑罚体系已将上述职业风险降到最低。另外，由于评委个人的评审意见及投票情况职称申报者并不知晓，市人保局持有的职称申报者对评委个人可能会实施扰乱工作、生活行为，以及打击报复的假设缺乏合理的根据。故市人保局的上述三点理由并不能充分地推导出公开相关高评委专家名单可能危及社会稳定的结论。结果撤销了被告市人保局所作出的"三安全一稳定"答复。一审宣判后，市人保局不服，提起了上诉。经审理，上诉法院也认为市人保局的上诉请求和上诉理由，缺乏充分的事实和法律依据，于是作出了驳回上诉，维持原判判决。有人在分析该案后提出了这样一个疑问，市人保局所主张的公开该政府信息会危及"社会稳定"的理由连一个寻常百姓也认为不可能发生时……行政机关是在滥用其职权吗？[1]该

---

[1] 参见练育强："《政府信息公开条例》第8条的理解与运用——就周某某不服政府信息公开案的法律分析"，载《行政法学研究》2011年第2期。

案说明了实践过程中，判断标准不明的情况下，"三安全一稳定"例外有存在被行政机关滥用的可能。

三、"三安全一稳定"例外的完善建议

新《国家安全法》出台后，对"国家安全"概念进行了首次界定。这一界定有助于解决目前判断"三安全一稳定"的标准不明问题。未来则有必要通过修改《政府信息公开条例》，进一步完善国家安全例外，发挥其应发挥的价值。

（一）"国家安全"概念界定意义及判断思路分析

我国立法陆续将"国家安全"作为一个专门术语写进了相关条款。《政府信息公开条例》就是其中一个。有人认为国家安全作为一个法律专门术语，不应随意解释，应从法律上作出明确的科学界定。[1] 新的《国家安全法》顺应了这一要求。1993年《国家安全法》没有明确国家安全的含义。新的国家安全法第2条将国家安全界定为：国家安全是指国家政权、主权、统一和领土完整、人民福祉、经济社会可持续发展和国家其他重大利益相对处于没有危险和不受内外威胁的状态，以及保障持续安全状态的能力。

这一定义突破了旧有的传统国家安全看法。有人认为国家安全的内涵应该确定为：国家由综合国力对比决定的国际矛盾引起的关于军事威胁的认识。[2] 国家安全始终是国家首要的利益。防备对国家存亡造成的军事威胁是国家安全的核心内涵。[3] 这是典型的传统安全思维。同时，一些国家的信息公开立法也从传统安全角度理解国家安全例外。一般认为，国家安全例外由四个方面构成：国家安全、国家防卫、国际关系、对外承担保密义务的信息。[4] 我国的新《国家安全法》这一定义则把国家政权、主权、统一和领土完整、人民福祉、经济社会可持续发展列为保护对象，既涵盖传统安全的内容，也涵盖非传统安全的内容。[5] 另外，国家安全的定义同时使用了"国家

---

[1] 参见吴庆荣："法律上国家安全概念探析"，载《中国法学》2006年第4期。

[2] 参见宋伟："国家安全：范畴与内涵——一种现实主义的视角"，载《东南亚纵横》2009年第3期。

[3] 参见宋伟："国家安全：范畴与内涵——一种现实主义的视角"，载《东南亚纵横》2009年第3期。

[4] 参见肖卫兵："信息公开法中的国家安全例外浅议"，载《四川行政学院学报》2006年第4期。

[5] 参见李忠："国家安全法的六大亮点"，载《人民日报》2015年7月13日，第11版。

其他重大利益"的表述。这一表述符合国家安全不断发展变化的规律,体现了适应性和灵活性。[1]这意味着《国家安全法》意在构建集政治安全、国土安全、军事安全、经济安全、文化安全、社会安全、科技安全、信息安全、生态安全、资源安全、核安全等于一体的国家安全体系。

从信息公开角度来说,"国家安全"概念的明确界定有助于政府信息公开制度的有效实施,进而保障公民的知情权。这是因为:一是现有界定可以涵盖《政府信息公开条例》第8条所提及的"三安全一稳定"的所有内容。国家安全应该包括经济安全、公共安全和社会稳定在内的总体国家安全观,减少实践过程中一些非法律术语入法,如城市安全,社会稳定。同时也扩大了传统意义上对国家安全的狭义理解。二是方便了实践过程中的操作。行政机关在收到涉及国家安全的信息公开申请时,如果以国家安全理由不予公开的话,就可以从《国家安全法》所界定的国家安全定义进行论证说理,避免各地过去出现的说理上的迥异。也不至于导致将高评委名单这类信息的公开纳入国家安全范围进行考虑的适用过宽实践。

基于现有定义,在现有条例尚未修改条件下,我们未来判断可以遵循"是不是——会不会"这一顺序具体判断一项所申请的信息是否构成国家安全信息以及公开是否会对国家安全信息造成损害。即第一步,判断所申请的信息是否和国家政权、主权、统一和领土完整、人民福祉、经济社会可持续发展和国家其他重大利益相关。如果相关,就构成国家安全信息。反之则不构成。第二步,判断这些落入国家安全的信息是否属于2010年新修订的《保守国家秘密法》第9条所界定的国家秘密。如果属于已定密的国家安全信息,则不需要进入第三步,直接以《政府信息公开条例》第14条所规定的国家秘密例外进行答复。第三步,判断这些落入非国家秘密的国家安全信息的公开会不会危及国家安全。而会不会危及所应考虑的是公开会不会危及安全状态,即使得人民福祉等这些保护对象处于危险和受内外威胁的状态;以及会不会危及国家维持这种安全状态的能力。这种危及不仅仅就单个信息公开而言,还应考虑到即使单个信息的公开不会危及安全状态和国家维持这种安全状态的能力,但是把相关的单个信息镶嵌起来可能带来危及国家安全方面后果的情况。这就是大家所提到的,对待国家安全信息公开,需要依据"镶嵌理论"

---

[1] 参见李忠:"国家安全法的六大亮点",载《人民日报》2015年7月13日,第11版。

进行具体判断。[1]

(二) 我国未来政府信息公开制度完善建议

基于《国家安全法》已经对国家安全进行了界定。之后如果将这一界定的意义做进一步延伸的话，就少不了要通过修改相关法律法规，保持和国家安全法的协调统一。对于《政府信息公开条例》来说，未来修改有必要考虑如下四点建议：

一是《政府信息公开条例》未来修改时有必要去除现有的"三安全一稳定"提法，改成国家安全例外，同时和个人隐私、商业秘密、国家秘密一起，规范政府信息不予公开理由，并且规定国家安全例外适用损害衡量。这一方面可以避免目前规定在总则中理论探讨上不能具体适用，而实践中却在适用的不协调问题。同时，也可对没有定密但却有保护需要的涉及国家安全的政府信息进行适当保护。当然，基于《国家安全法》这种集传统安全和非传统安全的定义为一身的做法，我们可以将国家安全、公共安全、经济安全和社会稳定统称为国家安全。而不必细分成现有的四个方面，实践中的做法也没有做细分。对于国家安全例外，有必要适用损害衡量机制，将判断标准突出在"是不是——会不会"上，将现有"危及"这样一种最低限度的损害标准适用到国家安全例外。这有助于实现对国家安全信息的最大限度保护，但同时又避免国家安全信息的当然保护这种绝对做法。

二是对于国家安全机关是否应纳入政府信息公开义务主体也得有所考虑和明确。尤其对于中央国家安全领导机构这类非行政机关而言。基于现如今的《政府信息公开条例》第2条，参与国家安全工作的机关，包括国家安全机关和公安部门都应属于行政机关，受制于条例，属于公开义务机关。实践过程中，也有人向国家安全机关提交过政府信息公开申请。但是，对于中央国家安全领导机构这类党的部门和军事机关，因其不属于行政机关，不受制于条例。未来是否有必要考虑将一些从事国家安全工作相关的特殊部门排除在《政府信息公开条例》适用之外，值得结合我国国情进一步深入研究。

三是通过其他法律法规规定例外进一步保护国家安全信息。这对于特定

---

[1] 参见杨建生："政府信息公开中镶嵌理论的适用与国家安全信息保护"，载《社会科学家》2014年第1期。

类别的涉及国家安全信息的保护是必要的。不过，也得进行一定程度的限制。这就需要修改《国家安全法》，明确排除特定类别的国家安全信息不适用《政府信息公开条例》。我们应该意识到国家安全和信息公开不应是一对不可协调的矛盾。[1]规范公开和保护才是最值得考虑的。美国斯诺登案件后，向国家安全机构提交的信息公开申请猛增。这说明公民有通过行使知情权寻求对国家安全机构在权利滥用时的监督。目前，我国的《国家安全法》并没有明确涉及公民知情权保障方面的规定。美国等其他国家信息公开法当中就有一个其他法律例外，该例外是一种绝对式例外，即只要所公开的信息属于该例外，就排除信息公开法的适用。前提是这些其他法律应该规定明确，不留自由裁量空间，并且明确排除信息公开法的适用。[2]我国未来有必要在修改《国家安全法》时参照这种方法。

　　四是信息存在与否不确认机制。目前，我国的《政府信息公开条例》缺少关于该机制的规定。引入信息存在与否不确认机制有其内在的合理性。在对待国家安全例外时，某项涉及国家安全的信息是否存在本身就可对国家安全构成威胁。这是因为回答存在或不存在都有可能导致泄密而损害到应该保护的涉及国家安全的利益。所以，在我国《政府信息公开条例》当中规定信息存在与否不确认机制保护国家安全信息是十分必要的。我国也应遵循这一国际惯例。

---

〔1〕 参见肖卫兵："911后美国政府信息公开评述：从国家安全的角度"，载《情报科学》2006年第6期。

〔2〕 参见后向东：《美国联邦信息公开制度研究》，中国法制出版社2014年版，第95页。

CHAPTER23 第二十三章
商业敏感性信息例外*

摘　要：政府信息公开过程中如何保护商业敏感性信息始终是一个极具争议性的话题。商业敏感性信息包括商业秘密和其他具有商业价值的信息。商业秘密是一项独立的法律术语，应通过类别式例外进行保护。其他具有商业价值的秘密信息应作为保密信息的一种，严格适用损害衡量以决定最终是否公开。同时，公共利益衡量和第三方协商机制也常被用来保护商业敏感性信息。

政府机构持有大量的商业敏感性信息，这些信息可以是政府机构自身产生的，也可以是其他主体自愿或义务提供给政府机构的，并且这些信息的公开在很大程度上对信息提供者的竞争者们会带来收益。因此，国外信息公开法通常在信息公开例外中纳入了商业敏感性信息条款对该类信息进行保护。本章试图从若干国家的信息公开法中的相关规定和实践出发，并结合我国各地立法实践，对商业敏感性信息在信息公开法中的受保护情况进行归纳和总结，以期对我国今后的相关立法有所借鉴。

＊ 本章成果已在《情报理论与实践》2006 年第 6 期上发表。题目为《试论商业敏感性信息在信息公开法中的保护》。收录时有删减。

一、商业敏感性信息概述

(一) 商业敏感性信息保护机理

商业敏感性信息应受保护的理由主要是基于对商业性信息进行保护是公共利益的内在组成部分的考虑。首先,商业敏感性信息可以视为市场经济成功的重要组成部分,它的公开一定程度上可能损害到商业机构的正常商业活动。因为信息提供者的竞争对手们可以随意通过信息公开申请得到该相关信息。这样的结果最终是使得特定商业活动不能在市场领域中永续生存,从而使得市场失去有效竞争这一市场经济运行的灵魂。其次,一定商业信息的公开也可改善竞争环境,促进竞争,从而使得市场主体能够给政府机构提供更好的产品和服务。不难发现,限制商业信息公开对商业活动的现有机构具有积极作用,但是却可能使得市场准入者准入困难,其结果是不鼓励竞争。最后一个重要考虑就是一定程度的商业信息公开也是促进政府机构负责任性的实现,避免寻租性腐败。[1]如上所述,保护商业活动的正常运行和促进竞争以及监督政府等都是公共利益的本义。对商业敏感性信息进行保护也就是在权衡如上各种因素后再加上信息公开的"最大化原则"而取得的适当平衡。

基于上述分析,由此产生的一系列相关问题不容忽视。如商业敏感性信息应当受到绝对保护还是基于损害和公共利益衡量进行保护?商业敏感性信息是否应作为独立的信息公开例外条款进行保护还是被涵盖在其他例外条款中进行保护?如此等等,本文试做一些初步回答。

(二) 商业敏感性信息分类

各国的立法实践表明,商业敏感性信息主要划分为两大类。第一类是商业秘密;第二类是除商业秘密外的其他具有商业价值的信息。作如此区分的目的就是最小化界定商业秘密和强调保护具有独立商业价值的敏感性信息。商业敏感性信息的享有主体可以包括非政府机构和政府机构。本文只探讨属于非政府机构所享有的商业敏感性信息。

---

[1] See Maeve McDonagh, "FOI and Confidentiality of Commercial Information", *P. L.*, Summer (2001), p. 256.

1. 商业秘密

商业秘密应当在信息公开法中得到保护，各国立法并无太大差异，但是对于各国立法和实践中对商业秘密的界定和认识则有较大分歧。光是美国就有两种不同认识。一种认识来自于美国《侵权法重述》。《侵权法重述》第757条对商业秘密界定如下：任何能够对不知道或未使用该信息的竞争对手产生竞争优势的配方、式样、设计或各种信息的组合。为进一步明确该定义，《侵权法重述》列出了五种参考因素，包括该信息被外界知晓的范围；该信息被雇员和其他从事该商业活动的人知晓的范围；该信息因秘密而采取的保密措施的力度；该信息对于信息持有者和其竞争者的内在价值如何；该信息可被他人正当获取或拷贝的难易程度。该定义和参考因素被美国高等法院援用到非信息公开诉讼和一系列信息公开诉讼当中，但是该定义使得商业秘密的范围非常广泛，几乎包括所有产生竞争优势的信息。[1]扩展开来说，《侵权法重述》中对商业秘密的定义和解释包括了具有独立商业价值的信息以及虽然不具有独立的商业价值但是如果公开，将有可能对商业活动造成损害的信息。[2]

不过，该定义遭到了哥伦比亚特区巡回上诉法院的反对。在 Public Citizen Health Research Group 诉 Food & Drug Admin. 案件中，法院认为原有定义和信息公开法所应实现的目标不相吻合，于是，他们提出了如下更为狭窄的定义：商业秘密是指被用于商品制造、准备、合成和加工过程中的非专利性的秘密、有价值的商业性计划、配方、制作工序和设计的信息，并且该信息能够形成具创新性的或巨大投入的最终产品。该定义一改《侵权法重述》中的宽泛定义，而将商业秘密界定在和生产过程直接相关的范围。[3]它排除了如产品定价、销售量、原料供应、客户明细、标书制作、商业谈判等信息。该定义和《侵权法重述》中的定义的区别就是它坚持认为商业秘密可独立于持有者的商业而存在，具有独立的商业价值。那些虽因公开而损害持有者或使竞争对手

---

[1] 参见周汉华：''美国政府信息公开制度'',载《环球法律评论》2002年第3期。

[2] See Ian Eagles, Michael Taggart, Grant Liddell, *Freedom of Information in New Zealand*, Auckland: Oxford University Press, 1992, p. 295.

[3] See Maeve McDonagh, *Freedom of Information Law in Ireland*, Dublin: Round Hall Sweet & Maxwell, 1998, p. 250.

受益的商业信息不应属于商业秘密。[1]

加拿大也对商业秘密采取了狭义解释。在 Merck Frosst Canada Inc. 诉 Canada（Minister of Health and Welfare）一案中，法院认为商业秘密应限定在技术应用信息的范围内。随后的 Societe Gamma Inc. 诉 Canada（Department of the Secretary of State）一案，法院还认为商业秘密应当具有一定意义上的技术特征，并且对于商业秘密持有者具有金钱上的价值，该价值可因公开而遭到损失。

在澳大利亚，商业秘密的范围也是经过了一番争论。在 Re Organon and Department of Community Services and Health 案件中，澳大利亚行政裁判庭列出了七种可以用来决定是否存在商业秘密的因素，其中六种来自美国《侵权法重述》。另外一种就是该信息是否具有技术特征。该七种因素被法院在 Ansell Rubber Co Pty Ltd 诉 Allied Rubber Industries Pty Ltd 一案中得到了援用。但是在另一案件，即 Searle Australia Pty Ltd 诉 Public Interest Advocacy Centre 中，法院采用了除技术因素外的其余六种因素。法院认为技术因素不应作为判断是否为商业秘密的原则性要求。[2]

总的来说，区分商业秘密和其他具有商业价值的秘密信息应突出两个标准。一个是技术性特征的有无。如有，则属商业秘密。反之则不然。另一个就是独立于商业持有者的商业价值是否存在。如果存在，则属商业秘密。反之则属其他。

2. 其他具有商业价值的秘密信息

除商业秘密外的其他具有商业价值的秘密信息，一般包括财务和商务信息。这可见于美国、澳大利亚、加拿大、爱尔兰等国的信息公开法当中。

澳大利亚昆士兰省的信息专员在 Re Cannon and Australian Quality Egg Farms Ltd. 一案中对商务信息进行了适当的考虑。他评价到如果该信息对于机构或第三方实体在从事商业活动中存在价值，该信息就应当对该机构或第三方实体具有商业价值。因此，有必要区别商业活动和其他的事务。在澳大利亚 Secretary, Department of Workplace Relations and Small Business 诉 Small Busi-

---

[1] See Ian Eagles, Michael Taggart, Grant Liddell, *Freedom of Information in New Zealand*, Auckland: Oxford University Press, 1992, p. 295.

[2] See Moira Paterson, *Freedom of Information and Privacy in Australia: Government and Information Access in the Modern State*, Australia: LexisNexis Butterworths, 2005, p. 252.

ness and Staff Development and Training Centre Pty Ltd. 一案中，联邦法院认为，商务信息必须具有价值，并且承载在商业活动当中，它和行政管理以及政府性活动有所不同。

加拿大渥太华信息和隐私专员在解释信息公开法的相关条款时，在 Re Ministry of Municipal Affairs 案件中对商务信息进行了界定。他认为，商务信息是指纯粹和买卖商品以及服务交换相关的信息。商业信息可适用于营利和非营利组织，并且也适用于大小公司。渥太华信息和隐私专员在 Re Ministry of Health 中还对财务信息进行了界定，他认为，财务信息指的是在资金使用和分配时的特定数据。如有关盈亏的数据，以及间接费用和生产成本等。

二、信息公开法中针对商业敏感性信息保护机制

（一）商业秘密的保护机制

商业秘密的保护机制相对比较简单。因为商业秘密直接和市场的正常运作息息相关，所以对该类信息进行保护就显得理所当然。从各国情况来看，商业秘密都通过类别式例外立法的方式进行保护。类别式例外是指一旦申请公开的信息归属于某种被规定为信息公开例外的类别，该信息就应被拒绝公开。所以，信息公开法中的商业秘密例外就完全取决于商业秘密的法律内容。由此引申出一个需要澄清的问题，那就是商业秘密到底应作为独立的法律概念来看待还是只是保密性信息的一个类别而已。美国将商业秘密作为独立的法律概念看待。其定义在1939年的《侵权法重述》中就有所界定。而加拿大和澳大利亚，包括爱尔兰信息公开法中的商业秘密例外都是以美国信息公开法为蓝本的。这样说来，将商业秘密作为一个法律概念来看待，总体上符合信息公开法应体现的宗旨。

但是，对商业秘密通过类别式例外保护也不是绝对的，它同样受制于公共利益衡量。相关例子如加拿大、英国、新西兰的信息公开法。另外，第三方协商机制，也叫反向信息公开机制，也普遍存在于这些国家的信息公开法中。也就是在涉及所申请的信息属于第三方所有时，相关政府机构应先书面通知第三方，听取该第三方对所申请的信息是否应公开的意见。其目的是为了保护第三方的利益不受到损害。

(二) 其他具有商业价值的秘密信息保护机制

对于除商业秘密外的其他具有商业价值的秘密信息，保护机制主要是损害衡量。这类信息本身并不排除在公开之列，需要通过严格的损害衡量才能决定是否公开。对于损害衡量主要考虑三个方面：一个就是损害的可能性；还有一个就是损害程度；最后一个就是损害后果。对于损害的可能性主要有三个：最容易证明的就是"可能造成"标准；随后就是"可合理预见造成"标准；最难证明的就是"将有可能造成"或"将造成"标准。大多数国家的信息公开立法对商业敏感性信息采取"可合理预见造成"标准。如加拿大和澳大利亚的立法。对于该标准的解释，加拿大 Canada Packers Inc. 诉 Canada (Minister of Agriculture) 一案说明，仅仅存在会有某种特定损害发生的可能性并不够。但是也不需要证明公开和损害之间是否存在直接因果关系，更不意味着"更具可能发生"。在加拿大和澳大利亚的相关案例中，更着重于由于公开而可能产生损害的合理性与否。[1]损害程度主要有两种，包括"损害""严重损害"。但是对于商业敏感信息，损害程度主要采取"损害"这一较低标准。至于损害后果，则各国差异比较大。归纳起来主要有如下几种：一个是对商业敏感性信息本身商业价值的损害，这方面的立法如澳大利亚；另外一个是信息提供者本身的商业地位或竞争地位的损害，如新西兰和加拿大的立法；还有一个是公开可能造成将来该类信息提供的损害。由于商业敏感性信息不能得到合理保护，商业信息提供者因惧怕而可能拒绝提供信息，或者提供加工后的不完整信息。这样的后果最终损害到政府履行相关方面的管理和公共服务职能。

在进行损害衡量时，有一个问题不容忽视，那就是在进行损害衡量时，是否需要区分自愿提供信息和强制提供信息的情形？答案是肯定的。在美国的案例中，法院认为如果信息是自愿提供给政府的，该信息一般性不予以公开；但是如果信息是被强制提供给政府的，就应具体运用损害衡量，即看该信息是否具有保密性特征以及其将造成的损害。[2]

---

[1] See Maeve McDonagh, *Freedom of Information Law in Ireland*, Dublin: Round Hall Sweet & Maxwell, 1998, p. 92.

[2] See Stephen Gidiere, Lawrence P. Mellinger, "Stemming the Release of Commercially Valuable Information under FOIA", *Nat. Resources & En't*, 16 (2001), p. 288.

除了损害衡量之外，公共利益衡量也运用到了该类商业信息的保护当中。如果在公开的公共利益超过或大于不公开的公共利益或损害，该类信息也有可能在政府机构相关人员的权衡下，同意公开该类信息。但是在行使公共利益衡量时，第三方协商机制也应予以行使，即在考虑公开商业敏感性信息之前，政府机构应预先通知第三方，听取该第三方的意见。

从各国的实际情况来看，其他具有商业价值的秘密信息属于一种比较特殊的保密信息。特殊性就是在于该类信息的商业价值，但是该类信息也应符合作为保密信息的一般构成要件。在 Coco 诉 A. N. Clark（Engineers）Limited，这些要件被概括为三个：信息必须具备必要的保密特征；信息必须是在具备保密义务的情况下传输的；因信息未经许可使用，导致信息提供双方受到损害。这其中一个重要问题就是，是否只要信息提供方在提供信息给政府机构时相互之间签订了保密协议，该信息就自然可以作为保密性信息处理。答案是否定的，因为这只是符合作为保密信息的构成要件中的一个，其他两个构成要件也必须同时吻合。即如果该负有保密义务的信息不具有保密性或者没有造成相应的损害，该信息也不应作为保密性信息看待。

（三）商业敏感性信息的保护例外

在对商业敏感性信息进行保护的同时，也存在一些可以公开商业敏感性信息的情形。较为常见的有四种：一是提供信息的当事人同意公开；二是该商业敏感性信息已经被公众知晓，失去了其保密性的意义；三是当事人自己提出申请公开自己提交的信息时，原则上应当公开；四是在当事人事先提交信息给政府机构时，已经告知该提交的信息有可能对公众公开。这样做的目的是为了省去事后的第三方协商机制。典型的例子可以参看爱尔兰信息公开法第27条第2款内容。

三、我国对信息公开过程中商业敏感性信息的保护初探

基于对若干国家的信息公开法和我国目前的立法实践的分析，对信息公开过程中的商业敏感性信息保护可作如下设想：

一是严格界定各类商业敏感性信息。通过对他国实践的分析，不难得出，商业敏感性信息的界定不是一件轻而易举的事情。即使已经在其他成文法当中存在的术语，如商业秘密也是分歧较大，主要是因为出于和信息公开的理

念相吻合的考虑。而对于其他商业性信息,则把握的尺度要适当。基于我国情况,笔者认为我国已有的对商业秘密的法律定义的范围较广,基本上可以包括国外所述的商业敏感性信息的内容。但是该定义如果被借用到信息公开法中来,存在的问题如上所述。基于此,可以将原有的商业秘密的定义一分为二,即技术信息和经营信息。对于商业秘密中的技术信息,因其具有独立的商业价值,有必要在信息公开立法中对其进行强保护,将之通过类别式立法进行保护。这些信息无需通过产生的损害来证明是否公开。而对其他经营性信息采取损害式立法进行保护。即使这些信息符合经营性信息的组成部分,但原则上还会予以公开,只要不会造成通过损害衡量产生的损害后果。这样做的效果是可以避免这些商业价值相对弱的信息在信息公开立法的体系下服务于"最大化公开"的原则。

　　二是引入损害衡量和公共利益衡量。损害衡量和公共利益衡量在该类信息的保护中是必要的。虽然各国较倾向于对商业敏感性信息中的商业秘密的保护采取类别式立法。但是这丝毫不能否定损害衡量在其他具有商业价值的秘密信息保护时的特殊作用。对于损害衡量,要充分考虑到损害的可能性、损害程度和损害对象三个方面。因此笔者建议,可仿如下术语:"可合理预见对信息提供者的竞争地位和对政府将来获取相关信息造成损害的后果。"而对于公共利益衡量,则要充分考虑到该类信息所应保护的公共利益的特殊情形。如公共资金的使用和监管、政府采购过程中的公开、公平和公正问题等。

　　三是保密义务的运用。如前所述,商业秘密应视为一具有独立概念的法律术语,而不是作为保密信息的一个类别。但是其他具有商业价值的秘密信息则应当看作是保密信息的一种特殊情形。该信息应受到保密性信息的三个构成要件的限制。所以,除了要保护商业秘密,还应明确保护其他具有商业价值的秘密信息,并且将该信息予以界定,充分吸收其作为保密性信息应当具备的三个要件,同时还要突出其商业价值的属性。最后还应通过严格的损害衡量。

CHAPTER24 第二十四章
个人信息例外*

> **摘　要**：个人信息例外是信息公开法中的一项例外。个人信息例外只是针对属于自然人的信息。虽然属于个人的信息很多，但是一些信息可以被明确排除在个人信息之外。在特定情形下，个人信息是可以公开的。除此之外，个人信息是否公开则取决于公共利益衡量。

　　政府信息公开制度的建立使得政府持有的个人信息在一定程度上归属于公开的信息范围。正因为这样，信息公开法中就不得不在权衡知情权和个人信息权之间取得平衡。以期在确保知情权的情况下使个人信息受到保护。纵观各国立法，无一例外规定了对个人信息的保护性条款。本章试图对此进行分析。

一、个人信息保护立法的机理

　　依据波斯纳的分析，笔者试图对个人信息为何称其为信息公开的例外做一个经济学上的阐述。保护个人信息的理由可以是出于对信息的产生、信息的真实传播和交流的质量上找到注脚。如果个人在知道自己的信息能够轻易被他人获知，个人制造信息的激励就会降低甚至没有。个人也不会在一个公

＊ 本章成果已在《情报理论与实践》2007年第4期上发表。题目为《论信息公开法中的个人信息例外》。收录时有删减。

开的场合上大肆宣布可以给自己带来利益,包括经济上和精神上的秘密。否则,有效的交流就无法确保。因此,对个人信息进行保密处理是自然而然的,目的是为了确保信息社会中信息产生和传播质量。[1]因为信息公开法不是一个追逐保密最大化,而是公开最大化的法律。这样的立法宗旨就不免和个人信息的保密处理产生冲突。如果由于公开而造成个人信息的保密处理不复存在,将降低交流的质量,在自愿情形下导致具有信息优势的代理人,即个人在信息不对称情况下实施道德风险,即不提供信息;而在非自愿情形下,选择提供经过加工处理的信息,包括虚假信息和部分信息。这样的结果进一步造成政府因为信息的质量水平偏低而导致决策质量的降低。这显然和委托人即公众在选择政府作为自己的代理人来行使对内对外安全职能并认为其比自己行使更有效率的情形相违背。当然,此非委托人所愿。所以,我们需要保护个人提供的信息,目的就是确保政府决策的质量,确保政府能够比公众行使相关职能时更有效率。

二、个人信息例外保护概述

(一) 个人信息的定义

在个人信息定义上,加拿大和爱尔兰略有所不同。加拿大隐私法第3条将个人信息简单地界定为"以任何形式存储的可识别出个人的信息"。澳大利亚信息公开法第4条也一样,它只是将个人信息界定为"无论对错,无论存储形式有形与否的关于个人的信息或观点,个人的身份可以通过该信息或观点明显得知或可合理推知"。这样定义更强调信息可识别出个人的特性而不是信息本身的特征。如果个人的身份可以得知,或可合理获知,该信息就当然属于个人信息,而不必区分信息本身是否存在敏感性。我们可以从 *Re Pfizer and Department of Health*, *Housing and Community Services* ((1993) 30 ALD 647.663) 找到注脚。但在爱尔兰,符合一项个人信息,不仅需要该信息可以明确到个人身份,而且该信息还要吻合从常理角度来看只是被个人或家庭成员以及朋友所知的特性,或者基于政府机关的理解认为应该可识别出个人的信息是秘密的。这就综合了个人信息的可识别出个人的特性以及信息本身的

---

[1] 参见波斯纳:《正义/司法的经济学》,中国政法大学出版社2002年版,第250~254页。

保密性。应该来说，爱尔兰的立法将个人信息限定在更小的范围内。但这并不意味着爱尔兰的立法只是将敏感性的个人信息排除在信息公开之外。反而，这样界定的效果能够将常规性的个人信息排除在不公开之列。它同时也可以提高行政效率，因为政府机关在处理信息公开申请时对于常规性的个人信息不需要启动第三方协商机制。[1]

（二）个人信息的享有主体

各国立法都将个人信息的享有主体限定于与自然人相关的信息。公司和其他组织的信息并不受该项信息公开例外的保护。不过这里有一个比较棘手的问题是组织机构内的可识别出个人的信息是否应受到该项例外的保护。在加拿大 Montana Band of Indians v. Canada（Minister of Indian and Northern Affairs）（(1988) 51 DLR (4th) 306）案件中，有的法官认为不排除在特定情形下存在组织机构内的信息可以识别出个人，但是光靠这一点还不足以证明符合个人信息例外，否则将有损个人信息公开例外设定的本意。新西兰监察专员也表示了同样的想法。信息公开处理机关认为揭露雇用了六个以上的临时工人的公司的名称和地址就会侵害到这些临时工人的个人隐私。但是监察专员认为信息公开处理机关有必要准确证明这些临时工人是如何能够被识别出来，并可以让信息公开申请人仅是依靠公司名称和地址就可联系到这些临时工人。[2]

（三）个人信息的种类

个人信息的种类很多，如周汉华所言："司法实践中，对于婚姻状况、子女地位的合法性、福利救济、家庭纠纷与名誉、身体健康状况、出生日期、宗教信仰、国籍状况、社会保险号、刑事犯罪历史、美国公民在国外服刑的历史、性取向与经济情况等信息，均给予隐私权保护。"[3] 爱尔兰立法对个人信息进行了列举，大概包括：有关个人的教育、医疗、生理、心理、财务、雇用、犯罪记录、宗教信仰、年龄、性取向、婚姻状况、由政府机关分配给

---

[1] See Maeve McDonagh, *Freedom of Information Law in Ireland*, Dublin: Round Hall Sweet & Maxwell, 1998, pp. 267–268.

[2] See I. Eagles, M. Taggart, G. Liddell, *Freedom of Information in New Zealand*, Auckland: Oxford University Press, 1992, p. 269.

[3] 周汉华："美国政府信息公开制度"，载《环球法律评论》2002年第3期。

个人用以证明身份的号码、信函、标志、字词、符号、社会福利、税收和其他支付记录以及与其他信息联系在一起可以确定个人情况的姓名、财产、他人做出的对其的评价信息。我们着重挑选在实践过程中产生问题的几种个人信息进行评析。

首先是财务信息。加拿大将之定义为"个人参与的财务往来方面的信息"。这和爱尔兰的"个人财务事项方面的信息"有所不同。在加拿大 Re Thomas and Royal Women's Hospital（（1988）2 VAR 618.622）案例中认为，个人欠款，其他组织承诺给个人的贷款，单个分发的个人薪金都隶属于个人财务信息之内。维多利亚法院认为个人产权交易和私下关注的交易事项都构成了一项个人信息。

其次是雇佣信息。加拿大将个人雇佣信息和与工作相关的信息进行了区分。在 Canada（Information Commissioner）v. Canada（Secretary of State for External Affairs）（1989）64 DLR（4th）413）一案中，信息公开处理机关公开了雇工的姓名，但拒绝公开他们的安全等级。法院认为这些雇工的安全等级和雇工所享有的职位直接相关，是基于这些职位而设定的，故不属于个人信息之列。这就表明，个人雇佣信息不适用于和个人职位相关的信息。

最后是个人姓名。个人姓名本身并不构成一项可不予公开的个人信息。个人姓名必须和其他个人信息联系起来，并且揭露姓名本身将揭露其他属于个人的信息时个人姓名才可以不予公开。

（四）个人信息排除适用情形

信息公开法中的个人信息例外在一些特定情形下是可以排除适用的。这些情形主要包括如下四种。

1. 申请人申请自己的个人信息情形

当申请人申请属于自己的个人信息时，该项个人信息可以对该申请人进行公开。但这里有三个问题需要注意：①要区分申请人本人申请和申请人的代理人或监护人申请。申请人本人申请个人信息，该信息应该公开这无可争议。但是如果申请人本人因为残疾或未成年而无法申请，申请人的代理人或监护人是否可以申请属于申请人的个人信息。答案是肯定的。②间接申请问题。向申请人直接公开其个人信息，可能有损申请人的身心健康，这时，该申请的信息不直接向申请人公开，而是向申请人指定的专业人员公开。至于专业人员在获取该信息之后是否向申请人公开,则完全取决于专业人员的判断,澳大利亚和爱尔兰的立法都规定了这一点,目的是为了维护申请人的利益。③应该慎重对待个人信息存在交叉的情形,即申请人申请属于自己的信息时,也可能附带夹杂着其他个人的信息。对于这样的信息应慎重对待,避免对第三方造成伤害。

2. 申请人同意公开的个人信息情形

如果申请人同意公开其个人信息,该个人信息也可以向公众公开。该同意可以是明示的,也可以是默示的,这完全取决于公开这些个人信息是否合理。

3. 提供信息的个人事先被告知可能公开其个人信息的情形

信息主体在提供个人信息的时候,事先已经知晓其个人信息有可能公开。政府机关就可在今后针对该个人信息采取倾向于公开的政策,目的是政府机关可以公开常规性的个人信息而不需要启动第三方协商机制。

4. 个人信息已经被公众知晓的情形

当个人信息已经被公众知晓,该个人信息就可以得到公开。当然这里包括公众已经知晓全部该个人信息以及公众知晓该个人信息的实质部分。加拿大立法就包括了该情形。在 Canada（Information Commissioner）v. Canada（Minister of Public Works）(1997) 70 CPR (3d) 37) 案例中认为相关官员的退休金信息是公众可以获知的,因为不管从议会图书馆的馆藏目录上,还是从报纸上都可以获知。当然媒体发布不当然意味着就是公众知晓。

虽然有的立法还主张将公开有利于避免对他人生命或健康造成严重伤害的情形作为不适用个人信息例外的一种情形,如爱尔兰立法。但是如果和后面的公共利益衡量联系起来,其实对有利于避免对他人生命或健康造成严重伤害本身就是一种极其强劲的支持信息公开的公共利益因素。所以,不必在立法中进行特别列举。

三、个人信息例外保护的度

我们都知道要对个人信息进行保护。但是保护个人提供的信息的度在哪?是不是绝对的保护?绝对保护肯定不是信息公开法的初衷。这里主要探讨两种可操作的标准:一个就是尽最大可能保护个人信息;另一个就是公共利益衡量。

(一) 尽最大可能保护个人信息

尽最大可能保护个人提供的信息是一个可以衡量的尺度。就是说,在涉及个人提供的信息时,政府的先念是保密,而不是公开。但从各国立法实践来看,主要存在倾向于保守或公开这样两种保护个人信息的标准。加拿大和爱尔兰的信息公开法采取了前者,澳大利亚立法则属于后者。但是,综合来说,我们更倾向于保守个人信息。在这两种标准的指引下,可以总结出界定个人信息的两种不同的立法方法。一种是概括式。这种方法只是概括界定了个人信息,并不对个人信息进行列举。澳大利亚和新西兰的立法就属这种。另外一种是列举式。该种方法不仅界定了个人信息,并且还列举了一些属于和不属于个人信息的类型。这种方法在加拿大和爱尔兰的信息公开立法中有所体现。列举式立法的好处就是能够给信息公开申请人和政府机关提供明确参照。还有一个好处在于使得个人信息中的常规信息受制于公开。概括式立法的缺点在于没有明确列举一些可以公开的个人信息,政府机构的工作人员就不得不对所有涉及个人信息的申请逐个审查,甚至包括一些日常性的个人信息在内,以确定是否会不合理地公开了个人信息。[1]

(二) 公共利益衡量

第二个可以操作的标准就是公共利益衡量。信息公开法中的个人信息例外一般都受制于公共利益衡量。也就是在公开的公共利益和不公开的公共利益或个人隐私之间进行衡量,以确定最终是否公开个人信息。加拿大、爱尔兰等国的立法明确规定了公共利益衡量。规定在"在公开的公共利益大于对个人隐私的侵害时,该信息是可以公开的。"澳大利亚虽然没有明确说明公共利益衡量,但是在 *Re Chandra and Department of Immigration and Ethnic Affairs* ((1984) 6 ALN N257) 案件中将其中的"不合理侵犯到个人信息"解释成要在公开的公共利益和个人隐私之间进行比较。美国也没有规定公共利益衡量,但司法实践也同样要求在公共利益和个人隐私之间进行权衡,以决定是否公开信息。[2]

---

[1] See Maeve McDonagh, *Freedom of Information Law in Ireland*, Dublin: Round Hall Sweet & Maxwell, 1998, pp.267-268.

[2] 参见周汉华:"美国政府信息公开制度",载《环球法律评论》2002年第3期。

这样说来，明确公开的公共利益和对个人隐私的侵犯就显得十分必要。国外司法实践告诉我们，公开的公共利益一般包括：公共议论的事项；公众参与政策讨论的事项；公共资金的正当使用；公共安全；和个人公正相关的事项。[1] 这里有一个焦点就是申请人的身份和申请动机因素是否应考虑进公开的公共利益范围。在美国，申请人的身份和申请动机是和公共利益不相关的。然而在澳大利亚新南威尔士和维多利亚省，诸多的信息公开审查决定都将申请人的身份和申请动机考虑在内。申请人的身份和申请动机因素在一定意义上可以帮助决定存在多大程度的公共利益，以最终决定是否向申请人公开相关信息。比如申请人是为了解该个人信息的个人是否存在对其自身的生命健康的威胁，这种情况下公开的公共利益就相对比较大。但是，考虑这两种因素也存在一些问题，各国信息公开立法对信息公开申请人的身份和动机是不做要求的，如果在进行公共利益衡量时要求考虑到申请人的身份和动机似乎有违各国信息公开的惯常做法。

而对个人隐私的侵犯，有几个问题需要明确。首先要明确的是该侵犯是有形的并且是严重的。[2] 其次信息的敏感程度也值得考虑。越是敏感的信息，对个人隐私的侵犯就越大。但如果信息缺乏敏感性或者信息已经过时，该个人信息公开的可能性就大。再次要照顾到信息主体的保密期望。最后是公开的个人信息的传播范围因素。个人信息在公开后，其传播范围大小也是影响对个人隐私的损害因素之一。但是，信息公开本身就是为了信息的最大化公开，在公开后，申请人对该信息作何处置等都不应是信息公开机构应极力控制的范畴，同样这样控制也是不可行的。虽然政府机关可以通过和信息公开申请人签订限制传播范围的协议，但是至于申请人是否履行该协议则不得而知，并且在申请人违反该协议后采取的必要救济措施也为时已晚。所以，在进行公共利益衡量时，将公开的个人信息的传播范围考虑在内也是不那么合理的。[3]

---

[1] See Meredith Cook, "Balancing the Public Interest: Applying the Public Interest Test to Exemptions in the UK Freedom of Information Act 2000", http://www.informationcommissioner.gov.uk/cms/DocumentUploads/Balancing%20Public%20Interest%20Test.pdf, 2005-7-13.

[2] See Maeve McDonagh, *Freedom of Information Law in Ireland*, Dublin: Round Hall Sweet & Maxwell, 1998, p.289.

[3] See Maeve McDonagh, *Freedom of Information Law in Ireland*, Dublin: Round Hall Sweet & Maxwell, 1998, p.291.

还有一个不可忽视的问题就是第三方协商机制。该机制在进行公共利益衡量是必要的。在政府机关认为存在公开的公共利益大于对个人隐私的侵害时，政府机关有义务通知该信息主体，也就是第三方。用以征求第三方对公开其个人信息的意见。当然，也需要告知如果第三方对其个人信息公开有异议，该第三方可以寻求必要的法律途径进行救济，以维护其自身的合法利益不受侵犯。

四、若干建议

基于此，笔者认为我国在未来制定信息公开法中应对个人信息保护作详细思考，具体概括如下几点：

一是合理界定个人信息。个人信息的界定非常重要，它直接影响到个人信息的适用问题。但是究竟在未来的信息公开法中采取何种立法方法则应慎重思考。考虑到信息技术的迅猛发展，个人信息很容易通过技术处理和比对而识别出特定个人；考虑到对个人信息的保护实际上有利于信息社会的信息创造以及促进信息交流质量的提高等；并且考虑到现代社会中个人对个人信息的重视程度的提高，如果因为过度公开，或者害怕公开而引致不必要的麻烦，个人就有可能为之付出相较一般保护成本之外的额外高额成本，这样的结果是导致社会资源浪费，造成无效率。因此，应该强调从制度上更倾向于对个人信息进行严密保护。不仅如此，在立法方法上，建议既要对个人信息进行定义，定义要兼顾到"可追溯到个人的特性"以及"信息本身的保密性"，又要明确列举一些属于个人的信息，如姓名、出生日期、宗教信仰、医疗记录、财务记录、雇佣、识别身份的证件等。这里对姓名信息的考虑尤其要慎重，单纯公开姓名不会造成什么伤害，但是也会存在因为单纯公开姓名而使得他人将该姓名和另外信息联系起来，以至于造成对该个人的损害后果。

二是合理运用公共利益衡量。公共利益衡量在信息公开法中衡量个人信息是否公开至关重要。对于公共利益衡量，应该对公开的公共利益以及不公开的公共利益或公开损害到个人信息的因素进行周到分析。至于公开的公共利益则要考虑到如前所述的四项主要内容。而在考虑损害到个人信息因素时，要照顾到个人信息的敏感性、存续时间、损害的确定性等。不过，对于申请人的动机和身份以及个人信息公开后的传播范围因素则原则上不应被考虑在公共利益范围之内。因为这和信息公开立法的国际惯例不相吻合。

　　三是明确列举排除适用个人信息例外的情形。信息公开立法当中也应明确一些排除适用个人信息例外的情形。主要应考虑如下几种：信息主体同意公开的信息、信息主体事先被告知有可能公开的个人信息、信息主体的个人信息已经被公众周知。至于申请人申请自己信息的情形也理应考虑在内，但这种情形在立法结构上可以有所区别。

第三篇
DI SAN PIAN

分论：数据开放

CHAPTER25 第二十五章
我国政府数据开放的立法模式*

摘 要：进入到大数据时代的信息社会呼唤通过政府数据开放立法创新社会治理和推进社会共治。目前我国政府数据开放立法存在动力不足和开放什么、怎么开放等诸多空白。解决这些问题需要选择合适的政府数据开放立法模式。国际上现有修改信息公开法、制定政府数据开放专门法、修改信息公开法和制定专门法兼具三种政府数据开放立法模式。修改信息公开法和制定专门法兼具模式应是我国的可选项。长远来看，我国应为政府数据开放专门立法，但当前不应错过《政府信息公开条例》修改契机，为政府数据开放提供涉及政府数据定义、开放方式和开放例外等方面的基本制度支撑。

一、信息法重构背景下的政府数据开放立法

（一）大数据时代的信息法反思

美国未来学家阿尔温·托夫勒在《第三次浪潮》一书当中将人类社会历史的发展划分为三次浪潮。第一次浪潮是延续了几千年的农业革命，第二次浪潮是经历了大约二百年的工业革命，第三次浪潮则是最近几十年内发生的信息革命。这次浪潮将引领人类从工业社会进入超级工业社会，[1]即 80 年

---

* 本章成果已在《当代法学》2017 年第 3 期上发表。题目为《论我国政府数据开放的立法模式》。
[1] 参见［美］阿尔文·托夫勒：《第三次浪潮》，黄明坚译，中信出版社 2006 年版，第 4 页。

代初被约翰·奈斯比特称作的信息社会。[1]1996年，全球32个工业国家的科技部长在南非开会时宣布信息时代已经来临。2006年，第60届联合国大会将每年的5月17日定为"世界信息社会日"。信息社会在经历了计算机时代、互联网时代到现如今的大数据时代后，迈入了一个新的阶段，物联网、云计算、区块链、O2O、互联网+、分享经济、人工智能等新名词层出不穷，推动信息社会建设已然成为世界各国的共同选择。

  制度是推进信息社会建设的重要保障。显而易见，大数据时代下的各种创新产品给我们的衣食住行带来了各种便利的同时，也催生了很多新的社会问题。以当前最为火爆的"共享单车"产品为例，作为"互联网+交通"的一种实现方式，共享单车对解决个人出行"最后一公里"的问题富有实效，但是共享单车推出不久，也暴露出了诸多社会治理难题。目前公众舆论有句形象的比喻：共享单车是公共素质的"照妖镜"，也是公共管理的"显微镜"。具体而言，一方面，公众存在押金退还、押金安全、个人信息滥用等方面顾虑；另一方面，商家遇到单车私占、偷盗、损毁、扣押等风险。另外，政府也不能置身事外，必须有效应对单车乱占道、乱停放、甚至大额资金流向监管等方面的问题。这些问题的解决有赖于政府社会治理创新和个人自我约束的内生机制养成。而这都离不开大数据时代下的数据治理。政府需要建立"用数据说话、用数据决策、用数据管理、用数据创新"的管理机制，从事先审批为主转变为事中事后监管为主，实现政府治理能力现代化；同时政府需要克服"唯我独尊"思维，通过共享开放数据，借助社会力量，有效处理复杂社会问题。个人自我约束的内生机制养成不能仅靠道德教育，最需开拓的是涵盖管理者和被管理者、竞争者和竞争者、商业机构和信用服务机构间的海量信息归集共享、公开和使用所带来的信用约束。[2]

---

  [1]参见[美]约翰·奈斯比特：《大趋势：改变我们生活的十个新方向》，孙道章等译，新华出版社1984年版，第16页。

  [2]据上观新闻2017年2月24日报道，上海普陀等一些地方政府已经开始了和商家在信用信息归集共享方面合作的尝试。摩拜单车公司将定期向政府部门提供"黑名单"用户：包括公安机关调查核实的对摩拜单车偷盗、私藏和非法盗运等违法犯罪行为；司法机关以法律文书形式确认的恶意破坏摩拜单车行为；拒绝配合交警等部门执法导致摩拜单车被依法暂扣的行为。商业公司之前虽然有竞争，但也有归集共享信用信息的动力。据报道，摩拜单车和ofo两家公司也在商谈诚信系统接入的问题。如能有所突破，将更有利于进一步规范用户行为。同时，共享单车公司也通过和芝麻信用合作，解决客户押金退还顾虑等难题。据北京晨报2017年3月17日报道，ofo与蚂蚁金服旗下的芝麻信用2017年

这一切都意味着在大数据时代下，信息将成为人类赖以生存发展的基石。[1]我们看待万事万物已经无法离开信息这一视角。随着信息社会的来临，之前的时间和空间限制被打破，信息成了影响甚至定义我们生产生活的主要维度。信息法这种信息社会的基本法应运而生。虽然国内外已有学者在二十世纪中叶就提出了信息法理论，但是这些研究因为建立在大数据时代来临之前，所以比较关注"信息技术"，而不是"信息流动"。一直以来，系统的信息法学理论体系难以形成，信息法学也缺乏自己特有的调整对象。部分学者已经意识到应聚焦"信息"本身开展信息法研究。[2]个别学者更进一步从平衡信息控制与获取视角更新了信息法研究。[3]随着近年来大数据立法、社会信用立法和个人信息保护法的代表提案持续提出，网络安全法、电子商务法等法律正在逐步制定和完善，消费者权益保护法、反不正当竞争法的修改，民法总则的推出，也从不同侧面反映出加强信息法的理论研究迫在眉睫。

要提升现有信息法学理论研究，就必须转换传统的法律思维模式。首先，必须意识到信息流动是信息社会的命脉，各种类信息在不同主体间流动与否的信息流动关系是信息法学的调整对象。由此，信息法则可以定义为调整不同主体间信息流动关系的法律规范体系。对信息法的研究，特别强调针对信息流动状态进行动态和宏观分析。从动态角度，即从信息有序合法流动，而不是信息技术本身进行研究。从宏观角度，即从各种信息流间相互作用相互影响这一关系出发进行研究。基于此，未来信息法的研究有必要聚焦不同主体间各支信息流的畅通程度构建合理的框架体系。我们最需关注的规制主体是作为信息拥有方、信息需求方、信息利用方和信息主体；规制对象则是信息和数据，规制行为包括信息和数据的采集、归集、共享、公开、保护、利用等。由此延伸出来的可以信息归集共享、信息公开、信息开发利用、信息安全和保护等方面的一系列法律规范。

在庞大的信息法体系中，信息公开规范至关重要。它既是避免止步于采集

（接上页）3月份宣布达成战略合作，凡 ofo 的上海用户，只要芝麻信用分在650以上，即可免去99元的用车押金，直接享受 ofo 的共享单车服务。

〔1〕参见齐爱民："土地法、动产法到信息法的社会历史变迁"，载《河北法学》2005年第2期。

〔2〕参见齐爱民：《信息法原论》，武汉大学出版社2010年版，序言。

〔3〕参见刘青：《信息法新论：平衡信息控制与获取的法律制度》，科学出版社2008年版，第20页。

归集环节,造成"深藏闺中"带来的巨大浪费的关键;[1]又是避免分析利用环节因"无米之炊"造成的无果而终。当然,公开行为规范本身也极为复杂。信息公开方式上包括从最开始的依申请公开到主动公开再到现如今便于利用的开放三种;公开对象上从原初的信息和现如今的数据;公开属性上不仅限于全部公开,也有部分公开和不予公开。可以说,信息公开行为处于信息链条中的中间环节,扮演了信息可以流动的桥梁作用,也连通了上游的采集提供和下游的开发利用。同时,通过立法推动信息公开也绝非易事。主体意愿和能力以及公开后的风险不可控等诸多因素都会对最终的公开范围和公开程度带来影响。由于政府是拥有信息最多的一方,作为信息提供方更应为公开这个核心环节做好表率。因此政府信息公开和政府数据开放必须先行实现法治化和规范化。在全球上百个国家已经制定信息公开法的背景下,作为升级版的政府数据开放立法被提上了议事日程,其重要性不言而喻。加之我国各地丰富实践的积累,原有的制度无法涵盖涉及政府数据开放主体、开放客体、开放方式、开放范围、开放程序、救济机制等众多关键问题。考虑如何修改旧的制度并适时出台新的制度成为必须。正是如此,我国2015年发布的《促进大数据发展行动纲要》明确提出修订政府信息公开条例。积极研究数据开放、保护等方面制度,实现对数据资源采集、传输、存储、利用、开放的规范管理,促进政府数据在风险可控原则下最大程度开放,明确政府统筹利用市场主体大数据的权限及范围。

(二)我国政府数据开放立法突破口

国内外关于政府数据开放方面的法律研究尚处于起步阶段。有国外学者基于政府信息再利用研究视角,对政府数据开放的制度框架进行了探索。[2]也有学者从挪威数据开放所遇问题出发,对数据开放法律体系进行了梳理。[3]

---

[1] 李克强总理在2016年5月9日召开的全国推进简政放权放管结合优化服务改革电视电话会议上,形象指出:"目前我国信息数据资源80%以上掌握在各级政府部门手里,'深藏闺中'是极大浪费。"参见李克强:"信息数据'深藏闺中'是极大浪费",载 http://news.xinhuanet.com/politics/2016-05/14/c_128982600.htm,最后访问时间:2017年3月19日。

[2] See Agusti Cerrillo-i-Martinez, "Fundamental Interests and Open Data for Re-use", *International Journal of Law and Information Technology*, 3 (2012), pp.203-222.

[3] See James Lowry, "Opening Government: Open Data and Access to Information", in James Lowry & Justus Wamukoya eds., *Integrity in Government through Records Management: Essays in Honour of Anne Thurston*, UK: Ashgate, 2014.

第二十五章 我国政府数据开放的立法模式

我国学者近几年关注也已经开始关注政府数据开放方面的立法问题。从立法必要性角度，有学者提出制度是数据开放的前提，应从政策、技术、意识三个层面全面推进政府数据开放在中国的发展。[1]从立法内容角度，有学者提出了政府数据开放制度体系应包含政府数据开放的主体、范围、方式、监督与问责等内容。[2]也有观点认为，公众的数据获取行为应受法律约束。[3]考虑到政府数据开放和政府信息公开的紧密关系，有学者意识到有必要通过修改政府信息定义、主动公开标准和政府信息公开例外等规定，[4]明确自由使用原则，[5]建立数据开放负面清单，[6]确定免费和非歧视原则，[7]规定数据开放许可权属和应用权益等方面，[8]建立完善政府数据开放机制。

综观目前研究，我们认为迫切需要考虑的是我国政府数据开放的立法模式问题。这是因为，为了合理配置立法资源，成本收益分析是任何立法活动都需要考虑的，[9]政府数据开放立法也不例外。多国政策表明，政府数据开放沿袭政府信息公开法规，[10]政府信息公开为政府数据开放在法律层面奠定了基础。[11]我国《政府信息公开条例》是保障政府数据开放的重要制度支

---

[1] 参见孙艳艳、吕志坚："中国开放政府数据发展策略浅析"，载《电子政务》2015年第5期。

[2] 参见赵润娣："政府信息公开领域新发展：开放政府数据"，载《情报理论与实践》2015年第10期。

[3] 参见岳丽欣、刘文云："国内外政府数据开放现状比较研究"，载《图书情报工作》2016年第11期。

[4] 参见肖卫兵："政府数据开放机制的建立和完善：结合《政府信息公开条例》谈起"，载《理论探讨》2015年第4期。

[5] 参见栗燕杰："大数据背景下的政府信息公开法律制度完善研究"，载《重庆邮电大学学报（社会科学版）》2016年第6期。

[6] 参见张毅菁："从信息公开到数据开放的全球实践——兼对上海建设'政府数据服务网'的启示"，载《情报杂志》2014年第10期。

[7] 参见郑磊、熊久阳："中国地方政府开放数据研究：技术与法律特性"，载《公共行政评论》2017年第1期。

[8] 参见中国行政管理学会课题组："我国政府数据开放顶层设计研究"，载《中国行政管理》2016年第11期。

[9] 参见刘莘、金成波："立法成本收益分析在中国：理念更新与制度确立"，载《江苏社会科学》2016年第3期。

[10] 参见中国行政管理学会课题组："我国政府数据开放顶层设计研究"，载《中国行政管理》2016年第11期。

[11] 参见郑磊："开放政府数据研究：概念辨析、关键因素及其互动关系"，载《中国行政管理》2015年第11期。

撑，理应受到重视。加之实施多年的《政府信息公开条例》修改工作正紧锣密鼓开展中。当下需要考虑的是如何利用好《政府信息公开条例》修改这一契机，为政府数据开放实践先期提供一些迫切需要提供的制度保障。而不是像现在有一种流行观点，即政府信息公开和政府数据开放属两张皮应严格区分，只能分别立法一种立法模式。基于此，本章通过比较研究，总结出政府数据开放的不同立法模式后，结合实际，提出我国政府数据开放立法模式选择上的具体建议。

二、国内外政府数据开放立法模式分析

国际上关于政府数据开放的立法模式主要有三种：一是修改信息公开法立法模式；二是制定政府数据开放专门法立法模式；三是介于两种之间，即修改信息公开法和制定专门法相结合的模式。

（一）修改信息公开法模式：以英国为代表

第一种是修改信息公开法立法模式。典型国家如英国、加拿大和乌克兰。本章主要以英国为蓝本展开介绍性分析。英国在数据开放方面虽然比美国起步晚，但大有赶超之势。英国主要通过修改信息公开法为轰轰烈烈的数据开放实践提供法律支撑。2012年，英国借助出台《保护自由法》（Protection of Freedoms Act）之机，对2000年颁布的信息公开法进行了相应修改。这种立法模式充分利用信息公开法的现有框架，为政府数据开放提供制度支撑。法律修改的切入点是信息提供形式的选择权，并借此对数据集、授权许可、收费、依申请公开向主动公开转换机制一并进行明确规范。同时考虑到单纯几条规定还不具有可操作性，要求国务大臣发布"行为守则"（Code of Practice）指导具体的数据开放实践。2013年颁布的行为守则对数据集定义、可使用的电子形式、元数据编制、数据集再利用许可类型、收费、数据集的主动公开和申请人帮助义务等方面进行了具体规定。

和专门立法模式相比，对信息公开的修修补补模式有两个优势。一个是立法效率高，通过快，可以迅速弥补数据开放立法真空，为英国赶超美国数据开放提供及时的法律保障。英国借助出台《保护自由法》的时机，对信息公开法进行修改名正言顺。第二个优势是极具针对性，可以分清所遇法律问题的轻重缓急，不断完善。英国针对制约数据开放的若干核心问题先行解决，

而不是大刀阔斧地进行制度革新。这些核心问题包括：一是数据开放例外不清和缺省是制约数据开放的关键。英国意识到信息公开和数据开放立法框架具有高度的相似性，借助信息公开法为数据开放的保护范围先期提供法律保障。在信息公开法对例外事宜已经提供了完善保护之后，重复立法显得没有过多必要。二是开放对象缺少界定导致数据开放无从下手。英国不过分拘泥于信息和数据的差异，反而注意到了两者间的密切关系，在明确信息内涵的基础上，对数据集进行更为具体的界定，并遵行信息公开法的总体框架对数据开放提供必要的制度支撑。三是阻碍利用的公开和数据开放背道而驰。英国一方面从选择权入手，注意到数据开放的再利用环节，抓住便于利用的电子形式提供数据集这个核心，为数据开放的再利用扫除法律障碍；另一方面借助固有的依申请公开和主动公开信息转换机制，完成依申请公开数据集向公众开放的数据集转换，提升数据集开放和公众需求间的吻合度。

但是这种立法模式也有弊端。主要是只能聚焦若干关键问题。随着数据开放实践的深入推进，信息公开法的原有规定无法完全用来适用于数据开放所面临的所有问题。另外，信息公开法产生于大数据时代之前，有其特定的时代烙印。其中之一就是信息公开法大多强调依申请这种被动公开方式，并将之作为一种义务予以规定，且申请无目的限制，并有答复期限，也可复议诉讼。一旦数据开放纳入信息公开制度框架进行规范，无论是数据提供方，还是数据使用方付出的成本都非常高，时间也相对较长。即使数据使用方获取到了相关数据，大多结果是静态数据，不是最具利用价值的动态数据。即使近年来信息公开法已经向强调主动公开进行转型，但和数据开放实践还存在诸多不协调之处，光修改模式无法完全解决。这就需要出台专门法予以补足。

（二）专门法立法模式：以纽约市为代表

第二种是制定政府数据开放专门法立法模式。纽约市被认为通过了全球最好的数据开放专门立法。该法于2012年3月7日得以发布实施，主要包括定义、公共数据的可获得性、开放数据门户的管理、开放数据法律声明、数据集线上发布的政策和技术标准、政府机构实施计划六大部分。具体而言：一是对数据、数据集等术语进行了界定；二是规定了公共数据的可得性，包括机器可读格式、维护和更新、使用不受限制等；三是开放数据在线门户管理,包括带宽要求、在线论坛意见收集和反馈机制;四是开放数据法律声明方面规定;五是网络数据集政策和技术标准;六是机构实施计划。数据开放立法后于2015到2016年期间,进行了多达七次修改予以完善。这些修正案涉及的内容包括:开放平台上的数据存档、多平台更新同步、公众数据请求回应、数据字典编制发布、地理编码格式统一、开放计划检查监督、数据开放申请答复评估审查等要求。

应当说,专门法立法模式优势明显。一是可以围绕数据开放主体、对象、方式、平台、质量和监督保障这些关键环节一并加以规定,实现对数据开放立法的全方位保护;二是保护力度强并兼顾全面,可以最大程度为数据开放活动提供法律保障。纽约市2012年数据开放法实施后,随着高质量数据集的开放以及自动更新的数据集数量增多,该市取得的成绩突出。不仅引领全球各城市数据开放潮流,而且还带动了非公共机构的加入,拓展了数据开放主体范围。

但是专门法模式也有弊端。对于纽约市一个城市来说立法速度不是问题。但是对于一个国家来说,立法速度慢、成本高是通病。同时,就全球而言,政府数据开放实践尚处于起步阶段,相关问题的处理机制并非清晰明了。如果仓促立法容易导致立法过时、后续修改频频、法律权威性受影响等问题。纽约市立法经过多达七次的频繁修改就是典型例证,反复修改就是因为在实施过程中暴露出诸多事先难以预估的问题。根据有关机构2013年的一份调查发现:许多部门没有按期提交本部门实施计划。即使提交了,也未按期开放所承诺开放的数据集;开放数据门户的可用性还不够,搜索功能差;开放数据门户开放的数据和公众的数据需求吻合度差;存在数据错误、元数据缺乏等数据质量问题。[1]需要说明的是,专门法的立法模式并不是绝对的专门立法。纽约市同样意识到数据开放和信息公开两者间的密切关系,信息公开申请有助于从公众的数据需求角度提升数据开放质量。因此其最近一次修改就明确要求公开针对数据集的信息公开申请的答复和后续处理情况。

(三)修改信息公开法和制定专门法相结合立法模式:以美国为代表

第三种是介于前两者之间,即修改信息公开法和制定专门法相结合模式。

---

[1] See "Grading the Progress of NYC's Open Data Law", http://reinventalbany.org/2016/07/grading-nycs-open-data-law-progress/,2016-7-18.

美国国家层面立法是典型例证。美国早期通过对1966年颁布的信息公开法的修修补补为日益呈现的大数据时代提供法律支撑。为顺应信息化发展需求以及占领信息时代全球制高点需要，美国于1996年对信息公开法进行了第五次修改。该次修订将公开客体扩展到以电子化形式制作保存的信息、创设了信息提供形式选择权、创设了依申请公开和主动公开信息间的联动机制。这对数据开放实践构成了基本的制度支撑。美国2015年启动的第八次信息公开法修改进一步将信息公开法和政府数据开放进行了紧密结合。表现在：一是建立更有效的依申请公开和主动公开信息间的联动机制。修法明确要求将申请人申请超过三次以上的频繁申请自动转为主动公开并以电子化形式对外公开；二是强调电子形式公开的重要性。要求政府部门以电子形式主动公开可公开的政府信息；三是要求设置在线申请统一入口。通过建立新网站，将向任何机构提出的信息公开申请整合集中。[1]

随着大数据时代的深入，美国已经不再满足于对原有信息公开法的修修补补方式推进数据开放。其中最为明显的一个举动就是于2016年4月启动了数据开放立法（OPEN Government Data Act）。这意味着美国开始转向制定独立的数据开放法推进联邦政府数据开放给社会开发利用，以便发挥其潜在价值。该法案围绕义务主体、开放对象、开放范围、开放例外、开放方式、开放平台等内容进行了系统规定。具体来说：明确了数据的定义与类型；规定了开放数据的形式要求；直接援引信息公开法当中的例外规定了数据开放例外；规定了数据开放端口；规定了数据目录的编制和公开要求。

修改信息公开法和制定专门法相结合模式注意到了是数据开放专门法和信息公开法两者都是规范数据开放实践的根本性立法，二者共同构成了政府数据开放方面的重要法律支撑。另外，这种立法模式认为信息公开法旧有侧重知情权保障的理念并不是一成不变的，兼顾再利用权也是知情权的应有之义。基于此，这种立法模式的核心特征是先通过修改信息公开法，先期为数据开放提供基本的制度支撑，包括电子形式公开、可供利用的信息提供形式的选择、依申请公开信息向主动公开信息转换等。甚至一次修改不彻底，还可经多次修改，在试错过程中逐步完善。最终在政府数据开放实践深入运行

---

〔1〕 参见后向东："美国2016年《信息自由法》改革法案述评"，载《电子政务》2016年第10期。

后,再通过专门立法,为政府数据开放提供全方面制度保障。这种立法模式照顾到了专门立法和修改立法的优缺点,以循序渐进的务实态度逐步完善数据开放方面的法律制度。

三、我国未来政府数据开放立法模式选择

(一) 我国立法模式选择

我国未来政府数据开放立法模式宜采用第三种,即修改信息公开法和制定专门法相结合的模式。之所以这样考虑是因为:

一是先行修改信息公开法有助于解决政府数据开放目前的于法无据问题。在国家政策的强力推动以及地方政府的积极实践下,我国政府数据开放正如火如荼开展,开展政府数据开放制度建设刻不我待。政府数据开放作为一项重大政府活动创新,应当坚持"在法治下推进改革、在改革中完善法治,实现改革决策和立法决策相统一、相衔接,做到重大改革于法有据。"[1]作为和政府数据开放联系最为紧密的我国《政府信息公开条例》修改工作正紧锣密鼓展开。借此机会,可以针对政府数据开放实践的突出问题,先行解决政府数据保护范围、便于利用的公开方式等一些制度缺位问题。对于其他有争议的、理论支撑不够的,或者实践中还未暴露出来的问题可以留待后续专门立法予以调整。

二是政府数据开放立法和政府信息公开立法不存在本质上的差异。从制度框架上来看,都涉及公开主体、公开客体、公开范围、公开方式、公开平台、收费、公开质量要求和监督保障等基本事项。如果非要说区别,主要集中在数据再利用和数据安全保障环节,对此较难在政府信息公开立法当中明确细致规定。从我国的实际情况来看,政府数据开放和政府信息公开都属于我国政务公开这个大概念下的内在组成部分。政务公开强调公开、解读、回应、互动这种链条式的动态公开,最终能让公众看得到、看得懂、会监督。基于此,知情权从来都不是止于公开,而是为了公开后的表达、参与、监督和再利用。政府数据开放是政府信息公开的升级版这种认识更应得到认同。因此,如果刻意分割这两个环节分别进行立法,既不符合立法经济,也不利

---

[1] "在法治下推进改革 在改革中完善法治",载《人民政协报》2015年3月16日,第01版。

第二十五章 我国政府数据开放的立法模式

于为重大改革措施提供迫切需要的基础性制度支撑。

三是实施了十年的我国《政府信息公开条例》所暴露出的不利于信息再利用问题恰恰是政府数据开放立法所需要重点突破的领域。我国《政府信息公开条例》的立法目的之一就是"充分发挥政府信息对人民群众生产、生活和经济社会活动的服务作用"。这应该是条例支持数据开放的有力依据。我国条例还有一个特色就是主动公开方面规定特别多且细。[1] 这也是对数据开放实践的有力支撑。但是，条例实施多年来，我国的实践并未能如当初所设想的对作为"政府"数据开放前阶段的"政府信息资源开发利用"起到充分的促进作用。表现在：一是所申请信息十分集中，即大多集中在房屋动拆迁等基本建设相关的政府信息，和政府信息再利用关系不大，反倒是信息公开滥用、滥诉问题让大家更为关注；二是申请来源非常单一，主要来自个人。其中个人中的极少数又递交了大多数申请，和我们所理解的政府信息再利用不具相关性。[2] 申请来源的高度集中以及来自公司申请量的偏少，意味着政府信息公开所给政府信息再利用带来的推动作用微小。[3] 这有时代的原因，大数据时代作为可最大程度激发再利用的时代背景晚于政府信息公开制度出台时间，相关规定的实施效果难以得到发挥。也有制度设计方面的缺陷。实际过程中产生的申请权滥用等问题不应成为我们排斥将《政府信息公开条例》作为政府数据开放重要制度支撑的理由。这反倒提醒我们，要借条例修改契机，通过弥补目前制度设计方面的偏差，转到真正以信息或数据为需求的轨道上来。

四是政府数据开放例外和政府信息公开例外一脉相承，无本质差异；政府信息和政府数据内涵也是如此。[4] 不能因为我国目前《政府信息公开条例》当中关于政府信息公开例外规定的不完善，而刻意放大对政府数据开放专门立法的依赖。反倒促使我们意识到应该结合开放维度修改完善政府信息公开例外，先期解决我国关于政府数据不予开放范围方面的立法不足问题。

---

〔1〕 参见肖卫兵：“论我国有局限的推出型信息公开法”，载《行政法学研究》2010年第3期。

〔2〕 参见肖卫兵：“论信息流通视野下的政府信息公开制度实施：以上海市A区为例”，载《中国行政管理》2014年第7期。

〔3〕 参见肖卫兵：“政府数据开放机制的建立和完善：结合《政府信息公开条例》谈起”，载《理论探讨》2015年第4期。

〔4〕 参见黄璜、赵倩、张锐昕：“论政府数据开放与信息公开——对现有观点的反思与重构”，载《中国行政管理》2016年第11期。

总之，无论是分散立法还是专门立法，都会面临因政府信息公开例外规定保护政府数据所必然面临的风险问题。政府信息和政府数据虽有区别，但是这种区别决定的是立法的技术性问题，决定不了政府数据不属于依申请公开对象问题。行政机关接收到针对政府数据的公开申请后，判断其是否公开最终取决于行政机关对政府信息公开例外的判断。国外存在大量这方面的申请事例。另外，两者的区别也决定不了政府数据当然不成为主动公开的对象。不然的话，现在涉及行政许可、行政处罚等信用数据的公示就难见踪影。这种区别更应视为行政机关在公开广度和深度上还有提升空间。行政机关应该树立开放思维，积极利用现有公开方式，提升数据开放质量，以满足公众不断扩大的信息需求。

当然，我们也应意识到，对信息公开规定的修修补补模式不能为政府数据开放提供全方位保护。长远来看，我国应转向政府数据开放的专门立法模式。数据开放不仅仅涉及数据本身，还涉及数据权属、梳理脱敏技术和风险评估机制等多方面问题。仅在原有政府信息公开制度框架下规范政府数据开放行为，难以达成立法的周全性和体系性。这就要求通过专门立法，在区分数据和信息、开放和申请基础上，强调数据的开放，而不是依申请这种义务性规定。同时，对于数据开放大赛、年度开放工作计划、数据目录编制发布、开放数据平台建设维护这类工作，立法上也应明确，以解决政府部门数据开放意愿不足问题。当然，借鉴政府信息公开立法经验，对于数据开放专门立法，自上而下一步到位的顶层立法难度巨大。相对来说，开展地方先行先试的自下而上立法更符合我国国情和实际。我国大数据产业发展规划（2016－2020年）就明确提出推动大数据相关立法进程，支持地方先行先试，研究制定地方性大数据相关法规。这方面，贵州省已经进行了积极尝试。贵州省把大数据作为发展战略，并且作为全国首个大数据综合试验区，率先通过先行先试立法为大数据发展加上保护层。《贵州省大数据发展应用促进条例》于2016年3月颁布实施，《贵阳市政府数据共享开放条例》也在2017年顺利通过。贵州率全国之先，在数据开放专门立法进行了积极尝试，上海也正积极推进制定相关立法。总之，借助更多地方立法进一步积累经验，可以为国家层面的政府数据开放立法奠定基础。

（二）立法模式确定后的立法内容界分

第三种立法模式一方面需要通过《政府信息公开条例》的修改，为政府数据开放先期立规，解决一些迫切需要解决的法律问题。长远来看，还需考虑出台专门的政府数据开放条例，更为有效地推进我国政府数据开放工作。基于此，本文提出以下两项立法政策建议：

一是借助《政府信息公开条例》修改契机，对政府数据开放提供一些迫切需要解决的制度支撑。首先，完善政府信息定义，考虑将信息公开对象延伸到政府数据。在现有制度框架下，《政府信息公开条例》第 2 条的政府信息定义也可涵盖政府数据。这是因为，从政府信息构成要素来看，产生主体均为政府，产生过程为履职过程，产生方式为制作或获取，存在形式为客观存在。应该来说，光从制度层面来讲，两者在内涵上不存在实质差异。但基于目前大家对两者区别的普遍强调，为避免未来认识上的分歧，可在《政府信息公开条例》第 2 条对数据和数据集进行专门界定，明确将之纳入条例的适用对象。其次，完善政府信息公开例外，引入损害和公共利益衡量机制，规定国家秘密、商业秘密、个人隐私、三安全一稳定、非政府信息、内部管理信息、过程性信息、历史信息和其他法律法规规定九种实体性例外，为政府数据开放的保护环节立规。再次，考虑到开放特性，引入一些必要机制促进开放后的再利用，提升开放数据的公众需求吻合度。这方面的机制包括建立依申请公开向主动公开信息转换机制，强调便于利用的电子化形式公开等。

二是开展专门立法方面研究，适时考虑制定出台我国的《政府数据开放条例》。针对政府数据开放、保护和再利用三个关键环节所涉及的数据主体、数据提供方、数据使用方等不同主体的权利义务进行更为细致的设定。在立法模式确定了以后，今后的研究方向应该是具体梳理这三个环节的立法内容。如开放方式上，是否只有普遍开放一种方式，有没有必要进一步细分，涵盖预开放和按需开放等；再利用环节的价格歧视、数据垄断等涉及不正当竞争和反垄断方面的行为该如何规制；从数据安全的高度对政府数据开放过程中的保护问题该如何解决；数据质量、标准等该如何规定，才有利于促进数据价值发挥；数据平台构建和运营方面该如何进一步规范；数据权属如何界定及其所带来的收费机制该如何设计等。

四、结语

信息社会进入到大数据时代呼唤信息法研究升级。笔者认为，信息法是调整各种类信息在不同主体间流动与否的信息流通关系的法律规范体系。政府数据开放立法作为信息法的重要分支值得重点关注。目前我国正考虑政府数据开放立法，需要确定的是我国政府数据开放的立法模式。国际上现有修改信息公开法、制定政府数据开放专门法、修改信息公开法和制定专门法兼具三种政府数据开放立法模式。我国有必要考虑采用修改信息公开法和制定专门法兼具模式。长远来看，我国应为政府数据开放专门立法，但当前不应错过《政府信息公开条例》修改契机，为政府数据开放提供涉及政府数据定义、开放方式和开放例外等方面的基本制度支撑。在确立了立法模式后，未来可就政府数据开放立法的具体内容，紧密结合实践成熟程度开展分门别类的研究。

CHAPTER26 第二十六章
政府数据开放机制的建立和完善*

摘　要：《政府信息公开条例》作为支撑我国政府数据开放的重要立法，虽然在出台初始十分强调其有助于政府数据开放后的再利用，但是在条例实施过程中，这种原初认识却未能得以实现。这其中最为主要的原因是政府信息公开制度设计方面的缺陷。未来有必要通过修改政府信息定义、主动公开标准和政府信息公开例外等规定，助力政府数据开放，进一步建立和完善政府数据开放机制。

大数据时代的来临意味着信息或数据和物质及能源一样，成为这个社会最为重要的资源。但是数据的价值发挥离不开数据的开放，政府作为拥有数据资源最多的主体更是应当首当其冲鼓励开放，从而供社会力量进行再利用或开发利用。这是大数据时代赋予我们国家把握住这次机会的关键。但是《政府信息公开条例》实施过程中并未对政府信息再利用起到预先设想的推动作用，背后有《政府信息公开条例》本身制度设计缺陷方面的原因。大数据时代的来临意味着政府应该结合大数据时代开展政府数据开放工作，使之助推而不是阻碍政府信息的再利用。这不仅需要我们转变观念，更需要我们思考现有《政府信息公开条例》该如何基于大数据时代背景进行修改，进而有力助推政府数据开放后的再利用。本章对此试作一探讨。

---

* 本章成果已在《理论探索》2015年第4期上发表。题目为《政府数据开放机制的建立和完善：结合〈政府信息公开条例〉谈起》。

一、问题的缘起：政府信息公开与政府信息再利用

政府信息再利用作为推动我国《政府信息公开条例》出台的一个重要因素，伴随着我国《政府信息公开条例》出台始终。但是，随着《政府信息公开条例》的逐年实施，其并没有为政府信息再利用起到应有的推动作用。

（一）政府信息再利用是促使《政府信息公开条例》出台的重要因素

关于我国政府信息公开改革成功背后原因，有一种较为流行的观点认为，自二十世纪九十年代后期开始，我国就提出了要走一条"以信息化带动工业化"的新型工业化之路。政府信息再利用作为信息化发展的重要组成部分理应获得优先发展。信息公开是政府信息再利用的重要举措，是我国信息化发展不可或缺的内容。[1]

正因为此，政府信息公开多次出现在了我国推动信息化相关文件当中，并最终促使了《政府信息公开条例》在我国的出台。国家信息化领导小组在2002年7月发布了《电子政务建设纲要》。该《电子政务纲要》首次要求通过属于电子政务立法规划当中的一部分的信息公开法。随后的一系列文件都将制定政府信息公开立法作为保障党的十六大明确提出的"以信息化带动工业化、以工业化促进信息化"的新型工业化道路的重要举措。2004年由中办和国办联合发布的《关于加强信息资源开发利用工作的若干意见》就提出要建立健全政府信息公开制度。2006年颁布的《2006—2020年国家信息化发展战略》也将政府信息公开制度建设作为保障信息化发展的手段之一予以强调。随后，国务院办公厅下发的《关于做好国务院2006年立法工作的意见和国务院2006年立法工作计划的通知》当中也明确表明制定《政府信息公开条例》的目的之一就是为了促进政府信息的开发利用。这一年，国务院首次将《政府信息公开条例》列为其立法计划当中的一类立法。条例最终在2007年1月17日予以通过。

虽然政府信息再利用是促使我国《政府信息公开条例》出台的一个重要因素。但是《政府信息公开条例》的后续实施并没有如当初所设想的，对我

---

[1] 参见肖卫兵：《中国信息公开改革新解：从信息流通角度》，上海社会科学院出版社2013年版，第82页。

国政府信息再利用起到了应有的推动作用。

(二)《政府信息公开条例》实施以来并未推动政府信息再利用

《政府信息公开条例》第 1 条开宗明义地提出"为了充分发挥政府信息对人民群众生产、生活和经济社会活动的服务作用,制定本条例"。该条可以视为是对政府数据开放所带来的经济效应的支撑。不过,以上海为例,纵观其跨度十年的政府信息公开统计数据,实施多年来的《政府信息公开条例》并未达到促进政府信息再利用的预期效果。这是因为:一是所申请信息十分集中,即大多指向房屋动拆迁等基本建设相关的政府信息,和政府信息再利用关系不大。过去十年来,房屋动拆迁许可及补偿安置是上海市政府信息公开年度报告中每年都提及的申请量最为集中的政府信息类别。和房屋动拆迁相关的,如土地征用和城市规划被列为申请量最为集中的年份达到 7 次,土地管理批文则有 5 次。另一类每年都位列申请量最为集中的是社会保障类政府信息。治安和户政管理则在过去的 8 年当中都曾位居当年申请量前列。总的来说,申请事项与人民群众切身利益密切相关,但与政府信息再利用关联度不高。

二是个人是主要的申请来源。其中极少数个人又递交了大多数申请,和我们所理解的政府信息再利用不具相关性。各地政府信息公开年报当中并没有关于申请来源方面的具体统计,但是从上海市某区三年的统计数据来看,在共计 6025 件有效申请当中,来自个人的申请占了 86%;公司作为最有可能促进政府信息再利用的主体只占了 7%的申请量。[1]这种情况还不算最差,调研过程中发现其他区县政府的 90%以上申请都来自个人,即使有来自公司的,大多也是申请和动拆迁相关的政府信息。申请来源的高度集中以及来自公司的申请量的偏少意味着政府信息公开所给政府信息再利用带来的推动作用甚微。

二、问题的分析:制度设计的固有缺陷

实施多年的《政府信息公开条例》并未达到促进政府信息再利用的预期

---

[1] 参见肖卫兵:"论信息流通视野下的政府信息公开制度实施:以上海市 A 区为例",载《中国行政管理》2014 年第 7 期。

效果。背后有诸多原因。除了大数据时代的姗姗来迟和对政府数据开放的认识偏差延缓了我国政府信息再利用价值发挥的机会之外,《政府信息公开条例》本身设计的缺陷阻碍了政府数据开放,进而影响到了政府数据的价值发挥。

（一）信息公开法对第三方信息进行了过度保护

在澳大利亚,前几年就有专家发现商家很少通过信息公开法获取信息。[1]这其中的重要原因就是立法过度保护了包括企业和个人在内的第三方信息。这种过度保护并不支持商家通过信息公开法申请政府信息。[2]实践中,澳大利亚行政机关适用"可能性"这种较低标准判断是否公开涉及商业秘密的信息公开申请。该做法无疑扩大了商业秘密例外的适用范围。结果是,极具经济价值的商业信息通常属于信息公开法当中的公开例外。

在我国,规定在《政府信息公开条例》第14条当中的国家秘密、商业秘密和个人隐私例外都属于类别式例外,即一旦被请求的信息属于该例外规定中所确定的类别,该申请就应被拒绝。[3]这是因为该条规定并没有以公开是否会对所涉及的例外信息造成损害为标准。相比澳大利亚,我国的保护程度更高。结果导致实践过程中存在该例外被扩大适用的情况。有的将商家所遭受的行政处罚信息作为商业秘密对待;也有的以商家这种第三方意见作为判断是否构成商业秘密的标准,而不论其是否应该公开或部分公开。如此高的公开门槛以及实践过程中的扩大适用制约了政府信息再利用价值的发挥。

（二）被动公开型信息公开法不利于政府信息再利用

如果信息公开法并不鼓励主动公开[4],其在促进政府信息再利用方面的作用将受到限制。国际上将信息公开法分为两种类型:一种类型注重主动公

---

[1] See Stephen Lamble, "Media Use of FOI Surveyed: New Zealand Puts Australia and Canada to Shame", *Freedom of Information Review*, 109 (2004), p. 5.

[2] See Chris Finn, "Rethinking Commercial Confidentiality in the Decade of Competition Policy", *Freedom of Information Review*, 106 (2003), p. 66.

[3] 参见肖卫兵:"论政府信息公开例外立法的类别",载《情报理论与实践》2010年第4期。

[4] See Robert Gellman, "The Foundation of United States Government Information Dissemination Policy", in Georg Aichholzer and Herbert Burkert eds., *Public Sector Information in the Digital Age: Between Markets, Public Management and Citizens' Rights*, Cheltenham: Edward Elgar Publishing, 2004, p. 124.

开，另一种类型则注重依申请公开或被动公开。[1]大数据时代的来临降低了依申请公开的重要性，得以呼唤主动公开型信息公开法。

美国为适应大数据时代的迫切需求，在1996年就修改了其原先以被动公开为主的信息公开法。[2]奥巴马上台更是掀开了美国主动公开政府信息新的一页。无论是奥巴马的《信息公开法备忘录》，还是美国司法部的信息公开法指引，以及总统预算与管理办公室的《公开政府指令》都提到了要加强主动公开力度。2014年美国还出台了《数字化问责制和透明度法》，进一步规范和推进联邦资金使用方面的数据开放力度。现如今正讨论修改信息公开法，其中就涉及依申请公开信息向主动公开信息转换的问题。这些举措意味着美国信息公开法已经开始从过去的强调被动公开向现在的强调主动公开转变。英国通过《信息公开法》当中所规定的出版计划要求行政机关按时主动公开政府信息。其他国家，如墨西哥、澳大利亚等国通过制定或修订信息公开法律，使之朝主动公开型信息公开法转变。

我国顺应了世界潮流，通过了主动公开型信息公开法。《政府信息公开条例》不仅规定了最低标准，而且还提供了一般标准。这些一般标准便于行政机关决定在什么情形下可以主动公开。《政府信息公开条例》还设置了其他一些必要的保障措施，以确保主动公开要求得到落实。但是我国的主动公开机制还有四个方面的问题亟待解决：一是主动公开的界限不明确，可操作性差，并且和政府数据开放后的再利用无关。虽然《政府信息公开条例》第9条规定了主动公开一般标准，但是这些"切身利益"和"广泛知晓参与"标准更多和公众参与和监督密切相关，和开发利用关系不大。《政府信息公开条例》第10到第12条规定了主动公开的特殊标准，即重点范围，但是这些重点范围在实践过程中的理解差异极大，结果导致难以得到有效实施。二是主动公开深度不够，和公众信息需求之间还存在差距。现有主动公开的大多是文件类和结果类信息，公众更多需要的涉及决策过程的原始信息鲜有公开。三是主动公开目录编制存在问题。现在编制的公开目录不是在公开之前进行，而改在公开之后进行，这背离了主动公开目录编制的宗旨。即使编制了目录，

---

[1] See Moira Paterson, *Freedom of Information and Privacy in Australia: Government and Information Access in the Modern State*, Melbourne: LexisNexis Butterworths, 2005, p. 498.

[2] See Michael Tankersley, "How the Electronic Freedom of Information Act Amendments of 1996 Update Public Access for the Information Age", *Administrative Law Review*, 100 (1998), p. 422.

该目录的公开也存在不全面问题。四是主动公开政府信息的标准没有明确，不利于政府数据开放后的再利用。虽然我国《政府信息公开条例》第26条对政府信息提供形式上允许申请人可以选择，如选择以电子形式提供的，行政机关有义务以电子形式提供。但是对于行政机关主动公开政府信息时，则没有要求其以机器可读等可利用形式主动开放。

（三）过于狭窄的政府信息定义不利于政府数据开放

国外信息公开法一般将政府信息定义为行政机关或代表行政机关拥有的不论存储格式和制作主体的任何信息。[1]如此规定的政府信息的范围可以是无限大，政府数据自然包含其中。但在我国，《政府信息公开条例》第2条对政府信息进行了限定。依据该定义，一项政府信息的构成不应缺少三个条件，即该信息由行政机关所拥有；必须是在履行职责过程中制作或者获取；以一定形式记录和保存。[2]行政机关可以拒绝那些所申请的信息不符合该三项条件当中任何一个的信息公开申请。从这三个标准出发，实践过程中不符合主体是行政机关标准的例子有申请人申请和村务、公证、内设机构、党务以及和刑事执法相关的信息。不符合履行职责标准的例子有申请人申请行政机关作为独立民事主体形成的信息、内部管理信息以及过程性信息。因此，一些内部的诸如集体讨论记录不属于政府信息；以及从结果方面考虑，重大决策的讨论、制订、纪要、领导的批阅意见也不属于政府信息。政府数据，作为承载政府履行职能过程中所收集到的原始信息，更有可能作为过程性信息和内部管理信息，视作非政府信息，被排除在政府信息定义之外。这种从是否是政府信息，而未从是否是政府信息公开例外角度，考虑政府信息是否公开的做法不利于政府数据开放。

（四）信息公开法未授权公众再利用经申请获取的政府信息

对政府信息再利用能够起到促进作用的其中一个不可或缺机制就是对再利用不附加任何限制条件。在美国，《文书工作缩减法》禁止联邦机构从事各

---

[1] 参见肖卫兵："全球信息公开法评级体系评析：兼论针对中国的评估"，载《图书情报工作》2012年第20期。

[2] 参见陈富志："关于'政府信息公开条例'的几个问题（上）"，载《中国行政管理》2007年第11期。

种对政府信息再利用有阻碍作用的行为。其中就有禁止政府部门限制或管制私营机构使用、再使用或出售所获取的政府信息的规定。这些禁止性安排在促进政府信息再利用方面扮演了极为重要的角色。

和美国相比，我国现有立法并没有给政府信息再利用创造良好条件。周汉华教授等起草的政府信息公开条例专家建议稿当中设计了允许申请人在获取政府信息后，对信息进行再加工或者其他形式的开发利用条款。[1]最终通过的《政府信息公开条例》并没有承载这种期望，相关条款被删除。现如今实施的《政府信息公开条例》缺乏对政府信息再利用的明确安排使得申请人即使获得了相关政府信息，也无权进行再利用。这直接限制了政府信息的再利用。加之《气象资料共享管理办法》《地震科学数据共享管理办法》《水文条例》等立法许可了公众对公共部门信息的使用，但对于信息的增值开发却有很大限制。这进一步制约了我国政府信息再利用市场的发展。[2]

和其他国家相比，除了在再利用方面权利缺失外，我国在依申请公开权利上也存在固有缺陷。这是因为我国并不鼓励一般意义上的依申请公开。潜在的申请目的要求在一定程度上限制了公众从政府处获取政府信息的能力。我国《政府信息公开条例》第13条明确要求公民、法人或者其他组织根据自身生产、生活、科研等特殊需要，向各级行政机关申请相关政府信息。由此推知，申请目的是作为递交申请的条件之一。

三、问题的解决：政府数据开放机制的建立和完善

在大数据时代下，不仅需要做好政府数据开放，而且还需要做好政府数据保护。政府数据保护是为了更好的开放，而开放最终是为了更好的利用。这就要求我们完善主动公开机制，建立损害衡量和公共利益衡量机制合理保护政府信息公开例外，扩大政府信息公开范围并允许政府数据开放后的再利用。

（一）完善《政府信息公开条例》当中的政府信息公开例外规定

对政府信息公开例外的保护，需要区分不同利益进行不同程度的保护，

---

〔1〕 参见周汉华主编：《政府信息公开条例专家建议稿》，中国法制出版社2003年版，第57页。
〔2〕 参见陈传夫、马浩琴、黄璜："我国公共部门信息资源增值利用的定价问题及对策"，载《情报资料工作》2011年第1期。

而不是通过同等保护限制政府信息公开的范围。这就需要我们未来在修改《政府信息公开条例》时，合理运用损害衡量、公共利益衡量，在保护好应保护的利益基础上，为政府数据开放保驾护航。

一是将损害衡量机制合理适用到各类政府信息公开例外。贯彻损害衡量立法的一个核心就是区别对待每个应受保护的利益，采用不同的损害类型，和不同的损害可能性以及损害程度。当然，对于涉及特别重要利益且倾向于保密的例外信息，宜将其纳入类别式例外进行特殊保护。我们首先应采用积极型损害，以"当（何种）信息的公开可能造成对（何种）利益的损害时，行政机关应不予以公开该信息"的表述将之适用到商业秘密、个人隐私等政府信息公开例外当中。其次，对于损害可能性立法应基于应受保护利益的轻重缓急而采用反映不同程度的损害可能性标准。总的来说，应在较多采用"可能造成"标准的同时，兼顾采用"极有可能造成"这类更高标准。"可能造成"的标准需要达到的要求较低，所以适合保护那些相对重要的利益和那些倾向于保密的信息，如决策过程例外。对于需要保护的一般利益和那些倾向于公开的信息，则采用其他可能性标准。最后，在损害程度上，应区别例外信息背后所保护的利益，而采用"损害"或"重大损害"这样不同的适用标准。这种安排考虑到了应受保护利益的差异性。

二是将公共利益衡量机制适用于绝大多数政府信息公开例外。在公共利益衡量上，建议除了国家安全例外和其他法律规定的例外之外的其他例外均适用公共利益衡量，包括个人隐私、商业秘密、执法信息和决策过程中的例外等。同时，还应采用积极型公共利益衡量立法，即采取"公开的公共利益超过不予公开的公共利益"表述。至于公共利益的内涵则可通过列举哪些不属于公共利益考虑情形的方式对之进行限定。

三是通过列举和排除相结合方式明确个人隐私和商业秘密例外的适用标准。我国《政府信息公开条例》中现有关于个人隐私和商业秘密例外的规定过于笼统，造成实践过程中的适用困难，结果是倾向于保密。这阻碍了政府信息的最大化公开。基于在不妨害个人信息的自由流通与尊重个人的隐私权之间平衡这一指导思想，[1]可以通过列举的方式明确哪些信息属于个人隐私，哪些信息属于商业秘密。同时，还得采用排除方式明确一些不适用个人隐私

---

〔1〕 参见吕艳滨：《论完善个人信息保护法制的几个问题》，载《当代法学》2006年第1期。

和商业秘密例外的情形,方便实务部门具体操作。这包括:一是提供信息的当事人同意公开;二是该个人隐私和商业秘密信息已经被公众知晓,失去了其保密性的意义;三是当事人本人提出申请公开自身提交的信息时,原则上应当公开;四是在当事人事先提交信息给政府部门时,已经告知该提交的信息有可能对公众公开。[1]

(二)完善《政府信息公开条例》当中的主动公开规定

在确保相关需要保护的信息能够得到合理保护之后,需要确立的就是公开这个环节能够顺应大数据时代下政府数据开放的要求。这就需要:

一是明确可利用的电子形式为政府数据开放的标准,方便公众再利用。这就要求行政机关不仅要建立一站式网络平台开放政府数据,而且在该网络平台上主动公开政府数据时,必须做到所开放的政府数据及时更新、机器可读。同时,当有申请人申请以电子形式向其提供可公开的政府数据时,行政机关应该满足其要求并确保其可利用。

二是建立主动公开和依申请公开之间的转换机制。即行政机关应尽可能将已经向一个申请人公开的政府数据或者经不同申请人申请三次以上的政府数据转为主动公开,供所有人再利用。美国正在讨论的信息公开法修正案当中涉及这种转换要求。转换机制有助于降低申请量的同时,促进更大程度的政府数据开放。

三是科学编制并主动公开政府信息公开目录。目录的编制不能是先有公开内容,然后再编制目录。而是目录编制在前,内容公开在后。另外,各级行政机关应该对自身拥有的政府信息进行一次彻查,摸清家底,编制好目录。目录编制完成后,则需要通过在政府网站上主动公开该目录,供社会大众参与到哪些数据应该优先开放的讨论当中,为政府和公众在信息需求方面的有效互动提供帮助,从而加快政府数据开放进程。

(三)完善《政府信息公开条例》当中其他和政府数据开放相关的规定

一是修改政府信息定义,扩大政府信息公开的范围。现有关于政府信息的范围限定过窄,更多是从权力监督角度,而不是从再利用角度进行限定。

---

[1] 参见肖卫兵:"试论商业敏感性信息在信息公开法中的保护",载《情报理论与实践》2006年第6期。

未来需要明确只要是政府保有的以任何形式存储的政府信息都受制于公开，并不要求其必须是在履行职责过程中制作或者获取。这一修改可以避免将非结果和非文件类的大量原始信息排除在公开范围之外，为政府数据开放保驾护航。

二是允许政府信息的再利用。对于行政机关通过主动公开方式开放的政府数据，其不得禁止或者进行任何形式的限制，也不得主张政府信息的版权保护或类似保护。对于行政机关通过申请人申请得到的政府数据，则尽可能为其获取后的再利用扫除障碍。

三是去除"三需要"限制。将生产、生活和科研需要作为限制申请人申请政府信息的限制条件不符合国际惯例。关键是申请目的限制不是从信息本身角度，而是从申请人的信息需求角度对政府数据的开放进行的一种不必要限制。未来有必要考虑去除这种限制，更大程度上满足社会公众对政府数据的需求以及再利用的需要。

第二十七章
政府信息开发利用的商业模式 *

摘 要：国际上政府信息开发利用的商业模式主要有两种，包括政府部门主导型和私营部门主导型。私营部门主导型比政府部门主导型更有利于政府信息的开发利用。我国政府信息开发利用应采取私营部门主导型。私营部门主导型在我国的建立离不开政府信息公开法、著作权法、反不正当竞争法、反垄断法、政府信息开发利用法的修改或制定。

　　信息化技术的普及应用和政府信息资源的丰富提升了政府信息的价值。政府信息的开发利用问题因此不容忽视。从国际上来看，通常有两种政府信息开发利用的商业模式：一种是政府部门主导型；另外一种是私营部门主导型。前者以欧盟为代表；后者的典型代表则为美国。这两种政府信息开发利用的商业模式是否有优劣之分？我国未来应该采用哪种商业模式，以便促使政府信息的最大化开发利用，为我国的信息化建设服务？本章试图对这两类商业模式进行初步分析，供大家评介。

---

　　* 本章成果已在《图书情报工作》2011年第7期上发表。题目为《论政府信息开发利用的商业模式》。

一、政府部门主导型

政府部门主导型可以分为政府部门包揽型和政府部门分包型。[1]前者是政府部门全部承担政府信息的增值性开发利用服务。后者同样还是政府部门唱主角，只不过将其中的一小部分业务交给私营部门完成。最终向社会提供成品的还是政府部门自身。这两种类型都有一个显著特征，那就是政府部门在政府信息开发利用方面占主导地位。政府部门主导型存在于欧盟诸多国家。

（一）政府部门主导型的主要特征

政府部门主导型的主要特征可以从政府信息公开、政府信息的版权、政府信息开发利用领域的竞争三个角度进行论述。

1. 政府信息公开

政府信息公开能否公开，能否便捷公开和低成本公开等都会直接对政府信息后续的开发利用产生影响。政府部门主导型的国家在政府信息公开方面往往会设置各种障碍，从而达到拒绝或拖延公开可供私营部门开发利用的政府信息。其中最为典型的手段就是对可供开发利用的政府信息收取超过成本之外的高额费用。欧盟2003年颁布的《公共部门信息再使用指令》第14条明确提出政府部门可以收取除了信息提供成本之外的一定数额的增值费用。该增值费用除了能够弥补政府在信息资源开发方面的开支外，还可以给政府创造收益。

另外，政府信息公开法过度依赖依申请公开或被动公开，而不是主动公开的方式。这使得政府信息公开目录和指南等都无法由政府部门主动向社会发布，从而导致私营部门无法得知政府部门掌握何种信息以及政府信息存储于哪个部门等基本信息。[2]因为政府没有主动公开的义务，所以其向社会主动公开的信息量非常有限。这大大限制了政府信息开发利用主体的获取量和水平。

2. 政府信息的版权保护

政府部门主导型国家的一个显著特征就是政府信息受到版权法的严格保

---

[1] See George Papapavlou, "Public Sector Information Initiatives in the European Union", http://webwo-rld.unesco.org/infoethics2000/documents/paper_papapavlou.rtf, 2010-10-10.

[2] See Organization for Economic Co-operation and Development, "Digital Broadband Content: Public Sector Information and Content", http://www.oecd.org/dataoecd/10/22/36481524.pdf, 2010-10-11.

护。欧盟许多国家的版权法都明确规定政府或皇家对政府信息拥有版权,未经许可,不得擅自使用。政府信息的版权保护所带来的对政府信息开发利用方面的消极影响,就是政府部门可以通过版权许可使用合同对政府信息的再使用进行一些正当或非正当的限制,如地域范围、许可权利的专有性、许可使用的形式等。[1]

3. 政府信息开发利用主体之间的竞争问题

政府主导型国家由于政府部门也可直接提供经加工后增值的信息产品,不可避免地产生政府部门和私营部门之间在提供信息产品上的竞争问题。如何确保政府部门和私营部门之间在提供信息产品方面的公平竞争,以及如何避免政府部门在提供信息产品上的垄断都成为了不可回避的问题。

首先,政府部门由于在信息资源拥有上的垄断地位,可能构成对私营部门竞争上的不利影响以及信息产品使用者的利益损害等弊端。[2]私营部门则天然地处于劣势,它们无法获取和政府部门相同质量的政府信息。政府部门还有即时获取政务资源的优势,但私营部门却没有。[3]这无疑影响到了私营部门提供给市场使用的政府信息增值产品的质量。

其次,政府部门可向私营部门高价收取政府信息提供费用,但其自身却只需支付小部分费用甚至不支付任何费用。[4]政府部门可以通过不区分公共信息和商业信息,对私营部门一并征收同等费用,进而增加了私营部门获取政府信息的成本。[5]

再次,政府部门可以通过许可合同,对私营部门的开发利用从地域、权

---

[1] See Pira International, "Commercial Exploitation of Europe's Public Sector Information", http://ec.europa.eu/information_ society/policy/psi/docs/pdfs/pira_ study/2000_ 1558_ en.pdf, 2010-10-10.

[2] See The UK Official Fair Trading, "The Commercial Use of Public Information", http://www.oft.gov.uk/shared_ oft/reports/consumer_ protection/oft861.pdf; jsessionid=E07675674EF61F1D39EDBCB221718A95, 2010-10-10.

[3] See Peter Weiss, "Borders in Cyberspace: Conflicting Public Sector Information Policies and their Economic", *Public Sector Information in the Digital Age*, UK: Edward Elgar Publishing Limited, 2004, pp.137-160.

[4] See The UK Official Fair Trading, "The Commercial Use of Public Information", http://www.oft.gov.uk/shared_ oft/reports/consumer_ protection/oft861.pdf; jsessionid=E07675674EF61F1D39EDBCB221718A95, 2010-10-10.

[5] See The UK Official Fair Trading, "The Commercial Use of Public Information", http://www.oft.gov.uk/shared_ oft/reports/consumer_ protection/oft861.pdf; jsessionid=E07675674EF61F1D39EDBCB221718A95, 2010-10-10.

利和时间等方面进行限制,[1]以便稳固其在政府信息开发利用市场的优势地位。这些举措都可能造成竞争不公,也会打击私营部门进入政府信息开发利用市场的信心以及积极性。

最后,政府信息的提供质量问题。信息技术的广泛运用意味着除私营部门外,政府自身也有能力向社会提供增值产品。但是,政府并不能统揽所有增值产品的提供,[2]也不太可能提供所有的合乎客户需求的增值产品。毕竟政府部门的核心职能并不在此。一般认为,信息公开法律只要求行政机关有提供信息的义务,但无加工、整理、创造信息的义务。[3]这种以政府为核心的信息提供方式和私营部门以客户为核心的方式自然会影响到信息增值产品的质量。

(二) 政府部门主导型的弊端

欧盟国家的政府部门主导型的做法遭到各种质疑。诸多学者认为政府部门主导型是阻碍欧盟信息开发利用的绊脚石,并且也是其市场远远落后于美国的主要症结。[4]这种政府部门主导型的弊端主要体现在如下三方面:

其一,政府部门主导型的做法从短期来看似乎弥补了政府部门的资金紧缺,但是这种做法并不利于一个产业的长远发展,也不利于宏观经济效益的提升。[5]

其二,政府部门主导型做法从账面上来看,相关政府部门似乎有所收益,但是其中的一些收益却是来自采购信息增值产品的其他政府部门所支付的公

---

[1] See Organization for Economic Co-operation and Development, "Digital Broadband Content: Public Sector Information and Content", http://www.oecd.org/dataoecd/10/22/36481524.pdf, 2010-10-10.

[2] See The UK Information Commissioner's Office, "Awareness Guidance 29-Means of Communication", http://www.ico.gov.uk/~/media/documents/library/Freedom_of_Information/Detailed_specialist_guides/MEANSOFCOMMUNICATION.ashx, 2010-10-10.

[3] See The UK Information Commissioner's office, "Awaress Guidance 29-Means of Communication", http://www.ico.gov.uk/~/media/documents/library/Freedom_of_Information/Detailed_specialist_guides/MEANSOFCOMMUNICATION.ashx, 2010-10-08.

[4] See Peter Weiss, "Borders in Cyberspace: Conflicting Public Sector Information Policies and their Economic", *Public Sector Information in the Digital Age*, UK: Edward Elgar Publishing Limited, 2004, pp. 137-160.

[5] See Peter Weiss, "Borders in Cyberspace: Conflicting Public Sector Information Policies and their Economic", *Public Sector Information in the Digital Age*, UK: Edward Elgar Publishing Limited, 2004, pp. 137-160.

共资金,这无异于左口袋出右口袋进,实际总额并没有增长。[1]

其三,政府部门主导型做法也阻碍了私营部门的积极参与。毫无疑问,没有私营部门的积极参与,政府部门由于其功能定位和惯性思维,永远不可能向社会提供所有的客户化产品,从而满足各种客户的不同需求。[2]

二、私营部门主导型

私营部门主导型可以划分为公私部门合作型和私营部门包揽型两种[3]:第一种商业模式是基于专业上和技术上的要求等,政府部门和私营部门相互合作,共同完成政府信息资源的开发利用;[4]第二种商业模式是完全由私营部门自主进行开发利用,政府部门不再介入该商业领域。[5]私营部门主导型最典型的例子是美国。政府和商业部门的职责界定明确,政府不从事和增值服务相关的活动,而只从事一些信息资源的原始积累和其他非营利性开发利用,所有商业服务都交给私营部门完成。[6]

(一)私营部门主导型的主要特征

私营部门主导型和政府部门主导型相比,主要在政府信息公开、版权和竞争三方面存在区别。

1. 政府信息公开

私营部门主导型国家在政府信息公开方面兼顾主动和被动公开两个方面。

---

[1] See Peter Weiss, "Borders in Cyberspace: Conflicting Public Sector Information Policies and their Economic", *Public Sector Information in the Digital Age*, UK: Edward Elgar Publishing Limited, 2004, pp. 137-160.

[2] See The UK Official Fair Trading, "The Commercial Use of Public Information", http://www.oft.gov.uk/shared_oft/reports/consumer_protection/oft861.pdf;jsessionid=E07675674EF61F1D39EDBCB221718A95, 2010-10-8.

[3] See George Papapavlou, "Public Sector Information Initiatives in the European Union", http://webworld.unesco.org/infoethics2000/documents/paper_papapavlou.rtf, 2010-10-11.

[4] See George Papapavlou, "Public Sector Information Initiatives in the European Union", http://webworld.unesco.org/infoethics2000/documents/paper_papapavlou.rtf, 2010-10-11.

[5] See George Papapavlou, "Public Sector Information Initiatives in the European Union", http://webworld.unesco.org/infoethics2000/documents/paper_papapavlou.rtf, 2010-10-11.

[6] See Robert Gellman, "The Foundation of United States Government Information Dissemination Policy", *Public Sector Information in the Digital Age*, UK: Edward Elgar Publishing Limited, 2004, pp. 123-136.

如美国1996年修改后的《信息公开法》第552条a款1项和2项明确要求政府部门不仅需要主动公开涉及其结构、职能和办事程序等信息,而且还要主动公开涉及公共利益的信息。该法第552条a款2项还要求政府部门主动公开那些依据信息本身或已经向申请人公开过的,而且将来可能会成为其他申请人的申请对象的政府信息。实践中,就是对于那些三次以上申请都涉及同一信息的信息主动公开。[1]主动公开和依申请公开两套信息公开机制完善了私营部门获取政府信息的途径。

在政府信息提供方面,确立了成本收费原则。政府信息的定价问题直接影响到其社会化增值开发利用的成本。美国《信息公开法》第552条a款4项和《文书工作缩减法》第3506条d款4项规定政府对其拥有的信息资源的价格收取不得超过提供信息的花费。这包括搜索信息、复制、打印、递送信息所直接产生的费用,从而排除了按照所提供信息的经济价值收取费用的可能。[2]

还有就是政府信息获取的便捷性原则。1996年修订的《信息公开法》第552条a款3项将信息获取的文件格式的选择权赋予了公众。公众可以根据自身的需求,在政府力所能及的范围内,自由选择提供信息的格式,如电子文本还是纸质文本。相对纸质文本而言,电子文本更有利于增值开发利用。

2. 政府信息无版权原则

美国《版权法》第105条明确禁止任何联邦政府对其所拥有的政务资源设定版权,该项规定使得试图通过版权保护阻碍政府信息获取的企图落空。这也使得任何人都可以以任何形式复制政府信息并以市场价格予以出售。当然,版权豁免规定只适用于联邦政府,对于州政府并不适用。各州可对其所拥有的政务资源采取版权保护,并限制再次使用。[3]

3. 政府信息开发利用方面的竞争禁止

除了要求政府部门只能按照成本收取提供信息的费用外,美国1995年出

---

[1] See Robert Gellman, "The Foundation of United States Government Information Dissemination Policy", *Public Sector Information in the Digital Age*, UK: Edward Elgar Publishing Limited, 2004, pp. 123-136.

[2] See Robert Gellman, "The Foundation of United States Government Information Dissemination Policy", *Public Sector Information in the Digital Age*, UK: Edward Elgar Publishing Limited, 2004, pp. 123-136.

[3] See Robert Gellman, "The Foundation of United States Government Information Dissemination Policy", *Public Sector Information in the Digital Age*, UK: Edward Elgar Publishing Limited, 2004, pp. 123-136.

台的《文书工作缩减法》第 3506 条 d 款 4 项还设定了其他三项政府部门信息开发利用的禁止行为。一是禁止政府部门建立任何排他的、限制性的或其他阻止公众及时和平等获取政府信息的政策安排。这项禁止是为防范政府部门可能滥用信息垄断地位而设立。二是禁止政府部门限制或管制私营机构使用、再使用或出售所获取的政府信息。三是禁止政府部门向私营机构征收再使用或销售的许可费用。这些禁止性规定是为防止政府部门在不能主张版权保护的情况下，采取其他类似版权保护的措施阻碍私营部门对可增值开发的政府信息的获取。这些规定也将政府部门从政府信息开发利用市场上隔离出去。[1]

(二) 私营部门主导型的优点

私营部门主导型存在诸多优越性。首先是该类型有利于公平竞争，避免政府部门垄断信息。[2]例如，政府部门可以通过不计成本或模糊成本的方式达到阻碍私营部门进入政府信息开发利用市场的目的。[3]对政府信息的垄断问题由于政府部门不得介入该商业领域而得以避免。

其次是该类型打消了政府部门通过版权进行的不合理限制，[4]如限制政府信息的使用权利、范围、时间和方式等。所有意图通过版权来限制私营部门开发利用政府信息的做法，都因政府部门无权对其所拥有的政府信息享有版权的规定而得以禁止。

再次是该类型可以鼓励私营部门之间在政府信息开发利用领域方面的竞争。[5]政府部门不得对政府信息的再次使用进行任何限制。任何私营部门都可以不受歧视地享有获取政府信息并进行开发利用的权利。这无疑给政府信

---

[1] See Robert Gellman, "The Foundation of United States Government Information Dissemination Policy", *Public Sector Information in the Digital Age*, UK: Edward Elgar Publishing Limited, 2004, pp. 123-136.

[2] See Robert Gellman, "The Foundation of United States Government Information Dissemination Policy", *Public Sector Information in the Digital Age*, UK: Edward Elgar Publishing Limited, 2004, pp. 123-136.

[3] See The UK Official Fair Trading, "The Commercial Use of Public Information", http://www.oft.gov.uk/shared_ oft/reports/consumer_ protection/oft861. pdf; jsessionid=E07675674EF61F1D39EDBCB221718A95, 2010-10-8.

[4] See Robert Gellman, "The Foundation of United States Government Information Dissemination Policy", *Public Sector Information in the Digital Age*, UK: Edward Elgar Publishing Limited, 2004, pp. 123-136.

[5] See Robert Gellman, "The Foundation of United States Government Information Dissemination Policy", *Public Sector Information in the Digital Age*, UK: Edward Elgar Publishing Limited, 2004, pp. 123-136.

息开发利用注入了一针强心剂。

最后是该类型所产生的宏观经济效应。[1]从长远角度来看，私营部门主导型可以增加就业机会和国家税收。正因为此，美国政府信息开发利用产业对美国经济贡献很大。2000年的一项调查发现，欧盟整个政府信息产业的价值为68亿欧元，但是同期美国政府信息产业的价值却达到7500亿欧元。[2]如此巨大差距唤起了欧盟对政府信息重要性的重新认识。

三、我国未来政府信息开发利用商业模式的初步设想

我国信息技术的发展和电子政务建设的逐步深入使得信息可以和其载体分离并得以低成本地广泛传播、转让和使用。[3]政府信息的商业价值也因此日益凸显。同时，信息产品对国民经济的贡献也十分突出。政府作为最大的信息拥有者，掌握了社会80%以上的政府信息，[4]是政府信息开发利用市场不可缺少的力量。为了开发利用政府信息，我国有必要借鉴国外经验，建立一套适合我国政府信息开发利用的最佳机制。我国信息化战略的确立决定了应采用私营部门主导型。为确立私营部门主导型，我国政府应从如下四个领域规范政府信息开发利用市场。

（一）信息公开法的出台

虽然我国已经于2007年颁布、2008年实施了《政府信息公开条例》，但行政法规不是最终立法目标。信息公开法是政府信息社会化增值开发利用的前提和基础。只有有了信息公开法，增值开发利用的主体权利才会因为有了主动公开和依申请公开制度的保障而得到不该有的歧视，收费、信息提供的

---

[1] See Peter Weiss, "Borders in Cyberspace: Conflicting Public Sector Information Policies and their Economic", *Public Sector Information in the Digital Age*, UK: Edward Elgar Publishing Limited, 2004, pp. 137-160.

[2] See Pira International, "Commercial Exploitation of Europe's Public Sector Information", http://ec.europa.eu/information_society/policy/psi/docs/pdfs/pira_study/2000_1558_en.pdf, 2010-10-8.

[3] See Burkert H., "The Mechanics of Public Sector Information", in Aichhozer G. and Burkert H. eds., *Public Sector Information in the Digital Age*, UK: Edward Elgar Publishing Limited, 2004, pp. 3-19.

[4] 参见华淑华：《电子政务环境下政府信息资源开发利用研究》，载《现代商贸工业》2008年第1期。

方式等问题也能够有法律保障而使得增值开发利用的障碍被消除。另外，还可以有效解决法律之间的冲突问题，从而提升政府信息公开化程度。不可否认，我国《政府信息公开条例》在促进政府信息开发利用方面有一些积极作用，如政府信息公开目录编制公开和有权选择信息提供形式等。

（二）版权法的修改

从短期来讲，要尽量减少版权限制所带来的负面影响；从长期来看，应该修改《著作权法》，扩大政府信息不予版权保护的范围甚至取消政府信息的版权保护。依据我国《著作权法》第5条规定，除了法律、法规，国家机关的决议、决定、命令和其他具有立法、行政、司法性质的文件，官方正式译文，时事新闻，历法、通用数表、通用表格和公式不得有版权限制外，其他政府信息都可能成为版权保护的客体。于是，政府机构可能会出于本部门的利益考虑，行使一些版权方面的合法限制。例如，通过签订著作权许可使用合同限制政府信息使用的地域范围和期间、授予许可使用权的专有性以及征收信息提供高额费用等。这些规定虽然合法，但是并对政府信息增值开发利用无益。

（三）竞争法的完善

我国需要弥补政府信息领域的不正当竞争或者垄断规制等法律规定方面的空白。行政垄断虽然在我国《反不正当竞争法》和《反垄断法》当中有所规定，但是这些法律当中的行政垄断主体，即各级政府部门，并不被视为市场竞争主体的一方，而被视为拥有市场干预力量的一方，从而对其经济活动进行规制。这些法律因此忽略了政府自身也可成为增值开发利用的主体，直接参与到市场竞争当中去的可能。如何确保政府和其他市场主体在向社会提供增值产品上公平竞争就成为了我们不得不思考的重要问题。这是因为政府部门可以通过一味地降低成本或者抬高信息提供费用，排挤私营机构进入到政府信息增值开发利用市场。另外，政府部门也可利用其对政府信息的垄断优势，阻止私营机构获取和其相同质量的原始政府信息。政府部门还可利用即时获取政务资源的优势，在向市场提供信息资源的时候抢占先机。政府部门还可通过许可合同，对私营部门的开发利用进行限制，而其自身却不受任何限制。这一切都会造成不公平竞争或垄断问题。要解决这些问题，就必须修改我国目前的竞争法律。

（四）政府信息开发利用法的出台

我国可以通过制定单行法，如政府信息开发利用法，明确政府部门和私营部门对于开发信息资源的界限，并且规定政府部门不得对私营部门的再次使用或开发利用进行任何类似版权保护方面的限制，如通过签订排他性合同从而造成对私营部门在政府信息获取上的歧视，限制私营机构使用、再使用或出售所获取的政府信息以及向私营机构征收再使用或销售的许可费用。在信息资源开发利用法当中，应明确规定政府机构不得直接参与市场竞争，以免政府机构由于垄断政府信息资源而排挤或者区别对待不同的商业机构。此外，应规定政府机构应向社会提供同等质量的信息资源。政府机构应通过事先公布信息资源更新和收集通知，方便私营机构及时获取相关资源。

第四篇
DI SI PIAN

分论：实证方法

CHAPTER28 第二十八章

基于百度指数的我国政府信息公开关注主体分析*

摘 要:"谁在关注中国的政府信息公开"是在我国《政府信息公开条例》实施之后国内外学界最想了解的问题之一。百度指数提供了一个回答该问题的经济便捷的途径。通过百度指数,我们了解到在中国关注政府信息公开的人群职业、年龄、学历以及地域分布方面的详细信息。对这些信息的解读有助于我们找到提升政府信息公开工作的对策建议,包括通过官方发布"政府信息公开的意义"信息、主动公开《政府信息公开条例》适用方面的情况说明书、开展政府信息公开下乡活动、助推大数据时代下政府信息资源的开发利用等。

2003年,我国地方开始了政府信息公开立法。2007年我国国家层面的《政府信息公开条例》得以通过。2008年正式得以实施,至今已经实施了多年。国外学者从之前质疑"中国的政府信息公开是政府信息公开吗?"到现在开始转向了解"谁在关注中国的政府信息公开"。但是要获取到中国的政府信息公开关注主体的信息并不容易,官方统计数据的缺失使得我们无法知道答案,百度指数部分弥补了这一缺失。通过探查哪些主体在百度搜索上用和政

---

* 本章成果已在《情报杂志》2013年第11期上发表。题目为《谁在关注中国的政府信息公开:以百度指数为视角》。

府信息公开紧密相关的关键词进行检索可以管窥出中国政府信息公开关注主体方面的一些信息。对这些信息的解读也有助于我们提出提升我国政府信息公开工作的对策建议。

一、通过百度指数分析我国政府信息公开关注主体的必要性和可行性分析

通过百度指数分析我国政府信息公开关注主体是必要的。它弥补了我们现有官方统计数据的缺失，符合大数据时代下"样本＝总体"的统计要求。[1]有助于更具个性化的信息服务的建立。通过百度指数分析我国政府信息公开关注主体也是可行的。它所覆盖的区域以及所涉及的人群之广泛都支持了百度指数分析结果的可信度。

（一）通过百度指数审视我国政府信息公开关注主体的必要性

我们有必要对我国政府信息公开关注主体进行研究。基于数据来源的缺乏，现有文献很少对此展开具体研究，有的研究也仅限于某地区、某部门，缺乏对全国层面的整体情况的把握。百度指数则为具体开展该类研究提供了可能。这是因为：首先，"谁在关注中国的政府信息公开"，在我国《政府信息公开条例》实施后一直是国内外学界普遍关注的话题。有关该话题一直没有一个满意答案。结果导致西方学者对我国民众在使用信息公开法律方面的能力和动力方面表示了担忧，进而对我国政府信息公开制度的实施成效提出了质疑。罗伯茨认为："中国的信息公开法律会实施到何等程度值得观察……如果信息需求者缺乏能力使用信息的话，信息对于他们来说还有什么好处呢？"[2]达曲和安德伍德认为中国政府和民众的现有关系决定了中国民众在申请公开政府信息方面不会有所作为。[3]还有人对我国记者申请政府信息公

---

〔1〕 参见［美］维克托·迈尔·舍恩伯格、肯尼思·库克耶：《大数据时代：生活、工作与思维的大变革》，盛杨燕、周涛译，浙江人民出版社2013年版，第27页。

〔2〕 Alasdair Roberts, "Freedom of Information: From Millions toBillions", http://www.sunshineweek.org/sunshineweek/roberts08, 2008-10-2.

〔3〕 See Colin Daren, Peter Underwood, *Freedom of Information and the Developing World: The Citizen, the State and Models of Openness*, Oxford: Chandos Publishing (Oxford) Ltd., 2009, p.174.

第二十八章 基于百度指数的我国政府信息公开关注主体分析

开方面表示了担忧。[1] 有些国家，如澳大利亚和加拿大有关于政府信息公开申请来源方面的统计，但是我国并没有对申请来源进行统计的强制性要求。这使得回答"谁在关注中国的政府信息公开"变得不可行。即使有这方面的统计数据，也只是针对依申请公开方面。现有学术研究则几乎回避了对这一问题的回答，一些调研报告有关于政府信息公开申请来源方面的说明，但显然更多是从政府信息公开申请以个别区域角度进行审查。范围限定在依申请公开显得狭窄，结果也不具有普适性。

其次，了解到我国的政府信息公开关注主体有助于明确政府信息公开工作方向，为未来更具个性化的信息服务的确立奠定基础。不同于国外更多依靠信息需求方推动政府信息公开工作发展的路径，我国以主动公开为主的政府信息公开立法决定了政府信息公开工作更多是作为信息提供方的政府的一种单方推动。[2] 这种单方推动由于缺乏对信息需求方的精准分析而导致特定公众的信息需求无法满足，"因材施信"这种个性化信息服务因而无法得以落实。不管怎样，关注不到特定公众信息需求的政府信息公开无法得以很好实施。政府信息公开不单是一对一的依申请公开的被动公开信息服务，也不是一对多的简单式的主动公开信息服务，而应是一对多，多中又有差异的主动公开信息服务。

（二）通过百度指数分析我国政府信息公开关注主体的可行性

百度指数基于百度网页搜索和百度新闻搜索的海量数据，计算出每个关键词的用户关注度和媒体关注度的数值。因此，通过百度指数分析我国政府信息公开关注主体是可行的。这是因为：首先，通过百度指数，可以了解到用户对政府信息公开的兴趣和需求，而这些信息是我们进行回答"谁在关注中国的政府信息公开"的前提基础。其次，百度指数所提供的最便捷、最经济的数据获取渠道使得我们之前认为几乎不具可行性的研究变得简便易行。要知道获取我国政府信息公开关注主体信息是非常难的。但是百度提供的开放式获取互联网权威数据大大降低了我们进行数据搜集的成本，不至于让我们在海量的数据当中迷失方向。最后，百度指数提供的数据是我们研究可依

---

[1] See Rowan Callick, "Chinese FOI Act Tied by RedTape", Sydney：*The Australian*, 32（2008）.
[2] See Xiao Wei-Bing, *Freedom of Information Reform in China*, London：Routledge, 2012, p. 89.

赖的。它以全球最权威的中文检索数据为基础，有科学标准的运算、多样化的统计数据、直观的图形界面和及时更新的数据，满足了研究所需要获取的必要数据。百度以其约占70%的搜索引擎市场占有率雄踞第一的位置[1]为我们能够收集到足够多的数据提供了可能，这符合大数据时代下"样本＝总体"的统计分析需要。

二、通过百度指数分析我国政府信息公开关注主体的具体使用和结果分析

通过百度指数，我们选定了全部时间全国所有省份对我国政府信息公开关注主体的变化趋势进行全面观察。基于"政府信息公开条例""政府信息公开"和"政府信息公开的意义"三个百度建议的关键词我们进行了搜索，得到了相应的百度指数数据。这些指数数据为我们分析我国政府信息公开关注主体信息奠定了基础。

（一）通过百度指数分析我国政府信息公开关注主体的具体使用介绍

使用百度指数只需要两个步骤。第一步是进入百度指数界面，预设一些检索条件。一是选定时间。百度指数提供了当月、最近3个月、最近6个月、最近12个月和全部时间五种选择。本文选定全部时间，即2006年6月1日—2013年7月30日，涵盖了我国《政府信息公开条例》制定前以及实施五年来的情况。全部时间有助于我们在更长的时间跨度内了解到我国政府信息公开关注主体的整体情况。二是选定地区。设定了时间后，我们将地区设定在全国所有省份。对全国所有省份的考察有助于我们在更广范围内了解到我国各地关注政府信息公开方面的差别。

三是选定关键词。选定了时间和地区后，需要选定关键词。关键词的选定是最难取舍的。这是因为和政府信息公开相关的关键词可以很多，三公、动拆迁、预算、环保、食品安全、突发事件等关键词都和政府信息公开相关。还有就是百度指数没有将所有和政府信息公开相关的关键词通通纳入进行分析。基于这样一种现状，我们在选定关键词时需要确立紧密相关标准。达到

---

[1] 参见CNZZ，"搜索引擎使用情况分析报告"，载http://engine.data.cnzz.com/，最后访问时间：2013年7月31日。

紧密相关标准，首先需要选定一个不可或缺的关键词。《政府信息公开条例》的通过是一个标志性事件，关注我国的政府信息公开离不开对《政府信息公开条例》的关注。所以，我们将"政府信息公开条例"作为其中一个不可或缺的关键词。其次是和首个关键词紧密相关的其他关键词。百度指数在我们搜索首个关键词后，会有一栏指出"相关检索词"和"上升最快相关检索词"。这个是我们确定和首个关键词紧密相关的其他关键词的重要标准。通过搜索"政府信息公开条例"，百度指数在"相关检索词"和"上升最快相关检索词"这一栏显示的结果都只有"政府信息公开"和"政府信息公开的意义"。基于这一点，我们最终选定了"政府信息公开条例""政府信息公开"和"政府信息公开的意义"这三个关键词作为我们了解到我国政府信息公开关注主体方面的信息。其他关键词，虽然有可能相关，但是无法达到我们所确立的紧密相关标准，所以也只能放弃。

这三个热门关键词还有它们之间的细微差别。一般来说，"政府信息公开条例"是法律层面比较专业的词汇。能够使用这个确切关键词进行检索的用户的信息需求高，希望了解的政府信息公开知识应该更为具体、更为深入。"政府信息公开"则作为一般词汇可被不同专业人士普遍使用，预示着这些用户不是特别关注像政府信息公开法律适用这方面的专业知识。"政府信息公开的意义"则更是说明了用户关心的是政府信息公开一般层面上的知识，无意于关注政府信息公开的具体规定、具体适用和具体运作。考虑到这些区别，我们还通过关键词对比选项，将三个关键词同时输入进行对比。

第二步，在时间、地区和关键词选定后，点击百度搜索按钮，即可搜索出对应的指数数据。各个关键词，出于必要，还进行了单独搜索，以便得到相应的指数数据。

（二）通过百度指数审视政府信息公开工作趋势的具体结果分析

百度指数目前提供了热点趋势、地区分布、人群属性三个方面的统计结果。通过搜索政府信息公开、政府信息公开条例和政府信息公开的意义三个关键词，我们得出了有关这三方面的详细数据。如下是具体分析。

1. 热点趋势

热点趋势分用户关注度和媒体关注度。依据百度知道，用户关注度指的是关键词每天在百度被检索的频次，经过加权，反映网民对关键词的关注热度。媒体关注度是指各大互联网媒体报道的新闻中,与关键词相关的,被百度新闻频道收录的数量,采用新闻标题包含关键词的统计标准。两者之间还可以进行比较。

(1) 用户关注度

用户关注度方面,体现了如下两个特征。其一,关注《政府信息公开条例》的用户最多,政府信息公开次之,政府信息公开的意义最后。政府信息公开的意义用户关注度的数值大体保持在110以下。《政府信息公开条例》和政府信息公开用户关注度数值基本维持在110以上。说明大家对《政府信息公开条例》的熟知度高,能直接用该名称进行搜索。也说明大家需要具体了解政府信息公开规定,而不是泛泛了解它的意义和作用。其二,《政府信息公开条例》关注度数值最高点出现在2008年9月15日—9月21日之间,关注度数值超过550;第二个高点在2008年5月5日—5月11日之间;这和《政府信息公开条例》在5月1日得以实施紧密相关。第三个高点出现在2012年9月17日—9月23日之间,关注度数值均接近550。总体来看,用户对政府信息公开工作的关注度呈缓慢上升趋势。

(2) 媒体关注度

媒体关注度方面,体现了如下两个特征。其一,媒体对《政府信息公开条例》的关注集中在2007年12月6日—2008年12月22日期间,即条例准备和正式实施的第一年。之后媒体关注转向了政府信息公开和政府信息公开的意义方面。对《政府信息公开条例》的关注偏少。《政府信息公开条例》属于比较细领域,需要深入研究,对此媒体并不是特别关心,媒体更关心粗线条以及浅层面的政府信息公开(见图1)。其二,和用户关注度进行比较,我们发现,媒体关注度上升时,用户关注度并没有跟着上升;用户关注度上升时,媒体关注度也没有跟着上升。结合下面的年龄和职业分布结果来看,30-39岁从事公共服务的人群受媒体影响相对较少,在政府信息公开方面有自己的特定需求。

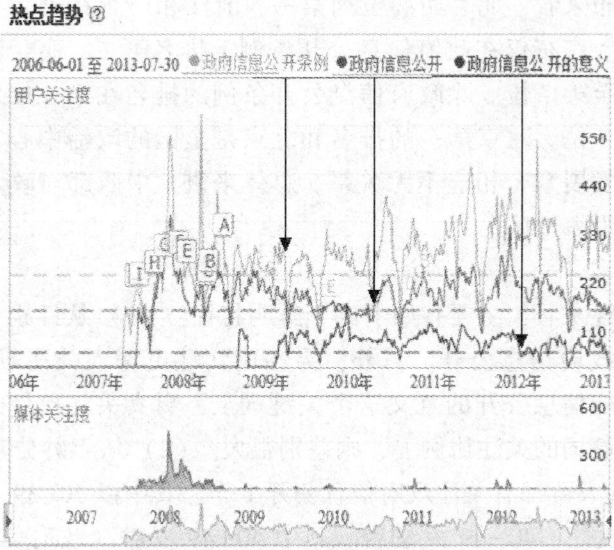

图 1　热点趋势

2. 地区分布

地区分布分城市分布和省份分布。从城市分布来看，来自北京和上海的搜索用户在所有三个关键词中都分别居第一和第二。相比之下，广州的排名也相对靠前，按《政府信息公开条例》、政府信息公开、政府信息公开的意义排序，分列第三、第四和第五。另外，四个直辖市都在前十名之列（见图2）。

城市分布	●政府信息公开条例	城市分布	●政府信息公开	城市分布	●政府信息公开的意义
1	北京	1	北京	1	北京
2	上海	2	上海	2	上海
3	广州	3	天津	3	南昌
4	杭州	4	广州	4	重庆
5	郑州	5	杭州	5	广州
6	重庆	6	郑州	6	郑州
7	南京	7	重庆	7	天津
8	天津	8	南京	8	南京
9	武汉	9	昆明	9	西安
10	西安	10	成都	10	杭州

图 2　城市分布

从省份分布来看，北京始终位列第一，浙江和广东在第二和第三两个位置上进行争夺。广东仅在政府信息公开条例上排名第二，高于浙江。省份排名下，上海落至第7位。除政府信息公开条例的排名在第8位外，其他两个关键词都在第7位。北京第一的排名和北京是全国的政治中心，而政府信息公开又和政治发展紧密相连不无关系。总体来讲，中西部对政府信息公开的关注不如东部沿海地区。

3. 人群属性

从人群属性来看，主要有如下四个鲜明特征：（1）从性别比来看，男性比女性更关注政府信息公开。另外，男性比女性更深入关注政府信息公开。这是因为在政府信息公开的意义这个关键词上，男女关注比例差别较小。而在其他两个关键词的关注比例上，则差别很大。（2）从年龄分布来看，20岁到49岁之间的人群都有关注政府信息公开工作。其中以30-39岁人群最为关注，20-29岁次之，40-49岁最后。其中40-49岁对《政府信息公开条例》的关注略多于20-29岁。说明《政府信息公开条例》和前者切身利益的关联度比后者大。（3）从职业分布来看，政府/公共服务关注最多，教育/学生次之，IT第三。政府/公共服务对此的关注最多意味着《政府信息公开条例》实施后对政府机关工作人员的影响是重大的。就政府信息公开的意义来看，教育/学生略高于政府/公共服务。说明前者比后者更需要普及政府信息公开的意义方面的知识。国外的例子说明传媒/娱乐对政府信息公开最为关注，但在我国，媒体似乎对政府信息公开的关注不如其他行业从业人员高。（4）从学历分布来看，本科及以上最为关注，大专次之，高中第三。其中，关注政府信息公开的意义上，高中高于大专（见图3）。这说明我国政府信息公开的关注主体有高学历倾向。

第二十八章 基于百度指数的我国政府信息公开关注主体分析

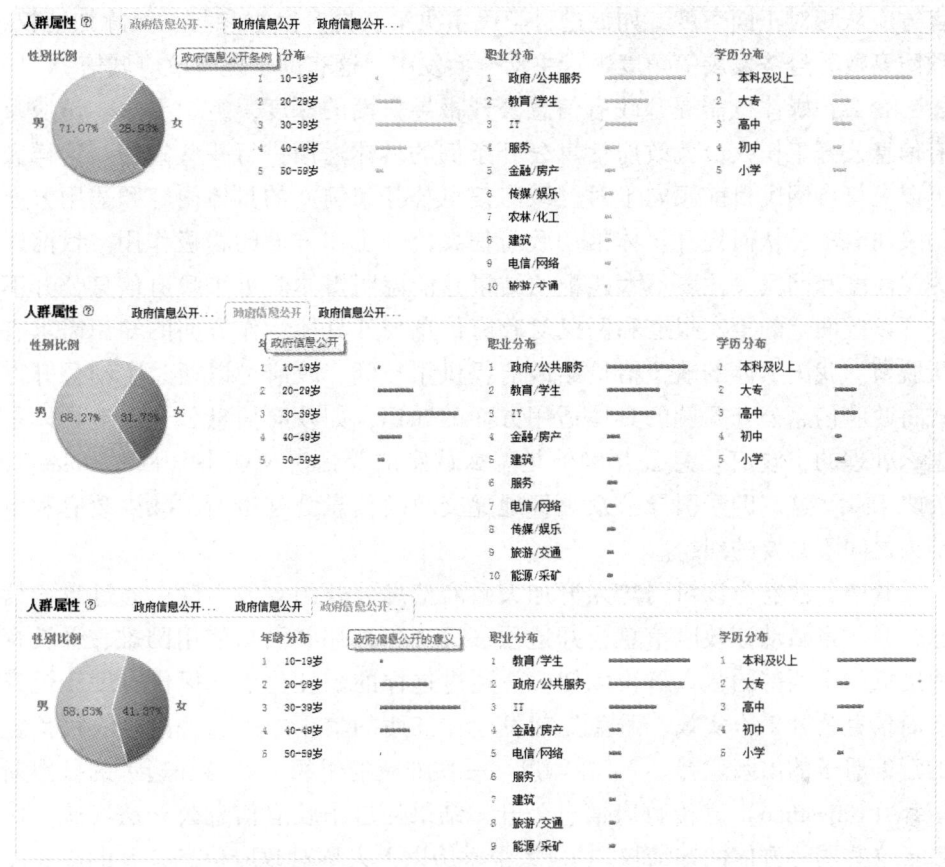

图3 人群属性

三、基于百度指数分析提升我国政府信息公开工作的若干建议

从如上透过百度指数对我国政府信息公开工作关注主体的分析，我们可以明确如下四点提升我国政府信息公开工作的对策建议。

其一，提供一个"政府信息公开的意义"的官方说法，方便用户快速找到。目前用户通过百度网页搜索不到官方关于"政府信息公开的意义"方面的统一说法。有关该关键词的搜索结果被其他一些非官方不具权威性的说法，如百度知道、百度文库以及学者文章等挤占，这显然不利于政府信息公开工作的舆论引导。考虑到政府信息公开的意义是一项非常强的政策宣传内容，官方应从相对正面角度,如促进科学民主决策、提升民主参与、保障知情权、预防腐败、经济发展等角度进行主动全面发布,这有助于提升政府诚信。[1]

其二,媒体也需提升政府信息公开报导方面的深度,组织专家、访谈政府信息公开工作人员就政府信息公开条例的具体适用进行一些宣传。这样做可以更符合网民目前倾向于对《政府信息公开条例》的具体内容和适用方面的关注需求,从而提升媒体推动政府信息公开工作方面的积极作用。目前媒体关注度和网民关注度不太匹配的结果只能说明媒体侧重于政府信息公开不公开以及面上的事实报道和网民对政府信息公开具体运作方面的知识需求有所脱节。我国媒体的缺位恰恰给政府提供了空间。政府可以通过主动公开方式将政府信息公开条例的具体适用方面的知识,如政府信息公开申请具体是怎么处理的,政府信息公开例外是怎么认定的等情况说明书(Fact Sheets),公之于众。这有助于引导公众更好地递交政府信息公开申请,减少政府和申请人之间不必要的纠纷。

其三,政府应该对弱势人群加大政府信息公开的宣传力度,通过政府信息公开下乡活动让政府信息公开这项惠民工程被那些网络使用困难、受教育程度低的中西部弱势人群得以知晓。通过这样的个性化信息提供有助于提升政府信息公开工作实效。避免先前发生在江西的禁止中央有关减轻农民负担的汇编册子的出版发行。[2] 在印度,一些非政府组织在农村和边远的拉贾斯坦邦(Rajasthan)宣传政府信息公开,结果促进了政府信息公开法实施,保障了这些弱势群体的知情权。[3] 大学学历以上人群对政府信息公开的高关注说明政府信息公开覆盖人群存在高学历倾向,他们知情权意识相对较强,对公共事务比较关注。近年来由大学生提起的政府信息公开申请事例也存在不少,如在陕西发生了"微笑局长"事件后,来自各地高校的大学生开始向行政机关提交了一系列有关官员工资方面的信息公开申请。[4] 相比大学生这些人群,分布在广泛的中西部地区的受教育程度较低的弱势人群更需要了解政

---

[1] See Stephan Grimmelikhuijsen, "Transparency and Trust", Utrecht: *Utrecht University School of Governance*, 2011, p. 166.

[2] 参见中央电视台经济半小时:"江西:查禁农民减负手册",载 http://www.cctv.com/financial/jingji/sanji/zhoume/0102_22/z22_17.html,最后访问时间:2010年1月20日。

[3] See Prashant Sharma, "The Right to Information Act in India: The Turbid World of TransparencyReforms", London: *London School of Economics and Political Science*, 2012, p. 22.

[4] 参见肖卫兵:"从'微笑局长'事件谈政府信息公开问题",载《电子政务》2013年第1期。

府信息公开所给他们带来的益处。另外，基于男性比女性更关注政府信息公开，也可针对女性开展一些政府信息公开知识方面的普及，提升其知晓率。

其四，政府应该结合大数据时代开展政府信息公开工作，助推而不是阻碍政府信息资源的开发利用。排名第三的用户来自IT行业这一事实说明技术人员对政府信息资源方面的密切关注。近两年来开始热炒的大数据（Big Data）所依赖的基础就是信息。而政府又是掌握信息资源最多的一个主体。如何通过信息公开将政府手中的信息资源开放出去供从事大数据业务的公司进行开发利用，是决定我们国家或者某个省能否把握住大数据时代所赋予的绝好机会的关键。美国、英国、澳大利亚等国家已经设立了data.gov这样的网站向社会分享政府所拥有的信息资源，我国也不能落后。可喜的是，国家层面，国务院办公厅已经于2013年8月8日出台了《国务院关于促进信息消费扩大内需的若干意见》，寄希望通过促进信息消费催生出新的经济增长点。个别地方也开始采取措施，上海于2013年7月12日颁布了《推进大数据研究与发展三年行动计划》。实现真正意义上的大数据，需要政府以主动公开为主，依申请公开为辅。主动公开还要以公开为常态，不公开为例外。

四、结语

借助百度指数，我们初步回答了国内外学界对"谁在关注中国的政府信息公开"这一困惑。分析结果显示中西部人群对政府信息公开的关注不如东部沿海地区人群；作为信息提供方的政府工作人员对政府信息公开的关注多于作为信息需求方的公众；相比低学历人群来讲，高学历人群对政府信息公开会投以更多关注。针对目前我国政府信息公开的关注现状，有必要对现如今开展的政府信息公开的缺失进行弥补以及重心进行调整。只有这样，才有助于进一步提升我国政府信息公开工作的广度和深度。

本章创新性地运用百度指数工具审视了我国政府信息公开的关注主体问题。未来研究可以将百度指数这一工具运用到其他热点问题的关注主体分析当中，以及运用百度指数对政府信息公开例外等政府信息公开某方面的具体制度和预算信息公开、环保信息公开等特定方面政府信息的公开的关注主体进行研究。

CHAPTER29 第二十九章
政府信息公开查阅中心实证研究[*]

摘　要：《政府信息公开条例》已经纳入了修改议程。为提升修改质量，聚焦具体问题的实证研究必不可少。目前针对规定在《政府信息公开条例》第16条的政府信息公开查阅中心的实证研究开展较少且未与不同地域的法治水平紧密挂钩。因此，在照顾到法治水平差异基础上，我们选择了11个代表城市对政府信息公开查阅中心开展实地评估，并针对图书馆员、档案馆员、政府信息公开工作人员以及一般公众四类群体进行线上线下调研。通过调研结果分析，我们认为《政府信息公开条例》第16条有必要继续保留，不过需要对行政机关提出按期提供主动公开信息的要求，以便提升该条实施效果。

　　档案馆、图书馆设置政府信息公开查阅中心的法律依据是《政府信息公开条例》第16条。《政府信息公开条例》实施以来，各地从形式上普遍设立了政府信息公开查阅中心，但是查阅中心的信息量和更新速度，以及用户的知晓率和使用率一直是大家探讨较多的话题，甚至讨论到条例第16条的存废问题。现有文献尚无针对第16条结合各地法治发展水平开展系统的实证研究。本章在研读现有文献基础上，根据实际情况设计出对政府信息公开查阅中心进行评估的指标体系，通过对多地查阅中心的实地调研以及相关群体的各类意见的收集汇总，最终针对第16条的去留进行了分析。

---

　　[*] 本章成果已在《电子政务》2016年第9期上发表。题为《政府信息公开查阅中心实证研究：条例第十六条存废之争》，合作者为林正海。

一、现有关于政府信息公开查阅中心的研究述评

（一）现有研究概况

《政府信息公开条例》第 16 条要求各级行政机关向档案馆和公共图书馆及时提供应该主动公开的政府信息。该条规定：各级人民政府应当在国家档案馆、公共图书馆设置政府信息查阅场所，并配备相应的设施、设备，为公民、法人或者其他组织获取政府信息提供便利。行政机关可以根据需要设立公共查阅室、资料索取点、信息公告栏、电子信息屏等场所、设施，公开政府信息。行政机关应当及时向国家档案馆、公共图书馆提供主动公开的政府信息。该条对向谁提供、提供什么信息、提供的时间要求等做了一些规定，构成了我们评估指标设计的基础。

在《政府信息公开条例》颁布实施之初，大家对第 16 条规定的积极意义给予了特别关注。这些积极意义集中表现在：一方面，从档案馆来看，第 16 条从制度上保障了我国多年来开展的档案馆现行文件工作。[1]该条规定也昭示着档案部门形象和地位的历史性突破，"不再停留于部门形象而是直接代表本级政府服务社会公众"[2]。国家档案馆无论从技术上还是从信息上以及用户习惯上都可成为政府信息查阅的最佳场所。[3]另一方面，从图书馆来看，《政府信息公开条例》还赋予了公共图书馆在接受应当主动公开的政府信息方面和档案馆同等的法律地位。政府信息走进图书馆有助于图书馆得到社会公众的进一步关注，为图书馆带来新的发展机遇。[4]同时，第 16 条规定也解决了近年来图书馆在订阅没有出版号或书号的政府出版物方面所面临的困境。[5]公共图书馆也可"改变某些档案馆成为政府不公开信息'掩体'的现象"[6]。

---

[1] 参见管恩："发展快·范围广·形式多：已公开现行文件利用工作述评"，载《中国档案》2004 年第 2 期。

[2] 于在海："政府信息查阅为档案工作开辟一片绿洲——写在《中华人民共和国政府信息公开条例》实施两周年之际"，载《兰台世界》2010 年第 9 期。

[3] 参见韩晓莉："综合档案馆应进一步加强政府信息公开查阅中心建设"，载《山东档案》2013 年第 3 期。

[4] 参见沈红燕："对图书馆开展政府信息公开查阅服务的思考"，载《档案》2010 年第 6 期。

[5] 参见肖卫兵：《中国信息公开改革新解：从信息流通角度》，上海社会科学院出版社 2013 年版，第 115 页。

[6] 牛红亮："政府信息公开中公共图书馆与档案馆优势比较及角色定位"，载《理论导刊》2010 年第 3 期。

随着《政府信息公开条例》的颁布实施，大家的注意力已经转向第16条所规定的政府信息查阅中心设置情况，也即该条的实施情况的分析。对于国家档案馆，从成就上来看，有调研发现，各级国家档案馆于2008年前后挂牌建立了政府信息查阅中心。此类中心一般都可提供纸质和电子版双套政府信息查阅服务。[1]但从不足来看，一是作为信息提供方的政府部门对纸质文本送交不及时、更新缓慢。同时，政府信息查阅中心的地位不受重视，很多工作人员认为是"边缘功能"。[2]也有认为档案馆服务友好程度较低，表现在服务可及性较差，服务层次较浅以及缺乏特色。[3]当然，从信息需求方来看，则存在查阅者提出的要求比较模糊，不利于查阅场所满足查阅者需求。[4]还有就是社会公众并不清楚政府公开信息与档案的区别。[5]

公共图书馆政府信息公开查阅中心的建设使用也存在和国家档案馆方面的类似不足。一方面，公共图书馆在政府信息资源的获取过程中缺乏保障，难以及时、完整地获取那些真正关乎民生利益的政府信息。[6]图书馆本身则存在人员缺乏专业性、服务质量良莠不齐以及信息资源整合力不够等问题。[7]政府信息公开查阅中心的普遍设置并未给图书馆业务拓展方面带来改变。[8]另一方面，从信息需求方来看，公众对在公共图书馆能够查阅政府公开信息知晓率仍较低。[9]由此造成公共图书馆读者利用率与普及率偏低问题。

---

[1] 参见王巧玲等："国家综合档案馆政府信息查阅中心建设研究"，载《北京档案》2014年第12期。

[2] 参见王巧玲等："国家综合档案馆政府信息查阅中心建设研究"，载《北京档案》2014年第12期。

[3] 参见孙帅："浅谈档案馆政府信息查阅场所建设的不足与对策"，载《黑龙江档案》2010年第6期。

[4] 参见孙帅："浅谈档案馆政府信息查阅场所建设的不足与对策"，载《黑龙江档案》2010年第6期。

[5] 参见董武："国家档案馆政府信息查阅服务工作存在的问题与对策"，载《浙江档案》2013年第9期。

[6] 参见林金平："我国政府信息公开中公共图书馆的服务定位"，载《福建图书馆理论与实践》2011年第2期。

[7] 参见胡培卿："公共图书馆开展政府信息服务工作的现状与思考——写在政府信息公开五周年之际"，载《科技广场》2013年第4期。

[8] 参见孙晓玲："公共图书馆工作与政府信息公开服务探究"，载《图书情报工作》2011年S1期。

[9] 参见李薇："在公共图书馆开展政府信息公开的实践与思考"，载《图书馆建设》2008年第12期。

（二）现有研究述评和本研究思路

实施多年后的《政府信息公开条例》已经纳入了修改议程，第 16 条的存废之争也是一个不可回避的问题。现有零星的理论和实证研究尚无法回答这一问题。一些实证研究，更多倾向于个案研究，覆盖面不具广泛性，说服力不强。同时，现有实证研究和法治水平的联系不强。条例第 16 条规定的落实理应纳入不同法治水平的各地进行评估，才更具说服力。基于此，我们认为有必要针对"政府信息公开查阅中心设置情况"开展专题研究。通过系统的实证研究了解政府信息公开查阅中心实际设置和使用情况，为第 16 条的存废以及修改提供对策建议。

本研究采取实证方法。首先，通过政府信息公开查阅中心设置情况评分表，基于中国政法大学法治政府研究院发布的《中国法治政府评估报告（2014）》，在 100 个城市当中，选取了好、中、差三个档次法治水平的 11 个代表城市进行实地考察评估。受资金和人员限制，个别城市进行了细微调整。在确保代表性基础上体现调研的广度。基于《中国法治政府评估报告（2014）》选择评估城市的考虑主要有三点：一是该报告是中国政法大学法治政府研究院贯彻落实党的十八届三中全会关于"建立科学的法治建设指标体系和考核标准"要求所启动的一项评价全国法治政府状况的科研项目，为我们了解各地的法治发展水平提供了有益参考；二是该项目评估指标体系当中一个重要指标就是政府信息公开，和我们对政府信息公开各项制度的评估息息相关；三是该项目成果涉及 100 个城市的法治发展水平评估，为我们筛选不同档次的城市缩小了范围，并确立了清晰方向。

其次，在网上和实地发放政府信息公开查阅中心调查问卷，调查问卷分图书馆员、档案馆员、政府机关工作人员和一般公众四类人群展开调研。网上调研通过"问卷星"进行，持续时间是三个月（2015.6.11-2015.9.16）。实地调研通过分散在全国 11 个城市的调研组成员集中在 2015 年 7 月在当地开展，调研结果录入"问卷星"，一并进行统计汇总。

二、政府信息公开查阅中心设置情况分析

（一）政府信息公开查阅中心设置情况评估指标

基于中国政法大学法治政府研究院的《中国法治政府评估报告（2014）》，

我们最终选择了北京、上海、长沙、深圳、青岛、贵阳、淮南、泉州、哈尔滨、昆明 11 个城市进行政府信息公开查阅中心设置情况评估。其中北京（2）、上海（6）、长沙（7）、深圳（12）、青岛（16）属于法治水平高的城市，排名在第 1-33 名区间，贵阳（38）、淮南（55）、太原（64）属于法治水平中等城市，排名在第 34-67 名区间。泉州（71）、哈尔滨（72）、昆明（78）三城市则属于法治水平得分低城市，排名在第 68-100 名区间。

评估的指标体系分档案馆和图书馆政府信息公开查阅中心两类。依据条例第 16 条规定和各地情况，我们围绕是否设置、设置是否醒目、软硬件配套、是否移送以及移送是否及时完整、制度规范分别设计了 8 个三级指标。指标分值大多为 1 分。分值最高为 2.5 分，考察的是行政机关向图书馆、档案馆移送政府信息的完整性。还有 1 个 1.5 分值分配给了向图书馆、档案馆移送政府信息的及时性三级指标。总分为 20 分。具体指标和评分说明见下表。

表1 政府信息公开查阅中心设置情况评估指标

政府信息公开查阅中心设置情况评估指标					
一级指标	二级指标		三级指标	分值	评分说明
政府信息公开查阅点设置	国家档案馆	1	是否在国家档案馆设置了政府信息公开查阅中心	1	是，得1分；否，不得分
		2	国家档案馆政府信息公开查阅中心设置是否醒目	1	是，得1分；否，不得分
		3	国家档案馆是否有工作人员接待	1	有，得1分；没有，不得分
		4	国家档案馆是否提供电脑网上查询	1	是，得1分；没有，不得分
		5	行政机关是否向国家档案馆政府信息查阅中心移送主动公开类政府信息	1	是，得1分；否，不得分，判断标准是看架子上是否有政府信息
		6	行政机关向国家档案馆政府信息查阅中心移送主动公开类政府信息是否及时	1.5	是，得1.5分；否，不得分，判断标准是市办公厅这个部门最近移交的文件是否超过了20个工作日

续表

政府信息公开查阅中心设置情况评估指标					
一级指标	二级指标		三级指标	分值	评分说明
政府信息公开查阅点设置	国家档案馆	7	行政机关向国家档案馆政府信息查阅中心移送主动公开类政府信息是否完整	2.5	审查架子上市办公厅文件夹中是否有①政府信息公开指南、②政府信息公开目录、③政府信息公开年报、④政府公报、⑤具体政府文件。有1项，得0.5分
		8	国家档案馆是否在查阅中心公示了政府信息服务规则或规范	1	是，得1分；否，不得分
	公共图书馆	9	是否在公共图书馆设置了政府信息公开查阅中心	1	是，得1分；否，不得分
		10	公共图书馆政府信息公开查阅中心设置是否醒目	1	是，得1分；否，不得分
		11	公共图书馆是否有工作人员接待	1	有，得1分；没有，不得分
		12	公共图书馆是否提供电脑网上查询	1	有，得1分；没有，不得分
		13	行政机关是否向公共图书馆政府信息查阅中心移送主动公开类政府信息	1	是，得1分；否，不得分，判断标准是看架子上是否有政府信息
		14	行政机关向公共图书馆政府信息查阅中心移送主动公开类政府信息是否及时	1.5	是，得1.5分；否，不得分，判断标准是市办公厅这个部门最近移交的文件是否超过了20个工作日
		15	行政机关向公共图书馆政府信息查阅中心移送主动公开类政府信息是否完整	2.5	审查架子上市办公厅文件夹中是否有①政府信息公开指南、②政府信息公开目录、③政府信息公开年报、④政府公报、⑤具体政府文件。有1项，得0.5分
		16	公共图书馆是否在查阅中心公示了政府信息服务规则或规范	1	是，得1分；否，不得分
总分				20	

(二) 政府信息公开查阅中心评估结果分析

依据该评估体系，我们对选中的 11 个城市进行了实地评估，最终评估结果见下表：

表 2 政府信息公开查阅中心设置情况评估结果

一级指标	二级指标	三级指标	分值	北京 得分	上海 得分	长沙 得分	深圳 得分	青岛 得分	贵阳 得分	淮南 得分	太原 得分	泉州 得分	哈尔滨 得分	昆明 得分
政府信息公开查阅中心设置	国家档案馆	1	1	1	1	1	1	1	1	1	1	1	1	1
		2	1	1	1	1	1	1	1	1	1	1	1	1
		3	1	1	1	1	1	1	1	1	1	1	1	1
		4	1	1	1	1	1	1	1	1	1	1	1	1
		5	1	1	1	1	1	1	0	0	0	1	1	1
		6	1.5	1	0	0	1.5	0	0	0	0	0	0	1.5
		7	2.5	2.5	1	0	2.5	1	0	0	1	1.5	0.5	2.5
		8	1	0	1	0	1	0	0	0	0	0	1	1
	公共图书馆	9	1	1	1	0	1	1	0	0	1	1	0	0
		10	1	1	0	0	1	0	1	0	1	1	1	1
		11	1	1	1	0	1	0	1	0	1	1	1	1
		12	1	1	1	1	1	1	0	1	1	1	1	0
		13	1	1	1	0	1	1	0	0	1	0	1	0
		14	1.5	1.5	1	1	1	1	0	1	0	0	0	0
		15	2.5	2.5	1	0	1.5	0.5	0.5	0	2.5	0.5	0.5	0
		16	1	0	0	1	1	0	0	0	0	0	0	0
总分			20	17.5	13	6	17.5	12.5	5.5	4	11.5	13	8	12
百分制			100	87.5	65	30	87.5	62.5	27.5	20	57.5	65	40	60

通过对这 11 个城市政府信息公开查阅中心设置情况评估结果分析，我们发现有 6 个城市达到了及格要求，北京和深圳则达到了良好要求，得分均为 87.5 分。五个城市不及格，最低分甚至只有 20 分。同时，政府信息公开查阅中心设置和法治发展水平有一定相关关系。尤其对于那些法治发展水平处于高位的城市而言，更是如此。其他方面的情况如下：

一是所有被评估城市都从形式上按照《政府信息公开条例》第 16 条要求在档案馆设置了政府信息公开查阅中心。但是图书馆设置情况并不乐观,将近一半城市都未设置。

二是虽然政府信息公开查阅中心得以在档案馆设置,但是从移送文件情况来看,有的即使设置了查阅中心,近年来也开始转向不移送或中断移送政府信息情况。

三是即使各城市向档案馆和图书馆移送政府信息,及时性上则难以保障。在 8 个向档案馆移送了政府信息的城市,只有 3 个城市达到了移送的及时性要求,即最近移交的文件不能超过该文件制作后的 20 个工作日。对于图书馆,除了北京 1 个城市达到了及时性外,其余城市都未达到。

四是除了及时性,完整性上也不容乐观。我们对完整性的要求是各城市市政府办公厅移送的政府信息当中要有五类文件,包括政府信息公开指南、政府信息公开目录、政府信息公开年报、政府公报、具体政府文件。除了北京、上海、深圳和昆明四个城市外,其他城市都缺少其中一个或几个类型文件,未能达到完整性要求。图书馆上的完整性满足则更不理想,只有北京和太原达到了这一要求。

五是在制度规范上,也存在参差不齐的情况。大部分城市的档案馆都制定了政府信息查阅方面的规定。图书馆则相对少些。即使对于制度规范上,也存在一些不合理地方,如需要公众提供身份证或填写申请表,由工作人员代为查询;或不提供复印服务这类限制。

三、各人群对政府信息公开查阅中心设置意见分析

(一) 图书馆工作人员

条例第 16 条规定事涉图书馆工作人员,针对他们的调研实为必要。基于图书馆工作人员的特殊性,我们设计了 5 个问题。这包括:1. 每月大概有多少用户过来查阅政府信息?2. 用户主要查阅或咨询什么方面的资料?3. 您觉得,未来是否有必要继续在图书馆设置政府信息公开查阅中心?4.【第 3 题回答必要时填写】您认为有必要设置的理由是如下哪几个?5.【第 3 题回答不必要时填写】您认为没有必要设置的理由是如下哪几个?针对这些问题,我们收回了 19 份问卷。这些问卷全部都是通过线下调研,线上录入的方式展

开，询问的是一线政府信息公开查阅中心的图书馆工作人员。如下是一些分析：

1. 每月大概有多少用户过来查阅政府信息？

未统计占了多数，占比 42.11%。明确回答少于 3 人，占比 26.32%，和多于 7 人的比例一样。还有 1 人回答每月查阅人数在 3-6 人。6 人以下的比例达到 31.57%。总体来说，和图书馆的访问量来看，政府信息公开查阅中心利用率并不高（见表 3）。

表 3 每月查阅政府信息用户数

选项	小计	比例
少于 3 人	5	26.32%
3-6 人	1	5.26%
7 人以上	5	26.32%
未统计，不清楚	8	42.11%
本题有效填写人次	19	

2. 用户主要查阅或咨询什么方面的资料？

从用户查阅资料来看，主要涉及房屋拆迁（52.63%）、福利待遇（42.11%）和落户（26.32%）这类信息（见表 4）。这方面信息因为事关老百姓的切身利益。至于图书馆所开放的政府信息是否能够满足这类需求则存疑。

表 4 查阅政府信息内容

选项	小计	比例
房屋拆迁	10	52.63%
福利待遇	8	42.11%

续表

选项	小计	比例
落户	5	26.32%
其他	11	57.89%
本题有效填写人次	19	

3. 您觉得，未来是否有必要继续在图书馆设置政府信息公开查阅中心？

图书馆工作人员认为有必要继续在图书馆设置政府信息公开查阅中心，占比达到89.74%（见表5）。只不过结合之前的利用率和用户所查询的信息类型来看，这种必要性需要在内容上进一步考虑完善。

表5 政府信息公开查阅中心设置是否必要

选项	小计	比例
有必要	17	89.47%
没有必要	2	10.53%
本题有效填写人次	19	

4. 【第3题回答必要时填写】您认为有必要设置的理由是如下哪几个？

图书馆工作人员认为有必要继续设置的最大理由是为用户多提供了一个获取政府信息的便利渠道（78.95%）。其次通过图书馆，也可展示政府透明形象（73.68%）。保障公众知情权也成为一个主要理由（63.16%）。其他理由还包括有利于图书馆资源整合和后续的政府信息分析利用（42.11%）、考虑到特殊群体阅读纸质文本的习惯（36.84%）、减少了到政府部门直接索要政府信息的量（26.32%）、弥补了用户档案馆查询政府信息的不便（36.84%）等（见表6）。这些必要性都非常好，关键是这些必要性是否能够真正落地，则需要多方配合。相比档案馆，图书馆的开放性也使得其更能发挥政府信息查阅的便利性。

表6 政府信息公开查阅中心有必要设置的理由

选项	小计	比例
为用户多提供了一个获取政府信息的便利渠道	15	78.95%
照顾到了特殊群体阅读纸质文本的习惯	7	36.84%
保障公众知情权	12	63.16%
展示政府透明形象的窗口	14	73.68%
减少了到政府部门直接索要政府信息的量	5	26.32%
有利于图书馆资源整合和后续的政府信息分析利用	8	42.11%
弥补了用户档案馆查询政府信息的不便	7	36.84%
（空）	2	10.53%
本题有效填写人次	19	

5.【第3题回答不必要时填写】您认为没有必要设置的理由是如下哪几个？

也有部分图书馆工作人员认为没有必要继续设置。主要是觉得用户知晓率低；用户需要的政府信息没有，惊喜少；用户使用少，查询频次低；政府提供的信息不完整，不及时；多数提供的政府信息都可上政府网站查到；浪费资源，不环保等。和档案馆不同，人力物力不是图书馆主要考虑的制约因素。

表7 政府信息公开查阅中心没有必要设置的理由

选项	小计	比例
用户知晓率低	2	10.53%
用户需要的政府信息没有，惊喜少	2	10.53%

续表

选项	小计	比例
用户使用少，查询频次低	2	10.53%
浪费资源，不环保	1	5.26%
政府提供的信息不完整，不及时	2	10.53%
多数提供的政府信息都可上政府网站查到	2	10.53%
图书馆人力物力不支撑	0	0%
图书馆处于被动接收地位	0	0%
（空）	15	78.95%
本题有效填写人次	19	

（二）档案馆工作人员

条例第 16 条规定事项涉档案馆工作人员。针对他们的调研也非常必要。基于档案馆工作人员的特殊性，我们设计了 5 个问题。这包括：1. 每月大概有多少用户过来查阅政府信息？2. 用户主要查阅或咨询什么方面的资料？3. 您觉得，未来是否有必要继续在档案馆设置政府信息公开查阅中心？4.【第 3 题回答必要时填写】您认为有必要设置的理由是如下哪几个？5.【第 3 题回答不必要时填写】您认为没有必要设置的理由是如下哪几个？针对这些问题，我们收回了 85 份问卷。这些问卷通过线下调研，线上录入，结合档案馆工作人员的工作群进行线上调研的方式得以收集，询问的是一线政府信息公开查阅中心的档案馆工作人员。如下是一些分析：

1. 每月大概有多少用户过来查阅政府信息？

多于 7 人的，占比达到 41.18%。明确回答少于 3 人，占比 22.35%。介于 3-6 人之间的，有 16 个，比例达到 18.82%。未统计占了 17.65%。数据说明档案馆的利用率略微高过图书馆。

表8 每月查阅政府信息用户数

选项	小计	比例
少于3人	19	22.35%
3-6人	16	18.82%
7人以上	35	41.18%
未统计，不清楚	15	17.65%
本题有效填写人次	85	

2. 用户主要查阅或咨询什么方面的资料？

从用户查阅资料来看，主要涉及房屋拆迁（82.35%）、福利待遇（69.41）和落户（54.12%）这类信息。这方面信息因为事关老百姓的切身利益。相对图书馆，档案馆所开放的政府信息以及其档案更能满足公众的这类信息需求。

表9 查阅政府信息内容

选项	小计	比例
房屋拆迁	70	82.35%
福利待遇	59	69.41%
落户	46	54.12%
其他	23	27.06%
本题有效填写人次	85	

3. 您觉得，未来是否有必要继续在档案馆设置政府信息公开查阅中心？

档案馆工作人员认为有必要继续在档案馆设置政府信息公开查阅中心，占比达到77.65%。认为没有必要的也占有一定比例，达到22.35%。只不过结合之前的利用率和用户所查询的信息类型来看，这种必要性需要在内容上进一步考虑完善。

表 10　政府信息公开查阅中心设置是否必要

选项	小计	比例
有必要	66	77.65%
没有必要	19	22.35%
本题有效填写人次	85	

4.【第3题回答必要时填写】您认为有必要设置的理由是如下哪几个？

档案馆工作人员认为有必要继续设置的最大理由是为用户多提供了一个获取政府信息的便利渠道（67.06%）。其次通过档案馆，也可展示政府透明形象（52.94%）和保障公众知情权（57.65%）。其他理由还包括有利于档案馆资源整合和后续的政府信息分析利用（37.65%）、考虑到特殊群体阅读纸质文本的习惯（48.24%）、减少了到政府部门直接索要政府信息的数量（31.76%）、可以代政府受理政府信息公开申请（18.82%）等。这些必要性都非常好，关键是这些必要性是否能够真正落地，则需要多方配合。

表 11　政府信息公开查阅中心有必要设置的理由

选项	小计	比例
为用户多提供了一个获取政府信息的便利渠道	57	67.06%
照顾到了特殊群体阅读纸质文本的习惯	41	48.24%
保障公众知情权	49	57.65%
展示政府透明形象的窗口	45	52.94%

续表

选项	小计	比例
减少了到政府部门直接索要政府信息的数量	27	31.76%
有利于档案馆资源整合和后续的政府信息分析利用	32	37.65%
可以代政府受理政府信息公开申请	16	18.82%
（空）	18	21.18%
本题有效填写人次	85	

5.【第3题回答不必要时填写】您认为没有必要设置的理由是如下哪几个？

档案馆工作人员认为没有必要继续设置的理由是觉得用户知晓率低，伴随而来的是用户使用少，查询频次低；多数提供的政府信息都可上政府网站查到，这意味着现场查阅浪费资源，不环保。加上政府提供的信息不完整，不及时，档案馆又处于被动接收地位，随之而来的是用户需要的政府信息没有，惊喜少。档案馆人力物力支撑也是制约查阅中心建设完善的一个因素。

表12 政府信息公开查阅中心没有必要设置的理由

选项	小计	比例
用户知晓率低	9	10.59%
用户需要的政府信息没有，惊喜少	13	15.29%
用户使用少，查询频次低	20	23.53%
浪费资源，不环保	14	16.47%

续表

选项	小计	比例
政府提供的信息不完整，不及时	14	16.47%
多数提供的政府信息都可上政府网站查到	18	21.18%
档案馆人力物力不支撑	6	7.06%
档案馆处于被动接收地位	11	12.94%
（空）	52	61.18%
本题有效填写人次	85	

（三）政府机关工作人员

条例第16条规定事项涉及政府信息公开工作人员。没有政府信息的移送，查阅中心的建设就是一个空架子。因此，针对政府信息公开工作人员的调研实为必要。基于政府部门作为政府信息提供主体的特殊性，我们设计了五个问题。这包括：（1）您部门是否向图书馆、档案馆政府信息公开查阅中心提供政府信息？（2）您部门向图书馆、档案馆的政府信息公开查阅中心提供政府信息是否及时完整？（3）您觉得，未来是否有必要继续在图书馆、档案馆设置政府信息公开查阅中心？（4）【第3题回答必要时填写】您认为有必要设置的理由是如下哪几个？（5）【第3题回答不必要时填写】您认为没有必要设置的理由是如下哪几个？针对这些问题，我们回收了117份问卷。这些问卷部分通过线下调研、线上录入的方式展开，还有一部分通过线上向政府信息公开工作人员开展。如下是具体分析：

1. 您部门是否向图书馆、档案馆政府信息公开查阅中心提供政府信息？

大部分行政机关（77.78%）都向图书馆、档案馆政府信息公开查阅中心提供政府信息。也有一小部分行政机关未提供（13.68%）。不知道的则有10个，占比8.55%。调研反映出，虽然有《政府信息公开条例》的义务性规定，实际过程中的落实情况并不十分理想。

表 13 提供主动公开政府信息情况

选项	小计	比例
是	91	77.78%
否	16	13.68%
不知道	10	8.55%
本题有效填写人次	117	

2. 您部门向图书馆、档案馆的政府信息公开查阅中心提供政府信息是否及时完整？

政府机关工作人员大多认为本部门能够及时完整向图书馆、档案馆的政府信息公开查阅中心提供政府信息的（66.67%）。也有高达22.22%的人员认为不能做到及时和完整。这和《政府信息公开条例》的要求差距还比较大。

表 14 提供主动公开政府信息的及时性和完整性

选项	小计	比例
及时完整	78	66.67%
不及时完整	11	9.4%
及时不完整	2	1.71%
不及时不完整	26	22.22%
本题有效填写人次	117	

3. 您觉得，未来是否有必要继续在图书馆、档案馆设置政府信息公开查阅中心？

政府机关工作人员认为有必要继续在图书馆、档案馆设置政府信息公开查阅中心，占比达到84.62%。认为没有必要的也占有一定比例，达到15.38%。只不过结合用户所查询的信息类型来看，这种必要性需要在内容的匹配度上进一步考虑完善。

表15 政府信息公开查阅中心设置是否必要

选项	小计	比例
有必要	99	84.62%
没有必要	18	15.38%
本题有效填写人次	117	

4.【第3题回答必要时填写】您认为有必要设置的理由是如下哪几个？

政府信息公开工作人员认为有必要继续设置的理由主要是为用户多提供了一个获取政府信息的便利渠道、在保障公众知情权基础上，起到展示政府透明形象的积极作用。同时还照顾到了特殊群体阅读纸质文本的习惯。

表16 政府信息公开查阅中心有必要设置的理由

选项	小计	比例
为用户多提供了一个获取政府信息的便利渠道	93	79.49%
照顾到了特殊群体阅读纸质文本的习惯	65	55.56%
保障公众知情权	88	75.21%
展示政府透明形象的窗口	88	75.21%
(空)	16	13.68%
本题有效填写人次	117	

5.【第3题回答不必要时填写】您认为没有必要设置的理由是如下哪几个？

政府信息公开工作人员认为没有必要继续设置的理由主要是多数提供的

政府信息都可上政府网站查到,加上用户知晓率低所带来的用户使用率低和导致的资源浪费因素。政府部门自身的因素则包括人力物力紧张,难以及时完整向图书馆、档案馆提供政府信息,加上用户需要的政府信息提供难。要充分发挥查阅中心作用,还有不少挑战。

表17 政府信息公开查阅中心没有必要设置的理由

选项	小计	比例
用户知晓率低	23	19.66%
用户需要的政府信息没有,惊喜少	14	11.97%
用户使用少,查询频次低	23	19.66%
浪费资源,不环保	13	11.11%
人力物力紧张,难以及时完整向图书馆、档案馆提供政府信息	13	11.11%
多数提供的政府信息都可上政府网站查到	33	28.21%
(空)	76	64.96%
本题有效填写人次	117	

(四) 一般公众

《政府信息公开条例》第16条规定事项涉及一般公众。作为使用主体,没有一般公众的参与,则查阅中心建设容易沦为"形象工程"。因此,针对一般公众的调研也必不可少。基于一般公众作为使用主体的特殊性,我们设计了五个问题。这包括:(1)您是否知道图书馆、档案馆有政府信息公开查阅中心?(2)您是否使用过图书馆、档案馆的政府信息公开查阅中心?(3)您觉得,未来是否有必要继续在图书馆、档案馆设置政府信息公开查阅中心?(4)【第3题回答必要时填写】您认为有必要设置的理由是如下哪几个?(5)【第3题回答不必要时填写】您认为没有必要设置的理由是如下哪几个？针对这些问题，我们收回了1119份问卷。这些问卷部分通过线下调研，线上录入的方式展开，大部分通过线上向一般公众开展。如下是一些分析：

1. 您是否知道图书馆、档案馆有政府信息公开查阅中心？

公众知晓率是使用率的前提。经过多年的条例实施，公众知晓率有提高趋势，62.11%回答知道，但也有高达37.89%的公众不知道。未来如何进一步提供公众知晓率是关键。

表18 政府信息公开查阅中心公众知晓率

选项	小计	比例
知道	695	62.11%
不知道	424	37.89%
本题有效填写人次	1119	

2. 您是否使用过图书馆、档案馆的政府信息公开查阅中心？

知晓后就是公众的利用率问题。没有使用过的比例高达65.15%。仅有390人回答使用过，在总人数中占比34.85%。如果和知道的695人相比，利用率也只有56.12%。这意味着一半的知晓人群也不使用查阅中心。

表19 政府信息公开查阅中心公众使用率

选项	小计	比例
使用过	390	34.85%
没有使用过	729	65.15%
本题有效填写人次	1119	

3. 您觉得，未来是否有必要继续在图书馆、档案馆设置政府信息公开查阅中心？

公众普遍认为有必要继续在图书馆、档案馆设置政府信息公开查阅中心，占比高达 90.44%。认为没有必要的也占有一定比例，达到 9.56%。只不过结合用户所查询的信息类型来看，这种必要性需要在内容的匹配度上进一步考虑完善。

表 20　政府信息公开查阅中心设置是否必要

选项	小计	比例
有必要	1012	90.44%
没有必要	107	9.56%
本题有效填写人次	1119	

4. 【第 3 题回答必要时填写】您认为有必要设置的理由是如下哪几个？

公众认为有必要继续设置的主要理由是为用户多提供了一个获取政府信息的便利渠道（77.93%），同时能够保障公众知情权、展示政府透明形象。查阅中心还照顾到了特殊群体阅读纸质文本的习惯（53.53%）。

表 21　政府信息公开查阅中心有必要设置的理由

选项	小计	比例
为用户多提供了一个获取政府信息的便利渠道	872	77.93%
照顾到了特殊群体阅读纸质文本的习惯	599	53.53%
保障公众知情权	799	71.4%
展示政府透明形象的窗口	637	56.93%
其他	42	3.75%
（空）	59	5.27%
本题有效填写人次	1119	

5.【第 3 题回答不必要时填写】您认为没有必要设置的理由是如下哪几个?

公众认为没有必要继续设置的主要理由是先是不知道、知道后也很少用、用了也找不到想要的,加上多数提供的政府信息都可上政府网站查找因素,继续设置的必要性大打折扣。公众认为造成这种结果的原因有图书馆、档案馆查阅中心设置和使用不够便民,也有政府提供的信息量不完整,不及时等方面的原因。

表 22 政府信息公开查阅中心没有必要设置的理由

选项	小计	比例
用户知晓率低	256	22.88%
用户需要的政府信息没有,惊喜少	283	25.29%
用户使用少,查询频次低	316	28.24%
图书馆、档案馆查阅中心设置和使用不够便民	252	22.52%
政府提供的信息量不完整,不及时	229	20.46%
多数提供的政府信息都可上政府网站查到	179	16%
其他	44	3.93%
(空)	504	45.04%
本题有效填写人次	1119	

四、《政府信息公开条例》第 16 条的修改建议

基于以上对政府信息公开查阅中心设置情况的实地调研和相关人员的问卷调查结果,我们认为,未来有必要继续在档案馆、图书馆设置政府信息公

开查阅中心,即应保留第 16 条规定,但需要做一些修改,提升其实施水平。理由是:

一是继续设置是大家相对一致的意见。无论是图书馆工作人员、档案馆工作人员、政府机关工作人员还是一般公众,认为有必要继续设置的比例都远远高过认为没有必要继续设置的。对于这种意见我们需要给予尊重。

二是政府信息公开查阅中心设置已有一定规模,贸然取消不利于其良性运作。无论是法治建设程度高的城市,还是法治建设程度低的城市,都设置了政府信息公开查阅中心。

三是查阅中心设置的关键点是能够真正起到便民作用。这就要求对公众所需求的政府信息的主动提供,发挥查阅中心对公众申请政府信息的帮助、引导作用,甚至有必要考虑未来将之拓展成受理政府信息公开申请的线下统一入口,缓解现有的极为分散的信息公开受理窗口问题以及非本机关公开职责权限范围的高答复比例问题。

四是随着行政机关向档案馆、图书馆提供政府信息数量的增加,未来对这类政府信息的保存、查阅则成为新的问题。结合大多数图书馆开展的政府信息公开服务仅仅是设立"专架专室"或简单链接政府网站情况。我们有必要研究如何通过一站式的电子化方式让信息需求者获取政府公开信息资源及相关服务。对此,可在条例第 16 条对 2009 年开通的"政府公开信息整合服务平台"这一政府公开信息整合服务门户的地位和作用予以明确,从供给侧角度为公众获取历史提供的主动公开信息创造便利,而不是设置新的障碍。

五是行政机关向档案馆、图书馆提供主动公开政府信息的及时性难以得到保障。按季度或月度提供是目前的惯例。即使行政机关及时提供了,也有编目、上架等流通方面的制约,致使难以满足 20 个工作日要求。所有,建议将第 16 条第 3 款改为"行政机关应当按月向国家档案馆、公共图书馆提供主动公开的政府信息"。

第三十章 政府信息公开日志实证分析[*]

摘 要：《政府信息公开条例》实施以来，有关政府信息公开的实证研究偏少，而基于特定类型政府信息所开展的管中窥豹式的政府信息公开实证研究更少。依据上海市某区39个部门政府信息公开日志这一特定类型信息的依申请公开调研，结果发现，不同行政机关在理解加工汇总、补正和帮助义务等规定上存在分歧，未来有必要建设政府信息公开工作平台、要求提供一定的加工汇总义务、增加对申请内容方面的帮助义务等措施，完善我国政府信息公开制度。

《政府信息公开条例》自2008年5月1日实施以来，至今已逾多年。国家层面目前正积极筹划《政府信息公开条例》的修改。在这一契机下，我们有必要多从实证角度考察《政府信息公开条例》实施以来所遇具体问题并提出相应完善建议。考虑到现有这方面的实证研究偏少并不够聚焦，本章选中政府信息公开日志，结合对上海市某区39个部门的依申请公开实践，系统梳理我国政府信息公开实践过程中所遇各种问题并提出相应的对策建议，供未来修改《政府信息公开条例》时参考。

---

[*] 本章成果已在《政法论坛》2015年第6期上发表。题目为《我国政府信息公开日志的实证分析》。

一、现有政府信息公开实证研究空白及补缺

现有政府信息公开方面的实证研究偏少。仅有的一些研究也由于涉及面过宽,不够聚焦,从而制约了实证研究效用。基于此,我们选取了政府信息公开日志这一特定信息类型,通过向上海市某区的依申请公开实践,开展这种由点及面的实证研究,弥补研究空白。

(一)现有政府信息公开实证研究空白

现有政府信息公开方面的实证研究偏少。通过中国知网数据,不难发现,在2008年1月1日到2014年12月31日跨度长达7年时间里,共有1753篇篇名为"政府信息公开"的文章发表在各类学术期刊上。如果对篇名进行限定,发现这些文章标题当中就含有"实证"二字的有21篇,只占1.20%。当然,实证文章并不一定在篇名当中冠以"实证"字样直接体现,也有可能体现在文章其他部分当中。如果将"实证"二字放在摘要和全文中进行搜索,我们发现摘要中有"实证"二字的只有23篇(1.31%),全文中有"实证"的则扩大到110篇,占比6.27%。可以说,随着我国政府信息公开工作的逐步推进,各级政府已经积累了政府信息公开方面的丰富实践,实证研究理应占有相当比重,但实际情况并不乐观。虽然总体上来看,实证研究呈现出了逐年上升趋势,如下图1。

于是,我们看到了《中国行政管理》杂志在一篇卷首文中的呼吁:"政府信息公开是实打实的工作……研究人员应深入政府信息公开工作的实际,加强调查研究,不断发现新情况,解决新问题。及时总结各地区各部门信息公开工作的宝贵经验和有效做法,深化对信息公开工作规律的认识,不断提高信息公开研究工作的科学化水平。"[1]

---

[1] 邵景均:"把政府信息公开研究引向深入",载《中国行政管理》2012年第11期。

第三十章 政府信息公开日志实证分析 ❖

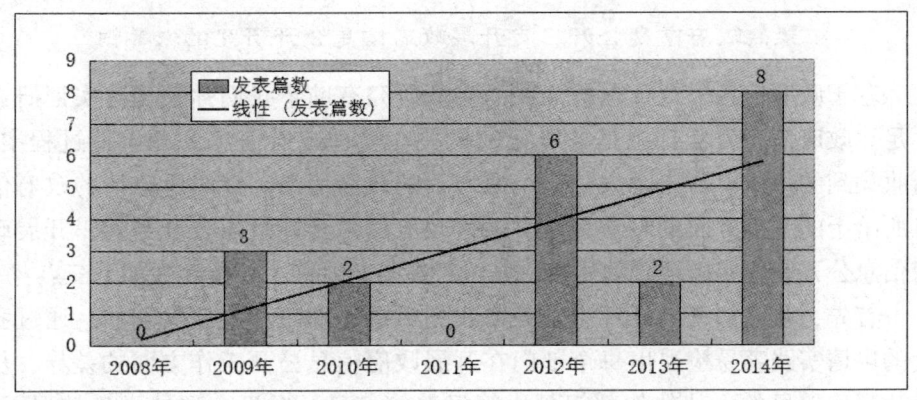

图1 政府信息公开实证研究历年对比

同时,从仅有的实证研究文献来看,我们也发现了现有实证研究涉及面过宽,不够聚焦,难以达到管中窥豹,由点及面效果。现有实证研究当中,有基于一个省或市所开展的对政府信息公开全方位梳理方面的研究,如《陕西省政府信息公开的实证研究》[1]、《地方政府信息公开测评的实证调查:以四川省为例》[2]、《政府信息公开的影响因素:中国地级市的实证研究》[3]。也有实证研究基于政府透明度测评工作本身,审视了政府信息公开工作中的难点,如《政府信息公开制度实施状况:基于政府透明度测评的实证分析》[4]。还有基于行政案件视角对政府信息公开工作所开展的实证研究,如《政府信息公开行政诉讼案件疑难问题研究:以浙江法院审理的行政案件为实证样本》[5]、《依申请政府信息公开制度运行的实证分析:以诉讼裁判文书为对象的研究》[6]。所有这些实证研究都是"面"上的,而缺少对"点"的透视。

---

[1] 参见姬亚平、张萍:"陕西省政府信息公开的实证研究",载《行政法学研究》2013年第3期。
[2] 参见曹荣阁:"地方政府信息公开测评的实证调查——以四川省为例",载《四川文理学院学报》2012年第1期。
[3] 参见马亮:"政府信息公开的影响因素:中国地级市的实证研究",载《情报杂志》2012年第9期。
[4] 参见吕艳滨:"政府信息公开制度实施状况:基于政府透明度测评的实证分析",载《清华法学》2014年第3期。
[5] 参见于立深:"依申请政府信息公开制度运行的实证分析:以诉讼裁判文书为对象的研究",载《法商研究》2010年第2期。
[6] 参见浙江省高级人民法院课题组:"政府信息公开行政诉讼案件疑难问题研究:以浙江法院审理的行政案件为实证样本",载《行政法学研究》2009年第4期。

(二) 聚焦政府信息公开日志开展政府信息公开研究的必要性

基于政府信息公开日志所开展的实证研究有助于我们弥补现有实证研究不足。政府信息公开日志是各级行政机关在受理政府信息公开申请过程中，所收集到的每位申请人个人信息、所申请的政府信息、针对所申请的政府信息所给予的答复方面的日常记录。通过政府信息公开日志公开与否，开展政府信息公开制度实施现状的研究，其可行性与必要性主要体现在如下三点：

首先，政府信息公开日志是各个收到申请的部门都应该保有的。通过我们的申请实践容易检视出每个部门在开展政府信息公开工作方面的差异，从而达到比较目的。其他如部门预决算经费等信息，在没有顶层设计情况下，因顾虑到其他行政机关的感受，所得到的答复容易趋同，各级行政机关难以发挥主观能动性，从而制约了比较目的之实现。随着政府信息公开工作平台的全面上线运行，保有这种日志更是成为日常工作必需。

其次，政府信息公开日志是各个部门研究公众信息需求的前提和基础。基于对政府信息公开日志展开的分析，行政机关可以知晓哪些政府信息是公众需求最为集中的，同时了解本部门在吻合公众信息需求上还存在哪些问题以及如何改进，进而提高透明度，甚至还通过分析信息公开日志研读出不规范之处，促进依法行政。这说明保有政府信息公开日志对于各级行政机关是有价值的，直接服务于政府信息公开工作改善。同时，政府信息公开年度报告编制和公开，作为一项法定义务也对政府信息公开日志从保有到分析利用提出了一定要求。

最后，我们可从政府信息公开日志公开与否的实证研究探查出涉及政府信息定义、信息的加工汇总或重新制作、补正程序、第三方意见征询、信息公开形式、部分公开、帮助义务、收费机制等诸多方面的立法规定的实施情况。这些规定既有实体的，也有程序的，足以反映出各级行政机关对《政府信息公开条例》的理解水平和程度，从而有助于我们较为全面了解《政府信息公开条例》现有实施现状。这使得我们基于实证调研提出的对策建议更有针对性。

二、从政府信息公开日志公开审视我国政府信息公开实践

基于上海市某区 39 个部门的调研数据，我们发现，各部门对申请人的申

请目的并没有提出明确限制，同时在提供信息上能够做到不收费。但是，我们也发现各部门在答复类型存在不少差异，对补正程序启动标准有不同理解，在信息提供形式上也有不同做法，在政府信息公开答复书的规范性和说理性上也存在一些不足。总体来说，各部门对申请人就申请内容明确方面提供的帮助程度不够。

（一）政府信息公开日志申请公开情况

2014年底，我们组织了由十多个申请人所构成的申请团队，向上海市某区39个部门递交了政府信息公开申请，分别向这些部门申请公开其所掌握的政府信息公开日志。为了避免申请过程中理解上的差异，我们并没有直接以"政府信息公开日志"作为申请内容向这些部门提出申请，而是转换成"贵单位2014年至今所收到的所有申请人所申请的申请内容，可包括名称、文号和特征描述（可隐去申请人姓名等具体信息）"。同时考虑到申请量较少的部门存在2014年未收到申请的情况，通过研读这些部门的政府信息公开年报，我们将申请内容调整为"贵单位2013-2014年至今所收到的所有申请人所申请的申请内容，可包括名称、文号和特征描述（可隐去申请人姓名等具体信息）"。

确定这样的申请内容有诸多考虑。一是尽量减少这些部门的工作量，去掉了它们对申请人所做出的具体答复内容，降低各部门以未加工汇总或重新制作而答复信息不存在的可能性。二是直接建议隐去申请人姓名等具体信息，避免各部门就各个申请向第三方征询公开与否意见。否则一方面加大了各部门的工作量，另一方面也无形中延长了答复期限和增加了答复成本，有违我们的调研本意。三是照顾到了各部门答复的统一性，避免因某一年度未收到申请而直接答复信息不存在，从而和因未加工汇总或重新制作而答复信息不存在情形相混淆。

（二）政府信息公开实践过程中所遇问题

基于政府信息公开日志这种特定类型政府信息的依申请公开实践，我们发现了政府信息公开实践过程中的一些共性问题。具体表现在：

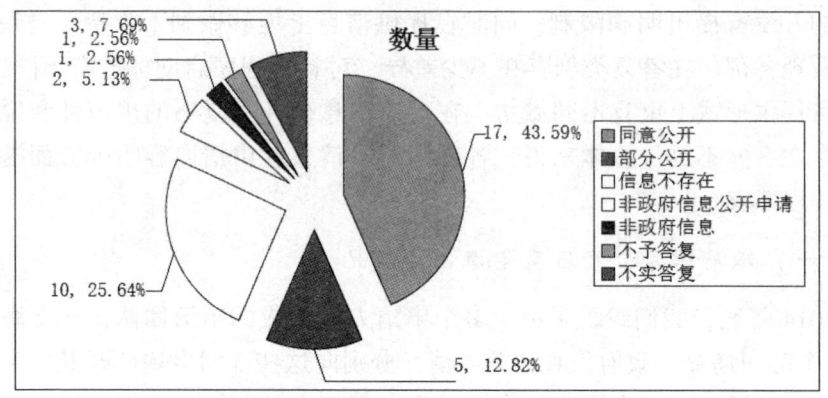

图2 政府信息公开日志依申请公开答复数量和类型

一是对于同一政府信息内容，各部门有基于自身考虑而作出不同类型的答复。就政府信息公开日志而言，39个部门就出现了同意公开、部分公开、信息不存在、非政府信息公开申请、非政府信息、不予答复和不实答复七种。最为理想状态下的同意公开答复有17个部门，占比43.59%。答复部分公开的也有5个部门，占比12.82%。同意公开和部分公开答复都可归属于理想状态下的政府信息公开日志公开结果，有高达一半以上部门都以这两种类型答复申请人。这说明基层行政机关对政府信息公开日志这种类型信息倾向于公开之意愿。因未加工汇总或重新制作从而以信息不存在答复的依据是《国务院办公厅关于做好政府信息依申请公开工作的意见》（国办发〔2010〕5号），该意见指出：行政机关向申请人提供的政府信息，应当是现有的，一般不需要行政机关汇总、加工或重新制作（作区分处理的除外）。依据《政府信息公开条例》精神，行政机关一般不承担为申请人汇总、加工或重新制作政府信息，以及向其他行政机关和公民、法人或者其他组织搜集信息的义务。10个部门基于该意见进行了答复，占比达到25.64%。这些答复有合法依据，可归属于合法答复但并非理想答复。不予答复的有1个部门，不实答复的有3个部门。不予答复和不实答复都是违法答复，两者相加比例达到10.25%，结果不甚乐观。各类型答复具体数量和占比如图2。

二是补正程序启动不一，反映出各部门对申请人所申请内容存在不同理解。39个部门只有16个部门认为申请人申请内容明确，未要求补正。有23个部门，占比59%，认为申请人申请内容不明确，要求申请人补正。行政机关对申请内容的不同理解无可厚非，但是有些在未要求申请人补正情况下，就直接以信息不存在、非政府信息、非政府信息公开申请答复申请人。这非常容易引起申请人不解或不满，甚至还存在有的部门通过不止一次要求申请人补正，最终迫使申请人放弃申请的做法。就22个以同意公开或部分公开答复申请人的部门来看，只有4个部门，占比18.20%，要求补正或通过电话沟通后才答复申请人。其余18个部门都认为申请人申请内容明确，未要求补正。总体来说，答复同意公开或部分公开的部门能够比较准确理解申请人所申请的信息内容。

表1 补正情况一览表

所有答复类型下的补正启动情况			
未要求补正	23	39	59.0%
要求补正	16	39	41.0%
同意公开或部分公开答复下的补正启动情况			
未要求补正	18	22	81.8%
要求补正	4	22	18.2%

三是信息提供形式上表现不一，反映出各部门在满足申请人选择的信息提供形式提供政府信息上的差异。《政府信息公开条例》第26条提出了行政机关依申请公开政府信息，应当按照申请人要求的形式予以提供。无法满足的可以除外。基于此，本次调研安排申请人统一要求被申请人以电子邮件形式发送所同意公开的政府信息，但是从22个以同意公开或部分公开答复的结果来看，只有不到一半的10个部门满足了申请人的信息提供形式，同意以电子邮件形式提供。其他形式包括邮寄和当面领取，分别有7个和5个部门。尤其是当面领取形式，给申请人增加了获取政府信息的难度和成本。邮寄方式有一定合理性，没有为申请人获取政府信息制造一些不必要的障碍。

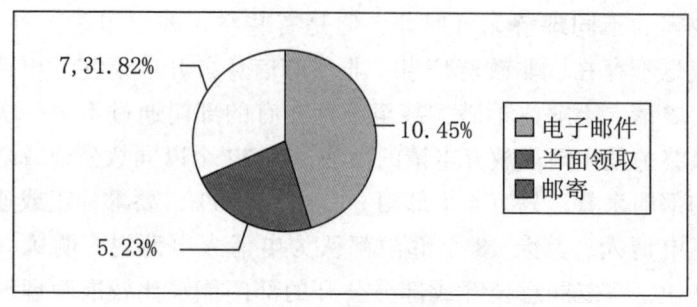

图3　信息提供形式

四是申请目的和收费上，各部门都没有对申请人申请目的进行限制，也未提出收费要求。全区统一制作的政府信息公开申请表上有目的填写要求，但不是必填项。同时，在和申请人沟通时，一些部门询问到申请人申请目的。这种询问有一定的合理性，可以更为明确知晓申请人的信息需求。调研表明，虽然《政府信息公开条例》第13条对申请人申请的提出有基于自身生产、生活、科研方面的特殊需要的目的要求。同时，国务院办公厅下发的《关于施行<中华人民共和国政府信息公开条例>若干问题的意见》（国办发〔2008〕36号）当中也将目的作为一种豁免公开的理由。该意见指出：行政机关对申请人申请公开与本人生产、生活、科研等特殊需要无关的政府信息，可以不予提供。不过，本次调研反映出各部门在实践过程中还是慎用该一理由的。

五是答复文书规范性和说理性上。随着政府信息公开工作平台的上线，各部门在政府信息公开答复书的规范程度上做得还是比较好的，能够遵照答复模板进行统一答复。但是，有一些部门在规范上存在一定瑕疵。这是因为，调研发现，在诉权告知上，被申请人有刻意回避之嫌疑。就答复说理性来说，具体体现在两个方面。一是援引具体法律条款上，大多数部门能够在政府信息公开答复书中告知依据《政府信息公开条例》或者《上海市政府信息公开规定》某条某款，作出同意公开或信息不存在等答复。极个别部门采取了"依据《政府信息公开条例》相关规定"这类模糊表述，说理性上不够细致。二是答复类型的理由阐述上。尤其对于除了同意公开之外的其他答复类型。如果不做一些具体说明，仅仅告知申请人依据什么规定作出不予公开答复是难以赢得申请人理解的。所以，对于信息不存在，所调研部门基本上都能做到因需要加工汇总或重新制作，故信息不存在，而不是以信息不存在这一简单理由答复。

六是对帮助义务的理解不够。现有对申请人的帮助义务主要还是基于申请人出发，依据《政府信息公开条例》第20条和第28条，对存在阅读困难或者视听障碍的特殊申请人，在填写申请表等方面提供必要的帮助。而缺少从信息角度，就明确申请内容或者确定公开义务机关方面向申请人提供必要的帮助。结果导致实践过程中，各部门疏于和申请人沟通，简单通过一纸补正通知，告知申请人申请内容不明确并要求申请人补正。而对于申请人来说，则自始至终认为自己的申请内容是明确的，反倒不明白行政机关为什么会要求自己补正，至于该如何补正则更不得而知。

七是在部分公开处理上不够细致。部分公开不是举例公开，有选择性的公开。有些部门认为本部门申请量偏多，所以就选择性地向申请人公开了两三个类型。这种所谓的部分公开偏离了部分公开的本意。《政府信息公开条例》第22条所规定的部分公开是相对于豁免公开理由而言的，对落入《政府信息公开条例》所规定的例外的信息予以分割，从而避免对其他需要保护的利益造成损害。[1] 正是因为存在对部分公开理解上的差异，结果导致有些部门在公开时忽视了对申请人信息的保护，将包含申请人具体信息的内容提供出去。除此之外，在申请内容上，也存在一些和原申请人紧密相关的特定信息，据此也可推断出何人提出了该申请。这些实践过程中的操作都存在泄露申请人信息的风险，不利于政府信息公开工作的有效推进。

三、完善我国《政府信息公开条例》的若干对策建议

基于这种由点及面的实证研究，我们明确了《政府信息公开条例》实施过程中涉及答复类型、补正、申请目的、帮助义务以及信息提供形式等诸多方面的法律问题，未来，我们有必要通过修改《政府信息公开条例》，对这些机制逐一进行完善。

一是建设并推广政府信息公开工作平台，不断丰富平台数据并做到平台数据能够按需取用，为改善政府信息公开工作提供可靠的数据支撑。[2] 上海

---

[1] 参见杨寅、韩磊：“政府信息公开中的可分割性原则及其司法运用——对赵某不服不予信息公开案的法律分析”，载《行政法学研究》2010年第1期。

[2] 参见肖卫兵：“上海政府信息公开十年：成就、挑战、前瞻”，载《电子政务》2014年第10期。

市某区的同意公开回复一定程度上取决于上海于2013年在全市推广的政府信息公开工作平台。该工作平台基于之前区县的实践基础上，上升到全市层面要求推广使用。如果没有该工作平台，需要加工汇总或重新制作的信息不存在答复率应该会更高。当然，现有工作平台还存在一定局限，就是数据的录入收集报送是工作平台的主要功能，缺少为分析使用服务方面的设计。同时，作为录入收集报送的基层部门因没有权限而不为其分析使用，这一定程度上也会挫伤他们使用平台的积极性。未来在修改《政府信息公开条例》时，有必要明确政府信息公开工作平台的法律地位。

二是补正程序的启动标准需要进一步明确。依据《政府信息公开条例》第21条，对于申请内容不明确的，行政机关应当告知申请人作出更改、补充。这是启动补正程序的法律依据。但是，该条并没有要求行政机关在出具补正通知之前，通过和申请人的沟通增强补正之实效。目前这种一而再再而三的补正通知，一方面不利于申请人利用该机会进行补正，同时给行政机关滥用补正迫使申请人放弃申请提供了机会。为行政机关设定正式补正前的沟通义务，也有助于减少一些不必要的补正以及后续的纠纷。

三是细化申请人信息提供形式的选择权规定。现有关于申请人的信息提供形式的选择权较为笼统，不利于政府信息公开实践中的落实。未来有必要通过修改《政府信息公开条例》，进一步明确优先以电子形式提供政府信息的义务要求。如在申请人要求以电子形式提供政府信息公开答复书或公开以电子形式存在过的政府信息时，行政机关有义务满足申请人的请求。这样要求是互联网时代的呼唤，有助于降低成本，节约资源，并方便申请人的保存使用。

四是去除自身生产、生活和科研三需要方面的目的限制。将生产、生活和科研需要作为限制申请人申请政府信息的限制条件不符合国际惯例。[1] 各部门在实践过程中也比较慎用，真要启用的时候又会存在很多说不清的适用困难。关键是申请目的限制不是从信息本身角度，而是从申请人角度对政府信息公开或知情权行使的一种限制。未来有必要去除基于人的因素限制公众知情权，转向通过围绕信息本身对公开与否进行合理限制。

五是编制政府信息公开答复模板和答复指引，提升政府信息公开答复的

---

〔1〕 参见肖卫兵："论我国有局限的推出型信息公开法"，载《行政法学研究》2010年第3期。

规范性和说理性。上海编制了政府信息公开答复模板,供各级行政机关使用。政府信息公开工作平台的上线也有助于该模板的推广使用的便捷性。在有了答复模板后,就可很大程度上避免答复的不规范性,如没有具体的法律条款援引以及缺乏对申请人进行必要的诉权告知。上海也编制了一些答复指引,明确了在答复信息不存在时,需要说明不存在的诸如未加工汇总、已遗失、已销毁、未找到等多种理由。在以信息不存在、非政府信息、非政府信息公开申请乃至非本机关公开职责权限范围上,通过增强说理性,也能够取得申请人一定程度上的理解,而不必等到了诉讼之后,才予以具体解释。[1]

六是扩大帮助义务的适用范围。突破基于人的因素,将帮助义务转到所申请信息角度,就申请人所申请内容和所申请部门方面提供必要的帮助,降低因申请内容不明确而导致的信息不存在或非政府信息公开申请答复,以及因本机关非制作部门而导致的非本机关公开职责权限范围答复比例。这种帮助义务的设定也有助于行政机关和申请人之间在答复前的主动沟通,通过询问申请人的申请目的等进一步明确申请人的实际信息需求,减少这种简单通过一纸补正通知的缺乏互动的处理方式。

七是加大培训的针对性,尤其要针对实践过程中所爆发出的误解和错误做法加大培训力度。如对部分公开的准确理解不能扩及选择性公开或举例公开。对申请内容中涉及第三方信息的也可采取部分公开措施,防止侵犯到第三方的商业秘密或个人隐私。同时也可指出不实答复和不予答复属于明显的违法行为,应当避免发生,否则要承担败诉风险和被依法追究相应法律责任。

八是改革第三方意见征询机制,确立起从源头收集第三方意见机制并且设定启用条件,即只有在决定公开属于第三方商业秘密或个人隐私类信息时,才征求第三方意见。当行政机关本身就可判断第三方信息不应公开时,或行政机关通过部分公开机制就可确保第三方信息得到妥当保护时,没有必要启动该机制。第三方意见征询机制要求若干政府信息公开例外,如商业信息、个人信息和通过保密渠道收集的信息,在决定之前,需要征求第三方的意见。我国《政府信息公开条例》第23条对第三方意见征询机制的启动不加任何条

---

〔1〕 参见周勇:"政府信息公开'申请内容不明确'时'补正'的法律思考",载《行政法学研究》2011年第3期。

件限制。即只要涉及第三方信息的公开，就应启动协商机制，用以征求第三方意见。这种立法设计造成了实践过程中启动该一机制的费时费力，并没有起到应有的效果，因为第三方反馈回来的一般都是不同意公开的意见。我们所需真正关注的是因政府公开了第三方信息对未来获取信息时是否会造成阻碍。

  九是有必要对加工汇总或重新制作义务进行限定。行政机关没有加工汇总或重新制作义务似是国际惯例[1]。但是，现有实践对加工汇总或重新制作的理解存在一定偏差，这主要是因为没有加工汇总或重新制作程度上的设定，结果导致行政机关有可能滥用该机制。从调研情况来看，申请量较少的部门在加工汇总或重新制作的积极性上高过那些申请量多的部门，将近60%的申请量少于两位数的部门都能够通过编制相应条目，以同意公开或部分公开方式答复申请人。但是，申请量多于两位数的部门则只有一半的部门能够通过加工汇总或复制方式向申请人提供所同意公开的政府信息，这得益于政府信息公开工作平台的推广使用。申请量大的部门由于能够较为容易地导出申请人所需要的信息，答复信息不存在还不如通过简单的加工汇总以同意公开的方式向申请人公开。未来在修改《政府信息公开条例》时，有必要仅免除行政机关进行实质性加工汇总或重新制作方面的义务，一般意义上的加工汇总或重新制作义务则不免除。随着电子化办公的普及，行政机关完全有能力进行一般意义上的加工汇总或重新制作，实现更大程度的公开。

---

[1] 参见后向东：《美国联邦信息公开制度研究》，中国法制出版社2014年版，第56页。

编后语

转眼间,《政府信息公开条例》已经实施了十一周年,并于近期完成了首次修改。从2003年发表第一篇信息公开方面的文章开始,自己从事信息公开研究也已十六年。这次,从流通、开放、实证等角度对过往多年的政府信息公开研究进行系统整理后结集出版,为的是更为清晰展示自身研究脉络。同时,借助这个重要历史时刻,回顾自己走过的信息公开研究之路,记录了如下足迹。

一是理论创新。信息公开理论研究总体来说偏弱。自己在博士论文中首次提出的信息流通理论算是一种贡献。受益于信息流通理论,回国后我也将之具体运用到我国实践,在此过程中又将之提升、凝练,深感信息流思维并不过时,也很受用。

二是国际化道路。带着让外界更好地了解我国信息公开这个话题,自己读完了博士,论文得以在国外出版,后续公开发表了若干篇外文论文,也积极参与全球信息公开法评级体系中涉及中国方面的评估工作。目前来看,国际化道路只是走了一小步,未来还有很长的一段路要走。

三是社会评议。过往承担了来自省级政府、区县级政府和业务部门委托的第三方评估工作。从全面评估、重点领域评估出发,结合理想和现实指标设计,脚踏实地、一点一滴地推动自己的一些设想落地,为提升我国政府透明度贡献了智慧和力量。

四是创办"信息公开"公众号。运营公众号并非研究者的"不务正业",而是一次和实践良性互动的机会。2014年8月,自己下定决心开通了这个公众号。四年来,秉持一份专业、一份兴趣和一份坚持,将之呵护到今天。从素材挑选、编辑、审核和推送等，都倾注了不少心血。好在有一帮志同道合的小编协助支持，也有来自见过面和未曾谋面的各位同仁的积极鼓励和默默支持。每当听到大家将公众号素材转化运用，内心都非常欣慰。

五是咨询、培训、建群。时不时都有来自全国各地的信息公开从业人员和申请人的具体咨询。对此，自己都尽可能予以答复，提供指引。对于各单位邀请，自己均会精心准备每一场讲座，让大家有所收获。这期间，也组建了信息公开群，为大家提供思想碰撞的机会，争取做到不唯权威，借众智之力，释疑解惑。

六是参与条例修改。自己有幸于2015年承担了《政府信息公开条例》修编项目，围绕信息公开例外、政府信息概念等一些关键问题，从中国实践出发，提出了相关建议。很欣喜看到若干建议被新条例采纳，这算是对自己多年来研究的一种最好的回报。

总结过去，为的是展望未来。下一个十年，我们定会不忘"政务公开在路上"这个初心，和大家一起，从第三方角度推进我国政务公开工作继续前行，早日实现政务公开让生活更美好的愿望。

肖卫兵

2019年5月15日于草啸斋

声　明	1. 版权所有，侵权必究。
	2. 如有缺页、倒装问题，由出版社负责退换。

图书在版编目（CIP）数据

政府信息公开研究多维视角：流通、开放、实证/肖卫兵著. —北京：中国政法大学出版社，2019.9
ISBN 978-7-5620-9224-7

Ⅰ.①政… Ⅱ.①肖… Ⅲ.①国家行政机关－信息管理－研究－中国 Ⅳ.①D630.1

中国版本图书馆 CIP 数据核字(2019)第 221695 号

出 版 者	中国政法大学出版社
地　　址	北京市海淀区西土城路 25 号
邮寄地址	北京 100088 信箱 8034 分箱　邮编 100088
网　　址	http://www.cuplpress.com（网络实名：中国政法大学出版社）
电　　话	010-58908285(总编室) 58908433（编辑部）58908334(邮购部)
承　　印	保定市中画美凯印刷有限公司
开　　本	720mm×960mm　1/16
印　　张	24.25
字　　数	380 千字
版　　次	2019 年 9 月第 1 版
印　　次	2019 年 9 月第 1 次印刷
定　　价	85.00 元